上海市高原学科法学环境资源法建设项目

"十二五"国家重点图书出版规划项目·新编法学核心课程系列教材

空间规划法

——理论·实务·案例

◆ 主 编　王文革

◆ 副主编　魏 豪　丁娜娜

◆ 撰稿人

丁娜娜　党 颖　杨彩虹　魏 豪
邢 通　王元婕　王文捷
　　　　杨 倩　丁娜娜

中国政法大学出版社

2019·北京

图书在版编目（CIP）数据

空间规划法:理论·实务·案例/王文革主编. —北京:中国政法大学出版社，2019.8
ISBN 978-7-5620-9106-6

Ⅰ. ①空… Ⅱ. ①王… Ⅲ. ①环境规划－空间规划－环境保护法－基本知识－中国
Ⅳ. ①D922.604

中国版本图书馆CIP数据核字(2019)第163859号

出　版　者　中国政法大学出版社
地　　　址　北京市海淀区西土城路25号
邮寄地址　　北京100088信箱8034分箱　邮编100088
网　　　址　http://www.cuplpress.com（网络实名：中国政法大学出版社）
电　　　话　010-58908435(第一编辑部)　58908334(邮购部)
承　　　印　北京朝阳印刷厂有限责任公司
开　　　本　720mm×960mm　1/16
印　　　张　18.25
字　　　数　348千字
版　　　次　2019年8月第1版
印　　　次　2019年8月第1次印刷
印　　　数　1~3000册
定　　　价　49.00元

　　王文革，武汉大学环境资源法博士、华东政法大学经济法博士后、教授、高级工程师、经济师。现为上海政法学院环境资源与能源法研究中心主任、上海市重点学科环境资源法学科负责人、上海市教委重点学科经济法学科带头人。兼任国际组织IUCN生态系统管理专家组成员、环境法专家组成员、《中国国土资源报》法律顾问、中国环境资源法研究会副会长等。先后荣获全国宝钢优秀教师奖、上海浦江学者、上海市十大优秀中青年法学家、上海市曙光学者、第三届全国法学教材和科研成果奖、上海哲学社会科学优秀成果三等奖、上海高校优秀教学成果二等奖等。主要研究领域：环境资源与能源法、房地产法、经济法、行政法等。主持国家社科基金项目、教育部、司法部等国家级、省部级科研项目20多项，其他项目多项。独著、主编、参编著作和教材20多部，其中代表性个人专著有：《土地法学》《城市土地节约利用法律制度研究》《节能法律制度研究》《城市土地配置利益博弈及其法律调整》《城市土地市场供应法律问题》《环境知情权保护立法研究》等；先后在《中国环境科学》《中国土地科学》《法商研究》《中国国土资源报》等报刊上发表论文100多篇。

出版说明

"十二五"国家重点图书出版规划项目是由国家新闻出版总署组织出版的国家级重点图书。列入该规划项目的各类选题，是经严格审查选定的，代表了当今中国图书出版的最高水平。

中国政法大学出版社作为国家良好出版社，有幸入选承担规划项目中系列法学教材的出版，这是一项光荣而艰巨的时代任务。

本系列教材的出版，凝结了众多知名法学家多年来的理论研究成果，全面而系统地反映了现今法学教学研究的最高水准。它以法学"基本概念、基本原理、基本知识"为主要内容，既注重本学科领域的基础理论和发展动态，又注重理论联系实际以满足读者对象的多层次需要；既追求教材的理论深度与学术价值，又追求教材在体系、风格、逻辑上的一致性。它以灵活多样的体例形式阐释教材内容，既推动了法学教材的多样化发展，又加强了教材对读者学习方法与兴趣的正确引导。它的出版也是中国政法大学出版社多年来对法学教材深入研究与探索的职业体现。

中国政法大学出版社长期以来始终以法学教材的品质建设为首任，我们坚信，"十二五"国家重点图书出版规划项目定能以其独具特色的高文化含量与创新性意识，成为集权威性和品牌价值于一身的优秀法学教材。

中国政法大学出版社

总　序

　　长期以来，由于大陆法系和英美法系法律渊源不同，法学教育模式迥异。大陆法系的典型特征是法律规范的成文化和法典化；而英美法系则以不成文法即判例法为其显著特征。从法律渊源来看，大陆法系以制定法为其主要法律渊源，判例一般不被作为正式法律渊源，对法院审判亦无约束力；而英美法系则以判例法作为其正式法律渊源，即上级法院的判例对下级法院在审理类似案件时有约束力。两大法系法律渊源的不同，导致归属于两大法系的法学教学存在较大差异。大陆法系的法学教育采用的是演绎法，教师多以法学基本概念和原理的讲解为主，即使部分采用了案例教学，也重在通过案例分析法律规定；而英美法系采用的是归纳法，判例就是法源，通过学习判例来学习法学原理。

　　在我国，制定法为法律规范的主要渊源，长期以来，沿用大陆法系的演绎法教学模式。众所周知，法学是一门实践性、应用性很强的学科，法学教育的目标之一就是培养学生运用法学知识分析和解决实际问题的能力。为此，改变传统教学模式，引入理论和实践相结合的案例教学法成为必需。多年来，我校在这方面进行了有益的尝试和探索，总结了一套行之有效的理论和实务案例相结合的教学模式，深受学生欢迎。这套教学模式，根据大陆法系成文法的教学要求，借鉴英美法系的案例教学模式，将两大法系的教学方法有机地融为一体，既能使学生系统地掌握法学原理，又培养了学生分析和解决实际问题的能力。

　　为了及时反映我校法学教育改革的新成果，更好地满足法学教育的需要，我校组织编写了这套《新编法学核心课程系列教材》。这套教材具有如下特点：①覆盖面广。涵盖了现今主要的法学核心课程。②体例格式新颖。本套教材各章均按本章概要、学习目标、学术视野、理论与实务、参考文献的体例格式安排，这种体例兼顾了系统掌握法学理论和应用法学理论分析、解决实际问题能力的双重教学目标。③案例选择科学合理。主要表现为：一是案例大多选自司法实践，具有新颖性和真实性；二是根据法学知识点的系统要求选择案例，具有全面性和典型性；三是反映理论和实务的密切联系，以案说法，以法解释法学知识和原理，理论与实务高度融合，相得益彰。④内容简洁。本套教材力争以简洁的语言阐述法学理论和相关问题，解析实例，说明法理，做到深入浅出，通俗易懂。⑤具有启发性。本套教材所列学术视野，多为本学科的焦点和热点问题，可帮助学生了解学术动态，激发其学术兴趣；理论思考题可引导学生思考温习所学知识，启迪其心志。

《新编法学核心课程系列教材》吸收了国内外优秀学术成果，在理论与实践相结合的基础上，达到了理论性、实践性和应用性相统一。在理论上具有较强的系统性和概括性，在应用上具有针对性和实用性，在内容上则反映了法学各学科的新发展和时代特征。总之，我真诚地希望这套教材能成为广大学生和读者学习法学知识的新窗口，并愿这套教材在广大读者和同行的关心与帮助下越编越好。

金国华

2010 年 10 月 28 日

编写说明

自 19 世纪以来，随着空间资源的有限性逐渐被世界各国所认识，关于空间资源的合理规划也逐渐被提升到日益重要的地位，世界各国先后通过立法或制定政策确立了各自的空间规划制度。我国也不例外，先后通过立法和制定政策确立了国民经济和社会发展规划、主体功能区规划、土地利用规划、城乡规划、环境保护规划等一系列规划制度。为了适应普通高等学校法学专业、规划管理专业及其他相关专业进行空间规划法教学和研究的需要，以及为了规划管理部门和相关人员的实践工作需要，我们编写了这部教材，以期供大家参考。

本书吸收了本学科的最新研究成果、教学改革成果、空间规划管理与司法实践新经验，结合我国和国际空间规划立法新动态，全面系统地阐述了空间规划法的概念、体系、基本原则、基本制度、法律责任和法律救济，在此基础上分别对国民经济和社会发展规划、主体功能区规划、土地利用规划、城乡规划、环境保护规划、生态保护红线划定等一系列规划制度做了全面阐述，并对现行空间规划制度进行了评析。本书注重培养学生运用空间规划法基本理论分析问题和解决问题的能力。在编写过程中，我们总结空间规划法教学与研究的经验，紧密结合空间规划法实务和空间规划政策、法律、法规、规章，力求全面、系统地阐述空间规划法的基本理论和基本制度，使之尽量符合普通高等教学和规划管理部门实践工作的需要，并期待对其他读者学习空间规划法提供有益的帮助。由于各章节具体内容存在差异，因此案例部分的编排有所不同。

本书涉及法律法规、政策文件较多，而各发布机构因历次机构改革方案，或有更名、合并改组、裁撤等情况，对此以文件发布时机构名称为准，部分情况下会以小括号注明变更信息。此外，《城乡规划法》于 2015 年、2019 年分别针对第 24 条、第 38 条作了细微修改，因修改幅度实在微小，故不以年份区分三者，统称《城乡规划法》。本书如有疏漏谬误之处，敬请读者批评指正。

　　本书由王文革任主编并统稿，魏豪协助统稿，魏豪、丁娜娜任副主编。各章节撰稿人分工如下：

　　杨彩虹：第一章（学术视野部分除外）；

　　王文捷：第二章；

　　魏豪：第三章；

　　党颖：第四章；

　　王元婕：第五章；

　　杨倩：第六章；

　　丁娜娜：第七章；

　　邢通：第一章学术视野部分。

编　者

2019 年 4 月

目 录

第一章
空间规划法总论

【本章概要】本章从"空间规划"的基本概念和分类出发，阐述和介绍空间规划法的概念和体系、空间规划法的基本原则、空间规划法的基本制度以及空间规划法的法律责任和法律救济，就现有制度进行评析并提出完善建议。

【学习目标】通过本章学习，了解与空间规划法相关的基本概念和空间规划法的发展过程，理解空间规划法的目的和作用，掌握空间规划法的基本原则、法律责任以及法律救济方法。

第一节 概述

一、空间规划及空间规划问题

（一）空间规划的概念和分类

1. 空间规划的概念。自19世纪以来，空间资源的有限性逐渐被各国政府所认识，关于空间资源的合理规划也逐渐被提升到重要的地位。1983年的《欧洲区域/空间规划宪章（European Regional/Spatial Planning Charter）》出台，标志着空间规划（Spatial Planning）作为解决空间问题的一种政策工具将逐步取代传统的区域规划。此后，为了平衡各种空间冲突以及实现空间资源的可持续发展，1999年5月，欧盟委员会（European Commission）颁布《欧洲空间发展展望（European Spatial Development Perspective，ESDP）》。空间规划中的"规划"并不仅仅指一种技术手段，其政治属性更加明显。虽然规划表面上是为了给居民生产生活提供适宜的空间，并试图对城市的不规则扩展活动进行控制，但规划的本质是要通过控制管理时间和空间，从而达到控制管理居民具有高度差异性的日常生活的目的。规划作为一种推动城市发展的工具，就是要通过平衡各种冲突力量达到社会经济协调可持续发展的状态。总的来说，国内外学者普遍认为规划是在特定的社会和需求下，政府在公共管理中的一个制度性安排，是一个具有规范性的政治过程，而不仅仅是一项技术或科学活动。

空间规划作为一种政府管理工具，在不同国家有着不同的定义。关于空间规划的定义，欧共体委员会（Commission of the European Community，CEC）和英国副首相办公室（Office of the Deputy Prime Minister，ODPM）认为"空间规划"的核心是空间融合和政策协调，包括不同空间尺度、跨越部门和区域的政策整合，以实现经济和社会的和谐、可持续发展以及地区之间竞争力的平衡。[1]这种协调不仅包括横向的平级部门之间的协调，也包括纵向的不同层级政府之间的协调和区域内以及区域间的跨行政界线的协调与合作。德国空间规划理论认为空间是一种资源，不同主体对空间资源的需求存在差异，导致不同主体在空间资源的利用上会出现矛盾冲突，而空间规划就是解决这些矛盾冲突的最佳方法。概括来说，德国空间规划是指公共权力对所有层面和相关专业范围上的涉及空间的综合规划和专项规划[2]。

相比较国外已经成熟的空间规划理论，国内相关理论起步比较晚。根据《十三五规划纲要》，我国认为空间规划是空间治理体系的一部分，但是我国目前关于空间规划并没有统一的定义。本书参考城乡规划的定义，综合国内外成功经验和相关实践，认为空间规划是指一个国家或地区在全国或一定空间范围内以促进经济社会生态全面协调可持续发展为根本任务、以空间资源的集约使用为基础、以寻求平衡的空间发展和促进人居环境根本改善为目的，对土地、水体、林木、矿产、能源、生物等空间资源进行合理编制的技术手段和公共政策。

2. 空间规划的种类。空间规划根据其级别不同，可以分为三种层级：顶端层是主体功能区规划和全国国土规划，这两种规划在性质上具有基础性、战略性的特点。中间层是区域规划，即国民经济社会发展总体规划和顶层空间规划在某一区域的综合体现。它重点解决跨行政区面临的共同问题和体制机制性障碍，具有综合性、引导性的特点。基础层是涉及空间开发的专项性规划，包括城镇体系规划、土地利用总体规划、海洋功能区规划等，这些规划应重点调控某类战略资源的开发利用方向和空间布局，具有基础性、控制性和操作性的特点，是国民经济社会发展总体规划和顶层空间规划在某一领域的具体体现，在空间布局方面应遵从于顶端层和中间层空间规划的要求。

空间规划根据其尺度不同，可以分为多级规划，如国家级空间规划、省级空间规划、市级空间规划、县级空间规划等；按照是否有法定依据，空间规划可以分为法定规划和非法定规划；按功能类别，空间规划可分为总体规划、专项规划和详细规划；根据规划的对象不同，可以把空间规划分为国土规划、国民经济与

---

〔1〕 王磊、沈建法："空间规划政策在中国五年计划／规划体系中的演变"，载《地理科学进展》2013年第8期。

〔2〕 周颖、濮励杰、张芳怡："德国空间规划研究及其对我国的启示"，载《长江流域资源与环境》2006年第4期。

社会发展规划、城乡规划、主体功能区规划、环保规划等。

（二）空间规划的特点

1. 目标导向性。空间规划最基本的特征就是确定目标并设计实现目标的方法，然后不断趋近目标。早在1983年，目标导向的概念就被联邦德国技术合作公司（German Technical Cooperation，GTZ）运用到规划中去，创立了ZOPP（Ziel Orientierte Projekt Planung，即"目标导向的项目规划"）法。任何空间规划都是有目标导向的，都是为了满足社会经济发展长远需求，对土地、水体、林木、矿产、能源、生物等空间资源进行超前性的调配和安排，从而促进空间资源在各部门、行业间优化配置。

2. 可操作性。空间规划作为一种优化配置的手段，应当立足于现有的空间资源，使规划内容具有实际性和可操作性。

3. 有限性。空间规划虽然涉及的要素很多，包括社会、经济和生态等，但是空间规划的作用是有限的，空间规划所能作用的要素也只能是用于空间建设的资源，而不能直接去处理社会、经济和政治关系。

4. 区域差异性。由于各区域发展情况和资源分布是不均衡的，空间规划的制定应当与规划区域的实际情况相结合。

二、空间规划法的概念和特征

（一）空间规划法的概念

空间规划法是调整涉及空间合理布局和资源开发利用保护活动的各种社会关系的法律规范的总称，主要包括以下三种含义：

1. 空间规划法的目的是促进区域协调和可持续发展，规划的内容包括环境综合协调、资源合理配置、国土综合整治等。

2. 空间规划法调整特定范围的社会关系，即以资源开发利用保护为核心的社会关系和以国土空间优化配置为核心的社会关系。

3. 空间规划法是调整空间管治关系的法律规范的总称。从表现形式来看，主要包括法律、行政法规、地方性法规、自治条例、单行条例和规章。就我国现行法而言，主要有《中华人民共和国城乡规划法》（以下简称《城乡规划法》）、《中华人民共和国土地管理法》（以下简称《土地管理法》）、《中华人民共和国环境保护法》（以下简称《环境保护法》）、《村庄和集镇规划建设管理条例》、《城市规划编制办法》等。

（二）空间规划法的特征

空间规划法作为空间管治中所确立的调整一定社会关系时所遵循的准则，具有法的一般特征，比如普遍性、强制性和稳定性等，但是空间规划法作为一个新兴的独立法律部门，也具有自己独有的特征。

1. 综合性。空间规划法的目的是促进区域协调和经济社会可持续发展，为了实现这个目的，需要就社会、经济、环境和技术发展等要素进行全面的统筹安排。从地域和空间上来看，空间规划法的调整对象是空间管治中的各种社会关系，不仅包括最基础的空间资源，也包括开发、利用和保护这些空间资源的社会活动，同时空间规划法牵扯的不仅是规划的技术问题，也涉及环境和发展问题。从内容上看，首先，空间规划法不仅包括专门性的法律规范，也包括宪法、民法、行政法、刑法中与空间规划有关的规范。其次，空间规划也采取行政、经济、教育等多种法律措施。

2. 政策性。空间规划法是依照法律进行的，但同时也具有政策性特征。空间规划是各种空间建设的战略部署，本质上，属于高位统筹的战略性规划。作为中长期高位统筹的战略性规划，涉及国家众多政府部门，空间规划需要促进空间资源在各部门、行业间的优化配置。空间规划中的一些事项的解决，往往牵扯国家和地方的一些政策。从空间规划法的规范文件上看，部门规章的数量是多于法律法规的。主体功能区划分、土地利用总体规划和城乡规划均属于政策型分区，而且多数空间规划是以明确的城市或行政区域为基础进行的。

3. 地域性。在英国，《规划政策陈述（Planning Policy Statement）》强调所有的规划编制和政策决定都要在地方层级做出；在美国，对土地利用的控制和规制主要是州政府尤其是地方政府的权力和职责。我国的规划体系也逐渐向地方政府放权，我国目前只有一部现行的专门的空间规划法律，即《城乡规划法》，但是我国拥有大量的地方性法规规章，如《天津市地下空间规划管理条例》《宁夏回族自治区空间发展战略规划条例》《浙江省土地利用总体规划条例》等。

三、空间规划法的指导思想

积极应对空间规划面临的新机遇和新挑战，贯彻实施发展战略，对我国促进人与自然、社会与经济和谐发展，集约高效利用各种资源，合理安排人口，利用土地，保护生态等方面有着重要意义。针对空间规划中典型的矛盾冲突，应当科学确定空间规划的指导思想。

面对空间规划中出现的各种冲突和问题，必须坚定不移地以科学发展观为指导，缩短地区间的发展差距。对于仍处于社会主义初级阶段的我国来说，发展仍然是解决我国突出问题的关键。必须坚持科学发展，更加注重以人为本，更加注重全面协调可持续发展，更加注重统筹兼顾，实现代内公平和代际公平。科学发展的本质是以人为本，一切从人民群众的利益出发，促进全面发展，实现人民群众最根本的利益。落实科学发展观，必须把科学发展观的思想和要求落实到具体空间单元的开发利用工作中，明确每个地区的主体功能定位以及发展方向、开发方式和开发强度。

面对空间规划中出现的各种冲突和问题，必须坚持空间资源的可持续发展。伴随着环境问题的突出，空间规划的目标也从空间平衡走向综合的可持续发展。在空间发展可持续思想的指导下，社会与经济对空间的需求应符合空间的生态功能，并且应形成长期的大空间范围内的平衡秩序。认真落实党中央、国务院决策部署，统筹推进"五位一体"总体布局和协调推进"四个全面"战略布局，牢固树立和贯彻落实创新、协调、绿色、开放、共享的发展理念，大力推进生态文明建设，坚持人口资源环境相均衡、经济社会生态效益相统一，建设资源节约型、环境友好型社会。加快转变国土开发利用方式，全面提高国土开发质量和效率，统筹推进形成国土集聚开发、分类保护与综合整治"三位一体"的总体格局，加强国土空间用途管制，建立国土空间开发保护制度，提升国土空间治理能力。[1]

四、空间规划法的立法发展

1868 年，南德的巴登大公国（Baden）正式颁布《道路红线法（Fluchtinienge-setz）》，该事件成为具有现代意义的物质形态规划的立法起点。1891 年，由佛朗兹·阿迪克斯（Franz Adickes）主持制定的《分级建筑法令（Staffelbauordnun-gen）》的出现，不仅标志着德国区划的诞生，也是世界区划思想的起源。

2002 年，我国发改委下发了《关于规划体制改革若干问题的意见》，其中规定"规划编制，要确定空间平衡与协调的原则，增强规划的空间指导和约束功能"。此后，发改委多次组织相关国际国内研讨会，如 2004 年 3 月来自世界银行（World Bank）、国际货币基金组织（International Monetary Fund）以及国内外著名高校的学者参加的中国规划体制改革研讨会。这些前期的研究，为"十一五"期间的规划改革提供了重要的思路。

在我国各类空间规划中，城市规划最早起步。从 1990 年实施的《城市规划法》确立城市规划的法律地位，到 2008 年《城乡规划法》的颁布实施，城乡规划的职能和作用得到极大的重视和拓展。20 世纪 80 年代，受国外国土开发活动的启示，我国国土整治工作全面展开。1990 年，国家计划委员会（现为国家发展和改革委员会）同有关部门编制了《全国国土总体规划纲要（草案）》，由于多种原因，该规划纲要草案未获国务院正式批复，但其提出的南水北调、三北防护林等涉及国土开发的重大工程仍被付诸实践。1988 年，《土地管理法》正式实施，土地利用总体规划被正式提出，并在严格土地管理和提高土地资源配置效率方面发挥了积极作用。[2]1998 年 3 月 10 日，由地质矿产部、国家土地管理局、

---

〔1〕 参见"全国国土规划纲要（2016～2030 年）"，中国政府网，http://www.gov.cn/zhengce/content/2017-02/04/content_5165309.htm，访问时间：2018 年 3 月 25 日。

〔2〕 杨荫凯："国家空间规划体系的背景和框架"，载《改革》2014 年第 8 期。

国家海洋局和国家测绘局共同组建成"国土资源部",主要职能是保护与合理利用土地、矿产、海洋等自然资源,承担规范国土资源管理秩序、优化配置国土资源、保护全国耕地、及时准确提供全国土地利用各种数据、规范国土资源市场秩序、保护地质环境、预防和治理地质灾害等责任。[1]

2006年,从"十一五"起,国家将"五年计划"改为"五年规划",其中《十一五规划纲要》首次提出主体功能区的概念,指出根据资源环境承载能力、现有开发密度和发展潜力,统筹考虑未来我国人口分布、经济布局、国土利用和城镇化格局,将国土空间划分为优化开发、重点开发、限制开发和禁止开发四类主体功能区,按照主体功能定位调整完善区域政策和绩效评价,规范空间开发秩序,形成合理的空间开发结构。

按照党中央、国务院的部署,《全国国土规划纲要(2016～2030年)》已于2017年1月印发,《全国国土规划纲要》是统筹推进"五位一体"总体布局和协调推进"四个全面"战略布局,贯彻落实创新、协调、绿色、开放、共享的发展理念,促进人口资源环境相均衡、经济社会生态效益相统一的重大举措。《全国国土规划纲要》贯彻区域发展总体战略和主体功能区战略,推动"一带一路"建设、京津冀协同发展、长江经济带发展战略落实,对国土空间开发、资源环境保护、国土综合整治和保障体系建设等作出总体部署与统筹安排,对涉及国土空间开发、保护、整治的各类活动具有指导和管控作用,对相关国土空间专项规划具有引领和协调作用,是战略性、综合性、基础性规划。《全国国土规划纲要》范围涵盖我国全部国土(暂未含港澳台地区)。规划基期为2015年,中期目标年为2020年,远期目标年为2030年。

五、空间规划法的体系

(一)空间规划法体系的概念

空间规划法体系,是指国家依法制定和认可的涉及空间合理布局和资源开发利用保护的所有法律规范组成的一个内在联系和相互协调统一的法律规范体系。它对外表现为若干个法律部门之间的相互协调,对内表现为各个法律规范之间的协调互补,这种内外协调的联系保障了空间规划法的统一性和独立性。完备的空间规划法体系应当是门类齐全、结构严密、内在协调的各个法律规范平衡的法律体系。

(二)中国空间规划法体系的构成

我国目前并没有一部综合完整的《空间规划法》,现行空间规划法体系主要

〔1〕 "国土资源部的前世今生",国土资源部网,http://www.mlr.gov.cn/xwdt/jrxw/201209/t20120929_1145150.htm,访问时间:2018年3月22日。

由以下七个方面构成：

1. 《宪法》中有关空间规划的法律规范。虽然我国宪法中没有关于空间规划的直接规定，但是在宪法规定的国务院职权中，国务院主管城乡建设和生态文明建设，其中包括空间规划，如城乡规划、环保规划等。

2. 空间规划单行法律、法规、规章。中国现行的空间规划法律主要包括《城乡规划法》与《土地管理法》。其中，《城乡规划法》是目前唯一一部专门的空间规划法律，也是目前空间规划领域内最高级别的法律文件，但它只是针对城市规划设计的，对国土规划、区域规划和土地利用规划均没有约束力。《土地管理法》是与空间规划直接相关的法律，与其他各种关于土地的法规条例共同约束着土地利用规划。此外，国务院以及国务院有关部委制定了大量的细则、条例和办法，如国务院颁布的《村庄和集镇规划建设管理条例》、国土资源部（现已被撤销）发布的《矿产资源规划编制实施办法》和建设部（后改为住房和城乡建设部）颁发的《城市规划编制办法》（2005年被废止）等。

3. 空间规划纠纷解决程序的法律、法规、规章。这一类法律、法规和规章是关于追究破坏空间规划者的行政责任、民事责任和刑事责任的程序性法律规范。这类规范一般都沿用国家颁布的行政诉讼、民事诉讼、刑事诉讼以及和调解仲裁有关的法律规定。我国目前还没有一部专门针对空间规划纠纷解决程序的法律。因此，这类解决程序上，我国主要采用国家颁布的程序性法律，如《中华人民共和国行政诉讼法》（以下简称《行政诉讼法》）、《中华人民共和国民事诉讼法》（以下简称《民事诉讼法》）、《中华人民共和国刑事诉讼法》（以下简称《刑事诉讼法》）等相关规定。此外，也有类似监察部、人力资源和社会保障部、住房和城乡建设部联合发布的《城乡规划违法违纪行为处分办法》这种部委规章。

4. 空间规划相关行业标准。为了营造最适宜的人类居住环境，在对空间资源进行管治时，不可避免地会牵扯到环境问题，此时，空间规划中的相关环境问题应当根据相关环境标准解决。同时，还有一些空间规划法特有的标准，如《城市对外交通规划规范（GB 50925-2013）》《城市规划数据标准（CJJ/T199-2013）》《城市规划基本术语标准（GB/T 50280-1998）》等。

5. 地方空间规划法规、规章。我国《立法法》第72条第1款规定："省、自治区、直辖市的人民代表大会及其常务委员会根据本行政区域的具体情况和实际需要，在不同宪法、法律、行政法规相抵触的前提下，可以制定地方性法规。"第82条第1款规定："省、自治区、直辖市和设区的市、自治州的人民政府，可以根据法律、行政法规和本省、自治区、直辖市的地方性法规，制定规章。"一般来说，空间规划需要因地制宜，从空间规划具有区域差异性的特征来看，空间规划的地方性法规规章应当多于单行法律法规规章，这些法规规章具有规定详细且易操作的特征，如《江苏省发展规划条例》《厦门市城乡规划条例》《上海市地下空间规划建设条例》《河北省土地利用总体规划实施管理办法》《苏州市发展规划管理办法》等。

6. 其他部门法中的空间规划规范。其他部门法中的空间规划规范也是我国空间规划法律体系的有机组成部分。如《环境保护法》中有关环境保护规划的问题，《中华人民共和国行政许可法》（以下简称《行政许可法》）、《中华人民共和国行政复议法》（以下简称《行政复议法》）和《中华人民共和国行政处罚法》（以下简称《行政处罚法》）中有关行政执法的规定等。

7. 国际公约和条约中的空间规划规范。我国参加、同意的国际公约或条约中与空间规划有关的条款也是我国空间规划法体系的组成部分。这些条款，除我国申明的保留条款，优先于国内相关规范。

六、空间规划法的目的和作用

（一）空间规划法的目的

空间规划法的立法目的在于通过综合性的、系统性的、各种层次的空间秩序规划以及对具有重要空间意义的计划及措施的协调来发展、规范并确保空间发展可持续，追求经济、社会、环境效益的统一和人类理想的居住环境，具体包括以下几个方面：

1. 促进社会公平和利益分配，调节区域差异。自1990年以来，国家相继出台了西部大开发、振兴东北、中部地区崛起、社会主义新农村建设等一系列措施，其主要目的在于缩小地区差距、维护区域之间的适度公平。面对明显不公平的利益结构，在市场作用有限的情况下，空间规划作为公共政策，其应有的再分配功能和调控功能越来越得到中央政府的关注和支持。制定空间规划法，政府可以据此对落后地区进行规划来达到缩小区域差距的目的。

2. 调节环境问题，满足人类对经济社会环境等各方面的需求。作为公共政策的空间规划，看起来是空间问题，但没有一个空间问题不是来源于社会经济问题，社会经济环境之间的各种矛盾总以一定形式投射在空间上，两者之间存在密切关系。制定空间规划法，通过保护和改善环境，合理利用空间资源，打造人类最佳居住环境，满足人类对经济社会生态环境等各方面的需求。

3. 促进经济社会全面协调可持续发展。空间规划预先考虑各种空间管治对空间的不同需求以及各种空间冲突之间的平衡，并确保全部及其局部空间的可持续发展。制定空间规划法，对促进经济社会全面协调可持续发展有着重要意义。

（二）空间规划法的作用

空间规划法的作用又称空间规划的职能，是空间规划法在社会发展过程中的功能，它对经济、社会和环境等方面起到调节控制作用，又对人类居住环境起到改善作用。空间规划法的作用是空间规划法对自然人、法人、其他组织和社会产生影响的体现，它和空间规划法的本质密切联系。从人的行为规范出发，空间规划法的作用包括规范作用。根据空间规划行为涉及主体的不同，空间规划法的规范作用可分为指引、评价、教育、预测和强制作用，即法的一般作用。但是从其特征来看，空间规划法也有一些特殊的作用，具体体现如下：

1. 空间规划法是国家进行空间规划的法律依据，是推动我国空间规划顺利进行的保障。空间规划法对空间规划相关部门及其职责、空间规划范围和空间管治中的社会关系以及相关事项的监督管理作了全面规定，空间规划法也是空间规划行政管理的依据。

2. 空间规划法是协调经济社会发展和缩小地域差异的重要调控手段。为了解决各种人类活动之间以及人类活动和空间资源之间的矛盾，选择合适的空间管治方法是国家实施宏观调控的手段之一。空间规划法的作用之一是促进市场经济条件下经济社会的全面发展，协调地区之间不平衡的发展，防止市场调控失效。

3. 空间规划法是防止以权谋私、保障空间资源合理利用的法律武器。空间规划法可以预防和制裁空间规划领域的违法犯罪问题，为打造具有稳定性、适宜性的空间规划起到积极作用。

七、空间规划法的适用范围

空间规划法的适用范围，就是空间规划法的效力范围，即空间规划法的约束力，是指空间规划法在什么地方、在什么时间对哪些人以及哪些事情产生效力，包括空间规划法的空间效力和时间效力。

1. 空间效力。空间效力是指空间规划法对地和对人的效力，也就是确定空间规划法管辖权的问题。

确定空间规划法空间效力的原则主要有以下四种：

（1）属人原则，即单纯以人的国籍为标准，凡是本国人，无论是在本国领域内还是在本国领域外，都适用本国空间规划法。我国空间规划法对人的效力主要分为以下两种：第一种是对中国公民的效力，另一种是对外国人和无国籍人的效力。在中国境内的外国人或无国籍人，除法律另有规定的，均适用我国空间规划法。

（2）属地原则，即单纯以地域为标准，凡是发生在本国领域内或规划区内的空间规划行为都适用本国空间规划法，无论行为人是本国人还是外国人或无国籍人。如《城乡规划法》第 2 条第 1 款规定："制定和实施城乡规划，在规划区内进行建设活动，必须遵守本法。"

（3）保护主义原则，是以能否维护本国利益作为是否适用本国法律的依据，任何侵害了本国利益的人，不论其国籍和所在地，都要受到本国法律的追究。

（4）综合主义原则，是指以属地主义原则为主，与属人主义原则和保护主义原则相结合，既保护本国利益，坚持国家主权，又要尊重他国主权。综合主义原则具有较强的可操作性。

2. 时间效力。所谓法的时间效力，是指法何时生效、何时失效及有无溯及力的问题。空间规划法的时间效力，是指空间规划法在什么时间生效和什么时间失效，以及空间规划法对其颁布之前的空间规划行为有无约束力的问题。

（1）空间规划法生效时间的确定方式。法律的生效日期，是指一部法律从何时开始正式实施，何时开始具有约束力。我国空间规划法生效日期的确定主要有以下三种方式：自公布之日起生效，即立即生效，一般会在法律条文中规定"本法自公布之日起施行"；自公布之日起一定期限内生效，一般在条文中直接规定"本法自某年某月某日起施行"，如 2007 年 10 月 28 日修订后公布的《城乡规划法》在第 70 条直接规定"本法自 2008 年 1 月 1 日起施行"；颁布试行后经一定时间才生效，如《城市规划设计收费标准（试行）》《小城镇环境规划编制导则（试行）》《衡水市城市规划管理实施办法（试行）》等。

（2）空间规划法失效时间的确定方式。空间规划法效力终止有两种表现形式：明示废止，即修订后的法律明文规定，在该法施行之日起，相应的原法同时废止，如《城乡规划法》最后一条明文规定"本法自 2008 年 1 月 1 日起施行。《中华人民共和国城市规划法》同时废止"；默示废止，即虽然法律文书中没有明文规定废除旧法，但根据"新法优于旧法"的原则，与新法相抵触的旧法自动废止。

（3）空间规划法的溯及力问题。法的溯及力，即法溯及既往的效力，是指法对于其生效前的行为和事件是否适用，如适用，则有溯及力，若不适用，则无溯及力。关于空间规划法是否有溯及力的问题主要有以下两个方面：有关侵权、违约或一些事实性的空间规划法律，一般没有溯及力；法不溯及既往并非绝对，在部分民事关系中，法律有溯及力。

第二节　空间规划法基本原则

一、空间规划法基本原则的概述

（一）空间规划法基本原则的含义和特征

空间规划法的基本原则是指空间规划法确认的，适用于空间规划法的一切领域的基本方针和准则。空间规划法的基本原则是空间规划法所确认的，而非任意确定的，或与其他部门法共有的原则，是始终贯穿于整个空间规划法领域，具有普遍指导意义和约束力，全面体现空间规划法内在本质特征的根本性准则。

我国空间规划法基本原则在形式和表述方面存在一些差别，但其内涵大致统一。本书认为，空间规划法基本原则为相互兼顾原则、可持续发展原则、市场调节与宏观调控相结合原则和公众参与原则。

（二）空间规划法基本原则的特征

1. 价值取向的独特性。空间规划法作为一个特殊的法律领域，其原则应当体现出空间规划法在调整对象、调整方法、法律功能等方面价值取向的独特性。适用于空间规划法的原则应当与其他一般的立法原则、司法原则区分开，从而把空间规划法与其他法律进行明确区别。

2. 实现空间规划法自身价值的普遍性和整合性。空间规划法基本原则的本质特征是它始终贯穿于整个领域并发生效力，这表明它是对空间规划法各个有机组成部分所体现的法律价值的归纳整合，具有普遍的指导性。

3. 对具体法律制度与规范的指导性。空间规划法的基本原则一般体现为概括性的规定，没有明确的约束力，其功能主要体现在对具体法律制度和规范的指导和约束。当对规定不明确的法律制度进行解释的时候，应当遵循其基本原则；当出现具体法律制度缺乏明示规范的时候，空间规划法的基本原则可以弥补法律漏洞，行为人可以根据基本原则做出相关符合基本原则的行为。

二、相互兼顾原则

（一）相互兼顾原则的含义

相互兼顾原则有两个方面的含义：一是各个规划之间的相互兼顾。即在制定不同规划的时候，应当全面统筹考虑，合理布局，按照规划的不同特征，协调规划。二是规划内容的相互兼顾。规划内容的相互兼顾包括部分空间与整个空间的相互兼顾，即无论所规划的空间大小如何，都应抛弃视自身工作范围的空间系统为一个封闭系统的狭隘规划观，把握整体的综合系统观，映射在空间规划上，就是子空间的布局规划必须和综合空间的布局规划互相适应。同样，综合空间的布局规划也必须考虑到子空间的现实条件和需求，在一个规划层面上涉及相同空间的部分时，综合空间规划应当与专项规划相适应。规划内容的相互兼顾还包括对空间内不同资源的综合考虑，并通过规划达到空间内全部资源的可持续发展，而不是顾此失彼。

（二）相互兼顾原则的产生和发展

关于相互兼顾原则，德国《联邦空间规划法（Bundesraumordnungsgesetz）》第1条第3款明确规定，部分空间的发展和规范应当确保符合整个空间的要求；整个空间的发展和规范应当考虑到部分空间的要求。在德国，相对于部门规划而言，空间规划也被称为协调规划。德国空间规划的协调主要通过部长联席会议进行，联邦政府中负责空间规划的部长和各州负责空间规划的部长定期就空间规划问题召开会议。部长联席会议下属若干专门委员会，负责此规划专题的协调。几乎所有规划涉及的问题都在委员会进行充分讨论，包括联邦层面的和各州的规划草案或法案。按联邦政府规定，州与州之间的空间规划必须进行协调，但是州与州之间的协调没有固定的协调程序，通常是在规划通过前将规划草案送给相关州政府审查。

我国在《十五计划纲要》中关于水利建设问题上，提及了"统筹兼顾"。《十五计划纲要》规定"水利建设要全面规划，统筹兼顾"。相互兼顾原则之后在《十一五规划纲要》中得到了发展，《十一五规划纲要》指出，规划城市规模与布局，要符合当地水土资源、环境容量、地质构造等自然承载力，并与当地经济发展、就业空间、基础设施和公共服务供给能力相适应（第二十一章第三节）。该规定表明城市规划应当充分考虑现有空间资源并与周围发展空间相适应。《十二五规划纲要》和《国家新型城镇化规划》都已明确将加强空间规划整合、"多规合一"列为协调区域发展、创新城乡规划管理体制的重要战略。我国的《城乡规划法》要求，规划区内的建设活动应当符合规划要求（第3条），统筹兼顾各空间资源（第4条），不同规划之间应当互相协调（第5条）。我国空间资源包括但不仅限于土地资源，还包括海洋资源。关于陆海统筹的概念，《十二五规划纲要》指出，发展海洋经济。坚持陆海统筹，制定和实施海洋发展战略，提高海洋开发、控制、综合管理能力。陆海统筹的概念也在我国新出台的《全国国土规划纲要》中得到全面发展，《全国国土规划纲要》指出："坚持陆域开发与海域利用相统筹。在促进陆域国土纵深开发的同时，充分发挥海洋国土作为经济空间、战略通道、资源基地、安全屏障的重要作用，扩大内陆地区分享海洋经济发展效益的范围，加强陆地与海洋在发展定位、产业布局、资源开发、环境保护和防灾减灾等方面的协同共治，构建良性互动的陆海统筹开发格局，提高海洋资源开发能力，加快建设海洋强国。"

（三）相互兼顾原则的贯彻

近年来，我国大力推崇发展的"多规合一"政策就是相互兼顾原则的重要体现。2014年12月在北京召开的中央经济工作会议提出了2015年经济工作五大主要任务，明确指出"要加快规划体制改革，健全空间规划体系，积极推进市县'多规合一'"。可以认为，"十三五"期间，"多规合一"和健全空间规划体系是两项核心内容之一。所谓"多规合一"，是指以国民经济和社会发展规划为依据，强化城乡建设、土地利用、环境保护、文物保护、林地保护、综合交通、水资源、文化旅游、社会事业等各类规划的衔接，确保"多规"确定的保护性空间、开发边界、城市规模等重要空间参数一致，并在统一的空间信息平台上建立控制线体系，以实现优化空间布局、有效配置土地资源、提高政府空间管控水平和治理能力的目标。[1]"多规合一"的目的就在于通过对各类规划的相互协调，建立统一的空间管治体系，从而解决空间冲突的问题。

在部分空间和整个空间的相互兼顾上，我国进行了大量实践并取得一定的成就。通过对比中西东部发展水平和空间资源的差异性，兼顾整个空间发展，同时满足部分空间发展的需求，我国决定在优化东部地区城市群的同时，在中西部地区资源环境承载能力较强的区域，培育形成若干人口和经济密集的城市群，通过推进城镇化带动中西部地区发展。

除以上几点外，相互兼顾原则还具体体现在以下几个方面[2]：

1. 按照统筹上下游的要求进行开发。大江大河上游地区的各类开发要充分考虑对下游地区的影响。下游地区要积极吸纳上游地区人口，上缴财政收入，帮助上游地区修复生态环境和实现脱贫。

2. 按照统筹地上地下的要求进行开发。各类开发活动都要充分考虑水文地质、工程地质和环境地质等地下要素，充分考虑地下矿产的赋存规律和特点。在条件允许的情况下，城市建设和交通基础设施建设应积极利用地下空间。

3. 统筹不同的空间资源进行开发。协调同一个空间内的不同资源，充分考虑资源之间的相互影响，规划建设的规模、布局、密度等应与其他资源相兼顾。

4. 根据陆地国土空间与海洋国土空间的统一性，以及海洋系统的相对独立性进行开发，促进陆地国土空间与海洋国土空间协调开发。

5. 集聚开发与均衡发展相协调。以集聚开发为重点，鼓励有条件的地区率先发展，最大限度地发挥要素集聚效益，提高对周边地区的辐射带动能力。兼顾效率与公平，统筹配置公共资源，推动城乡区域协调发展。加大对革命老区、民族地区、边疆地区、贫困地区和资源型地区的扶持力度，提升自我发展能力。优先保障民生设施建设空间，促进基本公共服务均等化。

三、可持续发展原则

（一）可持续发展原则的含义

1991年，由世界自然保护联盟（International Union for Conservation of Nature，IUCN）、联合国环境规划署（United Nations Environment Programme，UNEP）和世界野生生物基金会（World Wildlife Fund，WWF）共同发表了《保护地球——可持续生存战略（Caring For the Earth：A Strategy For Sustainable Living）》（以下简称

---

〔1〕 有关"多规合一"的定义，见烟台市规划局网，http://www.ytgh.gov.cn/art/2017/11/27/art_7024_860287.html，访问时间：2018年3月22日。

〔2〕 参考《全国主体功能区规划》《全国国土规划纲要（2016～2030年）》。

《生存战略》)。《生存战略》将可持续发展定义为："在生存于不超出维持生态系统涵容能力的情况下，提高人类的生活质量"。在具体内容方面，可持续发展涉及可持续经济、可持续生态和可持续社会三方面的协调统一，要求人类在发展中讲究经济效率、关注生态和谐和追求社会公平，最终实现人的全面发展。这表明，可持续发展虽然缘起于环境保护问题，但作为一个指导人类走向 21 世纪的发展理论，它已经超越了单纯的环境保护，它将环境问题与发展问题有机地结合起来，已经成为一个有关社会经济发展的全面性战略。

关于可持续发展的定义，不同领域中，解释各不相同。例如，生态学家着重从自然方面把握可持续发展，认为可持续发展是指不超越环境系统更新能力的人类社会的发展；经济学家着重从经济方面把握可持续发展，认为可持续发展是在保持自然资源质量和其持久供应能力的前提下，使经济增长的净利益增加到最大限度的发展；社会学家从社会角度把握可持续发展，认为可持续发展是在不超出维持生态系统涵容能力的情况下，尽可能地改善人类的生活品质；科技工作者则更多地从技术角度把握可持续发展，把可持续发展理解为建立极少产生废料和污染物的绿色工艺或技术系统。

具体到空间规划上，可持续发展是指在进行空间规划为当代人营造最佳生活环境时，同时要考虑到后代的利益，并兼顾环境问题和社会公平。

（二）可持续发展原则的产生和发展

可持续发展这一概念起源于 1970 年联合国大会（General Assembly of the U-nited Nations）2626（XXV）号决议，即 1971 年发展与环境报告（The Founes Report on Development and Environment），该决议和报告都指出了长期发展规划和环境保护之间的关系。之后在世界自然保护联盟（International Union of Conservation of Nature，IUCN）于 1980 年制定的《世界自然保护大纲（The World Conservation Strategy）》中，该概念被应用于林业和渔业，指对资源的一种管理战略，如何仅将全部资源中的合理部分加以收获，使得资源不受破坏，而新成长的资源数量足以弥补所收获的数量。[1]可持续发展概念的正式提出，是在世界环境与发展委员会（World Commission on Environment and Development）于 1987 年向联合国大会提交的《布伦特兰报告（Brundtland Report）》（又称《我们共同的未来（Our Common Future）》）中，该报告指出："可持续发展是既要满足当代人的需要，又不对后代人满足其需要的能力构成危害的发展。"该报告也呼吁在"人类需求和自然法则的指导之内设立基准和维持人类进步。"[2]

---

〔1〕 张坤民主笔：《可持续发展理论》，中国环境科学出版社 1997 年版，第 16 页。
〔2〕 张弛："论可持续发展原则与国际法"，载《求索》2011 年第 11 期。

1992 年 6 月联合国环境与发展大会（United Nations Conference on Environment and Development，UNCED）在巴西里约热内卢召开，会议通过了《里约环境与发展宣言（Rio Declaration on Environment and Development）》《21 世纪议程（Agenda 21）》《关于森林问题的原则声明（The Declaration of Principles on Forests）》等重要文件，并开放签署了《联合国气候变化框架公约（United Nations Framework Convention on Climate Change）》《生物多样性公约（Convention on Biological Diversity）》，充分体现了当今人类社会可持续发展的新思想，反映了关于环境与发展领域合作的全球共识和最高级别的政治承诺。《21 世纪议程》要求各国制订和组织实施相应的可持续发展战略、计划和政策，迎接人类社会面临的共同挑战。大会后，我国政府率先组织制定了《中国世纪议程——中国世纪人口、环境与发展白皮书》，作为指导我国国民经济和社会发展的纲领性文件，开始了我国可持续发展的进程。一些地方政府开始了基于城市可持续发展的规划实践，作为对我国可持续发展战略的响应，并将可持续发展的理念运用于城市总体规划、城市设计和建筑设计等各个领域。从一些城市规划的名称中就可以看出可持续发展理论，如无锡市生态文明建设规划、遂宁市现代生态田园城市规划和山水园林城市规划等。

（三）可持续发展原则的贯彻

在空间规划中，国土空间功能分区就是对可持续发展原则的贯彻。近年来，资源开发强度大，环境问题凸显。一些地区粗放式、无节制的过度开发，导致水资源短缺、能源不足等问题越来越突出。推进形成主体功能区，就是要根据不同区域的资源环境承载能力、现有开发强度和发展潜力，统筹谋划人口分布、经济布局、国土利用和城镇化格局，确定不同区域的主体功能，并据此明确开发方向，完善开发政策，控制开发强度，规范开发秩序，逐步形成人口、经济、资源环境相协调的国土空间开发格局。该格局有利于从源头上扭转生态环境恶化趋势，促进资源节约和环境保护、应对和减缓气候变化，实现可持续发展。功能区划的实质任务就是揭示本地区已有的功能空间格局，评价国土空间针对不同功能的适宜性，根据客观规律和规划目标划分不同的功能区并制定相应的规划政策，实现本地区的可持续发展[1]。

关于生态资源上的可持续发展，我国《全国国土规划纲要》中明确规定："坚持国土开发与资源环境承载能力相匹配"。树立尊重自然、顺应自然、保护自然的生态文明理念，坚持人口资源环境相均衡，以资源环境承载能力为基础，根据资

---

[1] 陶岸君、王兴平："市县空间规划'多规合一'中的国土空间功能分区实践研究——以江苏省如东县为例"，载《现代城市研究》2016 年第 9 期。

源禀赋、生态条件和环境容量，明晰国土开发的限制性和适宜性，科学确定国土开发利用的规模、结构、布局和时序，划定城镇、农业、生态空间开发管制界限，引导人口和产业向资源环境承载能力较强的区域集聚。根据国土空间的不同特点，以保护自然生态为前提、以水土资源承载能力和环境容量为基础进行有度有序开发，开发与保护相协调，走人与自然和谐的发展道路，建设环境友好型社会。

我们还可以从以下几个方面观察可持续发展原则的贯彻实施[1]：

1. 涉及工业化城镇化开发时，必须建立在对所在区域资源环境承载能力综合评价的基础上，严格控制在水资源承载能力和环境容量允许的范围内。编制区域规划等应事先进行资源环境承载能力综合评价，并把保持一定比例的绿色生态空间作为规划的主要内容。严禁各类破坏生态环境的开发活动。能源和矿产资源的规划开发要尽可能不损害生态环境并应最大限度地修复原有生态环境。

2. 对地下空间的规划，要充分考虑到地下水的可持续性。严格控制地下水的开采，加强对超限度开采的治理和对地下水源的涵养与保护。加强水土流失综合治理及预防监督。

3. 资源利用上，应坚持节约优先与高效利用相统一，加强全过程节约管理，完善市场调节、标准管控、考核监管，健全土地、水、能源节约集约使用制度，大幅降低资源消耗强度，提高利用效率和效益，形成节约资源的空间格局、产业结构、生产方式和消费模式，推动资源利用方式根本转变，实现可持续发展。

4. 涉及农业相关的规划时，要充分考虑农业对自然生态系统的影响，积极发挥农业的生态、景观和间隔功能。严禁有损自然生态系统的开荒以及侵占水面、湿地、林地、草地等农业开发活动。在确保省域内耕地和基本农田面积不减少的前提下，继续在适宜的地区实行退耕还林、退牧还草、退田还湖。在农业用水严重超出区域水资源承载能力的地区实行退耕还水。

5. 由于先前规划行为导致生态遭到破坏的地区要尽快偿还生态欠账。规划中注意保护天然草地、沼泽地、苇地、滩涂、冻土、冰川及永久积雪等自然空间。

四、市场调节与宏观调控相结合原则

（一）市场调节与宏观调控相结合原则的含义

市场调节与宏观调控相结合原则，是指坚持发挥市场机制的作用与政府宏观调控的作用，两者相结合。以市场机制为空间规划、优化资源配置的基础调节杠杆，同时辅以政府主管部门或监管机构有力的监督，对空间规划中关系到全民利

[1] 参见"全国主体功能区规划"，国土资源部网，http://www.mlr.gov.cn/xwdt/jrxw/201106/t20110609_877043.htm，访问时间：2018年3月25日。

益的重大问题，予以政府的干预，实现"无形之手"和"有形之手"的协同配置。

市场机制就是市场运行的实现机制。它作为一种经济运行机制，是通过市场价格的波动、市场主体对利益的追求和市场供求的变化来调节经济运行的，是市场经济机体内的供求、竞争、价格等要素之间的有机联系及相互作用。宏观调控，即国家干预，是国家经济职能的具体实现，同时也是弥补市场调节缺陷的需要。所谓空间规划的政府调控，是指国家遵循一定规律，运用经济、法律和必要的行政管理手段，从系统、综合和全面的角度，对空间规划中的社会关系进行干预和挑战，对资源配置市场的运行和发展趋势进行总体指导和调节，把对空间资源的微观利用活动纳入国家宏观发展轨道，以保障资源供需总量平衡，及时纠正经济运行中偏离宏观目的的倾向，优化空间结构，寻求空间平衡发展和改善人居环境。

（二）市场调节与宏观调控相结合原则的产生与发展

1776 年，亚当·斯密（Adam Smith）在其著作《国富论（The Wealth of Nations)》中首次提出"看不见的手"。当时最初的意思是受"看不见的手"的驱使，出于利己动机的个人相互进行交换，最终获得公共利益的增进。后来，这一概念逐渐演化为资本市场竞争模式的意思。正常情况下，市场会依据经济人理性原则，按照它内在的机制稳定地运行，这些机制逐步形成市场经济中的价格机制、供求机制和竞争机制，这些机制就像一只看不见的手，支配每一个人自觉地按照市场规律行动。关于亚当·斯密的"看不见的手"，庇古（Pigou）在《福利经济学（The Economics of Welfare)》中认为只有在不存在一点外部性的条件下，市场才能使社会资源得到最优配置，消费者才能得到最大效益，即"帕累托最优"[1]状态。如果存在外部性，就无法实现"帕累托最优"状态。不幸的是外部性是广泛存在的，因此国家就要对经济进行干预，以消除外部性对经济的影响，从而使资源配置达到最有效率的状态。

1929 年，世界性的金融危机爆发，人们发现"看不见的手"并不是万能的，仅仅依靠"看不见的手"没有办法解决市场失灵的问题，于是凯恩斯的国家干预理论应运而生。国家干预的方向不是直接或间接地去增加总需求，而是调节市场资源的分配，以此创造稳定的经济环境来推动经济增长。国家的干预只有在市场失灵的地方才发挥作用，即涉及国家安全和存在外部性影响的领域，如公共产品的提供。

---

〔1〕 帕累托最优是指一种社会福利最大化的情况，在社会资源分配时，不损害其他人的利益时无法增加某人的利益，这个状态就是帕累托最优。

我国市场调节与宏观调控起步较西方晚，近来我国宏观调控政策主要集中在房地产行业。自从我国进行"分税制"改革以来，地方财政收入的比重下降。由于契税、房产税、土地增值税、城镇土地使用税等与不动产有关的税收及土地出让金都属于地方财政收入，许多地方政府为了发展经济，会采取提高土地价格的方法，由于土地价格过高，房地产的价格也居高不下。2004年以来，国家几乎每年都出台一系列严厉调控房地产价格的政策，但是效果不彰。

（三）市场调节和宏观调控相结合原则的贯彻

政府的空间规划行为的目的也是在市场无法自发地使资源配置达到最优，甚至倒退的时候，通过政府的宏观调控，在更大程度、更广范围内发挥市场配置资源的决定性作用，提高资源配置和国土空间开发效率。大力推进供给侧结构性改革，也是为了更好地发挥政府在国土空间开发利用与保护中的作用，完善自然资源资产用途管制制度，强化国土空间用途管制，综合运用经济、行政和法律等手段，科学引导人口流动、城乡建设和产业布局，合理优化空间结构。坚持市场调节和宏观调控，有助于消减市场失灵产生的外部性，也在一定程度上维护了市场秩序。

五、公众参与原则

（一）公众参与原则的含义

公众参与是指在一定社会经济条件下，民众通过各种形式自发地参与到相关决策过程中，对决策施加影响乃至改变决策方向的过程。空间规划中的公众参与是指与规划有关的公众亲自参与规划的过程。公众参与制度的理论在本质上出自民主主义理论，是公众参与国家管理活动的体现。空间规划是一种社会选择，公众是决策制定过程的中心，并且是需要执行管理措施的对象，公众参与到规划中，有利于制定更加科学民主的空间规划，协调不同主体的利益冲突[1]。

（二）公众参与原则的产生与发展

公众参与规划的理念起源于西方国家。在1947年，英国首次将公众参与引入城市规划中，英国的《城乡规划法案（Town and Country Planning Act）》允许公众对城市规划发表意见和看法。为了适应新时期的特点，英国在1968年修订《城乡规划法案》时制定了与传统的公众参与有所不同的方法和形式。与此同时，在20世纪60年代的美国，保罗·达维多夫（Paul Davidoff）提出了"倡导规划"（Advocacy Planning），强调通过多元主义来构建规划主体，并且认为规划的终极目的是扩展选择的机会，同时强调规划师自身的局限性。雪梨·阿恩斯坦（Sherry Arnstein）提出"市民参与阶梯理论"（A Ladder of Citizen Participation），

---

〔1〕 何卫东："试论环境法中的公众参与制度及其完善"，中国法院网，http：//www. chinacourt. org/article/detail/2015/07/id/1659254. shtml，访问时间：2018年3月25日。

她认为规划的公众参与本身是个政治化过程，提倡将公众意见上升到决策层面中来。朱迪思·英尼斯（Judith Innes）系统完整地提出了联络性规划（Communicative Planning），强调规划师在规划过程中不仅仅是委托方的代言人，并且要为公众充当协调者，将传统提供技术咨询和决策信息的方式改变为联络互动的方式来参与决策。20 世纪 90 年代初，公众参与规划的概念被引入我国规划界，经过多年发展，该领域取得了一定成果。1990 年 4 月 1 日起实施的《中华人民共和国城市规划法》（现已失效），注明了公众有遵守规划的义务和检举违章的权利；1991 年建设部颁布的《城市规划编制办法》（后于 2005 年被新法废止），规定规划的编制应广泛征求有关部门和当地居民的意见；2008 年 1 月 1 日起实行的《城乡规划法》首次确立规划的公众参与机制。但是就目前而言，我国空间规划中的公众参与机制还有待完善。

（三）公众参与原则的贯彻

与 1990 年 4 月起实施的《城市规划法》相比，中国城市规划在公众参与方面有所进步。《城乡规划法》中鲜明地提出"政府组织、专家领衔、部门合作、公众参与"的程序要求，强调公众参与和社会监督的重要作用。

有关空间规划中的公众参与原则的贯彻实施情况大体如下：

1. 组织编制机关应该充分考虑公众意见，并在报送的审批材料中附具意见采纳情况及理由。

2. 规划应当尊重群众意愿，让群众的意愿在规划实施中得以体现。乡规划、村庄规划应当从农村实际出发，尊重村民意愿。村庄规划在报送审批前，应该经村民会议、村民代表或者村民代表会议讨论同意。

3. 规划予以公开，将规划编制、审批、实施、修改等环节公开。

4. 有关规划的监督情况依法公开，供公众查阅和监督。

5. 编制规划要充分发扬民主精神，广泛听取意见。各级各类规划应视不同情况，征求本级人民政府有关部门和下一级人民政府以及其他有关单位、个人的意见。除涉及国家秘密的外，规划编制部门应当公布规划草案或者举行听证会，听取公众意见。

第三节 空间规划法基本制度

一、空间规划法基本制度的概述

空间规划法的基本制度是指根据空间规划法的基本原则，由调整特定规划中出现的社会关系的一系列空间规划法律规范而形成的相对完整的实施规则系统。

空间规划法的基本制度对具体空间法律规范具有指导、整合的功能和提纲挈领的作用，但它不同于空间规划法的基本原则，它本身就是可操作的实施性规范。空间规划法基本制度主要具有以下特征：空间规划法基本制度在适用对象上具有特定性，一项基本制度专门适用于空间规划的某一个方面，这个方面的各项制度相互配合组成相对完整的一类规则系统，各类规则相互配合，共同组成一个完整的系统。

本书认为我国空间规划法基本制度主要包括空间规划编制审批制度、空间规划修改制度、空间规划标准制度、空间规划环境影响评价制度和空间规划监督管理制度。

二、空间规划编制审批制度

（一）空间规划编制审批制度的概念

空间规划的编制和审批是指有规划权的行政主体对所管辖区域内的各种规划进行组织编制审批的行为。根据空间规划内容，可以将空间规划编制审批制度分为国民经济与社会发展规划编制审批、主体功能区规划编制审批、土地利用总体规划编制审批、城乡规划编制审批以及环境保护规划编制审批。

（二）空间规划编制审批制度的主要内容

1. 国民经济和社会发展规划。国民经济和社会发展规划是国家加强和改善宏观调控的重要手段，也是政府履行经济调节、市场监管、社会管理和公共服务职责的重要依据。国民经济和社会发展规划按行政层级分为国家级规划、省（区、市）级规划、市县级规划；按对象和功能类别分为总体规划、专项规划、区域规划。总体规划是国民经济和社会发展的战略性、纲领性、综合性规划，是编制本级和下级专项规划、区域规划以及制定有关政策和年度计划的依据，其他规划要符合总体规划的要求。专项规划是以国民经济和社会发展特定领域为对象编制的规划，是总体规划在特定领域的细化，也是政府指导该领域发展以及审批、核准的重大项目，安排政府投资和财政支出预算，制定特定领域相关政策的依据。区域规划是以跨行政区的特定区域国民经济和社会发展为对象编制的规划，是总体规划在特定区域的细化和落实。跨省（区、市）的区域规划是编制区域内省（区、市）级总体规划、专项规划的依据。

国家总体规划、省（区、市）级总体规划和区域规划的规划期一般为5年，可以展望到10年以上。市县级总体规划和各类专项规划的规划期可根据需要确定[1]。

国家总体规划和省（区、市）级、市县级总体规划分别由同级人民政府组

---

[1]"国务院关于加强国民经济和社会发展规划编制工作的若干意见"，中国政府网，http://www.gov.cn/zhengce/content/2008－03/28/content_2039.htm，访问时间：2018年3月25日。

织编制，并由同级人民政府发展改革部门会同有关部门负责起草；专项规划由各级人民政府有关部门组织编制；跨省（区、市）的区域规划，由国务院发展改革部门组织国务院有关部门和区域内省（区、市）人民政府有关部门编制。总体规划草案由各级人民政府报同级人民代表大会审议批准；关系国民经济和社会发展全局、需要国务院审批或者核准的重大项目以及安排国家投资数额较大的国家级专项规划，由国务院审批；其他国家级专项规划由国务院有关部门批准，报国务院备案；跨省（区、市）的区域规划由国务院批准。

2. 主体功能区规划。主体功能区规划是指根据不同区域的资源环境承载能力、现有开发强度和发展潜力，统筹谋划人口分布、经济布局、国土利用和城镇化格局，确定不同区域的主体功能，并据此明确开发方向，完善开发政策，控制开发强度，规范开发秩序，逐步形成人口、经济、资源环境相协调的国土空间开发格局。

全国主体功能区规划由国家主体功能区规划和省级主体功能区规划组成，分国家级和省级两个层次编制，规划范围为全国陆地国土空间以及内水和领海（不包括港澳台地区）。国家主体功能区规划由全国主体功能区规划编制工作领导小组（以下简称领导小组）会同各省（区、市）人民政府编制，规划期至2020年，并通过中期评估实行滚动调整；省级主体功能区规划由各省（区、市）人民政府组织市、县级人民政府编制，规划期至2020年。编制全国主体功能区规划的主要任务是，在分析评价国土空间的基础上，确定各级各类主体功能区的数量、位置和范围，明确不同主体功能区的定位、开发方向、管制原则、区域政策等。

3. 土地利用总体规划。土地利用总体规划是国家空间规划体系的重要组成部分，是管制土地用途、保护土地资源、统筹各项土地利用活动的重要依据。土地利用总体规划分为国家、省、市、县和乡（镇）五级。村土地利用规划是乡（镇）土地利用总体规划的重要组成部分。土地利用总体规划依法由各级人民政府组织编制，国土资源主管部门具体承办。国土资源主管部门会同有关部门编制本级土地利用总体规划，审查下级土地利用总体规划。省、市、县级土地利用总体规划大纲经本级人民政府同意后，逐级上报规划审批机关和同级的国土资源主管部门审核。土地利用总体规划按照下级规划服从上级规划的原则，依法自上而下审查报批。跨行政区域的土地利用总体规划由共同的上级人民政府国土资源主管部门会同发展改革等有关部门编制，依照法定权限报批[1]。

4. 城乡规划。城乡规划是指对一定时期内城乡的经济和社会发展、土地利

---

[1] "土地利用总体规划管理办法"，国土资源部网，http://f. mlr. gov. cn/201705/t20170511_1507374. html，访问时间：2018年3月25日。

用、空间布局以及各项建设的综合部署、具体安排和实施管理。城乡规划属于空间综合规划，主要包括城镇体系规划、城市规划、镇规划、乡规划和村庄规划。城市规划、镇规划分为总体规划和详细规划。详细规划分为控制性详细规划和修建性详细规划。控制性详细规划是城市、镇人民政府城乡规划主管部门根据城市、镇总体规划的要求，用以控制建设用地性质、使用强度和空间环境的规划。

国务院城乡规划行政主管部门组织编制全国城镇体系规划；省、自治区、直辖市人民政府组织编制省域城镇体系规划；城市人民政府负责组织编制城市规划；镇人民政府负责编制镇的规划。全国城镇体系规划、省域城镇体系规划和直辖市、省会城市以及国务院确定的其他城市的总体规划，由国务院审批；其他城市、县和县政府所在地镇、其他镇的总体规划，分别由省（自治区、直辖市）人民政府、城市人民政府和县级人民政府审批。关于详细规划，城市人民政府城乡规划主管部门根据城市总体规划的要求，组织编制城市的控制性详细规划，经本级人民政府批准后，报本级人民代表大会常务委员会和上一级人民政府备案；镇人民政府根据镇总体规划的要求，组织编制镇的控制性详细规划，报上一级人民政府审批；县人民政府所在地镇的控制性详细规划，由县人民政府城乡规划主管部门根据镇总体规划的要求组织编制，经县人民政府批准后，报本级人民代表大会常务委员会和上一级人民政府备案；城市、县人民政府城乡规划主管部门和镇人民政府可以组织编制重要地块的修建性详细规划。近期规划的编制主体分别为城市、县、镇人民政府。

5. 环境保护规划。环境保护规划是国家和地方各级人民政府根据一个国家或地区的环境状况以及国民经济发展的要求，在一定规划期内对管辖区域内环境保护目标、实现环境保护目标的手段和措施所做的总体安排。我国的环境保护规划是伴随着环境保护工作的发展而发展的，环境保护规划经历了从无到有、从简单到复杂、从局部进行到全面开展的发展历程。在环境保护规划体系中，按规划领域分为综合规划和专项规划，两者是总体和支撑的关系，形成分工明确的有机整体；按审批层级分为报各级人民政府审批的规划、环保部门联合有关部门审批的规划和环保部门单独印发的规划；按规划区域分为市级、县级规划。县级以上人民政府环境保护行政主管部门，应当会同有关部门对管辖范围内的环境状况拟定环境保护规划，报同级人民政府批准实施。

三、空间规划修改制度

（一）空间规划修改制度的概念

空间规划修改是指现有的规划不能满足经济社会发展的需要或超出环境承载力限度，需要经法定程序进行修改并使其重新具有效力的行为。根据空间规划内容，可以将空间规划编制审批制度分为国民经济与发展规划修改、主体功能区规划修改、土地利用总体规划修改、城乡规划修改以及环境保护规划修改。

（二）空间规划修改制度的主要内容

1. 国民经济与发展规划修改。《国务院关于加强国民经济和社会发展规划编制工作的若干意见》（国发〔2005〕33号）第5条意见表明，规划编制部门要在规划实施过程中适时组织开展对规划实施情况的评估，及时发现问题，认真分析产生问题的原因，提出有针对性的对策建议。评估结果要形成报告，作为修订规划的重要依据。经评估或者因其他原因需要对规划进行修订的，规划编制部门应当提出规划修订方案（需要报批、公布的要履行报批、公布手续）。总体规划涉及的特定领域或区域发展方向等内容有重大变化的，专项规划或区域规划也要相应调整和修订。

2. 主体功能区规划修改。《全国主体功能区规划》显示，对主体功能区规划要适时开展规划评估，提交评估报告，并根据评估结果提出需要调整的规划内容或对规划进行修订的建议。各地区各部门要对本规划实施情况进行跟踪分析，注意研究新情况，解决新问题。

3. 土地利用总体规划修改。有下列情形之一，确需修改土地利用总体规划的，规划编制机关可以依法组织修改规划，报原规划审批机关批准[1]：

（1）国家或者省级重大战略实施、重大政策调整、经济社会发展条件发生重大变化。

（2）经国务院或者省级人民政府及其投资主管部门批准的能源、交通、水利、矿山、军事设施等建设项目。

（3）重大自然灾害抢险避灾、灾后恢复重建。

（4）行政区划调整。

（5）重要民生项目建设。

（6）法律、行政法规规定的其他情形。

4. 城乡规划修改。关于城乡规划的修改的情形，《城乡规划法》采用了一般禁止和列举排除的方法。根据第47条的规定，组织编制机关可按照规定的权限和程序对省域城镇体系规划、城市总体规划、镇总体规划作出变更的情形包括：上级人民政府制定的城乡规划发生变更，提出修改规划要求的；行政区划调整确需修改规划的；因国务院批准重大建设工程确需修改规划的；经评估确需修改规划的；城乡规划的审批机关认为应当修改规划的其他情形。

修改省域城镇体系规划、城市总体规划、镇总体规划前，组织编制机关应当

---

〔1〕"土地利用总体规划管理办法"，国土资源部网，http://www.mlr.gov.cn/zwgk/zytz/201705/t20170511_1507370.htm，访问时间：2018年3月25日。

对原规划的实施情况进行总结，并向原审批机关报告；修改涉及城市总体规划、镇总体规划强制性内容的，应当先向原审批机关提出专题报告，经同意后，方可编制修改方案。第48条规定，修改控制性详细规划的，组织编制机关应当对修改的必要性进行论证，征求规划地段内利害关系人的意见，并向原审批机关提出专题报告，经原审批机关同意后，方可编制修改方案。控制性详细规划修改涉及城市总体规划、镇总体规划的强制性内容的，应当先修改总体规划。第49条规定，城市、县、镇人民政府修改近期建设规划的，应当将修改后的近期建设规划报总体规划审批机关备案。

关于城乡规划的修改，2008年实施的《城乡规划法》还同时规定，因修改规划而给相关人员的权益造成损失的，应当给予补偿。《城乡规划法》第50条规定，规划许可决定作出后，因依法修改城乡规划给被许可人的合法权益造成损失的，应当依法给予补偿；修建性详细规划和设计方案的总平面图的随意修改，造成利害关系人权益损失的应当依法给予补偿。在修改控制性详细规划以及设计方案总平面图的过程中，应当征求利害关系人的意见。此时，《城乡规划法》采用的信赖保护原则，不仅制约了控制性详细规划的随意修改，还保证控制性详细规划范围内的已许可项目所依据的规划图不再被调整，除非政府准备进行行政补偿；同时制约了规划条件的随意修改，规划条件必须科学合理，既要体现节约用地的原则，又要在规划实施时是可行的；此外还制约了已经批复的修建性详细规划和设计方案总平面图的随意变更，对已经预售的建设项目的修建性详细规划和设计方案总平面图也适用信赖保护原则。

5. 环境保护规划的修改。当现有的环境保护规划无法满足环境需求时，一般由原编制机关对环境保护规划进行修改。在修改环境保护规划的时候，应明确任何单位和个人不能逾越生态环境保护红线，在规划涉及地方环境标准的时候，地方环境标准不得低于国家标准。

四、空间规划标准制度

（一）空间规划标准制度的概念

空间规划标准是指国家为了营造一个最适宜的人类居住环境，建立环境友好型社会，对规划中涉及的环境质量、规划方法等，按照法定程序制定和批准发布的各种技术规范的总称。

规划标准在我国规划工作中有着极其重要的地位和不可替代的作用。规划标准不仅是我国空间规划法规的重要组成部分，也是我国部分行政部门依法行政的依据。其中，环境标准是我国环境保护规划的体现。环境规划的主要依据就是标准，规划的目标也主要是用标准来表示的。我国环境质量标准就是将环境规划总目标依据环境组成要素和控制项目在规划时间和空间内予以分解并量化的产物。

因此，环境质量标准具有鲜明的阶段性和区域性，是环境规划的定量描述。[1]

（二）空间规划标准制度的主要内容

根据《中华人民共和国标准化法》，我国的规划标准分为国家规划标准、地方规划标准、规划行业标准。国家规划标准分为强制性标准和推荐性标准，其中强制性标准必须执行，对不执行的可以依据法律法规予以处罚。地方规划标准是对国家规划标准的补充和完善，国家标准主要由规划中涉及的相应部委制定，如住房和城乡建设部的《镇规划标准（GB50188 - 2006）》、水利部的《水资源规划规范（GB/T 51051 - 2014）》、林业局（现已被撤销）的《森林资源规划设计调查技术规程（GB/T 26424 - 2010）》等。规划除了要满足环境质量标准，也要兼顾一些通用的技术标准，包括《城市用地分类与规划建设用地标准（GB 50137 - 2011）》《城市居住区规划设计规范（GB 50180 - 1993）》《城市道路交通规划设计规范（GB 50220 - 1995）》，以及各种基础设施工程规划设计规范，如《城市工程管线综合规划规范（GB 50289 - 2016）》《城市防洪工程设计规范（GB/T 50805 - 2012）》《城市排水工程规划规范（GB 50318 - 2017）》《城市给水工程规划规范（GB 50282 - 2016）》等。

五、空间规划环境影响评价制度

（一）空间规划环境影响评价制度的概念

《中华人民共和国环境影响评价法》（以下简称《环境影响评价法》）将环境影响评价制度定义为"对规划和建设项目实施后可能造成的环境影响进行分析、预测和评估，提出预防或者减轻不良环境影响的对策和措施，进行跟踪监测的方法与制度。"我国1979年颁布的《环境保护法（试行）》第一次确立了环境影响评价制度，其后，2002年10月28日第9届全国人民代表大会常务委员会第30次会议通过的《环境影响评价法》更是为我国环境影响评价制度奠定了重要基础。环境影响评价分为规划环评和建设环评。关于规划环评，我国主要有于2009年8月12日国务院第76次常务会议通过的《规划环境影响评价条例》，该条例全面系统地规定了规划环评的原则、范围、内容以及法律责任。将环境评价制度引入空间规划就是要求在规划阶段和采纳规划方案时应当综合考虑环境因素，为建设资源节约型、环境友好型社会而努力。

（二）空间规划环境影响评价制度的适用范围和具体内容

1. 规划环境影响评价的适用范围。国务院有关部门、设区的市级以上地方人民政府及其有关部门，对其组织编制的土地利用的有关规划和区域、流域、海域的建设、开发利用规划（以下称综合性规划），以及工业、农业、畜牧业、林

---

[1] 张梓太主编：《环境与资源保护法学》，北京大学出版社2007年版，第140页。

业、能源、水利、交通、城市建设、旅游、自然资源开发的有关专项规划（以下称专项规划），应当进行环境影响评价。进行环境影响评价的规划的具体范围，由国务院环境保护主管部门会同国务院有关部门拟订，报国务院批准后执行[1]。

2. 规划环境影响评价的具体内容。对规划进行环境影响评价，应当分析、预测和评估以下内容[2]：

（1）规划实施可能对相关区域、流域、海域生态系统产生的整体影响。

（2）规划实施可能对环境和人群健康产生的长远影响。

（3）规划实施的经济效益、社会效益与环境效益之间以及当前利益与长远利益之间的关系。

（4）规划实施对环境可能造成影响的分析、预测和评估。这主要包括资源环境承载能力分析、不良环境影响的分析和预测以及与相关规划的环境协调性分析。

（5）预防或者减轻不良环境影响的对策和措施。这主要包括预防或者减轻不良环境影响的政策、管理或者技术等措施。环境影响报告书除包括上述内容外，还应当包括环境影响评价结论。这主要包括规划草案的环境合理性和可行性，预防或者减轻不良环境影响的对策和措施的合理性和有效性，以及规划草案的调整建议。

（三）规划环境影响评价的程序

1. 规划编制机关对可能造成不良环境影响并直接涉及公众环境权益的专项规划，应当在规划草案报送审批前，采取调查问卷、座谈会、论证会、听证会等形式，公开征求有关单位、专家和公众对环境影响报告书的意见。但是，依法需要保密的除外。有关单位、专家和公众的意见与环境影响评价结论有重大分歧的，规划编制机关应当采取论证会、听证会等形式进一步论证。规划编制机关应当在报送审查的环境影响报告书中附具对公众意见采纳与不采纳情况及其理由的说明。

2. 规划编制机关在报送审批综合性规划草案和专项规划中的指导性规划草案时，应当将环境影响篇章或者说明作为规划草案的组成部分一并报送规划审批机关。未编写环境影响篇章或者说明的，规划审批机关应当要求其补充；未补充的，规划审批机关不予审批。规划编制机关在报送审批专项规划草案时，应当将环境影响报告书一并附送规划审批机关审查；未附送环境影响报告书的，规划审批机关应当要求其补充；未补充的，规划审批机关不予审批。

3. 设区的市级以上人民政府审批的专项规划，在审批前由其环境保护主管

---

[1]　参见《规划环境影响评价条例》第2条。
[2]　参见《规划环境影响评价条例》第8条、第11条。

部门召集有关部门代表和专家组成审查小组，对环境影响报告书进行审查。审查小组应当提交书面审查意见。省级以上人民政府有关部门审批的专项规划，其环境影响报告书的审查办法，由国务院环境保护主管部门会同国务院有关部门制定。审查小组的专家应当从依法设立的专家库内相关专业的专家名单中随机抽取。但是，参与环境影响报告书编制的专家，不得作为该环境影响报告书审查小组的成员。审查小组提出修改意见的，专项规划的编制机关应当根据环境影响报告书结论和审查意见对规划草案进行修改完善，并对环境影响报告书结论和审查意见的采纳情况作出说明；不采纳的，应当说明理由。设区的市级以上人民政府或者省级以上人民政府有关部门在审批专项规划草案时，应当将环境影响报告书结论以及审查意见作为决策的重要依据。

4. 对环境有重大影响的规划实施后，规划编制机关应当及时组织对规划环境影响的跟踪评价，将评价结果报告规划审批机关，并通报环境保护等有关部门。规划编制机关对规划环境影响进行跟踪评价，应当采取调查问卷、现场走访、座谈会等形式征求有关单位、专家和公众的意见。规划实施过程中发现有明显不良环境影响的，应当及时提出改进建议。

5. 规划实施区域的重点污染物排放总量超过国家或者地方规定的总量控制指标的，应当暂停审批该规划实施区域内新增该重点污染物排放总量的建设项目的环境影响评价文件。

（四）违反规划环境影响评价制度的法律责任

1. 规划编制机关的法律责任。规划编制机关在组织环境影响评价时弄虚作假或者有失职行为，造成环境影响评价严重失实的，对直接负责的主管人员和其他直接责任人员，依法给予处分。

2. 规划审批机关的法律责任。规划审批机关对依法应当编写而未编写环境影响篇章或者说明的综合性规划草案和专项规划中的指导性规划草案，予以批准的；对依法应当附送而未附送环境影响报告书的专项规划草案，或者对环境影响报告书未经审查小组审查的专项规划草案，予以批准的，对直接负责的主管人员和其他直接责任人员，依法给予处分。

3. 审查小组的法律责任。审查小组的召集部门在组织环境影响报告书审查时弄虚作假或者滥用职权，造成环境影响评价严重失实的，对直接负责的主管人员和其他直接责任人员，依法给予处分。审查小组的专家在环境影响报告书审查中弄虚作假或者有失职行为，造成环境影响评价严重失实的，由设立专家库的环境保护主管部门取消其入选专家库的资格并予以公告；审查小组的部门代表有上述行为的，依法给予处分。

4. 规划环境影响评价技术机构的法律责任。规划环境影响评价技术机构弄虚作假或者有失职行为，造成环境影响评价文件严重失实的，由国务院环境保护主管部门予以通报，并处所收费用1倍以上3倍以下的罚款；构成犯罪的，依法追究刑事责任。

六、空间规划监督管理制度

（一）空间规划监督管理制度的概念

空间规划监督管理有广义和狭义之分。狭义的空间规划监督管理是指空间规划行政监督管理部门运用行政、法律、经济、宣传教育等手段，对各种影响空间规划的行为进行调控和监督，以促进经济社会和环境的可持续发展。广义的空间规划监督管理包括空间规划立法监督管理、空间规划行政监督管理、空间规划司法监督管理、空间规划社会监督管理等。

（二）空间规划监督管理制度的主要内容

关于监督管理制度，基本上我国的空间规划实行行政监督管理体制，经历了从无到有、从不健全到比较完善的发展过程。目前，我国已形成空间规划统一管理、分级管理和平行管理相结合的体制。"统管"部门是指国务院各项规划行政主管部门和县级以上人民政府的各项规划行政主管部门，它们之间存在行政隶属关系，并分级对本辖区内的空间规划工作实行统一监督管理。根据国务院机构改革方案[1]，为解决空间规划重叠问题，我国新成立的自然资源部将统一行使所有国土空间用途管制以及空间规划的监督管理。"平行管理"是指监察委员会同自然资源部同时对空间规划行为实施监督管理。根据我国通过的《中华人民共和国监察法》（以下简称《监察法》）[2]，各级监察委员会依照法律规定，对各辖区内的公职人员和有关人员履行监督、调查和处置职责。具体到空间规划行政管理监督，监察委员会对辖区内的空间规划行为有监督管理的职责，同时监察委员会对负有空间规划监督管理职能的国家机关工作人员也有监督义务。

第四节　法律责任和法律救济

一、空间规划法律责任

（一）空间规划法律责任的概述

空间规划法律责任是指因违反空间规划的法定义务或合同义务所产生的由行

---

〔1〕 "关于国务院机构改革方案的说明"，中国政府网，http://www.gov.cn/guowuyuan/2018-03/14/content_5273856.htm，访问时间：2018年3月22日。

〔2〕 "中华人民共和国监察法（草案）"（摘要），中国政府网，http://www.gov.cn/xinwen/2018-03/14/content_5274056.htm，访问时间：2018年3月22日。

为人承担的不利后果。根据违反法律的性质不同，可以将空间规划法律责任分为空间规划民事责任、空间规划行政责任和空间规划刑事责任。

空间规划法律责任具有以下特点：

1. 空间规划法律责任具有其自身的特殊性，它是因违反空间规划法上的义务关系而形成的责任关系，以空间规划法律义务的存在为前提。

2. 空间规划法律责任还表示为一种责任方式，即承担不利后果，分为补偿性方式和惩罚性方式。

3. 空间规划法律责任的追究是由国家强制力实施或者潜在保证的。

（二）空间规划行政责任

1. 空间规划行政责任的概述。空间规划行政责任是指因违反空间规划行政法规规定而应承担的法律责任。

空间规划行政法律责任构成要件如下：

（1）行为违法。这是指行为人实施了违反空间规划行政法规的行为，是必要条件之一。

（2）行为人有过错。这是指行为人主观上具有故意或过失，是承担行政责任的必要条件之一。

（3）行为的危害结果。由于我国空间规划法的特殊性，危害结果不是承担行政责任的必要条件。

（4）违法行为与危害结果之间具有因果关系。此即违法行为与危害结果之间存在内在的、必然的联系，而不是表面、偶然的联系。既然危害结果并不是构成行政责任的必要条件，相应的因果关系也就成了"选择性条件"。

2. 行政主体的行政法律责任。行政处分是指国家机关、企事业单位对所属的国家工作人员尚不构成犯罪的违法失职行为，依据法律、法规所规定的权限而给予的一种惩戒。行政处分的种类有六种，从轻到重依次为警告、记过、记大过、降级、撤职和开除。下列违反空间规划法律法规的行为应当受到行政处分：

（1）依法应当编制各项规划而未编制的。

（2）在编制、修改和审批过程中弄虚作假的或未按照法定条件和程序编制、修改和审批的。

（3）未将批准的规划依法公布的。

（4）规划主管部门委托不具有相应资质等级的单位编制的。

（5）下级规划与上级规划相抵触，拒绝修改的。

（6）擅自修改或命令指使他人篡改规划资料、数据或者编造虚假数据的。

（7）国家工作人员在管理工作中滥用职权、玩忽职守、徇私舞弊，尚不构成犯罪的。

3. 行政相对人的行政法律责任。空间规划行政处罚是指行政主体对违反空间规划行政法律规范的公民、法人或其他组织依法给予处罚的具体行政行为。行政处罚遵循公正、公开的原则。设定和实施行政处罚必须以事实为依据，与违法行为的事实、性质情节以及社会危害程度相当。对违法行为进行行政处罚的规定必须公布，未经公布的，不得作为行政处罚的依据。实施行政处罚，纠正违法行为，应当坚持处罚与教育相结合的原则。行政处罚具有以下特征：①行政处罚的主体是依照法律、法规授权，具有行政处罚权的行政机关；②行政处罚的对象是行政相对人中的违法者；③行政处罚以惩戒而不以履行义务为目的；④行政处罚具有时效性。

根据行政处罚所涉及的对象和作用，可以将空间规划行政处罚分为三种：

（1）精神罚，这是行政机关对违反行政法律规范的个人或组织的谴责和警戒。空间规划法中规定的精神罚，包括警告、通报与公告等。警告是指对违法者予以告诫，申明其行为已经违法，要求以后不再犯，如我国《环境影响评价审查专家库管理办法》第 12 条规定，入选专家库的专家有下列情形之一的，由设立部门予以警告；情节严重的，取消其入选专家库资格，并予以公告。通报与公告是指将违法行为和违法者向全社会公开，比警告更具有威慑力，如我国《规划环境影响评价条例》第 34 条明确规定，规划环境影响评价技术机构弄虚作假或者有失职行为，造成环境影响评价文件严重失实的，由国务院环境保护主管部门予以通报。

（2）行为罚，是限制或剥夺违法者特定行为能力的一种制裁性处罚。根据相关规定，行为罚主要包括责令限期改正、责令停业整顿、降低资质等级或者吊销资质证书。城乡规划编制单位超越资质等级许可的范围承揽城乡规划编制工作或违反国家有关标准编制城乡规划，情节一般的，由所在地城市、县人民政府城乡规划主管部门责令限期改正；情节严重的，责令停业整顿，由原发证机关降低资质等级或者吊销资质证书；未依法取得资质证书承揽城乡规划编制工作的，由县级以上地方人民政府城乡规划主管部门责令停止违法行为；以欺骗手段取得资质证书承揽城乡规划编制工作的，由原发证机关吊销资质证书；城乡规划编制单位取得资质证书后，不再符合相应的资质条件的，由原发证机关责令限期改正；逾期不改正的，降低资质等级或者吊销资质证书。

（3）财产罚，是指以剥夺或者限制公民的财产权为内容的行政处罚。空间规划行政处罚中的财产罚主要为罚款。罚款是指空间规划行政监督管理部门强令违法者向国家缴纳一定数额的金钱，其作用在于强制剥夺违法者一定的财产权，促使其悔改。罚款目前是运用最广泛的一种行政处罚，几乎我国所有的空间规划法规、规章都有罚款的规定。如《城乡规划法》第 62 条中就有关于处以罚款的三种情形：其一，城乡规划编制单位超越资质等级许可的范围承揽城乡规划编制工作的或违反国家有关标准编制城乡规划的，处合同约定的规划编制费1倍以上2倍以下的罚款；其二，未依法取得资质证书承揽城乡规划编制工作的，处以罚款；其三，以欺骗手段取得资质证书承揽城乡规划编制工作的，处以罚款。在规划环评领域，若规划环境影响评价技术机构弄虚作假或者有失职行为，造成环境影响评价文件严重失实的，处所收费用1倍以上3倍以下的罚款。[1]

（三）空间规划民事责任

1. 空间规划民事责任的概述。民事责任是指当事人在民事活动中违反民事法律规定的义务而应承担的民事法律后果，包括侵权责任和违约责任两种表现形式。空间规划民事责任是指民事主体因违反空间规划中涉及的合同或者不履行其他空间规划民事义务所应承担的民事法律结果，具有强制性、补偿性等特点。

2. 空间规划民事法律责任构成。一般来说，空间规划民事责任构成要件包括四个方面：行为违法；行为人有过错，指行为人主观上具有故意或过失；行为的危害结果；违法行为与危害结果之间具有因果关系。

空间规划是我国政府管理的一种工具，虽然政府在其中占有主导地位，但是空间规划这一政府行为也涉及民事行为，如空间规划中各种规划的具体编制工作一般是由各级人民政府委托有相应资质等级的单位承担。此时，基于合同关系，在委托活动中的行政主体也具有了相应的民事权利和民事义务。相应地，若作为民事主体的规划编制单位在编制过程中由于隐瞒情况、弄虚作假给政府造成损失的，依法承担侵权赔偿责任。相对地，若政府不履行支付合同约定的规划编制费的义务，规划编制单位也可以要求政府承担违约责任。

（四）空间规划刑事责任

1. 空间规划刑事责任的概念。一般来说，所谓空间规划犯罪，是指为刑法、空间规划法所规定的，并满足犯罪所必需的主客观要件的，具有特定的社会危害性并应处以刑罚的行为。空间规划犯罪的特征：社会危害性、刑事违法性和应受惩罚性。空间规划刑事责任是指由司法机关代表国家向具有社会危害性的犯罪行为给予的否定法律评价。

2. 空间规划刑事法律责任构成。

（1）主体要件。空间规划犯罪的主体是指实施了危害社会行为的单位和个人。

（2）主观方面。犯罪的主观方面是指犯罪主体进行犯罪行为时对自己行为造成的危害结果所持的心理态度，其罪过形式有两种：故意和过失。过失分为疏忽大意的过失和过于自信的过失。在认定空间规划犯罪时应当强调是否具备犯罪

---

〔1〕 参见《规划环境影响评价条例》第34条。

的故意或过失。

（3）客体要件。破坏空间规划罪的犯罪客体，是指通过侵害各种空间资源要素和空间资源从而侵犯国家对空间资源的管理制度。

（4）客观方面。客观方面是指犯罪行为的客观外在表现，是犯罪行为人在有意识、有意志的心理态度下支配的表现在外的实施特征。一般地，空间规划犯罪造成的危害后果可能特别严重，未造成严重后果的违法行为通常只追究其行政责任。

3. 空间规划刑事法律责任的承担方式。因违反空间规划法而承担刑事责任的方式和一般的刑事责任的形式没有区别，主要分为主刑和附加刑。主刑的种类包括管制、拘役、有期徒刑、无期徒刑和死刑，附加型的种类包括罚金、剥夺政治权利和没收财产，可以单处附加刑。

4. 我国关于空间规划刑事犯罪的规定。我国现行刑法中并没有关于空间规划刑事犯罪的直接规定，空间规划刑事犯罪大多表现在相关法律法规的间接规定中，如"违反本法规定，构成犯罪的，依法追究刑事责任"。空间规划中的刑事犯罪，来源于规划中的各种行为。从空间规划中涉及的不同主体出发，一般可以将其分为两个方面：一是个人或单位违反空间规划法相关规定，非法开发利用空间资源，给社会造成严重危害的。此类犯罪一般体现为刑法中的破坏环境资源保护犯罪，如非法占用农用地罪。二是空间规划中涉及的行政部门的工作人员玩忽职守、滥用职权和徇私舞弊，构成犯罪的。此类犯罪一般体现为刑法中的贪污贿赂罪和渎职罪。

二、空间规划法法律救济

（一）行政救济

1. 行政救济概述。行政救济作为一种法律救济制度，有广义和狭义之分。狭义的行政救济是指特定的国家机关对行政机关违法或不当行为的纠正以及弥补其给公民、法人或者其他组织合法权益造成的损害的法律救济制度的总和。广义的行政救济还包括行政监察和对合法行政行为的行政补偿。行政救济具有以下特征：行政救济一般以争议的存在为前提；行政救济的产生一般是因为一方的合法权益受到了侵害；行政救济一般只能依申请而进行，并且救济的请求权只能归属于行政相对方（行政监察则属于职权行为）；行政救济的目的是对违法或不当的（广义上也包括合法的）行为所造成的消极后果进行补救。

行政救济制度是民主发展的产物，其产生是为了保护公民、法人或者其他组织的合法权益。它采取撤销、变更、责令赔偿损失或补偿的方法，使违法或不当行为以至损害公民、法人或其他组织合法权益的情形，能得到及时的纠正和补救。

行政救济的途径，是指行政相对方的合法权益受到行政行为侵害时，法律所提供的补救渠道和途径。在我国，行政救济的具体途径是行政复议、行政调解、行政裁决和行政监察。

2. 空间规划行政调解。行政调解处理的是根据当事人请求，由依法享有行政职权的国家行政机关或法律、法规授权的机关对与空间规划有关的各种纠纷做出的调解处理。行政调解的范围包括公民、法人或其他组织之间发生的民事或经济纠纷和行政主体在行政管理活动中与行政相对人的行政纠纷。

从调解的效力来看，行政调解无法律上的强制力，若当事人拒不履行行政调解协议，行政机关不得强制执行。行政调解属于行政性纠纷解决机制，是行政机关行使行政权的一种表现，是国家赋予的职能。空间规划中的行政调解，由于空间规划的一方主体是政府，在空间规划中产生的纠纷，如《城乡规划法》中的编制单位和政府因签订的规划合同而产生合同纠纷，根据我国《合同法》规定，当事人可以通过和解或者调解解决合同争议，否则双方当事人可以选择行政调解解决纠纷。

3. 空间规划行政裁决。行政裁决是指行政机关依照法律授权，对发生在行政管理活动中的平等主体间的特定民事争议进行审查并作出裁决的具体行政行为。行政裁决具有以下几种特征：

（1）行政裁决是依法享有行政裁决权的行政主体的行为。

（2）行政裁决的对象是特定的民事争议。

（3）行政裁决一般以当事人申请为前提。

（4）行政裁决是一种具有法律约束力的行政行为。

我国空间规划中的行政裁决主要分为两种：一种是对权属问题的纠纷，如规划中涉及的资源用途权利的转变；另一种是对侵权纠纷的裁决，公民、法人和其他组织的合法权益因规划而受到损害的，均可以要求申请行政裁决。

4. 空间规划行政复议。空间规划行政复议是指行政相对人认为行政主体的规划行为侵犯其合法权益，依法请求法定复议机关作出行政复议决定的活动。在空间规划行政复议中，申请人认为自己是合法权益受到空间规划行政行为侵害的行政相对方，被申请人是作出该空间规划行政行为的行政主体，包括空间规划行政机关和被授权组织。复议机关通常是被申请人的上一级行政主管部门，因此空间规划行政复议是一种具有准司法性质的具体行政行为。

空间规划行政复议不仅为上级行政机关纠正下级行政机关的错误提供了机会，也为权利受到侵害的空间规划行政相对方提供了救济途径。因此，它是一种权利救济机制，同时也是一种重要的内部行政监督机制。

空间规划行政复议主要包括以下几种情形：对行政处罚决定不服的；对有关行政确权不服的；其他认为行政机关侵犯其合法权益的。我国《行政复议法》

第 30 条第 1 款规定，公民、法人或者其他组织认为行政机关的具体行政行为侵犯其已经依法取得的土地、矿藏、水流、森林、山岭、草原、荒地、滩涂、海域等自然资源的所有权或者使用权的，应当先申请行政复议，对行政复议决定不服的，可以依法向人民法院提起行政诉讼。

（二）司法救济

1. 空间规划行政诉讼。空间规划行政诉讼是指人民法院根据公民、法人或者其他组织的请求，对依法享有自然行政管理职责的行政机关及其工作人员的具体行政行为侵犯其合法权益的案件依法进行审理的活动。其实质上是发生行政争议时的一种公力救济方式，相对于空间规划行政复议这一救济方式来说，它是最后的也是最有效、最权威的救济方式。公民、法人可以先选择行政复议，当对行政复议结果不服时，可以按照《行政诉讼法》的相关规定向人民法院提起行政诉讼，但是法律规定行政复议决定为最终裁决的除外。空间规划中的最终裁决有两种情况：一是向国务院申请裁决，国务院依照《行政复议法》作出的裁决为最终裁决；二是根据国务院或者省、自治区、直辖市人民政府对行政区划的勘定、调整或者征收土地的决定，省、自治区、直辖市人民政府确认土地、矿藏、水流、森林、山岭、草原、荒地、滩涂、海域等自然资源的所有权或者使用权的行政复议决定为最终裁决。

空间规划行政诉讼是行政诉讼的一种，在诉讼范围、管辖、审判程序、执行等方面，同一般诉讼没有原则区别，诉讼活动要依照《行政诉讼法》的规定进行。但是，空间规划行政诉讼具有以下特点：其一，空间规划行政诉讼的目的不是解决空间规划行政争议，因为其对象是某种具体空间规划行政行为。其二，空间规划行政诉讼中被告范围较广，被告除了空间规划行政主管部门之外，还有其他依照法律规定享有空间规划监督管理职责的行政管理机关，当其作出具体行政行为的时候，都有可能成为空间规划中行政诉讼的被告。其三，空间规划行政诉讼具有很强的科技性，因为规划的目的是营造一个最适宜的人类居住环境，为了实现这个目的，规划必然会涉及多个领域，对专门的科学技术和法律政策常识的要求很高，这也决定了行政诉讼会需要专门技术人员的参与。

空间规划行政诉讼也有其特有的受案范围，具体如下：空间规划司法审查之诉，是指当行政相对人认为相关规划机关的行政行为不合法或显失公平时，可以要求法院进行审查的诉讼；请求履行职责之诉，是指行政相对人向法院提起的要求相关规划机关及其工作人员履行法定职责的诉讼；行政侵权赔偿之诉，是指当相关规划机关和行政机关的工作人员违法行使职权，致使公民、法人和其他组织的合法权益受到损害时，行政相对人可以向法院提起侵权赔偿之诉。

2. 空间规划民事诉讼。空间规划作为我国政府主导的管理制度，本身具有强烈的公力性色彩。在空间规划中政府和公众往往是不对等的两个主体，但是在特殊情况下，空间规划这一政府行为也涉及民事行为。比如我们前文提到的，空间规划中各种规划的具体编制工作一般是由各级人民政府委托有相应资质等级的单位承担。此时，基于合同关系，政府和规划编制单位是两个平等的民事主体，此时发生的合同纠纷，可以选择通过民事诉讼解决。空间规划中的民事诉讼还包括由于政府的规划行为产生的各种侵权纠纷案件，此类案件可以通过协商或者民事诉讼解决。

空间规划民事诉讼也是民事诉讼的一种，在诉讼范围、管辖、审判程序、执行等方面，同一般诉讼没有原则区别，诉讼活动要依照《民事诉讼法》的相关规定进行。

3. 空间规划刑事诉讼。从空间规划所涉主体的不同，将空间规划犯罪分为两种情况：一是个人或单位违反空间规划法相关规定，非法开发利用空间资源，给社会造成严重危害而构成犯罪；二是空间规划涉及的行政部门的工作人员玩忽职守、滥用职权和徇私舞弊，构成犯罪。这两类犯罪均为公诉案件，由检察官向人民法院提起诉讼。相比较其他刑事诉讼案件，空间规划刑事诉讼案件具有一个鲜明特点，即空间规划刑事诉讼的受害人不特定，如非法占用农用地罪，此罪中被占有农用地的人可能是同意被占用的，但是占有人违反土地管理法规，非法占用耕地、林地等农用地，改变被占用土地用途，数量较大，造成耕地、林地等农用地大量毁坏。虽然该罪无特定受害人，但是本罪属于结果犯，只要行为人的行为造成农用地的大量破坏就构成本罪。

空间规划刑事诉讼在诉讼范围、管辖、审判程序、执行等方面，同一般刑事诉讼没有原则区别，诉讼活动要依照《刑事诉讼法》的相关规定进行。

第五节　现有制度评析及完善

关于我国现有的空间规划法律制度仍存在以下几个方面问题：

1. 环保规划实施不到位。环保规划的重点在于环境保护，这在大多情况下和地方政府的财政利益相悖，由于地方政府对本土规划拥有较大的决定权，地方政府为了实现财政利益最大化往往会注重经济效率，忽视环保。环境保护规划也存在编制不规范的问题，缺乏有效的实施监管机制，与其他规划的协调配合有待加强。

2. 我国空间规划行政管理比较混乱。与空间规划有关的部门在自身职权内行使自己对空间规划的部分管理权力，开展规划项目，但是各部门和各行政区之间互不沟通，空间规划缺乏整体性和系统性，导致空间规划相互重叠的问题层出不穷。根据我国国务院机构改革方案，我国组建了自然资源部，统一行使全民所有自然资源资产所有者职责，统一行使所有国土空间用途管制和生态保护修复职责，着力解决工作不到位、空间规划重叠等问题。从空间规划的角度来看，自然资源部会从根本上实现对空间规划的统一管理，实现规划权的高度统一，实现主体功能区规划、土地利用规划和城乡规划三大核心规划的无缝对接，从而保障重要空间参数的一致性、空间信息平台的统一性和空间管控体系的高效性。

3. 空间规划相关法律依据过少，缺少法定性。虽有各种各样的法规来保障空间规划的实施，但是条例规章缺乏一定的强制力，任意性较大，导致规划的修改程序过于简单，在实践中经常会出现"先建设后规划"的情形，这与我们"规划先行"的原则相悖。而且现有法规还远远不能适应规划工作的需要，与依法行政和按规划执行仍有很大的差距，比如目前《城乡规划法》仍存在不明确、不具体、不完善之处；土地利用规划方面还缺乏统领土地规划工作全局的、效力较高的主干法律；现有的《环境保护法》的基本法功能也无法适应当前的环保需要，综合性层面的法规明显缺失，环境单行法之间也存在诸多矛盾和冲突。此外，《城乡规划法》《土地管理法》《环境保护法》对土地开发利用、资源环境保护等都有所涉及，而标准却不能统一。

鉴于上述问题，本书提出以下完善意见：

1. 总结学习国外空间规划的经验模式。空间规划是一个国家和地区实施可持续发展的蓝图，是各类开发建设活动的基本依据。20世纪以来，以英、美、德、荷兰等国为代表的欧洲国家和以日本、韩国等国为代表的亚洲国家开始编制空间规划方案，并形成了较为完善的空间规划体系。虽然各国的具体情况各不相同，但他国在规划体系建设方面积累的丰富经验，值得我国学习借鉴。

2. 给予环保规划明确的功能定位，同时明确环境保护总体规划的法律地位。建议修订《环境保护法》，制定《环境保护规划法》，明确规划编制与报批制度以及规划的衔接制度，并确定环境优先的基本原则。国家重点环境保护城市的人民政府，应组织编制城市环境保护总体规划并强制实施。

3. 突破行政区各自谋发展的限制。为应对当前空间规划互不协调的困境，规划单位应当改变完全按行政区制定区域规划的思想方法。我国不同区域的环境资源承载力、经济发展情况和人口集聚能力互不相同，对发展的要求也各不相同，但是我国的区域规划往往只关注本区域内的发展，而忽略整个空间的协调发展，导致区域规划和总体规划无法衔接。针对这个问题，只有采取突破现有体制障碍和政策约束的新举措，制定更加具有整体性、协调性的区域规划，才能使区域规划更加科学，从而科学引导整个空间的协调发展。

4. 完善法律体系，加快制定国土空间规划法。健全法律体系是空间规划编制、实施和管理的重要保障。加强现行空间规划法律体系的完善，加快制定空间规划法，明确规划的性质、定位、内容、程序、实施、评估和监督等内容，同时要制定空间规划法实施细则，规定编制审批以及修改空间规划的法定程序和违反规划的法律责任和救济途径。其次也应明确各类空间规划的法律位次关系，建立完善的国土空间规划编制的法律程序及其实施的法律制度体系，从法律条款上确立国土规划的基础性地位，突出对其他空间规划的层级管控和统筹协调作用。同时也应修改完善《城乡规划法》《土地管理法》等相关空间规划方面的法律法规，在立法理念、规划目标、组织实施等方面达成一致，解决因法律不协调而造成的规划冲突问题。

学术视野

论国土空间规划公平价值实现

国土空间规划事关空间的公平分配问题，而空间作为可以被消费的劳动力再生产的物质环境，不仅是消费的对象，也是生产的对象；不仅是经济活动（生产、交换、消费等）的空间，还是社会活动（居住、日常交往、利益分配等）和政治活动的空间[1]。空间社会性必然产生空间的公平分配问题。通过中国当前的现状，可以看出地区、城乡间发展水平差异加大，这不可避免地表现和转换为对空间占有权益间的差异，发达地区和落后地区、城市和农村间的差别不断扩大加深，这又意味着不同阶层对空间规模和形态、空间环境和质量、空间生活形式等空间资源的占有的差距扩大、加深。而居住条件、教育条件、环境条件、设施条件等方面的地区差异、城乡差异必然影响、塑造着不同人群，造成族群差异。因此，国土空间规划作为对国土空间资源进行配置的公共政策，其制定、实施直接或间接影响不同地域空间居民的发展权利；国土资源是一种不可再生资源，其具有不可移动的特征，我们这一代人对国土资源的消耗和利用必然会对下一代以及后面几代人造成影响，如果不恰当地使用国土资源，会减损下一代的占有和使用。

一、我国国土空间规划公平公正实现中存在的问题

国土空间规划是一项重要的公共政策，是公权力持续介入、干预社会发展的

过程，要求其在土地、空间资源分配上应体现公正性和有效性，把维护和增进公共利益作为价值追求。但转型期国土空间规划最突出的问题是公平公正缺失。

（一）国土空间规划中代内代际利益失衡

不少地方政府通过国土空间规划将土地及其他资源向城市、向发达地区集中，部分发达地区、中心城市的发展富裕实际上是以牺牲其他地区、农村利益换来的，损害了农村和经济文化相对落后地区居民的空间权益[1]。一些地方国土空间规划缺乏战略考虑，集中所有资源求一时发展，有时候几届政府都无法偿还一届政府为追求经济的跨越式发展所欠下的债务，这种不顾未来发展、片面强调发展速度、拼命开发利用国土资源或者采取污染环境、破坏生态的发展模式，透支了国家或地区的发展基础，使后代人可以利用的资源减少，与国家可持续发展的基本理念相违背，体现不了公平公正。

（二）国土空间规划中对公共利益泛化

地方政府为实现经济的增长，对公共利益和社会整体利益的界限的界定持有着不积极的态度。改革开放以来，土地征用、房屋拆迁等空间开发利用的法规对"公共利益"多采取模糊处理。《土地管理法》《城市房地产管理法》《城乡规划法》等只作原则性、宣示性规定；规定最为具体的是《国有土地上房屋征收与补偿条例》，该法采取列举与概括兜底方式对公共利益的范围进行了明确，但对列举事项如何进一步细化及程序控制则缺乏具体规定。

（三）国土空间规划实施中各方面的公平公正协调性不够

第一，相关法规对空间规划实施中私权救济缺乏刚性规定。我国《行政复议法》《行政诉讼法》均将国土空间规划界定为抽象行政行为，行政相对人不能直接提起复议和诉讼，但地方国土空间规划确有不少内容直接影响行政相对人的权益，如城市控制性详细规划，其管控地域空间小，规制对象明确具体，且多是规划许可的先行行为；如果该规划系抽象行政行为，规划许可中一些涉及行政相对人切身利益且与法律相悖的行为就难以纠正。因为，即使行政相对人对具体规划许可、强制、处罚等提出复议或诉讼，也会因为该许可、强制、处罚符合控制性详细规划，从而具有"合规（规划）性"而不会被纠正，这就使土地私权被空间规划"架空"而处于"裸露状态"，保护缺乏刚性[2]。

第二，国土空间规划程序公正性不足，易致私权受损。我国有关国土空间的规划很多，且规划制定者与执行者合二为一，如城市总体规划，住房和城乡建设部门既是城市规划的实际制定者，又是基本建设项目的审批、监管者。这与法治

〔1〕 李广斌：《利益博弈视角下的区域规划转型》，南京大学出版社 2010 年版，第 11 页。
〔2〕 梅夏英：《财产权构造的基础分析》，人民法院出版社 1989 年版，第 293 页。

所要求的"权力分立制衡"原则相背，使不少规划成为谋取部门利益的工具；也导致在规划决策中滋生权力寻租等腐败问题。

二、国土空间规划中实现公平公正的路径

（一）坚持促进市场机制发挥原则

由于落后的空间生产能力、有限的空间产品和资源与人民群众日益增长的空间需求之间的矛盾仍是我国现阶段的主要矛盾，只有充分促进市场机制发挥作用，优化国土空间资源配置，加快空间生产、不断提高空间生产能力，才能逐步解决地区、城乡差距。因此，国土空间规划必须反映客观规律，促进市场机制发挥。

（二）明确国土空间规划中公共利益的内容

只有对公共利益的内容具体化，才能防止为追求经济效益而打法律法规"擦边球"的行为，《国有土地上房屋征收与补偿条例》第8条规定，在为保障国家安全、促进国民经济和社会发展等公共利益需要的前提下，基于国防和外交的需要，基于政府组织实施的能源、交通、水利等基础设施建设的需要，基于政府组织实施的科技、教育、文化、卫生、体育、环境和资源保护、防灾减灾、文物保护、社会福利、市政公用等公共事业的需要，基于政府组织实施的保障性安居工程建设的需要，基于政府依照城乡规划法有关规定组织实施的对危房集中、基础设施落后等地段进行旧城区改建的需要，基于法律、行政法规规定的其他公共利益的需要，确需征收房屋的，由市、县级人民政府作出房屋征收决定。此条规定是我国现有规定中最为具体的，但针对实际情况中出现的为追求经济效益而打"擦边球"的问题，应该对列举事项进一步细化，并且对程序控制进行具体规定。

（三）明确国土空间规划中要实现的公平公正的范围并协调各方面的公平公正

国土空间规划必须依照法定程序制定，公平分配资源来有效引导规划主体行为。首先，通过对人们行为的引导，对空间生产中出现的各种利益矛盾进行调节和控制，发挥其利益分配功能。其次，努力促进城乡、区域、人群间空间资源、利益分配的公平性。在土地利用、城镇建设和规模扩展过程中，各个利益主体对自身利益的追求，可能会对区域、城镇整体利益和公众利益造成负面影响。规划则应以其法定强制性，调控、修正有可能危害区域、城乡整体利益和公众利益的建设行为，以维护公共利益和社会正义。最后，适时修编国土空间规划，提高其引导分配功能[1]。国土空间规划因其涉及包括土地资源在内的城市空间资源的配置问题，其本身须以社会公平为导向，根据发展需要应当适时修编、完善；必须坚持节约、集约、循环利用，以最少资源消耗来促进发展质量的提高；给子孙

〔1〕　张勇强：《城市空间发展自组织与城市规划》，东南大学出版社2006年版，第203页。

后代留下足够的发展资源、机会和良好的发展环境，使其能获得平等发展权，体面、幸福地生活。

协调各方面的公平公正，就要做到以下几点：一是坚持相对公平。城乡之间、区域之间、人群之间，在特定时间和空间，其发展水平和程度是有区别的，不存在绝对的公平正义，但要坚持相对公平。二是坚持实质公平原则。虽然国土空间规划制度确认了城乡、区域、人群之间的公平发展机会，但是市场配置资源无法避免结果不公平。国土空间规划在协调、平衡正义间关系时要坚持实质公平，对不同区域和群体间的利益进行有效调节，努力促进实质公平的实现[1]。三是坚持谨慎发展。由于资源整体上的稀缺性与不可再生性，当代人在开发利用资源，享受发展的成果，实现充分、全面发展时，必须节约、集约利用土地等空间资源，为后代人能够有尊严发展保留物质基础。

国家大力推动生态文明建设，高度重视国土空间规划工作，在国土空间开发保护、空间规划体系构建等方面进行了大量改革、创新和探索。为建立系统完整的生态文明制度体系，《生态文明体制改革总体方案》（2015年）提出，应当构建国土空间开发保护制度和空间规划体系，并且作出了"编制空间规划""推进市县'多规合一'"等战略决策部署。国土空间规划实践所面临的挑战不仅是技术问题，还有利益分配、协调平衡各阶层的关系等问题，这些问题不仅要进行技术分析，还要进行价值分析，才能使其得以解决。

理论思考与实务应用

一、理论思考

（一）名词解释

空间规划　空间规划法体系　可持续发展原则

（二）简答题

1. 简述空间规划法的特征。

2. 简述空间规划法的作用。

3. 简述空间规划法的行政救济途径。

（三）论述题

1. 论述空间规划法的基本原则。

2. 论述空间规划的基本法律制度。

---

〔1〕　何子张：《城市规划中空间利益调控的政策分析》，东南大学出版社2009年版，第31页。

二、实务应用

（一）案例分析示范

案例一 收回国有土地使用权案[1]

原告宣懿成等 18 人系浙江省衢州市柯城区卫宁巷 1 号（原 14 号）衢州府山中学教工宿舍楼的住户。2002 年 12 月 9 日，衢州市发展计划委员会根据第三人建设银行衢州分行（以下简称衢州分行）的报告，经审查同意衢州分行在原有的营业综合大楼东南侧扩建营业用房建设项目。同日，衢州市规划局制定建设项目选址意见，衢州分行为扩大营业用房等，拟自行收购、拆除占地面积为 205 平方米的府山中学教工宿舍楼，改建为露天停车场，具体按规划详图实施。18 日，衢州市规划局又规划出衢州分行扩建营业用房建设用地平面红线图。20 日，衢州市规划局发出建设用地规划许可证，衢州分行建设项目用地面积 756 平方米。25 日，被告衢州市国土资源局（以下简称衢州市国土局）请示收回衢州府山中学教工宿舍楼住户的国有土地使用权 187.6 平方米，报衢州市人民政府审批同意。同月 31 日，衢州市国土局作出衢市国土（2002）37 号《收回国有土地使用权通知》（以下简称《通知》），并告知宣懿成等 18 人其正在使用的国有土地使用权将被收回及诉权等内容。该《通知》说明了行政决定所依据的法律名称，但没有对所依据的具体法律条款予以说明。原告不服，提起行政诉讼。

问：被告作出的收回国有土地使用权的具体行政行为是否正确？

【评析】虽然衢州市国土局作为土地行政主管部门，有权依照《土地管理法》对辖区内国有土地的使用权进行管理和调整，但其行使职权时必须具有明确的法律依据。被告在作出《通知》时，仅说明是依据《土地管理法》及浙江省的有关规定作出的，并未引用具体的法律条款，故其作出的具体行政行为没有明确的法律依据，属于适用法律错误。而且在行政诉讼中，被告对其作出的具体行政行为承担举证责任，但是被告不提供作出具体行政行为时的证据和依据的，应当认定该具体行政行为没有证据和依据。故被告作出的收回国有土地使用权的具体行政行为主要证据不足，适用法律错误。

案例二 收回土地使用权批复案[2]

2010 年 8 月 31 日，安徽省来安县国土资源和房产管理局向来安县人民政府

---

[1] "指导案例 41 号：宣懿成等诉浙江省衢州市国土资源局收回国有土地使用权案"，中华人民共和国最高人民法院网，http://www.court.gov.cn/shenpan-xiangqing-13225.html，访问时间：2018 年 3 月 22 日。

[2] "指导案例 22 号：魏永高、陈守志诉来安县人民政府收回土地使用权批复案"，中华人民共和国最高人民法院网，http://www.court.gov.cn/shenpan-xiangqing-6006.html，访问时间：2018 年 3 月 22 日。

报送《关于收回国有土地使用权的请示》，请求收回该县永阳东路与塔山中路部分地块土地使用权。9月6日，来安县人民政府作出《关于同意收回永阳东路与塔山中路部分地块国有土地使用权的批复》。来安县国土资源和房产管理局收到该批复后，没有依法制作并向原土地使用权人送达收回土地使用权决定，而直接交由来安县土地储备中心付诸实施。魏永高、陈守志的房屋位于被收回使用权的土地范围内，其对来安县人民政府收回国有土地使用权批复不服，提起行政复议。2011年9月20日，滁州市人民政府作出《行政复议决定书》，维持来安县人民政府的批复。魏永高、陈守志仍不服，提起行政诉讼，请求人民法院撤销来安县人民政府上述批复。

问：本案中来安县人民政府的批复属于内部行政行为，未向相对人送达，是否可以起诉？

【评析】根据《土地储备管理办法》和《安徽省国有土地储备办法》以收回方式储备国有土地的程序规定，来安县国土资源行政主管部门在来安县人民政府作出批准收回国有土地使用权方案批复后，应当向原土地使用权人送达对外发生法律效力的收回国有土地使用权通知。来安县人民政府的批复属于内部行政行为，不向相对人送达，对相对人的权利义务尚未产生实际影响，一般不属于行政诉讼的受案范围。但本案中，来安县人民政府作出批复后，来安县国土资源行政主管部门没有制作并送达对外发生效力的法律文书，即直接交来安县土地储备中心根据该批复实施拆迁补偿安置行为，对原土地使用权人的权利义务产生了实际影响；原土地使用权人也通过申请政府信息公开知道了该批复的内容，并对批复提起了行政复议，复议机关作出复议决定时也告知了诉权，该批复已实际执行并外化为对外发生法律效力的具体行政行为。因此，对该批复不服提起行政诉讼的，人民法院应当依法受理。

案例三   环评批复案[1]

2012年11月，中华人民共和国环境保护部（以下简称环保部）受理了京沈铁路客运专线（京冀）公司筹备组等单位提交的京沈高铁项目环境影响评价申请，并委托环保部环境工程评估中心（以下简称评估中心）进行技术评估。其后，环保部在其网站上公示了该项目环评文件，同时提供了环评报告书简本的链接。后评估中心经提出修改建议、现场踏勘、专家审查、复核等程序后作出技术评估报告并提交环保部。环保部在其网站公示了相关文件并根据利害关系人的申请组

---

[1] "周锟、张文波诉中华人民共和国环境保护部环评批复案"，中国法院网，http://www.chinacourt.org/article/detail/2016/03/id/1830965.shtml，访问时间：2018年3月22日。

织了听证会。2013 年 12 月,环保部作出环评批复并在其网站上公示。周锟、张文波的房屋位于该项目星火站至五环路段,其因噪声影响等理由不服上述批复,申请行政复议后复议机关维持该批复。周锟、张文波诉至法院,请求撤销环保部的上述批复。

问:该环评批复是否符合法定程序?

【评析】建设单位与评价单位采用张贴环评公告、在报纸及网站公示、发放公众参与调查表等方式征求了公众意见。被告环保部在受理环评申请后,亦在网站上公示相关信息并举行了听证会,被诉环评批复符合法定程序。

(二)案例分析实训

案例一 瀛海公司选址违反土地利用规划案[1]

宁夏瀛海银川建材有限公司(以下简称瀛海公司)计划实行年产 30 万吨粉煤灰水泥旋窑技术改造项目,该项目的拟选厂址位于银川市新市区范围内。1999年 11 月 24 日,宁夏回族自治区经济贸易委员会对该技术改造项目的建议书予以批复,同意瀛海公司的立项,并要求瀛海公司编制可行性研究报告报批。瀛海公司获得自治区经贸委的立项批准后,根据区环保局"该项目应严格执行国家环境影响评价的规定,履行环保审批手续"的要求,于 2000 年 8 月 18 日委托银川市环境保护研究所对该项目进行环境影响评价。2001 年 2 月 26 日,区环保局在关于该技术改造项目进行环境影响评价大纲的批复中要求:环境评价要"结合区域功能区划及城市规划,给出明确的结论"。2001 年 3 月,该项目的《环境影响报告书》编制完成,并于 2001 年 4 月报送区环保局审查。该报告在"结论和建议"部分,从产业政策方面肯定了该项目的可行性,但同时也指出:"由于宁夏回族自治区已经将宁夏瀛海银川建材有限公司厂址所在地规划为'银川国家级经济技术开发区',确定发展无污染高新技术产业,如果国家批复同意按规划建设开发区,(由于)该项目是粉尘污染重的企业,所以厂址需另外选址。"

问:什么是土地利用规划制度?请结合本案例分析它在环境保护中的作用?

案例二 因违法建设被追究刑事责任案[2]

2008 年 5 月至 2012 年 6 月,被告人 A 在任孝昌县周巷镇国土资源所所长期间,对被告人 B 及开发商 C 等人非法占用农用地 12.67 亩建房的行为,不认真履行工作职责,未及时报告制止,从而导致违法占地建房成为事实,相关农用地种

---

[1] 李艳芳、唐芳主编:《环境保护法典型案例》,中国人民大学出版社 2003 年版,第 49 页。

[2] "因违法建设及相关行为被追究刑事责任典型案例",中华人民共和国最高人民法院网,http://www.court.gov.cn/zixun-xiangqing-35852.html,访问时间:2019 年 7 月 6 日。

植条件严重毁坏，无法复垦。

问：被告人 A、B、C 是否构成犯罪？如果构成，各自构成什么犯罪？

案例三 广州扩建水产市场邀请公众参与环评[1]

广州黄沙水产交易市场是华南地区最大的水产品综合交易市场。由于业务的不断扩展，黄沙市场要进行扩建，由原来的 2.5 万平方米增加至 5.2 万平方米。新建的黄沙市场将成为国内最大的水产品交易市场。虽然市场与群众的生活密切相关，但水产品散发令人不适的气味，市场每天要排出大量污水，而进出市场的机动车还会加重周边的噪声负荷。

问：请结合公众参与原则，谈谈本案是否需要适用公众参与原则？如果需要，应当如何适用？

主要参考文献

1. 朱芒、陈越峰主编：《现代法中的城市规划——都市法研究初步》，法律出版社 2012 年版。

2. 顾朝林：《多规融合的空间规划》，清华大学出版社 2015 年版。

3. 张梓太主编：《环境与资源保护法学》，北京大学出版社 2007 年版。

4. 潘文灿主编：《国土规划政策法规选编》，中国大地出版社 2003 年版。

---

[1] 李艳芳、唐芳主编：《环境保护法典型案例》，中国人民大学出版社 2003 年版，第 31 页。

第二章

国民经济和社会发展规划

【本章概要】本章从"国民经济和社会发展规划"出发，就国民经济和社会发展规划的概念、特征、意义、作用、基本原则、体系概况、规划方法、主要管理内容、社会参与制度等基础性问题进行了阐述和介绍。

【学习目标】通过本章学习、了解国民经济和社会发展规划的基本概念、规划方法和制定机构、国民经济和社会发展规划的立法沿革，理解国民经济和社会发展规划的编制审查过程，需要重点掌握国民经济和社会发展规划的体系概况、管理内容和对现有制度的评析。

第一节　概述

一、国民经济和社会发展规划的概念

（一）国民经济和社会发展规划的概念及性质

国民经济和社会发展规划是全国或者某一地区经济、社会发展的总体纲要，是具有战略意义的指导性文件，统筹安排和指导全国或某一地区的社会、经济、文化建设工作。

国民经济规划是指国家对一定时期内国民经济的主要活动、科学技术、教育事业和社会发展所作的规划和安排。国民经济与社会发展规划也是一种国家促进社会经济协调发展的重要手段，是政府为实现国家（或地区）中长期的发展目标而制定的一定时期内社会经济发展的预期框架和行动方案，其具有经济属性、政治属性和社会属性三方性质，具体如下：其一，国民经济规划的制定缘于国家利益、公共利益和长远利益的需要，追求最大的社会福利。其二，国民经济规划是国家的积极干预，是政府主导的行动纲领。其三，国民经济规划的制订与实施有赖于广泛的公众参与民主决策，是一项社会事业。国民经济和社会发展规划在我国主要体现为五年规划。

（二）国民经济和社会发展规划的特征与原则

规划有以下几方面特征：

1. 协调性。要使规划在统筹城乡、区域、经济与社会、国内与国外、人与

自然的过程中顺利实施，国民经济与社会发展规划必须统筹协调。

2. 先进性。规划应将经济发展、社会进步和自然资源环境保护与改善纳入国家全面发展的轨迹，紧跟时代发展，体现与时俱进的原则。

3. 前瞻性。规划法应努力满足国家创新体系的要求，避免规划法的制定、实施与修正落后于实际情况的现象。

4. 全面性。规划应真正做到合理确定规划客体范围，确保规划程序的稳定，保证规划内容的正确性、权威性与延续性。

· 国民经济和社会发展规划应坚持以下原则：

1. 国家规划应当依照市场对资源配置起基础作用的原则，遵循国民经济与社会发展的客观规律，符合社会整体利益，综合协调、统筹兼顾国民经济与社会发展的全面要求。

2. 国家规划应当处理好集中与分散、统一性与灵活性、理想的宏观调控与灵活的微观经营等之间的关系[1]。

3. 国家规划的制定与实施必须坚持宏观性、战略性、科学性、民主性、法制性与灵活性相结合的原则，实行严格合理分工、权利与责任相结合的制度，在规划的制定、审批、实施与调整的过程中严格做到有法可依、有法必依、执法必严、违法必究。

4. 经过全国人民代表大会批准的规划在不与宪法和其他法律及相关法规相抵触的情况下，具有严格的法律效力，是政府及其相关职能部门制定经济社会政策、协调区域行业及相关企业微观活动的依据与准则。

（三）国民经济和社会发展规划的重要意义与作用

国民经济与社会发展规划的任务主要包括：综合分析经济社会发展形势，搞好经济预测，合理确定国民经济和社会发展战略，规划重大经济结构和合理确定产业政策，规划生产力布局、国土整治和重点建设，研究提出宏观经济调控的目标和政策。其任务决定了国民经济与社会发展规划对于全国与地方社会、经济的发展具有十分重要的引导作用。

总体规划、专项规划等共同组成国民经济与社会发展规划体系，总体规划对各级各类专项规划的编制具有指导作用。

专项规划作为指导特定领域发展、核准重大项目以及制定相关政策措施等的依据，是在特定区域、范围内对总体规划的细化和落实。而国民经济与社会发展规划作为最高层次的规划，通过其提出的经济社会发展战略以及各种目标性规划指标，对总体规划、专项规划的编制和实施进行引导，同时又通过总体规划、专

---

〔1〕 武少俊主编：《国家发展计划概论》，中国人民大学出版社1999年版。

项规划得到细化和落实。它们之间存在着交叉和联系，只是分工不同，各有侧重。

国民经济和社会发展规划是我国宏观规划体系中的重要组成部分，是全国或某一地区与特定领域经济、社会发展的总体纲要，以国民经济、科技进步、社会发展、城乡建设的全部或部分领域为对象，体现了国家或地方在规划期内国民经济的主要活动、科技进步的主要方向、社会发展的主要任务以及城乡建设各领域各方面所作的全面规划、部署和安排，提出了政府在规划期内经济社会发展的战略目标、主要任务、实施重点，是我国各级政府宏观调控的重要手段，也是国家履行经济调节、市场监管、社会管理和公共服务职责的重要依据。

二、国民经济和社会发展规划的分类

（一）按时段分为中长期规划和年度规划

中长期规划在规划体系中居于主导地位，其中中期规划的期限一般为 5 年，长期规划的期限一般为 10 年或 10 年以上。中长期规划的主要内容是：分析中长期发展所面临的国际国内环境和阶段性特征，以及需要集中力量解决的关系全局的重大问题；确定规划期内国民经济和社会发展的总体战略、指导方针、主要任务、预期发展目标和宏观经济政策的基本方向；提出对重大生产力布局、经济结构进行调整优化和促进科技、教育及社会事业重点领域发展的政策措施。年度规划是中长期规划在各个年份的实施规划，是国家进行短期宏观调控的基本依据和重要手段。年度规划在分析当前国际国内经济环境和宏观经济形势及变化趋势的基础上，确定包括促进经济平稳增长、增加就业、稳定物价、保持国际收支平衡和促进全面、协调、可持续发展等方面在内的宏观调控预期目标，提出相关宏观经济政策和措施[1]。

（二）按范围分为综合规划和专项规划

综合规划是关于经济和社会整体发展的规划。综合规划不是各部分、各地区规划和各种单项指标的简单汇总，而是要体现保持经济总量平衡、推进经济结构优化、促进"五个统筹"、提高国民经济整体素质和效益的要求，发挥对全社会经济活动总体指导和对各种宏观调控政策手段综合协调的作用。综合规划覆盖国民经济和社会发展的主要领域，既兼顾各个方面，又突出发展重点和主要目标。中长期综合规划又可称为总体规划。年度的专项规划不等于按行政隶属关系编制的部门规划，而是按产业或经济活动分类的规划。随着经济市场化程度的提高和规划职能的转变，这种专项规划已经逐步减少。专项规划多为中长期的，是指以国民经济和社会发展的特定领域为对象编制的规划，是政府指导该领域发展以及

---

〔1〕 佚名："现阶段国民经济和社会发展计划的主要类型"，载《江淮法治》2015 年第 23 期。

审批、核准该领域重大项目和安排政府投资的依据。专项规划是国民经济和社会发展总体规划在特定领域的延伸和细化，必须符合总体规划的要求，并与总体规划及相关专项规划相衔接。在中长期规划中，区域规划的作用日益突出。区域规划是指以跨行政区的特定区域为对象编制的规划，规划期一般为 10 年，可以展望到 20 年。区域规划一般包括人口、经济增长的预测和资源环境承载能力的分析，发展轴、中心区等区域空间的布局框架，城镇体系及主要城市的功能定位，产业聚集区等各类功能区的划分及其定位，基础设施、生态环境及其他统筹建设的重大工程，区域协调机制等规划实施的保障措施以及其他需要统筹规划的事项。区域规划是国民经济和社会发展总体规划在特定区域的细化和落实，必须符合总体规划的要求，并与总体规划及相关专项规划进行衔接。

（三）按层次分为全国规划和地方规划

全国规划是关于整个国家国民经济和社会发展及其特定领域发展的总体规划，其中包含了地区经济和社会发展的内容，对编制地方规划具有宏观指导作用。编制全国规划要充分听取各地区的意见，考虑地方上报的规划建议，兼顾地方利益，但并不是对地方规划进行简单汇总，而是要站在全局的角度，从全国整体利益出发，统筹考虑经济总量的平衡、结构的优化和区域间的协调发展。地方规划包括省（自治区、直辖市）、地区（省辖市、自治州盟）、县（县级市、旗）的各类规划。地方规划以全国规划和上一级地方规划为指导，从本地的实际情况出发。地方规划在总体战略和政策取向上与全国规划是一致的。

三、国民经济和社会发展规划体系概况

（一）三级三类管理体系

按照《国务院关于加强国民经济和社会发展规划编制工作的若干意见》，我国现有的国民经济和社会发展规划按照三级三类的原则进行管理，即国民经济和社会发展规划按行政层级分为国家级规划、省（区、市）级规划、市县级规划，按对象和功能类别分为总体规划、专项规划、区域规划。从规划战略定位上看，总体规划是国民经济和社会发展的战略性、纲领性、综合性规划，是编制本级和下级专项规划、区域规划以及制定有关政策和年度规划的依据；专项规划是以国民经济和社会发展特定领域为对象编制的规划，是总体规划在特定领域的细化，也是政府指导该领域发展以及审批、核准重大项目，安排政府投资和财政支出预算，制定特定领域相关政策的依据；区域规划是跨行政区的以国民经济和社会发展为对象编制的规划，是总体规划在特定区域的细化和落实，跨省（区、市）的区域规划是编制区域内省（区、市）级总体规划、专项规划的依据。从规划编制主体上看，国家总体规划和省（区、市）级、市县级总体规划分别由同级人民政府组织编制，并由同级人民政府发展改革部门会同有关部门负责起草；专项规划由各级人民政府有关部门组织编制；跨省（区、市）的区域规划，由国家发展改革部门会同国务院有关部门和区域内省（区、市）人民政府有关部门编制。从规划时间期限上看，国家总体规划、省（区、市）级总体规划和区域规划的规划期一般为5年，可以展望到10年以上；市县级总体规划和各类专项规划的规划期可根据需要确定。

（二）与传统指令性计划的区别

众所周知，现有的国民经济和社会发展规划体系脱胎于我国计划经济时期的国民经济计划体系。中华人民共和国成立以来，我国先后编制实施了10个国民经济和社会发展五年计划，而从"十一五"开始，我国将延续了50多年的"计划"正式调整为"规划"。与计划相比，规划更强调可持续发展。以科学发展观为指导的规划体系，意味着我国从过度依赖资金、自然资源和环境投入，以量的扩张实现增长，转向更加依靠劳动者素质和技术进步，以提高效率促进发展，将自主创新作为经济结构调整的核心。规划更强调以人为本。与此前的五年计划均不同，构建和谐社会是"十一五"和"十二五"规划的重要内容。这就要求把"以人为本"的理念落实到规划中去，从单纯以增加国内生产总值为出发点，变为把实现人的全面发展作为核心，把人力资源开发作为重大举措，强化有关扩大就业、加强义务教育、公共卫生和公共安全、健全社会保障等方面的内容，更多地关注欠发达地区和困难群体。规划更强调推动政府职能转变。在社会主义市场经济条件下，政府的主要职能和工作方式发生深刻变化，政府对于市场由过去的指令性计划，转向采用经济手段引导的战略性、政策性、指导性规划；由过去注重产业发展、指标分配的计划，转向强化公共资源、公共产品、服务配置和空间定位的规划；由过去完全由政府主导的计划，转向政府、社会、企业全方位合作的开放型规划。

四、国民经济和社会发展规划的一般模式

根据国民经济规划属性，国民经济和社会发展规划包括如下四个方面的内容：规划的准备、规划的制定、规划的实施与规划的控制与评估。

1. 规划的准备，主要是指政府或政府委托的研究机构在编制规划前所做的准备工作。由于国民经济总体规划的重要性，一般说来，其准备包括如下几个方面：首先，充分了解一个区域在之前一个时期或较长期间内的社会经济发展状况，如产业结构、自然条件、交通条件等，发现其经济社会发展的规律和趋势；其次，还需要通过与政府相关部门的座谈、问卷，了解其重要施政理念和重大施政举措；同时，也可借这种头脑风暴式的交流充分评估该区域面临的内外发展环境，以便在规划中充分发挥自己的优势、充分利用外部的有利条件规避不利风险。

2. 规划的制定，即专业的规划编制人员编制规划的过程。一个地区的国民经济规划一般由当地的发展与改革委员会牵头，各个政府部门配合，地方行政主管充分重视，再结合高校或是科研机构强大的理论科研实力共同协作完成。每一个五年规划的最后一年，编制人员在之前一个阶段充分实地调研形成的感性材料之上，首先会科学讨论并设定该地区的经济社会发展目标，然后通过系统研究梳理形成规划文本初稿，再与相关政府部门商讨初稿内容，修改完善后交由人大审核批准然后报予上级部门，成为正式的、具有法律效力的规划文本。

3. 规划的实施，即规划的执行过程。国民经济规划一般是地方的总的发展战略，其由各个领域的重点项目实施来推进。在当前社会主义市场经济条件下，城镇建设、重大的基础设施项目等重要投资一般由政府控制的公司推动、民资参与；而在产业发展、就业民生等一般经济活动中，主要由政府出台意见政策、市场力量推动。

4. 规划的控制与评估，即根据社会经济环境的变化评估规划目标完成的状况，适时调整规划的内容。在控制与评估的过程中，通常会有一个涉及经济发展、民生、城建、环保等方面的综合评价体系来衡量整个规划实施的进程。

五、国民经济和社会发展规划的规划方法

从总体上来讲，国民经济与社会发展规划的规划方法可以分为预测方法、编制方法、实施方法和结果评价方法。

1. 预测方法。预测方法一般有传统方法和现代数量预测方法。传统方法主要依赖国民经济管理专家的丰富阅历、经验和知识，对未来时期国民经济主要参数的变化趋势作出预报。对传统方法进行改良的德尔菲法，把专家个人的意见整合成集体的意见，消除了因专家之间的个人差异而带来的预测不准问题。现代数量预测方法利用了数量经济模型、统计数据和计算机技术，对国民经济活动进行趋势外推和模拟演示。趋势外推法是最常用的数量方法，在进行具体趋势推断时，采用的外推方法有移动平均数法、时间序列分析法等。趋势外推法的优点是方法简单、计算方便、数据易得，其缺点是基于历史数据而向后推演，导致不确定性因素增多，从而使得推断精确度下降。模拟法是比趋势外推法更先进的预测数量方法，利用了系统动力学原理，但模型构造复杂，建模条件严格，因此并不常用。各种预测方法并不存在高下之分，主要看它们是否能够满足既定条件下的预测目的和要求，因而最实用的方法就是最好的方法。

2. 编制方法。编制方法按照其内容和特点可以分为两类，即传统的经济规划方法和现代的经济规划方法。传统的经济规划方法是在充分发挥人们认识客观经济规律的主观能动性的基础上，对经济运行中的比例关系以简单的比例关系测算或推算形式加以确定的计划方法。现代的经济计划方法是突出表现国民经济系统的动态非均衡发展趋势、以系统论为基础、以电子计算机为工具、揭示经济主体之间复杂联系的计划方法。其中也包括那些国内外近期推出的且有较好应用前景的，但尚未广泛实际应用的能代表计划方法创新趋势的计划方法。

3. 实施方法。国民经济规划的实施依靠一系列国民经济管理手段，所以，国民经济实施方法就是各种国民经济管理手段的运用，包括国民经济政策、国民经济立法以及涉及行政、经济、法律、思想道德的手段。

4. 结果评价方法。在我国，因为国民经济规划管理与国民经济管理在本质上是一致的，所以对国民经济规划实行的结果作出评价也就是对国民经济管理的结果作出评价，而评价的基本形式和内容就是按一定标准比较上下规划期间国民经济的变化。根据评价要求，此方法可以分成综合评价方法和单项评价方法。综合评价方法通常采用一组国民经济指标，进行必要的加权处理和计算，得出一个综合值。对这个综合值进行排序或前后比较，就能反映规划期间国民经济的实际变化情况。单项评价就国民经济规划中提出的某些特定目标和任务进行重点评价，它必须根据计划要求，紧密围绕专项要求进行前后对比或者横向比较。现在一般有中期评估和末期评估两类。

六、国民经济和社会发展规划制定机构

（一）规划机构的历史沿革

中华人民共和国成立以后，中央人民政府政务院财政经济委员会统一领导全国的财经工作，它内设计划局，主管计划工作。1952 年中央人民政府国家计划委员会成立。自 1954 年起，中央人民政府各经济、文教部门和地方各级人民政府计划机构及基层企业、事业单位计划机构先后建立。国务院是编制和执行国民经济和社会发展计划的最高级别行政单位，国务院根据法律设立国家发展和改革委员会或类似机构，国务院各部门应根据法律设立专门的规划机构，县级以上人民政府根据法律设立规划委员会，乡镇人民政府可以根据情况依法设置规划机构或专职规划的工作人员。

（二）规划机构设立的原则

规划机构涉及规划工作权利与义务的划分，规划机构的设立是规划工作开展的前提，规划机构的确立也是规划法实施的首要环节。规划工作开展顺利与否同规划机构与其他行政部门、企事业单位、其他组织之间的关系密切相关，因此规划机构的设立必须在坚持合法性的基础上实现科学性、开放性与民主性的统一。规划机构设立的民主性根源于规划权利所涉及的经济、社会与自然资源环境影响范围的扩大，规划机构设立的开放性根源于规划工作所涉及的部门和组织的宏观性与统筹协调性，规划机构设立的科学性根源于规划工作的长期性、协调性、统筹兼顾性、战略性。规划机构设立应坚持规划机构职能不同其他经济协调部门的

职能范围相冲突或重合的原则，避免相互推诿的现象。规划机构的性质在于决策提供与决策制定，在法律规定中应将行政职能与非行政职能严格区分，体现决策和政策支持性质与控制性质的统一协调。国民经济和社会政策的论证、提出、通过、审批、下达、执行、监督反馈、调整与评估中更应体现指导性与参考性，因此调控部门应是决策的制定与提供部门，其行政色彩应该逐渐减弱。

（三）规划机构的权力范围

规划机构的管理范围不应该与宪法及其他相关法律的规定相抵触，规划机构自身的法律规定必须要做到有法可依、有法必依、执法必严、违法必究。作为政府调控宏观经济社会的综合性部门，国家发展和改革委员会的存在与权力的使用还要符合法律性与民主性的原则。国家规划机构对于规划的制定首先要遵循宪法与其他经济法律规范；其次，规划法律制度应体现规划机构对自身行为的约束、对规则原则的确定、对与其他法律相抵触的条款的修改行为以及相关法律责任与权力界限确定的规定。

第二节　立法沿革

一、实施背景

五年规划作为国家对经济发展的干预形式最早并非源于中国，也非中国所独有。20 世纪 30 年代，苏联建立了第一个社会主义国家，斯大林领导苏联在探索社会主义经济发展问题时明确提出："社会主义是按计划进行的"，其后苏联在 1929 年 4 月举行的联共（布）第十六次代表大会上制定并通过了 1928～1932 年国民经济计划，标志着五年计划在苏联的诞生。苏联从自己的国情出发，通过五年计划取得了辉煌的经济建设成就，到 1937 年第二个五年计划完成时，苏联已经实现了以重工业为中心的工业化，工业总产值迅速跃升至欧洲第一、世界第二。战后，随着欧亚一大批社会主义国家的出现，五年计划被社会主义阵营中很大一部分国家所借鉴。到 20 世纪 50 年代中期，东欧社会主义国家相继完成了第一个五年计划。后来的历史发展证明，五年计划不仅深刻影响了苏联的经济发展，还对战后所有社会主义阵营国家的经济社会发展造成了深远影响，在很长一段时间里成为社会主义国家经济发展的主要模式。

中国从 1953 年开始制定并实施第一个五年计划，到 2015 年结束已经完成总共十二个五年计划/规划。五年计划与国民经济的发展紧密结合，在中国经济发展的不同历史阶段体现出了鲜明的阶段性特征。1953 年开始制定第一个"五年计划"，简称"一五"；从"十一五"起，"五年计划"改为"五年规划"。

二、发展阶段

我国的国民经济建设在新中国成立之后白手起家，规划的理论、程序、方法和技术标准都依照苏联模式。此后的 50 年，国民经济规划经历了一个计划经济高度发展和向市场经济演变的历史过程。参照已有文献中提出的阶段划分，按照国民经济五年规划的指导方针变迁和社会经济影响，可以把总体规划的编制发展分为四个阶段。

(一) 起步阶段 (1953～1957 年)

1949 年到 1952 年是国民经济恢复的时期，1953 年到 1957 年是第一个五年计划的时期，这两个阶段是中国国民经济和社会发展总体规划的起步阶段。这一时期最大的成就就是社会主义工业化的初步基础已经建立起来，我国的经济结构产生了重大的变化，这些都归功于第一个五年计划的决定性作用。但是为了达到计划的目标，我国过于注重实物的物资数量平衡，忽视了市场自身的发展作用，以静态的指标来管理动态的国民经济，对国民经济的建设和发展产生了不好的影响，同时也不符合经济发展本身的规律。

(二) 计划经济高度发展时期 (1958～1975 年)

这一时期中国经济逐步走向独立自主的发展时期，为适应计划经济高度发展的需要，国民经济规划带有浓厚的计划色彩，对国民经济发展的主要方面和重要单项项目进行了计划规划。

(三) 向市场经济转型时期 (1976～2005 年)

以"十一五"三中全会为发端，国民经济规划修正了过往忽视经济客观规律的规划内容，以"调整、改革、整顿、提高"八字方针为指导，重新走上科学合理的方向。在此期间，在健全国民工业体系、促进地方开放、实施制度改革、社会与环境发展等经济社会方面由国家集中力量实施了持续性的系统计划规划。由于长时期双轨制的并行，这个时期的规划带有明显的计划经济体制烙印，但其对国民经济的指导性不断增强、计划性不断减弱，内容也从注重经济发展向经济社会环境协调发展转变。

(四) 规划发展成熟阶段 (2006 年至今)

自"十一五"起，国家正式将五年计划更名为五年规划，规划的制定、执行和管理监督也越来越科学合理，各种专项规划也越来越专业详尽，其全球化视野和战略思维愈加强化，更加关注市场与政府相处机制体制的深层关系。

三、国民经济和社会发展规划发展沿革

(一) 规划发展概况

作为国民经济和社会发展规划的主要形式，五年规划是中国持续推进现代化战略目标的重要手段，是推动中国发展不断上台阶的重要途径。"一五"是计划

经济时期最成功的五年计划，顺利开启工业化并推进了社会主义改造；相形之下，"二五"是个失败的五年计划，"大跃进"后出现"大跃退"；"三五""四五""五五"是完成情况中等的五年计划，虽然受到文化大革命的冲击，但是总体实现了基本建成独立完整工业体系和国民经济体系的战略目标；"六五"计划顺利完成，成为又一个黄金建设期；"七五"计划改革闯关，完成情况差强人意；"八五"提前实现了翻两番的目标；"九五"顺利推进了经济体制与经济发展方式的"两个转变"；"十五"计划大部分目标得以实现，同时发展模式出现逆转；"十一五"是完成最好的一个五年计划，国民经济和社会发展初步纳入科学发展轨道；"十二五"时期是全面建成小康社会的关键时期，是深化改革开放、加快转变经济发展方式的攻坚时期；"十三五"不仅勾勒出未来中国全面建成小康社会的美好前景，也将是对世界经济复苏的有力推动。

1955年毛泽东指出："人类的发展有了几十万年，在中国这个地方，直到现在方才取得按照计划发展自己经济和文化的条件。自从取得了这个条件，我国的经济面貌就将一年一年地起变化。每一个五年将有一个较大的变化，积几个五年将有一个更大的变化。"1992年邓小平指出："我国的经济发展，总要力争隔几年上一个台阶"，"从我们自己这些年的经验来看，经济发展隔几年上一个台阶，是能够办得到的"。

1953年以来，我国已经先后实施了13个五年计划，每一个计划都是中国追求社会主义现代化长远目标的一个具体战略步骤，同时有不同的战略侧重。这也体现了中国独特的政治优势：既能保持长远战略目标的长期稳定，也能对战略步骤和具体战术进行灵活的阶段性调整。每一个计划都持续推动中国发展不断迈上新的台阶，积累下来就成为中国经济社会巨变、中国"发展奇迹"的重要来源。

（二）具体规划发展

1. "一五"计划（1953～1957年）。1951年2月，中共中央决定于1953年转入大规模的经济建设，并开始实施发展国民经济的第一个五年计划。"一五"计划不但是发展计划，也是体制变革的计划。它是我国过渡时期的战略步骤之一，指导方针就是过渡时期的总路线："逐步实现国家的社会主义工业化，逐步完成对农业、手工业和资本主义工商业的社会主义改造"。"一五"计划重点任务是集中力量进行以苏联帮助我国设计的156个建设单位为中心的工业建设，建立我国的社会主义工业化的初步基础。

"一五"计划是一个重工业优先的全面发展蓝图，不但有经济建设计划，也包括社会建设。经济建设方面包括促进工业、农业、运输和邮电、商业发展以及提高经济效率（提高劳动生产率和降低成本），社会建设方面包括培养建设干部、加强科学研究工作、提高人民的物质生活和文化生活水平。

"一五"计划的宏伟蓝图基本上得到了实现，它是计划经济时期完成情况最好的一个五年计划，完成率高，大部分指标都超额完成。"一五"计划也是计划经济发展最好的一个时期，经济高速增长的同时没有出现大的起落，经济增长质量较高，同时投资高增长，全要素生产率也保持了较高增长。

但是"一五"计划也存在一些不足，主要有：其一，社会主义改造过急过快，偏离了计划目标，私营企业转变为公私合营的指标完成数为原计划的 2 倍，农户加入初级以上合作社的指标完成数为原计划的 3 倍。其二，农业、农村指标相对滞后，虽然完成了计划指标，但是与工业高速增长相比明显滞后，这也导致农村购买力增长缓慢，大大低于计划目标。

2. "二五"计划（1958～1962 年）。由于社会主义改造基本提前完成，"二五"计划的战略重点就由"一化三改"转移到工业化。1956 年中国共产党"八大"会议提出要在"一五"建立的社会主义工业化的初步基础上，再经过两个五年计划的时间，基本上建成一个完整的工业体系，使我国由落后的工业国变为先进的社会主义工业国。"八大"提出的"二五"计划建议数字是积极稳妥的，但由于不久后的"大跃进"，这一设想被抛弃，转而采取疾风骤雨式的工业化策略。

在鼓足干劲、力争上游、多快好省地建设社会主义的"大跃进"总路线指导下，1958 年 8 月中共中央通过了国家计划委员会重新拟定的《关于第二个五年计划的意见》，提出了脱离现实的高指标。当时的国家领导人认为"二五"规定的生产指标和建设任务实现之后，我国社会经济面貌将发生根本性的变化，到 1962 年中国将提前成为一个具有现代工业、现代农业和现代科学文化的伟大的社会主义国家，并创造向共产主义过渡的条件。

实践证明，这一切不过是不切实际的空想，"二五"计划的实施全面失败，成为历史上绩效最差的一个五年计划。虽然 1959 年初中国政府就宣布要提前三年完成"二五"计划，但是大起之后开始大落，到 1962 年计划期末，《关于第二个五年计划的意见》规定的"二五"计划指标一个都没有完成。

"二五"时期也是中国发展遇到重大挫折时期，工业总产值从 704 亿元（1957 年）"大跃进"到 1637 亿元（1960 年），随后又"大跃退"到 920 亿元（1962 年），经济增长大起大落，国民经济主要比例关系失调，人民生活遇到很大困难，其后不得不进入为期三年的经济调整时期。

3. "三五"计划（1966～1970 年）。经过"大跃进"，人民缺吃少穿的情况很严重，"三五"计划原先设想是集中力量解决人民的吃、穿、用问题，按照农业、轻工业、重工业的顺序来安排，但是由于周边形势趋紧，国家领导人决定订立一个以国防建设为中心的备战计划。"三五"计划指导方针立足于战争，从准备"大打""早打"出发积极备战，把国防建设放在第一位，加快"三线"建设。

"三五"计划的第一年发生了文化大革命，这对计划执行造成了很大的冲击，国家计委和各省市区计划部门一度陷入瘫痪，1968年连年度计划都没有制订。虽然受到严重干扰，但是由于"三五"计划汲取了"二五"计划的教训，指标确定得比较稳妥，最后完成情况尚可，工业、农业主要生产指标都顺利实现。但与此同时，社会类指标完成很不理想，文化大革命还造成了很多基本建设投资项目停工。

"三五"时期经济虽然实现了高增长，但是经济发展依然大起大落，1967年、1968年连续两年负增长，就业增长和人民消费水平提高也相对缓慢。

4."四五"计划（1970~1975年）。"四五"计划延续了"三五"计划备战的思路，其指导方针是"以阶级斗争为纲，狠抓备战，促进国民经济新飞跃"，"四五"计划又重新提出初步建成我国独立的、比较完善的工业体系和国民经济体系的战略目标。总体上看，"四五"计划并非一个冒进的计划，但是，部分指标确实过高，特别是整个计划基本盘过大，安排的基本建设投资为"三五"的1.7倍，财政收入为"三五"计划的1.6倍，这也使政府不得不在1973年对其连续进行了两次调整。

由于受到文化大革命的影响，"四五"计划完成情况较差。虽然保持了5.9%的GDP增长率，但是这一期间内的政治运动和事件，对计划实施造成了干扰，导致经济三起两落。计划对国民经济的控制作用被极大削弱，同时由于各地自成体系、各自为战，建设规模过大，积累过高，经济增长主要依靠高投资拉动。

5."五五"计划（1976~1980年）。在1975年1月召开的全国四届人大一次会议上，周恩来总理的《政府工作报告》重申了三届人大政府工作报告的"四个现代化"目标，并提出分两步走：第一步到1980年，建成独立的比较完整的工业体系和国民经济体系；第二步到20世纪末，把我国建成具有现代农业、现代工业、现代国防和现代科学技术的社会主义现代化强国。这成为"五五"计划的战略目标与指导方针。

1977年修订的"五五"计划是"十年规划"（1976~1985年）的一部分，要求走毛主席指引的建设社会主义的道路。它设想从1976年到1985年是在20世纪内，全面实现农业、工业、国防和科学技术现代化目标的关键十年，而到"五五"期间则是要实现周总理报告中提出的第一步战略目标，重点打好农业和燃料、动力、原材料工业这几个大仗，为"六五"大仗进行准备。

"五五"计划突出的缺陷是高指标，是继"大跃进"、大冒进的"二五"计划之后，又一个"洋跃进"、小冒进的计划。1977年至1978年间，社会总产值、工农业总产值、国民收入连续两年大幅度增长，主要工农业产品的产量恢复甚至超过了历史最好水平，但是"五五"计划体现的"洋跃进"思想，明显使得年度计划工作出现冒进倾向，使国民经济发展重新受挫。政府在十一届三中全会以后才提出"调整、改革、整顿、提高"的方针，开始对计划的高指标进行调整。

回顾计划经济时期的5个五年计划，虽然出现了"二五"的波折以及随后的"有计划、无控制"，但是通过五年计划推动工业化、现代化战略目标实现的大方向没有改变。除"二五"外，每个五年计划中国发展也都取得了或大或小的成果。经过5个五年计划，中国面貌有了很大的改变，从1949年初的"一穷二白"到"建成独立的比较完整的工业体系和国民经济体系"，基本上如期实现了第一代领导人在1964年所设想的现代化建设的第一步战略目标。

6. "六五"计划（1981～1985年）。"六五"计划是改革开放以来的第一个五年计划，它是探索社会主义现代化经济建设新路子的五年计划，也是为实现20世纪末翻两番战略目标打下初步基础的五年计划。它的指导思想是继续贯彻执行"调整、改革、整顿、提高"的方针，使国民经济走上稳步发展的健康轨道；主要任务是解决过去遗留下来的阻碍经济发展的各种问题，取得实现财政经济状况根本好转的决定性胜利，并且为第七个五年计划期间的国民经济和社会发展奠定更好的基础。

"六五"是继"一五"之后第二个胜利完成的计划，指标几乎都基本完成，提出的经济发展战略转移的目标顺利实现，开始从工业产量为中心转向以经济效益为中心，注重农轻重协调发展，注重经济、社会全面发展，注重人民生活改善与能源消耗降低。其一，经济增长初步摆脱了大起大落，实现了高增长，物价基本保持稳定。其二，经济发展协调性增强，初步改变了长期以来重积累、轻消费的倾向；由片面发展重工业转向协调增长，1978～1985年，农业产值占工农业总产值比重提高；重工业产值占工业总产值的比重下降。其三，教育、科技快速发展，经济增长质量提高，"六五"期间国家教科文卫财政支出比"五五"时期增长1倍，科技事业快速发展，并通过招商引资，引进了国外技术，从而极大地带动了经济增长质量的大幅度提高。其四，财政状况好转，"五五"末期，国家财政出现较大赤字，"六五"期间这一状况得到有效改善。其五，人民生活水平显著提高，农民人均纯收入和城镇居民人均可支配收入均有增长。"六五"计划的主要问题是计划制定总体上过于保守。

7. "七五"计划（1986～1990年）。"七五计划"是一个以经济体制改革为主旋律的五年计划，要继续推进经济发展战略和经济管理体制由旧模式向新模式的转变。指导方针是对内搞活经济、对外实行改革开放。它提出了三项任务：一是经济体制改革，基本上奠定有中国特色的新型社会主义经济体制的基础；二是发展经济；三是改善人民生活。

总体上看，"七五"计划实现了计划提出的战略目标主要有：其一，经济发展较快，大部分生产指标超额完成。其二，经济体制改革进一步深化。"七五"计划提出要为各类企业创造平等的竞争环境，这促进了不同所有制企业的发展。其三，对外开放进一步扩大，国民经济向开放型转变，制定了沿海经济发展战略，进一步扩大对外开放。其四，产业结构调整取得明显成效，重工业产值占工业总产值的比重下降。

"七五"计划的主要问题是：其一，计划完成不平衡，部分指标大幅度超额完成，部分指标大大滞后。其二，发生了严重的通货膨胀，继续推行1984年开始的经济过热政策，信贷资金和货币投放量均大幅度超过计划指标，1988年"价格闯关"之后，进一步抬高了居民的通胀预期，导致了比较严重的通货膨胀，一度形成抢购风，影响了社会稳定，并成为导致1989年严重政治风波的重要因素之一。其三，人民生活指标没能完成，改善人民生活是"七五"计划三大主要任务之一，但是部分受到高通货膨胀的影响，农民纯收入增长、职工平均工资增长、农村居民消费水平增长指标完成情况都大大低于计划预期。其四，部分基础设施建设指标没有完成。

8. "八五"计划（1991~1995年）。"八五计划"的基调是治理整顿，强调要着眼于控制总量，调整结构、提高效益、完善和深化改革，努力促进经济的良性循环。1992年邓小平南行讲话以后，"八五"计划方针调整为"双加快"方针，即加快改革开放、加快经济发展，同时也调高了计划指标。

"八五"计划的成果为：其一，完成情况最好。"八五"计划是历次五年计划中完成情况最好的。其二，经济增长速度最快。"八五"时期改革开放和现代化建设进入新的阶段，国内生产总值增速为历史最快，提前5年实现了翻两番的现代化第二步战略目标。其三，经济增长质量较高。其四，信息基础设施建设迅猛增长，大大超出预计。

"八五"计划的主要问题为：其一，计划实施偏离度过高。由于计划指导方针中途转向，"八五"计划也成为改革以来计划偏离度最高的五年计划，大部分指标大幅度超出计划预想，这也造成了计划失控，计划指标之间的平衡被打乱。其二，经济严重过热，出现1949年以来最严重的通货膨胀和严重的投资过热。

9. "九五"计划（1996~2000年）。"九五"计划是实行社会主义市场经济体制以后的第一个五年计划，提出了要实现两个具有全局意义的根本性转变：一是经济体制从传统的计划经济体制向社会主义市场经济体制转变，二是经济增长方式从粗放型向集约型转变。该计划要求全面完成现代化建设的第二步战略部署。

"九五"计划完成得相当理想，综合国力增强，有效治理了"八五"遗留下来的通货膨胀，人民生活继续改善，基础设施建设取得了显著成绩，全方位对外开放格局基本形成。两个战略性转变总体上得到了实现：一是社会主义市场经济体制初步建立。国有企业改革目标基本实现；市场在资源配置中的基础性作用明显增强；国家计划对经济活动的干预弱化。二是经济发展方式初步转变。产业结构显著改善；经济增长的需求结构显著改善；资源、环境瓶颈约束减弱。

"九五"计划的主要问题是三大差距进一步拉大：地区差距进一步拉大，城乡差距进一步拉大，收入差距进一步拉大。

10. "十五"计划（2001～2005年）。"十五"计划提出了全面、协调、以人为本的五条发展方针：坚持把发展作为主题；坚持把结构调整作为主线；坚持将改革开放、科技进步作为发展的动力；坚持把提高人民生活水平作为根本的出发点；坚持经济与社会的协调发展。"十五"计划最突出的特点是工业化、城镇化、国际化、信息化以及基础设施现代化的全面加速发展。

"十五"计划实施情况总体良好：其一，"十五"完成情况总体良好。其二，国民经济持续平稳快速增长，物价水平保持稳定。其三，国际化加速发展。加入世界贸易组织之后，令人始料未及的是我国的国际市场空间迅速扩大，对外贸易飞速增长，贸易顺差导致外汇储备大幅度增长。其四，信息化加速发展。网络和用户规模居世界第一位，互联网用户突破1个亿，我国已经成为世界第二大互联网使用国。其五，城镇化进程加速发展。"十五"期间，城镇化率大大提高。其六，各类基础设施建设增长速度大大加快。"十五"期间我国的交通基础设施快速发展，网络规模扩大，铁路营运里程居世界第三，实现了规划目标。

"十五"计划的实施也出现了四个方面的偏差：其一，产业结构调整偏离了原定目标，第三产业发展滞后。其二，就业结构调整没有达到预期，第二产业资本排斥劳动力的同时，第三产业吸纳就业能力减弱。其三，能源需求增长过快，供需矛盾更加尖锐，煤炭生产和消费超常规增长，能源结构不合理的问题更加突出。其四，主要污染物排放先下降后上升。

11. "十一五"规划（2006～2010年）。"十一五"规划是党的十六大提出2020年全面建设小康社会目标后的第一个五年规划，是科学发展观提出后制定的第一个五年规划，要求全面贯彻落实科学发展观。"十一五"规划的发展思路成为中国从加快发展向科学发展转变的重要标志，其指导原则和政策举措的主要着力点在于转变经济发展方式。"十一五"规划首次将"五年计划"改变为"五年规划"，将国家主要发展目标根据市场机制与政府责任的不同，划分为约束性指标和预期性指标。

"十一五"规划实施情况相当理想。其一，"十一五"规划主要指标基本全面完成。"十一五"规划的各项目标实施进展顺利，是完成情况最好的五年规划（计划）之一。其二，主要目标顺利实现。经济增长目标提前完成，城乡居民收入水平增长目标提前实现，基本公共服务明显加强，自主创新能力明显增强，可持续发展能力进一步增强。其三，发展方式初步转变。政府职能由经济增长型向公共服务型转变。环境状况初步改善，主要污染物减排取得重要进展，大气环境、水环境质量初步改善，水土流失、荒漠化、草地三化等生态环境总体恶化趋势得到了初步遏制；各省间人均 GDP 差距明显缩小，已经达到改革开放以来的最低点；安全生产明显改善，主要安全事故指标大幅度下降。

"十一五"规划实施的主要问题是：其一，结构调整滞后。其二，传统发展模式未根本改变。重工业产值占工业总产值的比重上升；经济增长吸纳就业能力进一步下降；收入分配差距进一步拉大；高消耗、碳排放密集的黑猫模式并未根本转变，中国超过美国成为能源消费的世界第一大国，与此相伴的是成为二氧化硫、二氧化碳、有机废水排放的世界第一大国。

12. "十二五"规划（2011～2015 年）。"十二五"规划是全面建成小康社会的关键时期，是深化改革开放、加快经济发展方式转变的攻坚时期，这一时期既充满风险挑战、极不寻常，又成就卓越、极不平凡。面对十分严峻又极其复杂的国内外环境，党中央总揽全局、协调各方、科学决策，国务院实施正确而有力的宏观调控措施，有效地应对了各种内外部挑战，按照"稳中求进"的总方针，中国经济发展进入新常态，国民经济、社会发展、文化繁荣、生态建设等取得巨大成就，我国的经济实力、科技实力、国防实力、综合国力再上新台阶。

"十二五"规划总体完成情况良好，经济结构转型顺利完成，正在由工业主导向服务业主导加快转变，整个经济结构向中高端迈进的态势非常明显。首次提出实施就业优先战略，采取更加积极的就业政策，扩大就业和创业规模，重点解决高校毕业生、农村转移劳动力和城镇困难人员的就业问题。建立健全基本公共服务体系，保障人民的生活需求，提高国民收入并进行合理分配。

13. "十三五"规划（2016～2020 年）。"十三五"规划仍处在进行时，各项工作也在稳步地推进中，目标是：保持经济中高速增长，在提高发展平衡性、包容性、可持续性的基础上，到 2020 年国内生产总值和城乡居民人均收入比 2010 年翻一番，产业迈向中高端水平，消费对经济增长贡献明显加大，户籍人口城镇化率加快提高；农业现代化取得明显进展，人民生活水平和质量普遍提高，我国现行标准下农村贫困人口实现脱贫，贫困县全部摘帽，解决区域性整体贫困问题；国民素质和社会文明程度显著提高；生态环境质量总体改善；各方面制度更加成熟、稳定，国家治理体系和治理能力现代化取得重大进展。

"十三五"时期是我国全面建成小康社会的决胜阶段，也是战略性新兴产业大有可为的战略机遇期。我国创新驱动所需的体制机制环境更加完善，人才、技术、资本等要素配置持续优化，新兴消费升级加快，新兴产业投资需求旺盛，部分领域国际化拓展加速，产业体系渐趋完备，市场空间日益广阔。但也要看到，我国战略性新兴产业整体创新水平还不高，一些领域核心技术受制于人的情况仍然存在，一些改革举措和政策措施落实不到位，新兴产业监管方式创新和法规体系建设相对滞后，还不适应经济发展新旧动能加快转换、产业结构加速升级的要求，迫切需要加强统筹规划和政策扶持，全面营造有利于新兴产业蓬勃发展的生态环境，创新发展思路，提升发展质量，加快发展壮大一批新兴支柱产业，推动战略性新兴产业成为促进经济社会发展的强大动力。

第三节　主要内容

一、国民经济和社会发展规划管理内容

国民经济和社会发展规划应规定国家规划部门依法制定国民经济和社会的年度、中长期发展规划，规划管理的内容应包括：国民经济与社会总体中长期规划，市场经济体制的健全、完善管理，制定并组织实施国家社会协调和稳定发展政策与办法、科技与教育专项政策、区域公平与区域协调的发展规划和政策、产业长期发展与规划政策、国际经济关系协调发展政策、自然环境政策与经济社会协调的长期规划。

国民经济与社会中长期发展规划指明了经济社会发展的方向，是具有战略性的综合规划，是指导各项工作的行动纲领，它不仅要规定我们的中心工作，而且要规定其他重要工作。中长期规划都应该有自己的中心与主线，中长期规划的统筹范围一般选择如下：改进产业结构，提高城市化水平，适应全球化，经济快速跳跃式发展，推动高新技术产业发展，改善环境发展质量，增强民族经济竞争力，大力发展第三产业，改进基础设施，加强经济安全，改善政府管理，解决温饱问题，建设社会保障体系，改善对外经济合作关系，繁荣社会主义文化，提高文化生活质量，提高民主法制与民主政治建设水平，促进人的全面发展等。中长期规划是其他各专项规划制定的前提，更应该注重对经济周期的调整与适应以及经济预测决策的宏观性、科学性与准确性。

制定和实施产业政策是国家规划工作的重要组成部分。国民经济和社会发展规划应该规定的产业政策包括产业结构政策、产业组织政策、产业技术政策、产业自然生态政策、产业空间布局政策，以及对产业发展有重大影响的其他政策。国民经济和社会发展规划应规定政府重点发展的产业和国家干预的产业，

规定这些产业发展的合理经济规模、生产技术、环境保护以及社会影响等标准，鼓励发展经济社会效益显著的产业和产品，严格限制损害经济社会、自然资源环境效益的项目。国家产业政策由国务院组织制定和颁布，国家规划主管部门具体负责研究、制定和实施国家产业政策，各专项产业政策由国家规划主管部门会同有关行业主管部门共同制定。国民经济和社会发展规划应规定国务院有关部门提出的产业政策草案和对产业发展有重大影响的政策草案，必须经国家规划主管部门审查和经民主审议后，报国务院批准。国民经济和社会发展规划应规定国务院各部门和地方各级人民政府有责任与义务执行国家正确的产业政策。财政政策和金融政策作为国家产业政策实施的辅助手段，要保证国家产业政策目标的实现；政策性银行和其他金融机构要根据国家产业政策规定的优先顺序进行业务活动；税收政策要按照国家产业政策的要求体现倾斜差别。国民经济和社会发展规划应规定国家规划主管部门会同有关部门对国家产业政策的实施进行监督和检查。国民经济和社会发展规划应规定国家产业政策的制定与实施必须参照地方具体情况，体现产业区域布局的实际状况，避免出现地区之间的重复建设与资源配置的浪费。地方人民政府根据本地实际情况针对错误的国家产业政策有权提出修改建议或拒绝执行。各省级人民政府可以根据国家产业政策的规定制定本地区的实施办法。

我国长期以来差异化的区域发展政策使得目前我国区域之间存在严重非均衡发展的问题，区域发展差距的进一步扩大会产生严重的经济社会发展不稳定的后果。国民经济和社会发展规划应规定规划的制定要协调区域之间的差距与区域发展过程中的不平衡，缩小区域之间人均国内生产总值和城乡居民收入的差距，最终缩小人民生活水平和公共服务方面的差距。国家规划应顾及实现地区协调、打破行政分割、建立统一市场与重塑市场经济条件下的新型地区经济关系。国民经济和社会发展规划应规定国家总体宏观规划在促进地区协调发展过程中要加强对区域发展的引导，统筹规划城镇体系、生产力布局和基础设施建设，根据不同区域的发展条件实施差别化的区域政策。

国民经济和社会发展规划应规定国家规划有义务针对对外经济贸易长期政策与对外经济布局做出规划。当今世界是开放并相互流通的，国际经济政治关系已经成为影响一国经济社会政策的重要因素，一国在国际分工中的地位成为影响国家在国际产业链条中的决定因素。为了协调对外经济政治部门与国内经济社会管理部门的关系，使我国站在国际化、全球化角度考虑国民经济和社会的发展，国民经济和社会发展规划应规定国家规划管理部门需要会同其他国务院各相关机构综合协调国内外市场、国内外贸易、国内外资源、国内外资金与技术等关系。国家综合规划要保证对外经济贸易有利于优化升级国内产业结构、有利于缩小区域差距与平衡区域发展、有利于缩小城乡差异与提高城乡居民生活水平、有利于保护国内自然资源环境。

经济发展和自然资源环境稳定是社会发展的前提和基础，但经济的发展不能自动带来社会进步与自然资源环境的改善。改革开放以来我国经济发展取得了举世瞩目的成就，但在经济快速增长的同时自然资源严重浪费，环境严重污染，城乡就业问题难度加大，收入差距拉大，社会保障和其他社会援助体系覆盖面小、水平低，义务教育、公共卫生等公共服务相对滞后。国民经济和社会发展规划应规定国家规划需要统筹经济、社会与自然资源环境，必须坚持经济发展、社会进步与自然资源环境的改善即"三手抓，三手都要硬"，将社会和谐发展与人的进步、自然资源环境的改善放在重要位置。

二、国民经济和社会发展规划编制过程

（一）中期评估

制定下一个规划时，国家要组织开展上个规划的中期评估。中期评估是一个充分民主的过程。同时，国家还会广泛听取意见，深入基层进行实地调研，通过问卷调查、召开座谈会等形式广泛征求意见，并向全国人民代表大会财经委员会作专题汇报，及时接受指导。在充分民主的基础上，由国家发展和改革委员会集中各方意见，起草《中期评估报告》。这反映了中国规划独特的学习机制：前一个规划实施过半，进行他方和自我评价，及时发现突出问题，及时提出解决办法，及时改进《中华人民共和国国民经济和社会发展规划纲要》（以下简称《规划纲要》）编制，也为制定下一个五年规划做铺垫。

（二）前期研究

这包括进行基础调查、信息搜集、课题研究以及纳入规划重大项目的论证等前期工作。

在中期评估的基础上，国家发展和改革委员会提出规划前期的重大问题，向全社会公开招标，加上直接委托研究，国家发展和改革委员会系统内部研究，选题大约有数百个之多，参与专家数千人、研究人员上万人，形成几百万字的研究报告。上述研究成果直接为起草《规划纲要》服务，相当于"自下而上"驱动的政策制定模型。这是世界最大规模的公共政策"集体研究""密集研究""竞争研究"，国家"花钱"购买"公共决策知识"。

对于同一重大题目，国家发展和改革委员会采取委托多方研究的方式，以便广纳善言，集思广益。在此基础上，国家发展和改革委员会吸收各方研究成果，整理规划基本思路，在形成基本思路初稿以后，国家发展和改革委员会开始征求专家意见、各部门意见。根据各方的修改意见，国家发展和改革委员会对基本思路进行修改完善。

（三）形成思路

根据前期研究成果，国家发展和改革委员会起草基本思路意见稿，在征求各方面（指各地区、各部门及专家）意见之后，向党中央、国务院汇报。中央政治局常委们详细讨论基本思路，达成政治共识后，向各方通报，以统一认识，进行政治动员。

基本思路一旦形成，就为尔后的调查研究、广泛听取各方意见、起草党中央建议提供了基础。

（四）建议起草

《中共中央关于制定国民经济和社会发展第××个五年规划的建议（草案）》（以下简称《建议》），是在中央政治局常委会直接领导下制定的。

成立《建议》起草小组，起草小组主要由国务院研究室、国家发展和改革委员会以及各部门人员参与。起草小组工作方式大体是先集中学习，主要是集中学习有关材料；随后组成专题调研组分赴各地调研；在此基础上起草送审《提纲》。根据中央领导人对于送审《提纲》的指示，以及各方面的意见，起草小组开始集中写作，起草《建议》。3月全国人民代表大会闭幕之后，中央政治局常委和其他委员分赴各地进行专题调研。这是中央领导人与地方负责人直接进行信息沟通的最好形式。同时，地方负责人可以直接反映他们的实际要求和具体建议，就重大政策交换意见，达成共识。

与此同时，各阶段的起草小组工作人员更是经常性地进行深入调研，通过调研来研究问题，形成思路。形成《建议》的过程就是民主决策的过程。一是广泛听取各地方、各部门党委（党组）、党内老同志和党内精英意见，以集中全党的智慧；二是广泛征求各民主党派与全国工商联负责人、无党派人士等党外精英意见，以吸收社会的智慧，对《建议》不断修改、充实、完善。还要在中央政治局常委会、中央政治局会议中对《建议》进行多次讨论，形成《建议》的讨论稿并正式提交中共××届五中全会。

（五）通过建议

召开中共××届五中全会，由国务院总理代表中央政治局作《关于制定国民经济和社会发展第××个五年规划建议的说明》，全会审议和通过《中共中央关于制定国民经济和社会发展第××个五年规划的建议》，并正式对外公布。

（六）制定纲要

在中共中央《建议》正式公布之后，形成《规划纲要》文本初稿。

（七）专家论证

规划草案形成后，国家发展和改革委员会多次组织国家发展规划专家委员会专家进行详细讨论、专业咨询和专题论证，并正式向国务院提交论证报告，随同

《规划纲要》一起报送全国人民代表大会，作为审议《规划纲要》的重要参考。

（八）争取意见

除涉及国家秘密内容的情形外，规划编制部门应当公布规划草案或者举行听证会，听取公众意见。国务院召开规划座谈会，直接听取各地区、各部门领导的意见；直接向党中央、国务院各部门书面征求意见；召开老同志座谈会听取意见；由国家发展和改革委员会征求香港和澳门特别行政区的意见；由全国人民代表大会财政经济委员会、全国政协召开会议，听取《规划纲要》的汇报，直接提出修改意见；由国务院总理多次主持召开专家、企业家、工人、农民等方面的座谈会；由全国人民代表大会财政经济委员会等对《规划纲要（草案）》进行初审；由各地区人民代表大会常务委员会组织全国人民代表提前审议《规划纲要》；由中共中央主持召开民主党派等方面的座谈会。在此基础上，《规划纲要》提交国务院常务会议和国务院全体会议审议，提交中央政治局常委会和中央政治局会议审定，形成《规划纲要（草案）》，正式提交全国人民代表大会审议。

（九）审议批准

国务院审议通过的《规划纲要（草案）》提交全国人大审议，首先由全国人大专门委员会对规划提前进行审议；在召开全国人大代表大会之前，全国人大常委会组织全国人大代表提前审议；召开第××届全国人民代表大会，由国务院总理在向大会提交的《政府工作报告》中对《规划纲要（草案）》做说明，全国人民代表和全国政协委员进行分组讨论、提出重要修改意见，在此基础上由大会审议并正式批准《规划纲要》。这是再次民主、再次集中，使公共政策合法化、法律化的体现。

（十）正式公布

《中华人民共和国国民经济和社会发展第××个五年规划纲要》正式发布。

（十一）规划实施

国务院按照职责分工将《规划纲要》提出的主要目标和任务分解落实到各地区、各部门，明确约束性指标的责任部门和地区分解，建立约束性指标的公报制度，将约束性指标纳入各地区、各部门经济社会发展综合评价和绩效考核，组织全国实施。

三、国民经济和社会发展规划的审查

加强社会主义民主，健全社会主义法制，实行依法治国，就必须依法加强对经济工作的监督。为此，必须按照宪法和有关法律的规定，切实履行宪法赋予全国人大及其常委会的职责，认真做好审查批准国民经济和社会发展计划这项工作。审查批准国民经济和社会发展计划，是宪法和法律赋予全国人民代表大会的职责，也是人民当家做主、行使国家权力的重要体现。做好这项工作，可以在经

济工作中更好地发扬民主，有利于计划编制的指导思想和政策措施符合党的方针政策和人民群众的要求。人大代表在审查国民经济和社会发展计划草案及国民经济和社会发展计划的报告时，应当着重把握以下几点：

（一）判断宏观形势

做好计划审查批准工作，首先要对宏观形势作出正确的判断，这是做好审查工作的关键。判断宏观经济形势，要分析总供给和总需求的平衡关系，观察经济增长、就业、物价、投资和消费、贸易和国际收支等指标是否在合理区间，评价宏观经济政策的实施效果，找准主要的矛盾和问题。根据宏观经济形势和宏观调控目标，每年的宏观经济政策一般都贯穿着一条主线，这条主线就是审查的重点。这条主线正确与否、是否可行，代表应从全国大局出发，结合自己的工作实践加以判断。宏观经济政策及其具体措施具有很强的针对性，每年的具体政策和措施较多，但或多或少会有所区别。总的来说，宏观经济政策既要保持连续性和稳定性，也要根据形势变化适时进行调整。如20世纪90年代初，我国经济出现了需求过热、通货膨胀和经济秩序混乱的现象，针对这种现象，中央果断采取深化改革、加强和改善宏观调控的措施，重点是控制固定资产投资和整顿金融秩序。又如1997年下半年亚洲金融危机爆发，加上国内供求形势发生变化，有效需求不足的矛盾逐步显现，中央及时地作出扩大内需的重大决策，通过实施积极的财政政策和稳健的货币政策，扩大投资需求和消费需求。国家计划体现了各个时期的工作重点，也体现了宏观调控的方向和重要内容。

对国民经济和社会发展五年计划、长远规划草案的审查，要着眼于长远，进一步突出宏观性、战略性和政策性。

（二）审查计划的指导思想

审查计划的指导思想是否正确，主要从以下七个方面来把握：

1. 以科学发展观统领经济社会发展全局，坚持以人为本，坚持统筹兼顾，贯彻落实全面协调可持续的发展观。按照统筹城乡发展、统筹区域发展、统筹经济社会发展、统筹人与自然和谐发展、统筹国内发展和对外开放的要求，促进经济、社会和人的全面发展，建设小康社会与社会主义和谐社会。

2. 处理好改革发展稳定的关系。改革是发展的动力，发展是稳定的基础，稳定则是推进改革和加快发展的必要前提和环境。必须在充分考虑社会承受能力、妥善解决因利益调整而产生的各种社会矛盾的基础上，稳步推进各项改革，使经济发展获得强大而持久的动力，使改革、发展、稳定相互促进，相得益彰，良性循环。

3. 坚持用发展的办法解决前进中的问题。经济生活中的矛盾千头万绪，但归根结底都与发展相关。一方面，当前要采取措施促进国民经济持续较快增长，以满足人口增长、就业增加和人民生活改善的要求；另一方面，也要注意避免因速度过快导致供求总量失衡，引发通货膨胀，或社会需求不足制约经济发展，导致出现通货紧缩。总的来说，就是要保持国民经济持续较快增长，并着力提高经济增长质量，实现速度和效益的统一。

4. 在保持经济总量大体平衡的同时，积极推进结构优化和升级。既要发展传统产业，发挥我国的比较优势，又要大力发展高新技术产业，积极参与国际竞争。既要积极稳妥地实施城镇化战略，又要大力推进农业和农村经济的战略性调整，特别是努力增加农民收入，促进城乡经济协调发展。既要大力实施西部大开发战略和东北地区等老工业基地振兴战略，又要鼓励东部有条件的地区率先实现现代化和中部地区尽快崛起。

5. 不断提高对外开放水平，充分利用国内外两个市场、两种资源。在加入世贸组织的新形势下，更要坚持扩大对外经济技术合作与交流，把"引进来"和"走出去"结合起来，在更大范围和更广领域里参与国际竞争与合作，这样才能有效提高国际竞争力，拓宽经济发展的空间。

6. 逐步调整行政手段的运用。更多地采取符合市场经济规律和国际惯例的经济、法律手段，更多地发挥经济杠杆调节经济运行的作用。

7. 灵活运用经济政策。根据不断变化的国内外经济形势，注意把握宏观调控的力度、节奏和时机，增强政策的预见性。

（三）审查宏观调控的主要预期目标和手段

1. 审查宏观调控的主要预期目标是否适宜。从 2003 年开始，尽管计划中还有许多宏观调控目标，但经济增长率、城镇登记失业率、居民消费价格上涨率和进出口增长率更为突出，被称为宏观调控的主要预期目标。

（1）关于经济增长率。我国的实践证明，经济增长速度若较低，经济增长潜力就不能充分发挥，综合国力难以增强，也不利于缩小同国外的差距；经济增长速度若较高，农业、交通、能源、原材料供给则难以承受。

（2）关于失业率。我国面临人口增加和新的就业高峰出现的压力，严格控制人口增长、努力增加就业、保持社会和人民生活的基本稳定，是一项重要任务。应当看到，完全解决失业问题，使失业率达到零是不可能的，即使工作机会和想要工作的人数完全平衡，也会有失业的人员。因此，要确定一个准确的目标，把失业率控制在一个合理的水平上。

（3）关于物价上涨率。计划中列入的是居民消费价格总水平。国内外的实践证明，通货膨胀和通货紧缩对经济的持续健康发展都十分有害。要根据我国的经验，确定物价上涨的合理区间，把物价波动限制在比较小的幅度内。

（4）关于外贸增长率。外贸是国际收支的基础之一。我国的外贸已经保持了多年的盈余，这是非常不容易的。其实，即使外贸出现逆差，也不一定是坏事，因为这意味着我国得到了更多的外国商品。当然，不能持续时间过长，因为承受逆差的能力总有一天会耗尽。

宏观调控的主要预期目标之间有着紧密的联系。四项目标是一个相互联系、相互制约的整体；是根据我国经济运行和经济体制的实际，围绕保持国民经济快速增长和提高经济整体素质的要求提出来的；是近几年来加强和改善宏观调控实践经验的总结，构成了我国宏观经济调控的总体要求。

同时，宏观调控的主要预期目标之间也存在着矛盾。例如，稳定物价与充分就业之间就存在着矛盾。失业人数过多，往往需要采取扩大信用的办法，增加投资，刺激需求，从而促进就业。但是，信用扩大，货币供应量增加，需求增长，容易导致物价上涨，加剧通货膨胀。因此，必须把握好宏观调控主要预期目标的数量界限。只要把握好宏观调控的主要预期目标，其他宏观调控目标就不会出现大的偏差。

2. 审查宏观调控的手段和措施是否可行。我国宏观调控的手段包括经济手段、法律手段以及必要的行政手段等，但最主要的是计划、财政、金融这三个方面。这三者被我国经济界称作宏观调控的三大支柱。

（1）关于计划手段。计划与市场都是资源配置、经济调节的手段。在我国社会主义市场经济体制下，国家计划是宏观调控的主要依据和主要手段，产业政策是计划手段的重要内容，是一国政府为了加快经济发展和优化经济结构而制定的产业发展序列（包括规定重点扶持、限制发展、限期淘汰的产业和产品）以及相应的经济政策。从总体上说，产业政策是调节总供给的政策，也是中长期发展政策。我国自20世纪80年代以来，借鉴日本、韩国成功运用产业政策的经验，开展制定产业政策的工作。

（2）关于财政手段。财政手段发挥调控作用主要是通过预算和税收，也就是通过对社会资金和收入进行分配和再分配来协调各个利益主体的关系，影响经济运行。财政手段的主要作用是调节供求总量、供求结构、收入分配、货币金融和地区差别。

（3）关于金融货币手段。在市场经济条件下，国家宏观调控已从实物调控转向价值调控，货币政策必然成为宏观调控的重要手段。在我国宏观调控中，虽然不可低估财政政策的作用，但货币政策的作用已越发显示出来。货币手段的显著特点有三点：一是全面性。货币调控可以渗透到经济的各个角落，其影响是全面的。二是灵活性。中央银行可以随时运用各种金融工具进行调节，灵活性强，收效快。三是稳定性。货币政策通过市场机制发挥作用，各个利益主体均要主动适应其影响，避免产生剧烈的波动。

在预期目标确定后，要重点审查为实现预期目标采取的措施是否恰当、得力和有效。

第四节　现有制度评析及完善

一、存在的主要问题

（一）总体规划存在内容过繁过细的问题

改革开放以来，我国一共编制了 10 个五年计划和 3 个五年规划。可以看出，五年规划平均 5 万余字的篇幅明显超过原有的五年计划平均 3 万余字的篇幅。这种内容大幅增加的情况固然跟我国经济社会发展的复杂性日益增长有关，但根本原因还是政府在参与经济社会管理方面仍然存在"大而全、小而全"的思维定势。相比较计划而言，尽管规划应更加强调推动科学发展、更加强调以人为本、更加强调政府职能转变，但在实际操作中仍不尽如人意。如有关部门不愿对指令性计划中原有的任务体系进行瘦身，又不由自主地增加了政府引导、指导经济社会发展的内容；在重点任务方面力求覆盖经济社会发展的方方面面，从而忽略了用规划替代计划背后的体制机制内涵。总体规划内容过繁过细的问题不仅存在于国家层面的五年规划，也存在于省级与市县级总体规划中，而且越是基层规划越是过繁过细。近年来，省级总体规划和市县级总体规划的篇幅与国家级五年规划相差无几，篇幅拓展的内容无非就是涵盖更加广泛的领域、更加细小的工程以及更加市场化的项目。

（二）区域规划存在普惠制与趋同化的问题

按照《国务院关于加强国民经济和社会发展规划编制工作的若干意见》，区域规划是以跨行政区划的国民经济和社会发展为对象编制的规划，而这应由国家发展和改革部门会同国务院有关部门和区域内省（区、市）人民政府有关部门编制。中央历来高度重视通过实施区域发展总体战略缩小地区发展差距，实现全国范围的均衡发展。在这一指导思想下，国家发展和改革委员会牵头，先后制定出台了西部大开发等一批重点跨省的区域规划，对缩小地区发展差距、快速提升区域综合实力、打造特色增长极起到了重要的推动作用。但近年来，由国家制定出台省域范围内的重点区域规划的现象愈演愈烈，规划几乎覆盖全国各个地区与各个领域。从区域上看，从东部地区的《浙江海洋经济发展示范区规划》，到中部地区的《皖江城市带承接产业转移示范区规划》，再到西部地区的《关中—天水经济区发展规划》；从领域上看，从体制创新的《前海粤港现代服务业合作示范区规划》，到可持续发展的《鄱阳湖生态经济区规划》，再到对外开放的《图们江国际合作示范区规划》。这些"国家级区域规划"呈现出两个鲜明的特点：一是普惠制的"人人有份"。这种局面固然有我国区域辽阔、各地发展禀赋不同的原因，但结果却大大助长了各地区争戴国家级"帽子"的"跑部钱进"行为。二是单纯聚焦经济发展。本着"打造经济增长极"这一指导思想编制的各类区域规划，无一例外地在经济发展任务方面浓墨重彩，从而造成了近年来区域发展政策趋同化和经济增长水平"相互竞争"的局面。

（三）专项规划存在着管理混乱的问题

专项规划是以国民经济和社会发展特定领域为对象编制的规划，是总体规划在特定领域的细化。在我国，专项规划更多地表现为各级各类产业发展规划，目前，呈现出两个特点：一是中央国家机关出台专项规划热情很高，各个部门针对自己领域的业务都希望出台专项规划，以强化自身在该领域的决定权和话语权。二是各级地方政府在我国行政管理体制条块分割格局的影响下，针对国家层面出台的专项规划大都会逐级出台本级政府、本地区在该领域的专项规划。以战略性新兴产业规划为例，国家层面的《战略性新兴产业"十二五"规划》出台以后，各省乃至各地市甚至一些县级政府先后制定了本地区的战略性新兴产业规划。而全国性"大干快上"的战略性新兴产业直接导致全行业迅速产能过剩。近年来，专项规划乱还体现在，随着各部委各类试点示范政策的出台，相关部委要求各类申报地区都编制本地区该领域的专项规划，从而浪费了大量时间和人力、物力资源。

（四）规划编制过程存在着政府主导市场的问题

《国务院关于加强国民经济和社会发展规划编制工作的若干意见》对规划的编制流程和协调衔接作出了详细规定。根据现有的规划编制程序，规划编制部门必须先向业务主管部门征求规划任务建议，由规划编制部门汇总形成初稿后征求各个业务主管部门的意见。在这一编制流程下，规划编制部门不可避免地成为业务主管部门的"书记员"和"传声筒"。同时，近年来发展迅速的互联网各类细分产业，由于找不到业务主管部门而始终进入不了国家层面的总体规划。事实上，规划较之于计划，更加强调战略性、政策性、指导性，但由于我国国民经济和社会发展规划编制体系脱胎于传统的指令性计划，在研究确定规划任务过程中，往往片面强调"要"做而忽视"能不能"做，注重对必要性的分析而缺乏对可行性的研究。近年来，我国出现的城市病、产业空心化、劳动力结构性供求矛盾等问题，均在一定程度上与我国重大战略规划缺乏对任务措施进行科学有效的研究有关。此外，各地蓬勃兴起的产业专项规划，大都不顾要素禀赋、交通区位、人才资本等约束条件。

二、改革我国国民经济和社会发展规划体系的建议

（一）精简层级

首先应当对现有"三级三类"国民经济和社会发展规划管理体系进行大幅度精简。在总体规划方面，进一步精简为国家级规划、省级规划、市级规划，县级规划在上一级规划中具体体现，不再另行编制。在专项规划方面，与产业发展、生产力布局相关的，由国家层面按照正面清单和负面清单相结合的方式编制。省级及以下政府关于产业发展方面的设想在省级总体规划中的专章内容予以体现，不再编制单纯推动产业发展方面的专项规划。在区域规划方面，国家层面不应再牵头编制某个省内的区域规划，省域范围内的重点区域发展规划应尽可能列入总体规划中的专章内或在省级专项规划中体现。

（二）集中内容

在规划内容方面，要深入贯彻落实党的十九大精神，准确把握规划与指令性计划的区别，更加突出以人为本的理念，摒弃以"建设"为本的理念，坚决做好"加法"和"减法"。

大幅增加政府公共服务方面的规划内容和约束性指标，大力推进各级政府由生产型政府向服务型政府转变，将公共服务在国民经济和社会发展总体规划中提升到更加重要的地位。同时，大幅压缩经济建设方面任务的比重。在总体规划层面，除了切实关系国计民生和经济社会总体发展的情况，尽量不涉及具体的项目和工程，从源头上促使各级地方政府由"跑项目"转为"跑规划"。

（三）考虑约束

在规划各类经济社会发展任务时，要改变传统的"我要做"的思维定势和规划模式，充分考虑人口与经济、经济与社会、城市与乡村、人口经济与资源环境因素的相互影响和相互制约，运用现代信息技术手段，充分挖掘各类任务之间的内在联系和内生性约束机制，推动形成有效的、相互促进的规划任务体系，从源头上杜绝规划任务因受制于约束条件而无法落实的现象。

（四）引入外力

要想彻底解决规划中政府色彩"过浓"的问题，就必须打破政府绝对主导的规划编制体系，突破业务主管部门对规划编制拥有绝对话语权的地位。作为规划编制的牵头部门，应当将规划内容有效分解，委托第三方专业化社会团队充分运用现代信息化手段，从国民经济总量平衡和各领域、各地区均衡发展的角度，在充分了解社会各界对于经济社会发展需求的基础上，提出供给层面和需求层面相协调的规划总体目标和主要任务体系，并逐级分解到各部门、各地区。各部门、各地区如果认为规划目标和任务无法完成的，需要向社会公布无法完成的理由以及替代方案和思路，从而真正做到让规划来自于市场且服务于市场。

三、国民经济和社会发展规划的效力问题

作为"规划"载体的《国民经济和社会发展规划纲要》是法律性文件,具有法律约束力,但只是对政府具有约束力。

(一)严格的编制、审批、修改、监督等程序表明《规划纲要》是法律性文件

1. 关于《规划纲要》的编制、审批。"规划"的编制是一个发现问题、集思广益、提出方案、统一认识的过程,同时也是一个公开的、民主的决策过程。"规划"的编制一般要经过课题研究阶段、思路形成阶段、规划纲要起草和专项规划形成阶段、广泛征求意见和充分衔接阶段,直到最后完成并提交全国人大讨论审议[1]。考虑到编制过程规范化的重要性,国务院办公厅曾转发国家发展计划委员会(现为国家发展和改革委员会)《关于"十五"规划编制方法和程序若干意见》(国办发〔1999〕88号),从编制原则、编制方法、编制程序、规划类型、规划发布、规划修订等方面对编制"十五"计划提出了要求。2005年国务院还颁发了《关于加强国民经济和社会发展规划编制工作的若干意见》(国发〔2005〕33号),对经济社会发展规划编制工作的各个环节,如前期研究、起草衔接、征求意见、报送审批、实施评估、修订等都作了比较具体的规定,对规划编制的工作程序提出了明确要求。简言之,在正式编制《规划纲要》前,由中共中央提出建议,国务院根据中共中央的建议进行编制。在《规划纲要》的编制过程中,要经过国务院常务会议、中央政治局常委会议、国务院全体会议等一系列会议的讨论,再根据各方面反馈的意见进行修改,形成提请全国人大审议的《规划纲要(草案)》。从上述编制过程的立法依据来看,国务院依据我国《宪法》第89条第5款规定行使"编制和执行国民经济和社会发展计划和国家预算"的职权,全国人民代表大会依据《宪法》第62条第10款规定行使"审查和批准国民经济和社会发展计划和计划执行情况的报告"的职权。"职权"的含义是权力和责任(义务)的统一,编制和执行"规划"既是政府的权力,又是其责任(义务),所以需要由国家权力机关通过"审查和批准"予以督促。

2. 关于《规划纲要》的修改、监督。《中华人民共和国各级人民代表大会常务委员会监督法》(以下简称《监督法》)第三章专门规定了各级人民代表大会常务委员会如何对"规划"的制定、修改和执行实施监督。其中,《监督法》第16条规定,国务院和县级以上地方各级人民政府应当在每年6月至9月期间,向本级人民代表大会常务委员会报告本年度上一阶段国民经济和社会发展计划、预算的执行情况;第17条规定,国民经济和社会发展计划、预算经人民代表大会

---

〔1〕 江宛棣:"'十一五'规划是如何制定出来的",中国网,http://www.china.com.cn/zhuanti/115/sw/txt/2006-03/06/content_6143309.htm,访问时间:2018年3月20日。

批准后，在执行过程中需要作部分调整的，国务院和县级以上地方各级人民政府应当将调整方案提请本级人民代表大会常务委员会审查和批准。这里用的是"应当"而不是"可以"，强调的是政府修改"规划"时要向本级人大常委会提请审查和批准，说明这是其责任（义务）。此外，第21条也规定，国民经济和社会发展五年规划经人民代表大会批准后，在实施的中期阶段，人民政府应当将规划实施情况的中期评估报告提请本级人民代表大会常务委员会审议。规划经中期评估需要调整的，人民政府应当将调整方案提请本级人民代表大会常务委员会审查和批准。

由上可见，《规划纲要》是由国务院编制、全国人民代表大会审议批准通过的，具有高度权威性、严肃性的规范性文件。

（二）"规划"具有法律约束力

1. 计划经济体制下的"计划"具有明确的法律约束力。在计划经济体制下，计划是资源配置的基础性方式和国家管理经济的主要手段。在我国计划经济时代，国家制定高度集中的计划，各种社会资源按照行政部门、行政地区、行政层次来配置。1954年《宪法》第15条规定，国家用经济计划指导国民经济的发展和改造，使生产力不断提高，以改变人民的物质生活和文化生活，巩固国家的独立和安全。尽管在这里使用了"指导"一词，但计划经济体制下的"计划"并不是指导性的，而是指令性的。这种指令性计划带有强制性，是不计成本必须予以执行的行政任务。因此，计划经济体制下的"计划"是国家经济和社会发展战略的具体体现，是指导全国经济和社会发展的行动纲领，具有高度的权威性与严肃性，具有不容置疑的法律约束力[1]。

2. 市场经济体制下"规划"的约束力有所弱化，但不能否认其法律约束力。

（1）市场经济体制下的"规划"应当具有法律约束力。在市场经济条件下，国家计划主要采取指导性计划形式，也就是说，指导性计划基本取代了以往的指令性计划。中共中央十四届三中全会《决定》指出，"国家计划要以市场为基础，总体上应当是指导性的计划。"由于市场经济体制下的"规划"的目标和任务不再靠行政手段去强制性推行，因此"规划"的法律约束力受到质疑。对此，笔者以为，尽管市场经济体制下的"规划"较计划经济体制下的"计划"的强制性有所弱化，其对市场经济主体的约束多表现为间接约束，但"规划"作为具有权威性和严肃性的法律文件，其约束力不能被否认。首先，从"规划"本身的执行来看，"规划"是必须被保障实施的：一方面，"规划"一经人民代表

---

〔1〕 陈国川、杨成、尹明："我国国民经济和社会发展规则纲要的法律地位研究"，载《北方经济》2003年第1期。

大会审议通过、人民政府下达后就要严格执行，各部门、各地方都要协调配合，保证"规划"的完成；另一方面，"规划"的制定者和执行者要向本地区权力机关报告"规划"的执行情况。其次，从"规划"作为宏观调控的主要手段来看，"规划"应当具有法律约束力。在市场经济体制下，国家计划虽然不像在计划经济体制下那样作为资源配置的基础性手段，但它并不是毫无价值的，而是对市场经济进行宏观调控的重要手段[1]。党的十四大报告明确指出："国家计划是宏观调控的重要手段之一"。在宏观调控体系的三大支柱即计划、财政和金融中，计划居于宏观调控体系的中心地位，为宏观调控确定基本方向、原则、目标和方针。作为宏观调控的基本依据和宏观调控的重要手段，"规划"没有法律约束力是难以想象的。最后，从国外的经验考察来看，"规划"应当上升到法律层次，从而具有确定的法律约束力。例如，联邦德国于 1967 年制定了《经济增长与稳定促进法》，该法涉及宏观经济调控的各个领域和各种手段，包括宏观经济政策的目的，计划和年度经济报告，财政、金融、投资、外贸基本制度，联邦与各州的经济关系，宏观调控综合协调制度等[2]。我国的"规划"应当具有与此相似的法律地位。

（2）"十一五"规划中的约束性指标，具有明确的"法律效力"。从"十一五"开始，"规划"把五年之内要完成的经济社会发展的主要指标分为预期性指标和约束性指标两类。《规划纲要》规定，预期性指标是国家期望的发展目标，主要依靠市场主体的自主行为实现。政府要创造良好的宏观环境、制度环境和市场环境，并适时调整宏观调控的方向和力度，综合运用各种政策引导社会资源配置，努力争取实现预期性指标。而约束性指标与此不同，它是在预期性指标的基础上进一步明确并强化了政府责任的指标，是中央政府在公共服务和涉及公众利益领域对地方政府和中央政府有关部门提出的工作要求。《规划纲要》明确指出，该规划确定的约束性指标，具有法律效力。因此，约束性指标是各级政府必须实现的指标，是对各级政府刚性的法律要求。政府要通过合理配置公共资源和有效运用行政力量，确保《规划纲要》中约束性指标的实现。不过，《规划纲要》仅在"约束性指标"处特别指明"具有法律效力"，是否隐含"规划"的其他内容不"具有法律效力"呢？这确实是值得进一步探究的问题。

（三）"规划"仅对政府具有约束力

法律效力即法律的适用范围，包括法律的时间效力、空间效力和对人的效力。尽管《规划纲要》明确指出约束性指标具有法律效力，但笔者以为，对这

---

〔1〕 王先林："市场经济条件下的计划法初论"，载《安徽大学法律评论》2002 年第 2 期。
〔2〕 谢增毅："德国'经济稳定与增长促进法'及其新启示"，载《当代法学》2002 年第 3 期。

里的"法律效力"应作限定解释。一般意义上的法律效力，是指依靠国家强制力保障适用的效力，它需要一体遵行，没有例外。而《规划纲要》中的约束性指标是政府必须履行职责的内容，是考核政府的硬指标。正如《规划纲要》所言，"本规划确定的约束性指标，具有法律效力，要纳入各地区、各部门经济社会发展综合评价和绩效考核。约束性指标要分解落实到有关部门，其中耕地保有量、单位国内生产总值能源消耗降低、主要污染物排放总量减少等指标要分解落实到各省、自治区、直辖市"。可见，《规划纲要》中的约束性指标约束的是政府（包括公务员）的行政行为，约束着政府运用多种手段去调控社会资源、合理配置公共资源，约束着政府摒弃种种不符合科学发展观的行为与做法[1]。不过，值得强调的是，约束性指标不应仅被纳入政绩考核的范畴。约束性指标既然具有法律效力，就意味着要以法律的强制执行力来保证约束性指标的刚性，也意味着一旦完不成约束性指标，即构成违法，就要依法承担违法行为的后果。

四、国民经济和社会发展规划的社会参与制度

为了贯彻国家所制定的规划的民主性、科学性，对规划工作应实行社会参与制度。国家鼓励和保障公民、各种类型的专家、企事业单位、工会、科研机构、学术团体及其他民间与社会团体参与国家规划的制定、实施、评估、修订的过程，国家规划工作在执行中应广泛听取各方面的意见。各级规划主管部门应当及时公布有关国家规划的制定、实施和评估的情况，接受社会的监督。各级规划主管部门应当设立由经济学家、自然科学家、其他社会科学家、企业家和其他民间人士共同组成的专家咨询机构，国家规划的制定和重大经济政策必须经过专家咨询机构的论证。各级规划主管部门应设立常设性或临时性公众参与机构，广泛听取公众与社会各界对国家规划的建议。各级规划部门应与各行业协会、各类中介组织、地方组织、自治型自然发展规划组织等建立协商讨论制度，交换对国家规划和重大经济社会、自然资源环境政策的意见。国家规划草案在审议批准后要向社会公布，对一些重大决策和关系群众切身利益的问题，可以采取各种形式进行宣传和讨论。各级人大代表和规划部门负责人应当参加同级公众参与机构的活动，接受公众质询。同时，新闻媒体要做好规划的宣传工作。规划主管部门在规划的实施过程中要组织各种形式的评议活动，对实施效果进行评议并将结果公布。规划执行完毕后，相应规划的负责部门要组织社会各界人士对规划的执行情况进行全面的评估。

---

[1] 黄冀军："约束性指标：政府不容推卸的责任——关于'十一五'环境约束性指标的评述"，中国环境网，https://www.cenews.com.cn/historynews/06_07/200712/t20071229_25201.html，访问时间2018年3月20日。

学术视野

国土规划与国民经济和社会发展规划的关系

一、国土规划与国民经济及社会发展规划的联系

在指导思想方面。国土规划作为国民经济和社会发展计划体系中的一个子系统，或者说重要的有机组成部分，它的指导思想也必须与国民经济和社会发展的指导方针、指导思想相一致，并且必须服务并服从这一总的指导方针与指导思想，这是社会主义市场经济的客观要求，也是建设有中国特色的社会主义理论和党的基本路线的要求。如指导方针中提出的9条重要方针，包括保持国民经济持续、快速、健康发展；积极推进经济增长方式转变，把提高经济效益作为经济工作的中心；实施"科教兴国"战略，促进科技、教育与经济紧密结合；把加强农业放在发展国民经济的首位；把国有企业改革作为经济体制改革的中心环节；坚定不移地实行对外开放；实现市场机制和宏观调控的有机结合，把各方面的积极性引导好、保护好、发挥好；坚持区域经济协调发展，逐步缩小地区发展差距；坚持物质文明和精神文明共同进步等。这些方针都对国土规划具有指导意义。换句话说，国土规划的指导思想必须不折不扣地全面贯彻，并在国土规划中体现出来。可见国民经济和社会发展的指导思想是计划的总纲，具有一般的指导意义，但它不可能也不应当取代具有个别特点的国土规划的指导思想。

在总的发展方向、目标方面。虽然二者在发展方向、目标上都有各自的要求和特色，但二者都是通过人口、资源、环境与社会经济的相互协调促进社会经济的可持续发展，不断满足人们（包括后代人）对生活质量的需求，这个总的发展方向和目标是共同的。

在性质方面。首先，都有战略性。规划的期限，二者一般都在10年以上或更长，不仅考虑当代人，还考虑后代人，都是从长远着眼，具有超前性。思考的问题，二者都对一些重大的、具有战略性的、影响全局的问题进行规划和部署。其次，都具有综合性。二者在制订规划方面都不是从某一部门、某一方面或某一地区的局部利益出发，而是立足全国，放眼世界，从人口、经济、社会、资源、环境的相互协调发展等方面全面地综合考虑，统筹规划，是多方向、多目标、多部门、多学科的综合规划，是庞大的复杂的系统工程。最后，国土规划是国民经济和社会发展长期规划体系中的重要组成部分，是一个子系统，又是中长期计划的基础性工作和重要的依据。

二、国土规划与国民经济和社会发展规划的区别

如上所述，尽管二者有许多相似或交叉的地方，关系极为密切，但二者不能

相互取代，它们在指导思想、战略目标、任务、内容体系等方面存在着重大的甚至是本质的区别。

指导思想立足点不同。国土规划的指导思想与方针立足于资源（主要是自然资源），因地制宜，扬长补短，发挥资源优势，从而促进社会经济和生态的良性循环；而中长期社会经济规划则立足于社会经济持续、快速、健康发展，从实现两个方式的根本转变入手，重点对影响社会、经济发展的关键性问题进行统筹规划和部署，从而达到人口、资源、环境与社会经济的协调发展。

出发点和基础不同。国土规划的出发点（基础）是资源（主要指自然资源），侧重资源对社会经济发展的支持能力研究；而中长期社会经济规划的基础更全面，除考虑资源外，还考虑影响社会经济的其他因素，更多是从人力、物力、财力等方面综合考虑。

基本职能不同。国土规划的基本职能是协调各有关部门、行业、地区在利用资源方面的冲突，消除主管部门和地区的偏见，以求达到总体的最佳效果；而中长期社会经济发展规划的基本职能是综合平衡，重点考虑人、财、物的平衡。

基本特性不同。国土规划着眼地域空间布局，是一种区域性规划，所以有人把国土规划又叫区域规划，它强调发挥地域优势，进行地域综合协调发展，具有明显的地域性特点，地域性是国土规划的基本特性；而中长期社会经济规划虽然也涉及地域协调发展，但侧重点是行业、部门规划及其相互协调发展和综合平衡。

规划的目标、任务不同。国土规划的目标体系侧重对资源的综合开发利用，整治保护区域的协调平衡，以确保不同规划期的社会经济发展与资源、环境的协调平衡始终保持在最佳，因而国土规划的目标体系应反映社会经济发展对资源、环境的需求和供给能力的协调，重点制定能源、土地、水、矿产、生物、生态环境开发利用的控制目标；而中长期社会经济发展目标则主要包括社会经济发展目标以及环境目标，内容比较全面，但侧重点是社会经济全面发展。目前有些地方在制定国土规划时为了与中长期计划衔接，完全照搬中长期社会经济的目标，这就混淆了二者的区别，不仅在理论上和认识上是错误的，而且在实践上也是十分有害的，实质上是对国土规划工作的否定。

内容体系不同。由于国土规划的目标、任务与中长期社会经济发展规划不同，所以二者在内容体系方面也有很大差别。国土规划的内容在中长期社会经济发展规划中，有些是没有的，或者不作为重点。

1. 主要依据和基础。针对自然资源的分析评价（包括资源的单项评价和综合评价）、开发利用现状、存在问题和主要资源开发潜力的分析评价在国土规划中占有很大的比重，是制定国土规划的主要依据和基础。而在中长期社会经济规划中，这不是重点，也不作具体的分析评价，即使提到也是原则性地提一下，不作详细的评价。

2. 主要资源的开发利用规划。国土规划的重点内容是自然资源的开发利用，包括土地、能源、矿产、水、生物、气候、海洋、旅游等自然资源的单项开发和综合开发，提出自然资源开发的适度规模、时序安排、合理布局，为社会经济发展提供科学依据。而社会经济发展规划主要是社会、经济发展方面的内容，如推进经济增长方式的转变，优化产业结构，实施"科教兴国"战略，促进区域经济协调发展，深化经济体制改革，提高对外开放水平，推进社会事业发展，搞好民主与法制建设，加强社会主义精神文明建设等。

3. 资源的优化配置。国土规划是从发挥当地资源（主要指自然）优势出发，变资源优势为经济优势（社会经济规划中的"资源"是广义的，除自然外还包括社会、经济资源）。这就必须搞好自然资源的合理配置，即提出产业总体布局蓝图和部门布局规划，这是国土规划的核心部分。只有资源配置合理了，才能因地制宜发挥地域优势，形成地域专业化分工与协作，进而促进生产力的发展。中长期规划也涉及资源的合理开发布局，但是从宏观的战略角度来考虑，只是原则性的、方向性的。而国土规划则要具体地进行布局规划，把对主要自然资源的开发利用进行空间规划布局作为重点内容。

4. 生态环境的整治规划。生态环境的整治规划是国土规划的主要内容，也是中长期社会经济发展规划的主要内容，但二者在深度方面有所不同。社会经济规划只从方针政策等方面作原则性、方向性的规划，不作具体规划；而国土规划则要求对资源开发进行较详细的生态环境规划，保障资源开发与生态环境保护能持续协调。

5. 重大项目建设。中长期国民经济社会发展规划也涉及重大项目，但对项目一般不作详细的技术论证；而国土规划不但要提出资源开发的重大项目建议，还要论述它的必要性、可能性，如果重大项目有区域性深远影响，还需要进行专题研究，提出专项建议，为中长期国民经济和社会发展提供科学依据。

理论思考与实务应用

一、理论思考

（一）名词解释

国民经济和社会发展规划　专项规划　规划准备

（二）简答题

1. 简述国民经济和社会发展规划特征与原则。

2. 简述国民经济和社会发展规划意义与作用。

3. 简述国民经济和社会发展规划制定机构的权利范围。

（三）论述题

1. 论述我国国土空间规划体系。

2. 论述重点开发区域。

3. 论述主体功能区规划绩效考核评价制度。

二、实务应用（案例分析实训）

案例一　上海市国民经济和社会发展规划（节选）[1]

到 2020 年的主要目标是：创新驱动整体提速，发展质量和效益持续提高，全市生产总值预期年均增长 6.5% 以上，一般公共预算收入与经济保持同步增长，到 2020 年人均生产总值达到 15 万元左右，全员劳动生产率达到 24.5 万元/人左右；服务业增加值占全市生产总值比重达到 70% 左右，战略性新兴产业增加值占全市生产总值比重达到 20% 左右；全社会研发经费支出占全市生产总值的比例保持在 3.5% 以上，每万人口发明专利拥有量达到 40 件左右，主要劳动年龄人口受过高等教育的比例达到 40%。人民生活水平和质量普遍提高，就业机会更加充分，创业更加活跃，城镇失业率稳定在 5.5% 以内，力争到 2020 年居民人均可支配收入比 2010 年翻一番，市民享有公平优质的多样化教育，平均期望寿命保持世界先进水平，覆盖城乡的基本公共服务体系均等化全面实现，城乡发展差距明显缩小，社会保障更加公平、更加完善，公共交通出行更为便捷高效，城市更有序、更安全、更干净。文化软实力显著增强，中国梦和社会主义核心价值观更加深入人心，市民文明素质和城市文明程度全面提高，重大功能性文化设施布局和公共文化服务体系基本形成，文化产业成为重要支柱产业，文化原创力充分激发，基本建成更加开放包容的国际文化大都市。生态环境持续改善，到 2020 年，能源消费总量控制在 1.25 亿吨标准煤以下，单位生产总值能耗和主要污染物排放量进一步降低，PM2.5 年平均浓度下降至 42 微克/立方米左右，环境质量全面改善，人均公园绿地面积达到 8.5 平方米，森林覆盖率达到 18%。依法治理能力全面提升，基本建成法治政府，法治政府建设走在全国前列，社会诚信体系更加健全，公共安全体系基本形成，基层社会治理体系不断完善，人民权益得到切实保障，社会公平正义得到有效维护。

问：上海市国民经济和社会发展规划的"十三五"规划设立的目标体现了什么样的原则？

---

[1] 参见《上海市国民经济和社会发展第十三个五年规划纲要》。

案例二　北京市国民经济和社会发展规划（节选）[1]

大力推进生态环境建设。加快构建大尺度绿色空间，全力推进环首都森林湿地公园建设，完成北京长城国家公园体制试点区阶段性试点任务，开工大通滨河公园建设、龙潭中湖公园改造及园外园生态环境提升三期工程等项目，建设一批城市休闲公园，新增造林 16 万亩、城市绿地 600 公顷，建设城市休闲公园和郊野公园 14 处，恢复湿地 1600 公顷、新增湿地 600 公顷。加快垃圾污水治理，推进生活垃圾源头减量和分类回收利用，建成阿苏卫、顺义、怀柔 3 个生活垃圾焚烧发电项目以及丰台餐厨垃圾等处理项目，开工建设焦家坡垃圾综合处理厂、房山建筑垃圾资源化处理等项目，加快实施顺义、大兴、平谷、密云污泥处置工程及上庄、丰台河西再生水厂二期，完成 57 条段黑臭水体治理任务，全面消除建成区黑臭水体。进一步增强全社会节水意识，加快推进节水型城市建设。不断提升城市供水能力，继续推进南水北调及配套工程规划建设，加快建设新机场供水干线、大兴水厂、石景山水厂等供水工程。

问：北京市国民经济和社会发展规划制定的这段任务与措施体现了什么样的规划方法？

主要参考文献

1. 刘瑞、武少俊主编：《社会经济发展战略与规划：理论，时间，案例》，中国人民大学出版社 2006 年版。
2. 陈文晖、鲁静编著：《产业规划研究与案例分析》，社会科学文献出版社 2010 年版。
3. 张文忠等：《产业发展和规划的理论与实践》，科学出版社 2009 年版。
4. 武少俊主编：《国家发展计划概论》，中国人民大学出版社 1999 年版。
5. 王天伟：《中长期规划编制》，天津科学技术出版社 2008 年版。

---

[1] 参见《关于北京市 2016 年国民经济和社会发展计划执行情况与 2017 年国民经济和社会发展计划的报告》。

第 三 章
主体功能区规划

【本章概要】本章从主体功能区的概念和分类出发，就我国主体功能区规划的主要内容进行了阐述，并对现有制度进行了评析，结合实际需要给出完善建议。

【学习目标】通过对本章的学习，重点掌握主体功能区的概念和分类，理解主体功能区规划的作用和意义，了解主体功能区规划的发展历史和具体制度。

第一节　概述

一、主体功能区概述

（一）主体功能区的内涵

主体功能区，是指为了规范空间开发秩序、形成合理的空间开发结构、推进区域协调发展，基于资源环境承载能力、现有开发强度和发展潜力，统筹谋划人口分布、经济布局、国土利用和城镇化格局，被确定为具有特定主体功能的空间单元。

（二）主体功能区的分类

《中华人民共和国国民经济和社会发展第十一个五年规划纲要》将我国国土空间分为以下主体功能区：优化开发区域、重点开发区域、限制开发区域和禁止开发区域。《全国主体功能区规划》又按开发内容，将其分为城市化地区、农产品主产区和重点生态功能区；按层级，将其分为国家和省级两个层面。

城市化地区、农产品主产区和重点生态功能区，是以提供主体产品的类型为基准划分的。城市化地区是以提供工业品和服务产品为主体功能的地区，也提供农产品和生态产品；农产品主产区是以提供农产品为主体功能的地区，也提供生态产品、服务产品和部分工业品；重点生态功能区是以提供生态产品为主体功能的地区，也提供一定的农产品、服务产品和工业品。

优化开发区域、重点开发区域、限制开发区域和禁止开发区域，是基于不同区域的资源环境承载能力、现有开发强度和未来发展潜力，以是否适宜或如何进行大规模高强度工业化城镇化开发为基准划分的。

表1　主体功能区的类型

类型	开发密度	资源环境承载力	发展潜力	特点
优化开发区域	高	减弱	较大	经济比较发达、人口比较密集、开发强度较高、资源环境问题更加突出
重点开发区域	较高	较强	大	有一定经济基础、资源环境承载能力较强、发展潜力较大、集聚人口和经济的条件较好
限制开发区域	低	较弱	低	耕地较多、农业发展条件较好、事关国家农产品安全以及中华民族永续发展、生态系统脆弱或生态功能重要、资源环境承载能力较低
禁止开发区域	很低	很弱	很低	依法设立的各级各类自然文化资源保护区域以及需要特殊保护的重点生态功能区

　　一直以来，我国强调发展经济，而这种对于经济建设的重视往往建立在传统行政区划上，这样的发展模式没有分工和重点，容易造成各自为政、资源浪费、重复建设的无序开发局面。主体功能区体系的完善、机制的保障，有助于改善依附于行政区划的传统经济发展模式，引导生产要素有序流动，建立起更为合理的地域分工体系，避免地区间产业同构和低水平重复竞争。各类主体功能区，在全国经济社会发展中具有同等重要的地位，只是主体功能不同，开发方式不同，保护内容不同，发展首要任务不同，国家支持重点不同。对城市化地区主要支持其集聚人口和经济，对农产品主产区主要支持其增强农业综合生产能力，对重点生态功能区主要支持其保护和修复生态环境。

　　（三）主体功能区提出的背景[1]

　　1. 自然状况。我国位于亚欧大陆东部、太平洋西岸，地理位置独特，地形地貌复杂，气候类型多样。

　　我国地势西高东低，自西向东呈现海拔差异明显的三大阶梯。地形种类多样，山地、高原、盆地、平原和丘陵均有分布。西部高山广布，以山地、高原和盆地为主；东部平坦低缓，以丘陵和平原为主。

　　我国受地形地貌和季风环流影响，既有热带、亚热带和温带季风气候，也有

────────────

〔1〕　参见《国务院关于印发全国主体功能区规划的通知》。

温带大陆性、高原山地和海洋性气候。由东南沿海向西北内陆，水热条件空间分布差异明显。青藏高原为高寒气候，热量不足；青藏高原以东地区为大陆性季风气候，雨热同期；青藏高原以北地区为干旱气候，降雨稀少。

我国植被类型丰富，有森林、灌丛、草原、草甸、荒漠和草本沼泽等。森林覆盖率较低，主要分布在南方和东北地区，草原主要分布在北方和青藏高原地区。

我国自然灾害种类多，区域性、季节性和阶段性特征突出，并具有显著的共生性和伴生性。自然灾害发生频繁，除现代火山活动导致的灾害外，其他自然灾害几乎每年都有发生。

我国海域辽阔，跨越热带、亚热带和温带，大陆海岸线长1.8万多公里。海洋资源种类繁多，海洋生物、石油、天然气、固体矿产、可再生能源等资源丰富，开发潜力大。

2. 综合评价。经对全国陆地国土空间土地资源、水资源、环境容量、生态系统脆弱性、生态系统重要性、自然灾害危险性、人口集聚度以及经济发展水平和交通优势度等因素的综合评价，从工业化城镇化开发角度看，我国国土空间具有以下特点：

陆地国土空间辽阔，但适宜开发的面积小。我国陆地国土空间面积广大，居世界第三位，但山地多、平地少，约60%的陆地国土空间为山地和高原。适宜工业化城镇化开发的面积有180余万平方公里，但扣除必须保护的耕地和已有建设用地，今后可用于工业化城镇化开发及其他方面建设的面积只有28万平方公里左右，约占全国陆地国土总面积的3%。适宜开发的国土面积较小，决定了我国必须走空间节约集约的发展道路。

水资源总量丰富，但空间分布不均。我国水资源总量为2.8万亿立方米，居世界第六位，但人均水资源量仅为世界人均占有量的28%。水资源空间分布不均，水资源分布与土地资源、经济布局不相匹配。南方地区水资源量占全国的81%，北方地区仅占19%。北方地区水资源供需紧张，水资源开发利用程度达到了48%。水体污染、水生态环境恶化问题突出，南方一些水资源充裕地区出现水质型缺水。水资源短缺，既影响着经济发展，也制约着人口和经济的均衡分布，还带来了许多生态问题。

能源和矿产资源丰富，但总体上相对短缺。我国能源和矿产资源比较丰富，品种齐全，但主要化石能源和重要矿产资源的人均占有量大大低于世界平均水平，难以满足现代化建设的需要。能源和矿产资源主要分布在生态脆弱或生态功能重要的地区，并与主要消费地呈逆向分布。能源结构以煤为主，优质化石能源资源严重不足，新能源和可再生能源开发潜力巨大。能源和矿产资源的总量、分布、结构与满足消费需求、保护生态环境、应对气候变化之间的矛盾十分突出。

生态类型多样，但生态环境比较脆弱。我国生态类型多样，森林、湿地、草原、荒漠、海洋等生态系统均有分布。但生态脆弱区域面积广大，脆弱因素复杂。中度以上生态脆弱区域占全国陆地国土空间的55%，其中极度脆弱区域占9.7%，重度脆弱区域占19.8%，中度脆弱区域占25.5%。脆弱的生态环境，使大规模高强度的工业化城镇化开发只能在适宜开发的有限区域集中展开。

自然灾害频繁，灾害威胁较大。我国受灾害影响的区域及人口较多，巨灾风险很大。部分县级行政区位于自然灾害威胁严重的区域范围内。频发的自然灾害，加大了工业化城镇化的成本，并给人民生命财产安全带来许多隐患。

3. 突出问题。国土空间的开发利用，一方面有力地支撑了国民经济的快速发展和社会进步，另一方面也带来了一些必须高度重视和着力解决的突出问题。

耕地减少过多过快，保障粮食安全压力大。全国耕地面积从1996年的19.51亿亩减少到2008年的18.26亿亩，人均耕地由1.59亩减少到1.37亩，逼近保障我国农产品供给安全的"红线"。

生态损害严重，生态系统功能退化。全球气候变化以及一些地区不顾资源环境承载能力的肆意开发，导致部分地区森林破坏，湿地萎缩，河湖干涸，水土流失，沙漠化、石漠化和草原退化，近岸海域生态系统恶化，气象灾害、地质灾害和海洋灾害频发。

资源开发强度大，环境问题凸显。一些地区粗放式、无节制的过度开发，导致水资源短缺、能源不足等问题越来越突出，大规模长距离调水、运煤、送电、输气的压力越来越大，也带来了交通拥挤、地面沉降、绿色生态空间锐减等问题。环境污染严重，大气与地表水环境质量总体状况较差，许多地区主要污染物排放量超过环境容量。

空间结构不合理，空间利用效率低。绿色生态空间减少过多，工矿建设占用空间偏多，开发区占地面积较大且过于分散。城市建设空间和工矿建设空间单位面积的产出较低，城市和建制镇建成区空间利用效率不高。

城乡和区域发展不协调，公共服务和生活条件差距大。人口分布与经济布局失衡，劳动人口与赡养人口异地居住，城乡之间和不同区域之间的公共服务及人民生活水平的差距过大。

4. 面临趋势。人民生活不断改善，满足居民生活的空间需求面临挑战。我国处于人口总量持续增加和居民消费结构快速升级的阶段，既对扩大居住等生活空间提出了新的需求，也因农产品需求增加等因素，对保护耕地提出了更高要求。

城镇化水平不断提高，满足城市建设的空间需求面临挑战。我国正处于城镇化加快发展阶段，农村人口进入城市，既增加了扩大城市建设空间的需求，也带来了农村居住用地闲置等问题。因此，优化城乡空间结构面临许多新课题。

基础设施不断完善，满足基础设施建设的空间需求面临挑战。我国交通、能源等基础设施尚处于继续发展完善的阶段，基础设施的建设必然占用更多空间，甚至不可避免地占用一些耕地和绿色生态空间。

经济增长趋于多极化，满足中西部地区的建设空间需求面临挑战。我国经济增长呈现多极化趋势，随着东部部分地区资源环境承载能力逐步饱和，经济增长加快向中西部适宜开发的区域拓展，这就需要继续扩大这些区域的工业建设和城市建设空间。

水资源供求矛盾日益突出，满足水源涵养的空间需求面临挑战。我国将长期面临水资源严重短缺的局面，随着全球气候的变化和用水需求的增加，水资源短缺将更趋严重，生活、生产、生态用水都面临极大压力。满足用水需求，既要依靠水资源的节约和科学配置，又要恢复并扩大河流、湖泊、湿地、草原和森林等水源涵养的空间。

全球气候变化影响不断加剧，保护和扩大绿色生态空间面临挑战。控制温室气体排放已成为全球共识，我国仍是发展中国家，既要进一步发展经济，又要为应对全球气候变化做出不懈努力和积极贡献。这就需要改变以往的开发模式，尽可能少地改变土地的自然状况，扩大绿色生态空间，增强固碳能力。

总之，我们既要满足人口增加、人民生活改善、经济增长、工业化城镇化发展、基础设施建设等对国土空间的巨大需求，又要为保障国家农产品供给安全而保护耕地，还要为保障生态安全和人民健康，应对水资源短缺、环境污染、气候变化等问题，保护并扩大绿色生态空间。可见，我国国土空间开发面临诸多两难挑战。

二、主体功能区规划概述

(一) 主体功能区规划的内涵

主体功能区规划，是指根据不同区域的资源环境承载能力、现有开发强度和发展潜力，统筹谋划人口分布、经济布局、国土利用和城镇化格局，确定不同区域的主体功能，并据此明确开发方向，完善开发政策，控制开发强度，规范开发秩序，逐步实现人口、经济、资源环境相协调的国土空间开发格局。

(二) 主体功能区规划的特点

1. 战略性。主体功能区规划在国家级和省级两个层面对较长时期内的国土空间开发作出全局性部署，是对人口分布、经济布局、国土利用、生态保护和城镇化格局等具有决定性意义的统筹安排。

2. 基础性。主体功能区规划是在对国土空间各基本要素综合评价的基础上编制的，是国民经济和社会发展总体规划、人口规划、区域规划、城市规划、土地利用规划、环境保护规划、生态建设规划、流域综合规划、水资源综合规划、海洋功能区划、海域使用规划、粮食生产规划、交通规划、防灾减灾规划等在空间开发和布局上的基本依据，是制定区域政策的基本平台。

3. 约束性。主体功能区规划明确了主体功能区的范围、分类、开发原则等，统筹各类空间性规划，对各类开发活动具有约束力。同时也需要及时制定相关法律法规，保障主体功能区规划的有效实施，强化其约束性。

（三）主体功能区规划的原则

1. 优化结构。空间结构是城市空间、农业空间和生态空间等不同类型空间在国土空间开发中的反映，是经济结构和社会结构的空间载体。空间结构的变化在一定程度上决定着经济发展方式及资源配置效率。从总量上看，目前我国的城市建成区、建制镇建成区、独立工矿区、农村居民点和各类开发区的总面积已经相当大，但空间结构不合理，空间利用效率不高。因此，必须把国土空间开发的着力点从占用土地为主转到调整和优化空间结构、提高空间利用效率上来。

2. 保护自然。自然是人类生存和发展的唯一空间。事实已经证明，对自然过度的开发和攫取必然给人类社会的进步带来不利影响。物质生产以自然条件为基础，社会、经济的发展也是建立在自然对人类的支持之上的。保护自然是满足国土空间开发利用的根本要求，只有以保护自然生态为前提、以水土资源承载能力和环境容量为基础进行有度有序开发，走人与自然和谐的发展道路，才能使国土空间得到有效开发，使资源得到充分利用。

3. 集约开发。我国国土空间辽阔，但适宜开发的面积小，又由于部分地区环境承载能力较弱，不适宜进行工业化城镇化开发，所以要把提高空间利用效率作为国土空间开发的重要任务，引导人口相对集中分布、经济相对集中布局，走空间集约利用的发展道路。

4. 协调开发。不同国土空间的环境承载能力不同，所以集聚人口和经济的规模不同，人口和经济的过度集聚以及不合理的产业结构也会给资源环境、交通等带来难以承受的压力。因此，主体功能区的开发应当是人口、经济和资源环境相协调的开发，统筹城乡发展、区域发展，使人口与经济相协调、人口与土地相协调、人口与水资源相协调。

5. 陆海统筹。海洋国土空间蕴含了丰富资源，对我国社会和经济发展具有重要意义。应当充分合理开发海洋资源，区分不同海洋国土空间的主体功能，确定开发的主体内容和发展的主要任务。要认识到我国陆地国土空间与海洋国土空间的统一性，以及海洋系统的相对独立性，协调开发陆地国土空间与海洋国土空间。

第二节 立法沿革

主体功能区的构想早在 2002 年就已经形成,当时的国家发展计划委员会(现为国家发展和改革委员会)在《关于规划体制改革若干问题的意见》中提出,规划编制,要确定空间平衡与协调的原则,增强规划的空间指导和约束功能。2006 年 3 月,"十一五"规划纲要提出要推进形成主体功能区,将国土空间划分为优化开发、重点开发、限制开发和禁止开发四类主体功能区,在调控理念和调控方式等诸多方面较之传统的区域发展模式有重大创新。同年 6 月,国务院办公厅发布《国务院办公厅关于开展全国主体功能区划规划编制工作的通知》,明确了规划编制工作的主要任务和工作步骤,同时成立全国主体功能区规划编制工作领导小组。

2007 年 7 月,国务院发布《国务院关于编制主体功能区规划的意见》,阐述了编制主体功能区规划的重要意义,明确了规划原则、主要任务以及具体工作要求,确立国家级和省级两级规划,并提出工作时间表:国家主体功能区规划 2007 年 9 月形成初稿,征求各界意见并经"十一五"规划专家委员会评估论证修改后,于当年 12 月报国务院审议;省级主体功能区规划 2008 年 6 月形成规划初稿,与国家主体功能区规划和相邻省级主体功能区规划进行衔接,2008 年 11 月形成规划送审稿报省级人民政府审议。但实际上,各地由于情况复杂,对区划指标、开发强度、配套政策等存在认识分歧,造成编制进展极其缓慢。加上功能区划要求资源集约利用,这将影响 GDP 绩效评估,因而各地对编制主体功能区规划存在一定的抵触。[1]所以国家级主体功能区规划初稿形成已经是 2008 年年初,《全国主体功能区规划》更是在 2010 年才印发各省级政府、国务院各部委及其直属机构,并在 2011 年 6 月正式发布;省级主体功能区规划的出台也多集中在 2012 年至 2014 年 3 年中。

2011 年 "十二五"规划纲要进一步提出要基本形成适应主体功能区要求的法律法规、政策和规划体系,完善绩效考核办法和利益补偿机制,引导各地区严格按照主体功能定位推进发展,建立健全衔接协调机制。

2013 年 1 月,中华人民共和国环境保护部(现为生态环境部)、国家发展和改革委员会、财政部印发《关于加强国家重点生态功能区环境保护和管理的意见》,对国家重点生态功能区的管理和保护作出具体要求。

---

[1] 宋彪:"主体功能区规划的法律问题研究",载《中州学刊》2016 年第 12 期。

2013 年 11 月 12 日，十八届三中全会通过的《中共中央关于全面深化改革若干重大问题的决定》明确指出要坚定不移地实施主体功能区制度。2016 年"十三五"规划纲要将主体功能区规划作为统筹各类空间性规划的基础性规划。

鉴于海洋国土空间在全国主体功能区中的特殊性，国家有关部门根据全国主体功能区规划另行编制了全国海洋主体功能区规划。2015 年 8 月，国务院发布《全国海洋主体功能区规划》，作为全国主体功能区规划的重要部分，该规划标志着我国主体功能区战略和规划实现了陆域国土空间和海洋国土空间的全覆盖。

2017 年 1 月，中共中央办公厅、国务院办公厅印发了《省级空间规划试点方案》，明确在吉林、浙江、福建、江西、河南、广西、海南、贵州、宁夏 9 个省份开展试点，标志着省级空间规划试点工作正式全面开展。同年 2 月，国务院印发《国务院关于印发全国国土规划纲要（2016～2030 年）的通知》，提出要以主体功能区规划为基础，统筹各类空间性规划，推进"多规合一"，编制国家级、省级国土规划，并与城乡建设、区域发展、环境保护等规划相协调，推动市县层面经济社会发展、城乡建设、土地利用、生态环境保护等"多规合一"。同时进一步提出要修订相关法律法规，完善科学化、民主化、规范化的规划编制与实施管理制度，严格规范国土规划编制、审批、实施及修改程序。

第三节　主要内容

一、主体功能区规划的编制

（一）主体功能区规划的编制主体

全国主体功能区规划由国家主体功能区规划和省级主体功能区规划组成，分国家级和省级两个层次。国家主体功能区规划由全国主体功能区规划编制工作领导小组会同各省（区、市）人民政府编制。[1]领导小组由国家发展和改革委员会主要负责人担任组长，办公室设在国家发展和改革委员会，具体组织规划编制工作。根据 2018 年国务院机构改革方案，国家发展和改革委员会的组织编制主体功能区规划职责划归新组建的自然资源部，同时原本由国家海洋局负责起草海洋主体功能区规划的职责也一同划归自然资源部。省级主体功能区规划由各省、自

---

〔1〕 2006 年 10 月，国务院办公厅下发了《关于开展全国主体功能区规划编制工作的通知》，成立了由国家发改委、财政部、国土资源部、建设部、科技部、水利部、农业部、计生委、环保总局、林业局、中科院、地震局、气象局、海洋局、测绘局等十几个部门参与的全国主体功能区划规划编制工作领导小组。

治区、直辖市人民政府会同本辖区市、县级人民政府编制。

（二）主体功能区规划的编制程序

1. 全国主体功能区规划编制程序。

第一阶段：全面开展基础研究。主要研究主体功能区划理论方法、指标体系和主体功能区划分标准，遥感、地理信息系统等技术支撑体系，全国主体功能区划方案及各主体功能区的定位和发展方向，分类管理的区域政策框架等；同时，在东部、中部、西部和东北地区各选择 1 ~ 2 个典型地区，组织开展省级层面主体功能区的划分标准和方法等研究，为确定省级层面主体功能区划技术大纲奠定基础；研究形成全国主体功能区划基本思路，在此基础上制定编制全国主体功能区划规划的指导意见；适时召开专题会议，全面部署全国主体功能区划规划编制工作。

第二阶段：在继续深入研究的基础上，提出全国主体功能区划方案、各主体功能区的定位和发展方向及主体功能区区域政策框架；在广泛征求意见的基础上，编制完成《全国主体功能区划规划（草案)》，报国务院审议；审议通过后由国务院发布。

2. 省级主体功能区规划编制程序。全面开展基础研究工作，对国土空间进行专题研究和综合评价；形成规划初稿，报领导小组办公室，与国家主体功能区规划和相邻地区功能区规划进行衔接；根据衔接意见修改形成的规划，再次报领导小组办公室进行衔接；根据衔接意见形成规划送审稿，与专家论证报告一起报省级人民政府审议；审议通过后由省级人民政府发布。

二、三大战略格局

主体功能区规划将构建"三大战略格局"作为主要任务，对优化我国国土开发格局起到了非常重要的作用。"三大战略格局"指的是：促进人口和经济合理集聚，以"两横三纵"为主体的城市化战略格局，构建这一格局，要在优化提升东部沿海城市群的基础上，在中西部一些资源环境承载能力较好的区域，培育形成一批新的城市群，促进经济增长和市场空间由东向西、由南向北拓展；保障农产品供给安全，以"七区二十三带"为主体的农业战略格局，这是结合我国农业自然资源状况的特点和基础，针对这几年主要农产品向优势产区集中的新变化提出来的，对于保障全国耕地数量质量和农产品供给安全至关重要；有效保障生态安全，以"两屏三带"为主体的生态安全战略格局，这一战略把国家生态安全作为国土空间开发的重要战略任务和发展内涵，充分体现了尊重自然、顺应自然的开发理念，对于在现代化建设中保持必要的"净土"、实现可持续发展具有十分重要的战略意义。

表2　我国国土空间的"三大战略格局"

城市化战略格局	两横三纵	以陆桥通道、沿长江通道为两条横轴，以沿海、京哈京广、包昆通道为三条纵轴，以国家优化开发和重点开发的城市化地区为主要支撑，以轴线上其他城市化地区为重要组成的城市化战略格局。
农业战略格局	七区二十三带	以东北平原、黄淮海平原、长江流域、汾渭平原、河套灌区、华南和甘肃新疆等农产品主产区为主体，以基本农田为基础，以其他农业地区为重要组成的农业战略格局。
生态安全战略格局	两屏三带	以青藏高原生态屏障、黄土高原—川滇生态屏障、东北森林带、北方防沙带和南方丘陵山地带以及大江大河重要水系为骨架，以其他国家重点生态功能区为重要支撑，以点状分布的国家禁止开发区域为重要组成的生态安全战略格局。

三、主体功能区的划分

我国国土空间可依不同标准分为以下主体功能区：按开发方式，分为优化开发区域、重点开发区域、限制开发区域和禁止开发区域；按开发内容，分为城市化地区、农产品主产区和重点生态功能区；按层级，分为国家和省级两个层面，其中省级层面原则上划分为优化开发区域、重点开发区域、限制开发区域和禁止开发区域四类，也可根据国土空间评价划分为三类，但应有限制开发区域和禁止开发区域。[1] 推进形成主体功能区规划，是为了推进经济结构的战略性调整，引导人口合理分布，扭转生态环境的恶化趋势，使经济发展水平和资源环境承载能力相适应，所以优化开发、重点开发、限制开发和禁止开发中的"开发"，专指大规模高强度的工业化城镇化开发。

不同的主体功能区，区域不同，特定的主体功能不同，开发的重点和方式也不同，但是在规划中具有相同的地位。主体功能不是唯一功能，特定区域单位的主体功能不排斥该区域拥有其他功能。优化开发区域和重点开发区域作为城市化地区，主体功能是提供工业品和服务产品，集聚人口和经济，但也必须保护好区域内的基本农田等农业空间，保护好森林、草原、水面、湿地等生态空间，也要提供一定数量的农产品和生态产品。限制开发区域作为农产品主产区和重点生态功能区，主体功能是提供农产品和生态产品，保障国家农产品供给安全和生态系统稳定，但也允许适度开发能源和矿产资源，允许发展那些不影响主体功能定位、当地资源环境可承载的产业，允许进行必要的城镇建设。对禁止开发区域，

---

〔1〕．省级层面主体功能区规划包括新疆生产建设兵团编制的《新疆生产建设兵团主体功能区规划》。

要依法实施强制性保护。

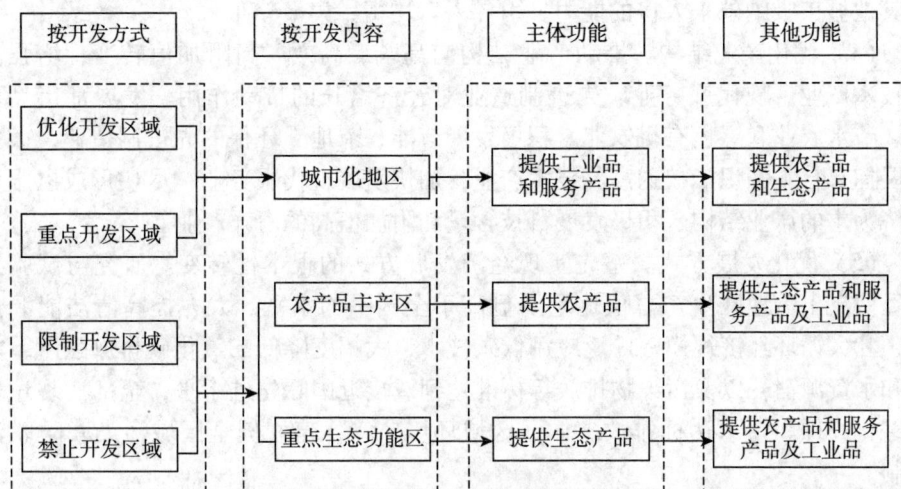

按开发方式	按开发内容	主体功能	其他功能
优化开发区域 重点开发区域	城市化地区	提供工业品和服务产品	提供农产品和生态产品
限制开发区域 禁止开发区域	农产品主产区	提供农产品	提供生态产品和服务产品及工业品
	重点生态功能区	提供生态产品	提供农产品和服务产品及工业品

图 1　主体功能区分类及其功能图

（一）国家级主体功能区

1. 优化开发区域。国家级优化开发区域是指具备以下条件的城市化地区：综合实力较强，能够体现国家竞争力；经济规模较大，能支撑并带动全国经济发展；城镇体系比较健全，有条件形成具有全球影响力的特大城市群；内在经济联系紧密，区域一体化基础较好；科学技术创新实力较强，能引领并带动全国自主创新和结构升级。提出优化开发区域，既是针对一些人口和经济密集的城市化地区存在过度开发隐患，必须优化发展内涵的迫切要求，更是应对日趋激烈的国际竞争，增强我国国家竞争力的战略需要。

国家级优化开发区域的功能定位是：提升国家竞争力的重要区域，带动全国经济社会发展的龙头，全国重要的创新区域，我国在更高层次上参与国际分工及有全球影响力的经济区，全国重要的人口和经济密集区。

国家优化开发区域应率先加快转变经济发展方式，调整优化经济结构，提升参与全球分工与竞争的层次。其发展方向和开发原则如下：

（1）优化空间结构。减少工矿建设空间和农村生活空间，适当扩大服务业、交通、城市居住、公共设施空间，扩大绿色生态空间。控制城市蔓延扩张、工业遍地开花和开发区过度分散的势头。

（2）优化城镇布局。进一步健全城镇体系，促进城市集约紧凑发展，围绕区域中心城市明确各城市的功能定位和产业分工，推进城市间的功能互补和经济联系，提高区域的整体竞争力。

（3）优化人口分布。合理控制特大城市主城区的人口规模，增强周边地区和其他城市吸纳外来人口的能力，引导人口均衡、集聚分布。

（4）优化产业结构。推动产业结构向高端、高效、高附加值转变，增强高新技术产业、现代服务业、先进制造业对经济增长的带动作用。发展都市型农业、节水农业和绿色有机农业。积极发展节能、节地、环保的先进制造业，大力发展拥有自主知识产权的高新技术产业，加快发展现代服务业，尽快形成以服务经济为主的产业结构。积极发展科技含量和附加值高的海洋产业。

（5）优化发展方式。率先实现经济发展方式的根本性转变。研究与试验发展经费支出占地区生产总值比重明显高于全国平均水平。大力提高清洁能源比重，壮大循环经济规模，广泛应用低碳技术，大幅度降低二氧化碳排放强度，能源和水资源消耗以及污染物排放等标准达到或接近国际先进水平，全部实现垃圾无害化处理和污水达标排放。加强区域环境监管，建立健全区域污染联防联治机制。

（6）优化基础设施布局。优化交通、能源、水利、通信、环保、防灾等基础设施的布局和建设，提高基础设施的区域一体化和同城化程度。

（7）优化生态系统格局。把恢复生态、保护环境作为必须实现的约束性目标。严格控制开发强度，加大生态环境保护投入，加强环境治理和生态修复，净化水系、提高水质，切实严格保护耕地以及水面、湿地、林地、草地和文化自然遗产，保护好城市之间的绿色开敞空间，改善人居环境。

2. 重点开发区域。国家重点开发区域是指具备以下条件的城市化地区：具备较强的经济基础，具有一定的科技创新能力和较好的发展潜力；城镇体系初步形成，具备经济一体化的条件，中心城市有一定的辐射带动能力，有可能发展成为新的大城市群或区域性城市群；能够带动周边地区发展，且对促进全国区域协调发展意义重大。提出重点开发区域，既是落实区域发展总体战略、拓展经济持续发展空间、促进区域协调发展的需要，也是减轻优化开发区域和限制开发区域人口、资源、环境压力的需要。

国家重点开发区域的功能定位是：支撑全国经济增长的重要增长极，落实区域发展总体战略、促进区域协调发展的重要支撑点，全国重要的人口和经济密集区。

重点开发区域应在优化结构、提高效益、降低消耗、保护环境的基础上推动经济可持续发展；推进新型工业化进程，提高自主创新能力，聚集创新要素，增强产业集聚能力，积极承接国际及国内优化开发区域产业转移，形成分工协作的现代产业体系；加快推进城镇化，提高城市综合实力，改善人居环境，提高集聚人口的能力；发挥区位优势，加快沿边地区对外开放，加强国际通道和口岸建设，形成我国对外开放新的窗口和战略空间。其发展方向和开发原则如下：

（1）统筹规划国土空间。适度扩大先进制造业空间，扩大服务业、交通和城市居住等建设空间，减少农村生活空间，扩大绿色生态空间。

（2）健全城市规模结构。扩大城市规模，尽快形成辐射带动力强的中心城市，发展壮大其他城市，推动形成分工协作、优势互补、集约高效的城市群。

（3）促进人口加快集聚。完善城市基础设施和公共服务，进一步提高城市的人口承载能力，城市规划和建设应预留吸纳外来人口的空间。

（4）形成现代产业体系。增强农业发展能力，加强优质粮食生产基地建设，稳定粮食生产能力。发展新兴产业，运用高新技术改造传统产业，全面加快发展服务业，增强产业配套能力，促进产业集群发展。合理开发并有效保护能源和矿产资源，将资源优势转化为经济优势。

（5）提高发展质量。确保发展质量和效益，工业园区和开发区的规划建设应遵循循环经济的理念，大力提高清洁生产水平，减少主要污染物排放，降低资源消耗和二氧化碳排放强度。

（6）完善基础设施。统筹规划建设交通、能源、水利、通信、环保、防灾等基础设施，构建完善、高效、区域一体、城乡统筹的基础设施网络。

（7）保护生态环境。事先做好生态环境、基本农田等保护规划，减少工业化城镇化对生态环境的影响，避免出现土地过多占用、水资源过度开发和生态环境压力过大等问题，努力提高环境质量。

（8）把握开发时序。区分近期、中期和远期，实施有序开发，近期重点建设好国家批准的各类开发区，对目前尚不需要开发的区域，应作为预留发展空间予以保护。

3. 限制开发区域。国家级限制开发区域分为两类：一类是农产品主产区，其耕地较多、农业发展条件较好，尽管也适宜工业化城镇化开发，但从保障国家农产品安全以及中华民族永续发展的需要出发，必须把增强农业综合生产能力作为发展的首要任务，从而应该限制进行大规模高强度工业化城镇化开发；另一类是重点生态功能区，这部分区域生态系统脆弱或生态功能重要，资源环境承载能力较低，不具备大规模高强度工业化城镇化开发的条件，必须把增强生态产品生产能力作为首要任务，不仅应该限制进行大规模高强度工业化开发，还应当限制进行大规模高强度城镇化开发。

（1）国家级农产品主产区。国家级限制开发的农产品主产区是指具备较好的农业生产条件，以提供农产品为主体功能，以提供生态产品、服务产品和工业品为其他功能，需要在国土空间开发中限制进行大规模高强度工业化城镇化开发，以保持并提高农产品生产能力的区域。设立国家级农产品主产区主要是明确我国粮食、棉花、油料作物、糖料作物和畜水产品主产区的战略布局，其具体范围和其他优势农产品的区域布局由相关部门在专项规划中予以明确。

国家层面农产品主产区的功能定位是：保障农产品供给安全的重要区域，农村居民安居乐业的美好家园，社会主义新农村建设的示范区。

农产品主产区应着力保护耕地，稳定粮食生产，发展现代农业，增强农业综合生产能力，增加农民收入，加快建设社会主义新农村，保障农产品供给，确保国家粮食安全和食物安全。其发展方向和开发原则如下：

加强土地整治，做好规划，统筹安排，连片推进，加快中低产田改造，推进连片标准粮田建设。鼓励农民开展土壤改良。

加强水利设施建设，加快大中型灌区、排灌泵站配套改造以及水源工程建设。鼓励和支持农民开展小型农田水利设施建设、小流域综合治理。建设节水农业，推广节水灌溉，发展旱作农业。

优化农业生产布局和品种结构，做好农业布局规划，科学确定不同区域农业发展重点，形成优势突出和特色鲜明的产业带。

国家支持农产品主产区加强农产品加工、流通、储运设施建设，引导农产品加工、流通、储运企业向主产区聚集。

粮食主产区要进一步提高生产能力，主销区和产销平衡区要稳定粮食自给水平。根据粮食产销格局变化，加大对粮食主产区的扶持力度，集中力量建设一批基础条件好、生产水平高、产出量大的粮食生产核心区。在保护生态的前提下，开发资源有优势、增产有潜力的粮食生产后备区。

大力发展油料生产，鼓励发挥优势，发展棉花、糖料生产，着力提高品质和单产。转变养殖业发展方式，推进规模化和标准化，促进畜牧产品和水产品的稳定增产。

在复合产业带内，要处理好多种农产品协调发展的关系，根据不同产品的特点和相互影响，合理确定发展方向和发展途径。

控制农产品主产区开发强度，优化开发方式，发展循环农业，促进农业资源的永续利用。鼓励和支持农产品、畜产品、水产品加工副产品的综合利用。加强农业污染防治。

加强农业基础设施建设，改善农业生产条件。加快农业科技进步和创新，提高农业物质技术装备水平。强化农业防灾减灾能力建设。

积极推进农业的规模化、产业化，发展农产品深加工，拓展农村就业和增收空间。

以县城为重点，推进城镇建设和非农产业发展，加强县城和乡镇公共服务设施建设，完善小城镇公共服务和居住功能。

农村居民点以及农村基础设施和公共服务设施的建设，要统筹考虑人口迁移等因素，适度集中、集约布局。

从确保国家粮食安全和食物安全的大局出发，充分发挥各地区比较优势，重点建设以"七区二十三带"为主体的农产品主产区，其中"七区"指东北平原主产区、黄淮海平原主产区、长江流域主产区、汾渭平原主产区、河套灌区主产区、华南主产区和甘肃新疆主产区，"二十三带"指七个生产区中以水稻、小麦等农产品生产为主的二十三个产业带，主要包括：西南和东北的小麦产业带，西南和东南的玉米产业带，南方的高蛋白及菜用大豆产业带，北方的油菜产业带，东北、华北、西北、西南和南方的马铃薯产业带，广西、云南、广东、海南的甘蔗产业带，海南、云南和广东的天然橡胶产业带，海南的热带农产品产业带，沿海的生猪产业带，西北的肉牛、肉羊产业带，京津沪郊区和西北的奶牛产业带，黄渤海的水产品产业带等。

（2）国家级重点生态功能区。国家级限制开发的重点生态功能区是指生态系统十分重要，关系全国或较大范围区域的生态安全，目前生态系统有所退化，需要在国土空间开发中限制进行大规模高强度工业化城镇化开发，以保持并提高生态产品供给能力的区域。

国家重点生态功能区的功能定位是：保障国家生态安全的重要区域，人与自然和谐相处的示范区。

经综合评价，国家重点生态功能区包括大小兴安岭森林生态功能区等 25 个地区。总面积约 386 万平方公里，占全国陆地国土面积的 40.2%；2008 年底总人口约 1.1 亿人，占全国总人口的 8.5%。国家重点生态功能区分为水源涵养型[1]、水土保持型[2]、防风固沙型[3]和生物多样性维护型[4]四种类型。

---

[1] 主要指我国重要江河源头和重要水源补给区，包括大小兴安岭森林生态功能区、长白山森林生态功能区、阿尔泰山地森林草原生态功能区、三江源草原草甸湿地生态功能区、若尔盖草原湿地生态功能区、甘南黄河重要水源补给生态功能区、祁连山冰川与水源涵养生态功能区、南岭山地森林及生物多样性生态功能区。

[2] 主要指土壤侵蚀性高、水土流失严重、需要保持水土功能的区域，包括黄土高原丘陵沟壑水土保持生态功能区、大别山水土保持生态功能区、桂黔滇喀斯特石漠化防治生态功能区、三峡库区水土保持生态功能区。

[3] 主要指沙漠化敏感性高、土地沙化严重、沙尘暴频发并影响较大范围的区域，包括塔里木河荒漠化防治生态功能区、阿尔金草原荒漠化防治生态功能区、呼伦贝尔草原草甸生态功能区、科尔沁草原生态功能区、浑善达克沙漠化防治生态功能区、阴山北麓草原生态功能区。

[4] 主要指濒危珍稀动植物分布较集中、具有典型代表性生态系统的区域，包括川滇森林及生物多样性生态功能区、秦巴生物多样性生态功能区、藏东南高原边缘森林生态功能区、藏西北羌塘高原荒漠生态功能区、三江平原湿地生态功能区、武陵山区生物多样性及水土保持生态功能区、海南岛中部山区热带雨林生态功能区。

国家重点生态功能区要以保护和修复生态环境、提供生态产品为首要任务，因地制宜地发展不影响主体功能定位的适宜产业，引导超载人口逐步有序转移。其发展方向如下：

水源涵养型。推进天然林草保护、退耕还林和围栏封育，治理水土流失，维护或重建湿地、森林、草原等生态系统。严格保护具有水源涵养功能的自然植被，禁止过度放牧、无序采矿、毁林开荒、开垦草原等行为。加强大江大河源头及上游地区的小流域治理和植树造林，减少面源污染。拓宽农民增收渠道，解决农民长远生计，巩固退耕还林、退牧还草成果。

水土保持型。大力推行节水灌溉和雨水集蓄利用，发展旱作节水农业。限制陡坡垦殖和超载过牧。加强小流域综合治理，实行封山禁牧政策，恢复退化植被。加强对能源和矿产资源开发及建设项目的监管，加大矿山环境整治修复力度，最大限度地避免人为因素造成新的水土流失。拓宽农民增收渠道，解决农民长远生计，巩固水土流失治理、退耕还林、退牧还草成果。

防风固沙型。转变畜牧业生产方式，实行禁牧休牧政策，推行舍饲圈养，以草定畜，严格控制载畜量。加大退耕还林、退牧还草力度，恢复草原植被。加强对内陆河流的规划和管理，保护沙区湿地，禁止发展高耗水工业。对主要沙尘源区、沙尘暴频发区实行封禁管理。

生物多样性维护型。禁止对野生动植物进行滥捕滥采，保持并恢复野生动植物物种和种群的平衡，实现野生动植物资源的良性循环和永续利用。加强防御外来物种入侵的能力，防止外来有害物种对生态系统的侵害。保护自然生态系统与重要物种栖息地，防止生态建设导致的栖息环境的改变。

国家重点生态功能区主要以开发管制为原则，对各类开发活动进行严格管制，尽可能减少对自然生态系统的干扰，不得损害生态系统的稳定性和完整性。控制开发空间，做到绿色生态空间面积不减少，动物迁徙不影响；控制开发强度，强化生态系统良性循环功能；严格准入标准，因地制宜发展服务业；集约开发、集中建设，重点规划和建设资源环境承载能力相对较强的县城和中心镇，提高综合承载能力；加强县城和中心镇的道路、供排水、垃圾污水处理等基础设施建设，在有条件的地区建设一批节能环保的生态型社区。

4. 禁止开发区域。国家级禁止开发区域是指有代表性的自然生态系统、珍稀濒危野生动植物物种的天然集中分布地、有特殊价值的自然遗迹所在地和文化遗址等，需要在国土空间开发中禁止进行工业化城镇化开发的重点生态功能区。

国家禁止开发区域的功能定位是：我国保护自然文化资源的重要区域，珍稀动植物基因资源保护地。

根据法律法规和有关方面的规定，国家禁止开发区域共 1443 处，总面积约

120 万平方公里，占全国陆地国土面积的 12.5%。今后新设立的国家级自然保护区、世界文化自然遗产、国家级风景名胜区、国家森林公园、国家地质公园，自动进入国家禁止开发区域名录。

国家级自然保护区是指经国务院批准设立，在国内外有典型意义、在科学上有重大国际影响或者有特殊科学研究价值的自然保护区，分为核心区、缓冲区和实验区。核心区内严禁任何生产建设活动；在缓冲区内，除必要的科学实验活动外，严禁其他任何生产建设活动；实验区可以进行必要的科学实验以及符合自然保护区规划的旅游、种植业和畜牧业等活动，其他生产建设活动不得进行。按核心区、缓冲区、实验区的顺序，通过异地转移和就地转移两种方式，逐步转移自然保护区的人口，一部分人口转移到自然保护区以外，一部分人口就地转为自然保护区管护人员。绝大多数自然保护区核心区应逐步实现无人居住，缓冲区和实验区也应较大幅度减少人口。而对于范围较大、目前核心区人口较多的自然保护区，在不影响主体功能的前提下，可以保持适量的人口规模和适度的农牧业活动，同时通过生活补助等途径，确保人民生活水平稳步提高。交通、通信、电网等基础设施要慎重建设，原则上对自然保护区进行避让，必须穿越的，要符合自然保护区规划，并进行保护区影响专题评价。新建公路、铁路和其他基础设施不得穿越自然保护区核心区，尽量避免穿越缓冲区。

世界文化自然遗产是指根据联合国教科文组织《保护世界文化和自然遗产公约》，列入《世界遗产名录》的我国文化自然遗产。对世界文化自然遗产的保护主要是加强对遗产原真性的保护，保持遗产在艺术、历史、社会和科学方面的特殊价值。加强对遗产完整性的保护，保持遗产未被人扰动过的原始状态。

国家级风景名胜区是指经国务院批准设立，具有重要的观赏、文化或科学价值，景观独特，国内外著名，规模较大的风景名胜区。国家级风景名胜区内一切景物和自然环境，不得破坏或随意改变，严格控制人工景观建设，禁止在风景名胜区从事与风景名胜资源无关的生产建设活动。建设旅游设施及其他基础设施等必须符合风景名胜区规划，对于违反规划的建设和设施，要予以制止和拆除。国家级风景名胜区的旅游开发规模应当和该区域的资源状况和资源容量相匹配，以免对景物、水体、植被及其他野生动植物资源等造成损害。

国家森林公园是指具有国家重要森林风景资源，自然人文景观独特，观赏、游憩、教育价值高的森林公园。除建设必要的保护设施和附属设施外，禁止从事与资源保护无关的任何生产建设活动。同时在森林公园内以及可能对森林公园造成影响的周边地区，禁止进行采石、取土、开矿、放牧以及非抚育和更新性采伐等活动。建设旅游设施及其他基础设施等必须符合森林公园规划，应逐步拆除违反规划建设的设施。国家森林公园的旅游开发规模应当和该区域的资源状况和资源容量相匹配，不得对森林及其他野生动植物资源等造成损害。要对森林公园的林地进行严格管理，不得随意占用、征用和转让。

国家地质公园是指以具有国家级特殊地质科学意义、较高的美学观赏价值的地质遗迹为主体，并融合其他自然景观与人文景观而构成的一种独特的自然区域。除必要的保护设施和附属设施外，禁止其他生产建设活动。同时在地质公园内以及可能对地质公园造成影响的周边地区，禁止进行采石、取土、开矿、放牧、砍伐以及其他对保护对象有损害的活动。任何单位、组织和个人未经管理机构批准，不得在地质公园范围内采集标本和化石。

（二）省级主体功能区

《全国主体功能区规划》中国家级主体功能区只占全国国土面积的1/3，剩下2/3的国土面积由省级主体功能区规划进行划定，从而实现主体功能区规划对国土面积的全面覆盖。

省级主体功能区同样分为优化开发区域、重点开发区域、限制开发区域和禁止开发区域，根据本省实际情况，在已经划定限制开发区域和禁止开发区域的基础上，可以只划定优化开发区域或重点开发区域。但对辖区内《全国主体功能区规划》划定的国家级主体功能区，省级主体功能区规划必须将其确定为相同类型的区域，同时要明确国家优化开发区域和重点开发区域的范围和面积。以河南省主体功能区为例，河南省目前正处在中工业化时期，工业化和城镇化水平还较低，总体上仍需要加快发展速度，扩大生产规模，加快人口聚集，提升经济实力，因此在贯彻国家总体考虑的基础上，结合河南省实际，河南省主体功能区按三类划分，即重点开发区、限制开发区和禁止开发区，其中没有优化开发区，只是在局部地区和个别城市提出优化开发的要求。

省级主体功能区规划范围须覆盖所辖全部陆地国土空间和海域。根据实际情况，沿海省级人民政府可独立编制省级海洋主体功能区规划。

省级优化开发区域、重点开发区域和限制开发区域原则上以县级行政区为基本单元，禁止开发区域以自然或法定边界为基本单元，分布在其他类型主体功能区域之中。

1. 优化开发区域。省级优化开发区域是指在本地区内国土开发密度已经较高、城镇化和工业化水平较高、资源环境承载能力开始减弱的区域。这类区域通常有一个在全省影响力较强的中心城市。

省级优化开发区域是今后本区域经济持续发展和人口集聚的核心区域，是转变传统的工业化和城镇化模式、把提高增长质量和效益放在首位的区域，是需要显著改善生态环境质量、减轻资源环境压力的区域。

2. 重点开发区域。省级重点开发区域是指在本地区内具有一定城镇化和工业化基础、资源环境承载能力较强、集聚经济和人口条件较好的区域。这类区域至少有一个省内区域性的中心城市。

省级重点开发区域是今后本地区工业化和城镇化的重点区域，也是承接限制开发区域和禁止开发区域的人口转移、支撑本地区经济发展和人口集聚的重要空间载体。

3. 限制开发区域。省级限制开发区域分为两类：一类是农产品主产区，其耕地较多、农业发展条件较好，是对本地区具有重大食物安全保障意义的区域；另一类是重点生态功能区，其资源环境承载能力较弱、生态环境恶化问题严峻或在本地区具有较高生态功能价值。近期不宜重点开发的地区，原则上应先确定为限制开发区域；不具备大规模开发条件且面积较小、人口较少的海岛，原则上应确定为限制开发区域。西部地区荒漠化面积很大、但有少量面积绿洲农业的县级行政区，可根据实际情况，确定为限制开发的农产品主产区或重点生态功能区。

省级限制开发区域是今后需要加强生态修复、环境保护和农业基地建设的区域，是适度发展、限制开发与区域主体功能不冲突并引导超载人口逐步有序转移的区域。

4. 禁止开发区域。省级禁止开发区域主要是指依法设立的各类省级及以下自然保护区域、历史文化自然遗产、重点风景名胜区、森林公园、地质公园和重要水源地等，以及按照主体功能区规划的要求划定的基本农田保护区、蓄滞洪区。具有较高生态价值或文化价值，但尚未列入法定自然文化资源保护区域的地区，可确定为禁止开发区域。

省级禁止开发区域是今后要实行强制保护、禁止对自然生态进行人为干扰的区域，是传承本省文化遗产、确保本省生态平衡和自然特色、改善区域生态环境质量、保障粮食安全的核心区域。

四、主体功能区规划的保障和推动

（一）区域政策

《全国主体功能区规划》将主体功能区规划作为涉及国土空间开发的各项政策及其制度安排的基础平台，设立专章对各部门需要调整完善的区域政策进行阐述，以确保规划的顺利运行。结合各区域主体功能定位，实施分类管理的区域政策，包括财政政策、投资政策、产业政策、土地政策、农业政策、人口政策、民族政策、环境政策和应对气候变化政策。

1. 财政政策。财政政策对区域发展具有重要作用，尤其是对生态补偿制度具有重大意义。中央财政要继续完善激励约束机制，加大均衡性转移支付力度，加大奖补力度，引导并帮助地方建立基层政府基本财力保障制度，增强限制开发区域基层政府实施公共管理、提供基本公共服务和落实各项民生政策的能力。省级财政要完善对省以下转移支付体制，建立省级生态环境补偿机制，加大对重点生态功能区的支持力度，建立健全有利于切实保护生态环境的奖惩机制。2017年8月，财政部印发《中央对地方重点生态功能区转移支付办法》，具体规定了地方重点生态功能区转移支付的实施方法。对生态环境受益地区，应采取资金补助、定向援助、对口支援等多种形式，完善生态保护补偿政策，对重点生态功能区因加强生态环境保护造成的利益损失进行补偿，加大对重点生态功能区特别是中西部重点生态功能区的均衡性转移支付力度。各级财政应当加大对自然保护区的投入力度，厘清各级政府财政责任，在划定范围、面积和确定功能的基础上，敲定自然保护区的投入经费。

2. 投资政策。投资政策是落实主体功能区规划的重要手段。按照投资主体，投资政策分为政府投资和民间投资，其中政府投资又分为按主体功能区安排和按领域安排两种。按主体功能区安排的投资，主要用于支持国家重点生态功能区和农产品主产区特别是中西部国家重点生态功能区和农产品主产区的发展。实施国家重点生态功能区保护修复工程，尤其要优先启动西部地区国家重点生态功能区保护修复工程。按领域安排的投资，是要结合各区域的主体功能定位以及发展方向的投资。逐步加大政府投资用于农业、生态环境保护方面的比例。基础设施方面的投资，要以国家重点开发区域特别是中西部国家重点开发区域为重点；生态环境保护方面的投资，要以国家重点生态功能区特别是中西部国家重点生态功能区为重点；农业方面的投资，要以农产品主产区特别是中西部农产品主产区为重点。对重点生态功能区和农产品主产区内国家支持的建设项目，适当提高中央政府补助或贴息比例，降低地方政府投资比例。对于民间投资，要按照不同区域的主体功能定位加以鼓励和引导。对优化开发区域和重点开发区域，鼓励和引导民间资本进入法律法规未明确禁止准入的行业和领域；对限制开发区域，主要鼓励民间资本投向基础设施、市政公用事业和社会事业等。引导商业银行按主体功能定位调整区域信贷投向，鼓励向符合主体功能定位的项目提供贷款，对不符合主体功能定位的项目的贷款则要严格限制。

3. 产业政策。产业政策对于主体功能区的产业结构调整和布局优化具有重要意义。进一步明确不同主体功能区鼓励、限制和禁止的产业，对不同主体功能区国家鼓励类以外的投资项目实行更加严格的投资管理，其中属于限制类的新建项目按照禁止类进行管理，投资管理部门不予审批、核准或备案。编制专项规划、布局重大项目，必须符合各区域的主体功能定位。重大制造业项目原则上应布局在优化开发区域和重点开发区域，并区分情况在中西部国家重点开发区域优先布局。在资源环境承载能力和市场允许的情况下，依托能源和矿产资源的资源加工业项目，优先在中西部国家重点开发区域布局。严格市场准入制度，对不同主体功能区的项目实行不同的占地、耗能、耗水、资源回收率、资源综合利用率、工艺装备、"三废"排放和生态保护等强制性标准。建立市场退出机制，对限制开发区域不符合主体功能定位的现有产业，要通过设备折旧补贴、设备贷款担保、迁移补贴、土地置换等手段，促进产业跨区域转移或关闭。

4. 土地政策。主体功能区的土地政策是针对我国经济社会发展中的土地资源过度开发、土地资源不合理利用等问题，对土地资源开发利用作出的强制性规定，是主体功能区建设的政策保障。按照不同主体功能区的功能定位和发展方向，实行差别化的土地利用和土地管理政策。确保耕地数量和质量，严格控制工业用地增长规模，适度增加城市居住用地，逐步减少农村居住用地，合理控制交通用地增长规模。城镇建设用地的增长规模要与本地区农村建设用地的减少规模和吸纳农村人口进入城市定居的规模挂钩；城市化地区建设用地的增长规模要与吸纳外来人口定居的规模挂钩。严格控制优化开发区域建设用地增量；相对适当扩大重点开发区域建设用地规模；严格控制农产品主产区建设用地规模，严禁改变重点生态功能区生态用地用途；严禁自然文化资源保护区土地的开发建设。将基本农田落实到地块并在土地承包经营权登记证书上标注，严禁改变基本农田的用途和位置。妥善处理自然保护区内农牧地的产权关系，引导自然保护区核心区、缓冲区人口逐步转移。

5. 农业政策。农业政策是保障粮食安全的重要手段，对于农产品主产区的发展有重要意义。要逐步完善国家支持和保护农业发展的政策，加大强农惠农政策力度，并重点向农产品主产区倾斜。同时要保证各级财政对农业投入增长幅度高于经常性收入增长幅度，大幅度增加国家对农村基础设施建设和社会事业发展的投入，大幅度提高政府土地出让收益、耕地占用税新增收入用于农业的比例，加大中央财政对农产品主产区的转移支付力度。2016 年 12 月，财政部、农业部（现已被撤销）联合印发了《建立以绿色生态为导向的农业补贴制度改革方案》，提出要完善农业补贴政策。2017 年 2 月，《中共中央、国务院关于深入推进农业供给侧结构性改革加快培育农业农村发展新动能的若干意见》再次强调健全农业补贴制度，进一步提高农业补贴政策的指向性和精准性，完善农产品主产区利益补偿机制。完善农产品市场调控体系，通过市场调控手段，使农产品价格保持在合理水平。支持农产品主产区依托本地资源优势发展农产品加工业，根据农产品加工业中不同产业的经济技术特点，对适宜的产业，优先在农产品主产区的县城布局。

6. 人口政策。人口政策着力解决人口分布不均衡、与环境承载力不相适应的问题。对于优化开发区域和重点开发区域，要实施积极的人口迁入政策，加强人口集聚和吸纳能力建设，减少户口迁入限制，鼓励外来人口迁入和定居，将在城市有稳定职业和住所的流动人口逐步实现本地化，并引导区域内人口均衡分布，防止人口向特大城市中心区过度集聚。对于限制开发区域和禁止开发区域，要实施积极的人口退出政策[1]，切实加强义务教育、职业教育与职业技能培训，增强劳动力跨区域转移就业的能力，鼓励人口到重点开发区域和优化开发区域就业并定居。同时，要引导区域内人口向县城和中心镇集聚。完善人口和计划生育利益导向机制，并综合运用其他经济手段，引导人口自然增长率较高的区域的居民自觉降低生育水平。改革户籍管理制度，逐步统一城乡户口登记管理制度。加快推进基本公共服务均等化，逐步将公共服务领域的各项法律法规和政策与现行户口性质相剥离。按照"属地化管理、市民化服务"的原则，鼓励城市化地区将流动人口纳入居住地教育、就业、医疗、社会保障、住房保障等体系，切实保障流动人口与本地人口享有均等的基本公共服务和同等的权益。

7. 民族政策。民族政策是主体功能区规划的重要部分，关系着区域间协调发展和主体功能区规划的落实。对于优化开发区域和重点开发区域，要注重扶持区域内少数民族聚居区的发展，改善城乡少数民族聚居区群众的物质文化生活条件，促进不同民族地区经济社会的协调发展。充分尊重少数民族群众的风俗习惯和宗教信仰，保障少数民族特需商品的生产和供应，满足少数民族群众生产生活的特殊需要。继续执行扶持民族贸易、少数民族特需商品和传统手工业品生产发展的财政、税收和金融等优惠政策，加大对民族乡、民族村和城市民族社区发展的帮扶力度。对于限制开发区域和禁止开发区域，要着力解决少数民族聚居区经济社会发展中突出的民生问题和特殊困难。优先安排与少数民族聚居区群众生产生活密切相关的农业、教育、文化、卫生、饮水、电力、交通、贸易集市、民房改造、扶贫开发等项目，积极推进少数民族地区农村劳动力转移就业，鼓励并支持发展非公有制经济，最大限度地为当地少数民族群众提供更多就业机会，扩大少数民族群众收入来源。

8. 环境政策。环境政策是主体功能区输出产品的质量保障，在主体功能区政策体系中居于基础地位。环境政策涉及自然生态环境、经济活动、社会管理等方方面面。人类的一切经济活动均受环境的约束，也对环境产生一定的影响。环境政策运用得当，主体功能区政策的全面贯彻就有了保障。首先，优化开发区域要实行更严格的污染物排放标准和总量控制指标，大幅度减少污染物排放。重点

[1] 人口在地区间的转移有主动和被动两种。主动转移是指个人主观上具有迁移的意愿，并为之积极努力，付诸实践。被动转移是指个人主观上没有迁移的意愿，但出于居住地基础设施建设、自然地理环境恶化等原因不得不进行迁移。在推进形成主体功能区的过程中，除了在极少数自然保护区核心区进行必要的生态移民等被动转移外，主要是促进基于个人自主决策的主动转移。政府的主要职责是提高人的素质，增强就业能力，理顺体制机制，引导限制开发区域和禁止开发区域的人口自觉自愿、平稳有序地转移到其他地区。

开发区域要结合环境容量，实行严格的污染物排放总量控制指标，较大幅度减少污染物排放量。限制开发区域要通过治理、限制或关闭污染物排放企业等措施，实现污染物排放总量持续下降和环境质量状况达标。禁止开发区域要依法关闭所有污染物排放企业，确保污染物"零排放"，难以关闭的，必须限期迁出。优化开发区域和重点开发区域要注重从源头上控制污染，建设项目要加强环境影响评价和环境风险防范，开发区和重化工业集中地区要按照发展循环经济的要求进行规划、建设和改造。限制开发区域要尽快全面实行矿山环境治理恢复保证金制度，并实行较高的提取标准。禁止开发区域的旅游资源开发要同步建立完善的污水垃圾收集处理设施。其次，优化开发区域要按照国际先进水平，实行更加严格的产业准入环境标准。重点开发区域要按照国内先进水平，根据环境容量逐步提高产业准入环境标准。农产品主产区要按照保护和恢复地力的要求设置产业准入环境标准，重点生态功能区要按照生态功能恢复和保育原则设置产业准入环境标准。禁止开发区域要按照强制保护原则设置产业准入环境标准。再次，优化开发区域要严格限制排污许可证的增发，完善排污权交易制度，制定较高的排污权有偿取得价格。重点开发区域要合理控制排污许可证的增发，积极推进排污权制度改革，制定合理的排污权有偿取得价格，鼓励新建项目通过排污权交易获得排污权。限制开发区域要从严控制排污许可证发放。禁止开发区域不发放排污许可证。然后，着手研究开征适用于各类主体功能区的环境税。积极推行绿色信贷[1]、绿色保险[2]、绿色证券[3]等。最后，对于优化开发区域，要以提高水资源利用效率和效益为核心，厉行节水，合理配置水资源，控制用水总量增长，加强城市重点水源地保护，保护和修复水生态环境。对于重点开发区域，要合理开发和科学配置水资源，控制水资源开发利用程度，在加强节水的同时，限制排入河湖的污染物总量，保护好水资源和水环境。对于限制开发区域，要加大水资源保护力度，适度开发利用水资源，全面节水，满足基本的生态用水需求，加强水土保持和生态环境修复与保护。对于禁止开发区域，严格禁止不利于水生态环境保护的水资源开发活动，实行严格的水资源保护政策。2015 年 7 月，环境保护部与国家发展

---

[1] 绿色信贷是通过金融杠杆实现环保调控的重要手段。通过在金融信贷领域建立环境准入门槛，对限制类和淘汰类新建项目不提供信贷支持，对淘汰类项目停止新增授信支持，并采取措施收回已发放的贷款，从而在源头上切断高耗能、高污染行业无序发展和盲目扩张的投资冲动。

[2] 绿色保险又叫生态保险，是在市场经济条件下进行环境风险管理的一项基本手段。其中，由保险公司对污染受害者进行赔偿的环境污染责任保险最具代表性。

[3] 绿色证券是以上市公司环保核查制度和环境信息披露机制为核心的环保配套政策，上市公司申请首发上市融资或上市后再融资必须进行主要污染物排放达标等环保核查，同时，上市公司特别是重污染行业的上市公司必须真实、准确、完整、及时地进行环境信息披露。

和改革委员会联合发布《关于贯彻实施国家主体功能区环境政策的若干意见》，就主体功能区规划配套的环境政策作出了具体规定。

9. 气候变化政策。气候变化关系人类的生存和发展。我国人口众多，人均资源禀赋较差，气候条件复杂，生态环境脆弱，易受气候变化的不利影响。气候变化政策关系我国经济社会发展全局，对各区域主体功能的发挥具有重要意义。2014 年 9 月，发展和改革委员会印发《国家应对气候变化规划（2014～2020年）》，提出根据我国的主体功能区定位来制定区域应对气候变化的政策，分别针对城市化地区（包括优化开发区域和重点开发区域）、农产品主产区、重点生态功能区（包括限制开发区域的重点生态功能区和禁止开发区域），确定差别化的减缓和适应气候变化的目标、任务和实现途径。城市化地区要积极发展循环经济，实施重点节能工程，积极发展和利用可再生能源，加大能源资源节约和高效利用技术的开发和应用力度，加强生态环境保护，优化生产空间、生活空间和生态空间布局，建设低碳城市，降低温室气体排放强度。农产品主产区要继续加强农业基础设施建设，推进农业结构和种植制度调整，选育抗逆品种，遏制草原荒漠化加重趋势，加强新技术的研究和开发，减缓农业农村温室气体排放，增强农业生产适应气候变化的能力。积极发展和消费可再生能源。重点生态功能区要推进天然林资源保护、退耕还林还草、退牧还草、风沙源治理、防护林体系建设、野生动植物保护、湿地保护与恢复等，增强陆地生态系统的固碳能力。有条件的地区积极发展风能、太阳能、地热能，充分利用清洁、低碳能源。开展气候变化对海平面、水资源、农业和生态环境等的影响评估，严格执行重大工程气象、海洋灾害风险评估和气候可行性论证制度。提高极端天气气候事件、重大海洋灾害监测预警能力，加强自然灾害的应急和防御能力建设。沿海的城市化地区要加强海岸带保护，在经济、城镇、基础设施等的布局方面强化应对海平面升高的适应性对策。

（二）绩效考核评价

确定特定区域的主体功能，不仅可以使得区域政策更加具有针对性，还为实行各有侧重的绩效评价和政绩考核提供了基础性评价平台，使绩效评价和政绩考核更加客观、公正。

1. 根据主体功能确定绩效考核评价标准。优化开发区域的绩效考核评价标准。实行转变经济发展方式优先的绩效评价标准，强化对经济结构、资源消耗、环境保护、自主创新以及外来人口公共服务覆盖面等指标的评价，弱化对经济增长速度、招商引资、出口等指标的评价。主要考核服务业增加值比重、高新技术产业比重、研发投入经费比重、单位地区生产总值能耗和用水量、单位工业增加值能耗和取水量、单位建设用地面积产出率、二氧化碳排放强度、主要污染物排放总量控制率、"三废"处理率、大气和水体质量、吸纳外来人口规模等指标。

（1）重点开发区域的绩效考核评价标准。实行工业化城镇化水平优先的绩效评价标准，综合评价经济增长、吸纳人口、质量效益、产业结构、资源消耗、环境保护以及外来人口公共服务覆盖面等内容，弱化对投资增长速度等指标的评价，对中西部地区的重点开发区域，还要弱化对吸引外资、出口等指标的评价。主要考核地区生产总值、非农产业就业比重、财政收入占地区生产总值比重、单位地区生产总值能耗和用水量、单位工业增加值能耗和取水量、二氧化碳排放强度、主要污染物排放总量控制率、"三废"处理率、大气和水体质量、吸纳外来人口规模等指标。

（2）限制开发区域的绩效考核评价标准。限制开发的农产品主产区，实行农业发展优先的绩效评价标准，强化对农产品保障能力的评价，弱化对工业化城镇化相关经济指标的评价，主要考核农业综合生产能力、农民收入等指标，不考核地区生产总值、投资、工业、财政收入和城镇化率等指标。限制开发的重点生态功能区，实行生态保护优先的绩效评价标准，强化对提供生态产品能力的评价，弱化对工业化城镇化相关经济指标的评价，主要考核大气和水体质量、水土流失和荒漠化治理率、森林覆盖率、森林蓄积量、草原植被覆盖度、草畜平衡、生物多样性等指标，不考核地区生产总值、投资、工业、农产品生产、财政收入和城镇化率等指标。

（3）禁止开发区域的绩效考核评价标准。根据法律法规和规划的要求，按照保护对象确定评价内容，强化对自然文化资源原真性和完整性保护情况的评价。主要考核依法管理的情况、污染物"零排放"情况、保护对象完好程度以及保护目标实现情况等内容，不考核旅游收入等经济指标。

2. 强化考核结果运用。推进形成主体功能区的主要目标能否实现，关键在于能否建立健全符合科学发展观要求并有利于推进形成主体功能区的绩效考核评价体系，并强化考核结果运用。要加强部门协调，把有利于推进形成主体功能区的绩效考核评价体系和中央组织部印发的《体现科学发展观要求的地方党政领导班子和领导干部综合考核评价试行办法》等考核办法有机结合起来，根据各地区不同的主体功能定位，把推进形成主体功能区主要目标的完成情况纳入对地方党政领导班子和领导干部的综合考核评价结果，作为地方党政领导班子调整和领导干部选拔任用、培训教育、奖励惩戒的重要依据。

（三）政府职责

1. 国务院有关部门的职责。

（1）自然资源部：负责组织编制主体功能区规划；负责组织编制国土规划和土地利用总体规划；负责制定适应主体功能区要求的土地政策并落实用地指

标；负责会同有关部门组织调整划定基本农田，并落实到地块和农户，明确位置、面积、保护责任人等；负责组织编制全国矿产资源规划，确定重点勘查区域；负责组织编制和监督实施全国城镇体系规划；负责组织国务院交办的省域城镇体系规划、城市总体规划的审查；负责根据全国主体功能区规划组织编制全国海洋主体功能区规划。

（2）科学技术部：负责研究并提出适应主体功能区要求的科技规划和政策，建立适应主体功能区要求的区域创新体系。

（3）工业和信息化部：负责编制适应主体功能区要求的工业、通信业和信息化产业发展规划。

（4）国家监察委员会：配合有关部门制定符合科学发展观要求并有利于推进形成主体功能区的绩效考核评价体系，并负责实施中的监督检查。

（5）财政部：负责按照主体功能区规划明确的财政政策方向和原则制定并落实适应主体功能区要求的财政政策。

（6）生态环境部：负责编制适应主体功能区要求的生态环境保护规划，制定相关政策；负责组织编制环境功能区划；负责组织有关部门编制国家自然保护区发展规划，指导、协调、监督各种类型的自然保护区、风景名胜区、森林公园的环境保护工作，协调和监督野生动植物保护、湿地环境保护、荒漠化防治工作；负责编制适应主体功能区要求的水资源开发利用、节约保护及防洪减灾、水土保持等方面的规划，制定相关政策。

（7）农业农村部：负责编制适应主体功能区要求的农牧渔业发展和资源与生态保护等方面的规划，制定相关政策。

（8）国家卫生健康委员会：负责会同有关部门制定引导人口合理有序转移的相关政策。

（9）国家林业和草原局：负责编制适应主体功能区要求的生态保护与建设规划，制定相关政策。

（10）司法部：负责组织有关部门研究并提出适应主体功能区要求的法律法规。

（11）地震、气象部门：负责组织编制地震、气象等自然灾害防御和气候资源开发利用等规划或区划，参与制定自然灾害防御政策。

（12）其他各有关部门：依据全国主体功能区规划，根据需要组织修订能源、交通等专项规划和主要城市的建设规划。

2. 省级人民政府的职责。

（1）编制省级主体功能区规划。各省、自治区、直辖市及新疆生产建设兵团负责编制省级主体功能区规划并组织实施。省级主体功能区原则上划分为优化开发区域、重点开发区域、限制开发区域和禁止开发区域四类，也可根据国土空间评价划分为三类，但应至少包含限制开发区域和禁止开发区域。限制开发区域应区分为农产品主产区和重点生态功能区。对辖区内国家层面的优化开发区域、重点开发区域、限制开发区域和禁止开发区域四类主体功能区，必须确定为相同类型的区域。省级主体功能区规划要明确国家优化开发区域和重点开发区域的范围和面积，并报全国主体功能区规划编制工作领导小组办公室确认，优化开发区域和重点开发区域应相对集中分布。要注意把握四类主体功能区占辖区总面积的比例，特别要控制优化开发区域和重点开发区域占辖区总面积的比例。对优化开发区域应强化转变经济发展方式方面的目标要求，对重点开发区域应强化工业化城镇化方面的目标要求，对农产品主产区应强化农业发展优先的目标要求，对重点生态功能区应强化生态环境保护优先的目标要求。对各类主体功能区都要提出耕地保护和生态保护方面的目标要求。省级主体功能区规划范围须覆盖所辖全部陆地国土空间和海域。根据实际情况，沿海省级人民政府可独立编制省级海洋主体功能区规划，陆地主体功能区与海洋主体功能区要相互衔接，主体功能定位要相互协调。

（2）推动主体功能区规划的实施。省级人民政府负责所辖区域主体功能区规划的实施；通过在政府事权范围内制定实施细则，落实主体功能区的各项政策；负责落实省级财政对限制开发区域和禁止开发区域的财政转移支付和政府投资。省级政府有关部门配合国务院有关部门编制国家层面主体功能区的区域规划及相关规划。

（3）指导和检查所辖市县的规划落实情况。省级人民政府负责指导所辖市县落实本辖区在国家级和省级层面主体功能区中的主体功能定位和相关的各项政策措施；负责指导所辖市县在市县功能区划分中落实主体功能定位和开发强度要求；负责指导所辖市县在规划编制、项目审批、土地管理、人口管理、生态环境保护等各项工作中遵循全国和省级主体功能区规划的各项要求。省级人民政府发展改革部门负责监督检查省级主体功能区规划的落实情况，对规划实施情况进行跟踪分析，及时发现规划实施中出现的问题和偏差并采取有力措施进行纠正，保证规划的切实落实。

（四）监测评估

《全国主体功能区规划》提出要建立覆盖全国、统一协调、更新及时、反应迅速、功能完善的国土空间动态监测管理系统，对规划实施情况进行全面监测、分析和评估。开展国土空间监测管理的目的是依据各级国民经济和社会发展总体规划及主体功能区规划，检查包括城市化地区的城市规模、农产品主产区基本农田的保护、重点生态功能区生态环境改善等情况在内的各地区主体功能定位和实施情况。

国土空间动态监测管理系统以国土空间为管理对象，主要监测城市建设、项目开工、耕地占用、地下水和矿产资源开采等各类开发行为对国土空间的影响，以及水面、湿地、林地、草地、海洋、自然保护区、蓄滞洪区的变化情况等。在对国土空间进行全覆盖监测的基础上，重点对国家层面优化开发区域、重点开发区域、限制开发区域和禁止开发区域进行动态监测。同时要加强对水资源、水环境、土壤环境的监测，不断完善水文、水资源、土壤环境、水土保持等监测网络建设，将水资源、水环境、土壤环境跟踪监测数据作为全国主体功能区规划实施、评估、调整的重要依据。

发展改革、自然资源、建设、科技、水利、农业农村、生态环境、林业和草原、中科院、地震、气象、测绘等部门和单位共同参与，建立协同有效的国土空间监测管理工作机制。各有关部门要根据职责，对相关领域的国土空间变化情况进行动态监测，探索建立国土空间资源、自然资源、环境及生态变化情况的定期会商和信息通报制度。

各省、自治区、直辖市要加强地区性的国土空间开发动态监测管理工作，通过多种途径，对本地区的国土空间变化情况进行及时跟踪分析。

建立主体功能区规划评估与动态修订机制。适时开展规划评估，提交评估报告，并根据评估结果提出需要调整的规划内容或对规划进行修订的建议。各地区各部门要对本规划实施情况进行跟踪分析，注意研究新情况，解决新问题。

第四节　现有制度评析及完善

《全国主体功能区规划》是中国第一部国土空间开发规划，是具有战略性、基础性、约束性的规划。实施主体功能区规划，推进主体功能区建设，是我国国土空间开发思路和开发模式的重大转变，是国家区域调控理念和调控方式的重大创新，对推动科学发展、加快转变经济发展方式具有重要意义。

一、制度评析

（一）全国主体功能区规划奠定了全国国土开发的战略格局

通常认为，造成我国国土空间开发相对无序的重要原因是长期忽视空间布局方面的规划。[1]陆地国土空间辽阔，但适宜开发的面积少；资源总量丰富，但空间分布不均。空间条件决定了不同区域的生产集中度、人口集中度，从而很大程

---

〔1〕 樊杰："解析我国区域协调发展的制约因素　探究全国主体功能区规划的重要作用"，载《中国科学院院刊》2007年第3期。

度上决定着资源开发的强度、广度和环境保护的好坏。城市、耕地、工厂大部分集中在东部、中部，但水资源主要在南部和西南部。这意味着西部面积因多山地、缺水，致使发展农业、工业与城市建设均受到极大限制。我国矿产、能源和森林资源大部分分布在缺水、多山、多丘的西南、西北和东北等地区。这样的自然条件，很大程度上决定了人口流动、物流的方向，这也是历史上我国华北、江南地区长期为文明中心的物质基础。改革开放后，产生了历史上空前的人口流动、物流大移动，这在某种程度上是资源环境约束强化的最主要原因，甚至是最实质因素。主导我国经济社会发展的核心规划是经济社会发展规划，之后逐渐出现土地规划、城市规划、产业规划、环保规划、能源规划等。但是，我国从未出现过一部国土综合开发规划，这使得人口流动、物流的移动一直处于相对无序的状态。

　　《全国主体功能区规划》以"四类主体功能区"作为有力支撑，将构建"三大战略格局"作为主要目标，提出把国土空间开发的着力点从占用土地为主转到调整和优化空间结构、提高空间利用效率上来。通过对全国国土空间资源环境承载能力、开发强度和开发潜力区域差异的综合分析，对国土空间开发作了总体布局。明确哪些区域应当以集聚经济为主体功能、哪些区域应当以保护生态为主体功能，主动引导人口分布与经济发展趋势相适应、人口经济分布与资源环境承载能力相适应，强调不同地区应采取不同形式、同等价值的发展模式，以推动实现城乡之间、区域之间人口、经济和资源环境相协调的空间开发新格局。在优化提升东部地区城市群的同时，在中西部地区资源环境承载能力较强的区域，培育形成若干人口和经济密集的城市群，通过推进城镇化带动中西部地区发展。通过经济发展、人口转移、财政转移支付、生态补偿等多种途径，缩小区域间人民生活水平和公共服务等方面的差距，确保生活在不同类型功能区的居民具有相同的社会福利水平。全国主体功能区规划是具有创新性、前瞻性的一种综合地理区划，同时也是一幅规划未来国土空间的布局总图。[1]

　　（二）主体功能区规划成为整合各类空间规划的基础平台

　　空间规划是生态文明建设的重要内容，是空间治理体系现代化的基础。改革开放以来，我国空间规划体系不断孕育发展，在优化国土空间开发格局、调配重要战略资源、促进区域协调发展等方面发挥了重要作用。但由于管理体制的原因，各种空间性规划依托的基础资料、分类标准、技术方法等都存在很大差异，协调难度越来越大。主体功能区为全国层面的各类空间规划以及专项规划提供基本指标参数。土地利用规划的每个指标的制定、评价都要将主体功能区规划作为重要的约束条件，如建设用地指标安排应该向重点开发地区倾斜，以满足其承接

---

〔1〕　樊杰："主体功能区战略与优化国土空间开发格局"，载《中国科学院院刊》2013 年第 2 期。

优化开发区产业转移和禁止、限制开发区人口转移的需求。城镇体系规划要维系主体功能区的生长和发育，要与主体功能区"两横三纵"的城市化战略格局相一致，并与资源环境承载力空间格局相耦合。

同时，产业、能源、矿产、环保、交通、生态等各类专项规划，特别是规划中的布局内容都应该实现与主体功能区规划的有机衔接。[1]十八届三中全会首次提出"建立空间规划体系"后，国家相关部委已在市县和省两级层面开展空间规划试点，取得了一些成效，不过，矛盾依然突出。为深入推进空间规划体制改革，2018年政府机构改革将发改部门的主体功能区规划管理职能、住建部门的城乡规划管理职能、国土部门的国土规划和土地利用规划管理职能统一划归新组建的自然资源部门，这既有利于统筹协调各主要空间规划的关系，也有利于推进空间规划的编制和实施，对完善空间治理体系具有重要意义。主体功能区规划作为国土空间开发的总体规划和顶层设计，对下层级各类空间规划具有约束性和基础性作用。下层级空间规划在编制实施的过程中，都要以主体功能区规划所确定的功能定位作为基本依据。

（三）主体功能区规划是实施区域政策的有效依据

区域间的差异决定了发展路径的不同，这是主体功能区规划区分主体功能的现实基础。区域政策体系的设计应当结合主体功能区规划，主体功能定位不同，政策的着力点和方式也有所区别。如对优化开发区的高新技术产业、服务业进行倾斜，加快对传统产业的改造，打造高端化、国际化、特色化的商业和经济中心，确保优化开发区成为大都市的形象和品牌，提升该城市的国内和国际知名度。财政转移支付政策、人口迁移政策和生态补偿政策等也要跟进完善，使生活在限制开发区和禁止开发区的居民同样能享受到与优化开发区和重点开发区一样的生活品质。同时绩效考核评价体系也应依据主体功能区的不同而有所侧重。优化开发区域强化对自主创新能力、生态空间建设、产业结构升级以及外来人口公共服务覆盖面等指标的评价。重点开发区域要综合评价经济增长、吸纳人口、质量效益、生态环境以及外来人口公共服务覆盖面等内容。农产品主产区实行农业发展优先的绩效评价，生态功能区实行生态保护优先的绩效评价，禁止开发区要强化对自然文化资源原真性和完整性保护情况的评价。

二、主体功能区规划的完善建议

（一）明确各级政府和各部门的职责，加强规划实施的监督

《全国主体功能区规划》规定了各级政府和各部门的职责。在国务院各部门

---

[1]　盛科荣、樊杰："主体功能区作为国土开发的基础制度作用"，载《中国科学院院刊》2016年第1期。

中，国家发展和改革委员会基于其在经济工作中的重要地位，成了规划编制实施的主要牵头部门，被赋予了综合协调、组织督促的重要职责。在主体功能区规划推进工作中，国家发展和改革委员会与国土资源部业务范围相近，需要特别厘清。[1]国土资源部的主要职责有组织编制和实施国土规划、土地利用总体规划和其他专项规划。发改委与国土资源部都有一定的空间规划编制职责，一个区域政策的推出往往需要数个部门相互配合，但是这种配合没有一种成熟的协调机制作为补充，使得产生的区域规划往往是各部门利益冲突的结果，无法发挥应有的效果。组建自然资源部是一项重大的改革举措。自然资源部将对所有国土空间用途管制和生态保护修复进行监管。改革方案中专门提到了空间规划重叠的问题。由于部门分隔导致的众多规划相互重叠、相互矛盾的问题将得到解决。自然资源部统一行使主体功能区规划、国土规划、城乡规划、土地规划等的编制职责，这对建立起全面、科学、高效的空间规划体系将起到至关重要的作用。

在中央的规划编制问题得到一定程度解决的同时，不能忽视主体功能区规划在执行、监督工作中与编制存在的脱节现象。中央与地方政府都对其行政区域内的事务承担着不同的权力和义务，从行政隶属角度看，下级政府一般不应当与上级政府相抵触，但中央政府缺少独立于地方政府以外的执行系统，实际上任何事情都需要地方政府去执行。国家级和省级规划主管部门实行规划监督管理的手段是很不完善的。[2]这就导致地方政府往往基于地方利益和政绩考虑，不能有效落实主体功能区规划，再加上市县政府对各方面政策了解较少，推进工作就更加困难。《全国主体功能区规划》规定了国家发展和改革委员会对全国主体功能区规划实施的监督检查、中期评估和规划修订职责以及省级政府监督检查省级主体功能区规划落实情况的职责，强化和细化政府和部门的监督职责，切实推行绩效考核评价体系，形成从中央政府到地方基层政府纵向分工协调的职责体系，中央政府承担全国主体功能区规划的协调和指导功能，而下级政府负责规划的落实和衔接。

（二）推进主体功能区规划的法制化进程，逐步形成我国空间规划法体系

主体功能区规划对政府产生约束效力，但规划不是法，应当厘清规划文本与规划立法的关系，通过制定主体功能区规划法，将其政策地位转化为法律地位。[3]在立法模式上，有"独立型""嵌入型""整合型"三种模式可供选择："独立型"是指单独制定主体功能区规划法，与《城乡规划法》《土地管理法》

---

〔1〕　成为杰：《省级主体功能区规划推进研究》，天津人民出版社 2016 年版，第 81 页。

〔2〕　王学峰："对国家和省级政府加强规划监督管理的思考"，载《规划师》2004 年第 6 期。

〔3〕　宋彪："主体功能区规划的法律问题研究"，载《中州学刊》2016 年第 12 期。

《环境保护法》等保持相同位阶；"嵌入型"是指在《发展规划法》中明确主体功能区规划的地位和效力；"整合型"是指将空间规划体系整合，建立一套自上而下、综合和专项相配套的规划体系，制定空间规划法，与《发展规划法》构成二元的规划立法体系。[1]"独立型"最能突出主体功能区规划的地位，但需要协调其与国民经济和社会发展规划、城乡规划、环境保护规划等规划的关系，又因为相关规划的立法缺失，使得立法难度较大。目前国家发展和改革委员会规划司和法规司正在合力推动《发展规划法》的立法工作，"嵌入型"最有可能使主体功能区规划立法最早出台，这样一来《发展规划法》就需要对发展规划与空间规划的关系作出平衡，但其未能解决规划衔接问题，土地规划和城乡规划不在其规范范围，所以"嵌入型"也不是最佳立法模式。国务院机构改革前，"整合型"立法模式面临着妥善处理各类空间规划衔接的难题，这些难题涉及政策、体制与机制等。自然资源部的设立成了整合空间规划体系以及制定空间规划法的契机，主体功能区规划、国土规划、城乡规划、土地规划等的编制职责统一由自然资源部履行，这使得整合全国主体功能区规划、土地利用规划和国土规划，形成全国地域空间综合规划成为可能，也为确立主体功能区规划的基础地位提供了体制上的保障。制定空间规划法，一方面要明确主体功能区规划的法律地位，将编制内容和流程制度化，同时规范主体功能区规划与其他不同规划的核心职能以及规划协调的重点，为协同规划提供法律依据；另一方面，加速生态建设地区财政转移支付、跨行政区协同治理等制度化进程，详细规定绩效考核评价体系与监督监管体系，使得主体功能区规划工作均能够依法有序开展、落实。

学术视野

落实主体功能区规划的环境法思考[2]

《全国主体功能区规划》作为我国国土空间开发的战略性、基础性和约束性规划，明确规定要根据资源环境承载能力、现有开发密度和发展潜力，统筹考虑未来我国人口分布、经济布局、国土利用和城镇化格局，规范空间开发秩序，形成合理的空间开发构架。主体功能区制度要从理论走入实践，需要解决很多实际问题，需要大量配套的政策、制度和措施，涉及社会各个

---

〔1〕 宋彪："主体功能区规划的法律问题研究"，载《中州学刊》2016 年第 12 期。
〔2〕 参见杜文艳："落实主体功能区规划的环境法思考"，载《青海环境》2017 年第 2 期。

方面、各个领域，也必将对我国经济社会各方面的发展带来全面的影响。随着主体功能区规划的实施，针对该制度的学术研究也纷纷展开，涉及经济学、地理学、环境科学等方面。其中，法律的规制必将成为最为有效的手段，这也是生态文明建设法治化的必然要求。主体功能区的划分建立在资源环境承载能力的基础上，其战略目标就是要实现最适合的经济发展和最大限度的环境保护，逐步形成资源环境协调的区域发展格局，这与2015年实施的《环境保护法》关于立法目的和保护优先的立法理念完全一致。但在环境法所涉及的庞杂体系中，环境法的基本制度以及污染防治法和生态保护法领域各单项法律法规中存在的不足，影响了环境资源法律制度应有效果的发挥，也不利于主体功能区规划的落实。

1. 主体功能区规划所涉及的环境法问题。根据《全国主体功能区规划》，国土空间被划分为优化开发、重点开发、限制开发和禁止开发四类主体功能区。从环境法的视角观察，上述主体功能区的四类区域划分都与解决当前突出的环境问题紧密相关。

四类功能区的建设需要设计安排各种规划和建设项目，而这些规划和项目在某一区域的设计安排是否合理需要事先进行评估，预测其对环境可能造成的影响，进而为科学决策提供相应的依据。这一过程就涉及预防原则、协调发展原则、环境责任原则等环境保护法的基本原则的贯彻以及环境标准、环境规划、环境影响评价等环境法基本制度的落实。

如何在工业化过程中实现企业的合理布局，以及对区域内各类污染源排放进行有效监管；如何确保优化开发区和重点开发区在城镇化建设中具体规划和建设项目的实施与土地资源的合理利用相协调，城市发展与公众对于城市生态环境保护的要求相协调。这些问题的解决无疑会涉及清洁生产、大气污染防治、水污染防治、固体废物污染防治、土壤污染防治、噪声污染防治等环境污染防治类单行法和《土地管理法》《城市规划法》等资源类法律规范的具体适用。

农产品主产区和重点生态功能区如何增强农业综合生产能力，合理规划土地，提高土地的利用率，涉及环境法领域中与土地、草原、森林等自然资源保护和合理利用相关的自然资源法、生态保护法的贯彻实施。禁止开发区域如何落实生态保护的规划，守住生态保护的红线，这与森林、草原、自然保护区等生态保护法律法规的完善紧密相关。

可以说，主体功能区规划实施中所涉相关问题的解决，除了依靠大量针对性的政策、措施外，最重要的还是通过法律手段，而其中最为直接的即为环境法领域中的相关制度规定。

2. 现有环境法相关规范对主体功能区规划落实的影响分析。主体功能区规划要求根据不同功能区的环境承载能力，提出分类管理的环境保护政策。虽然不同区域不同要求，但不外乎是关于土地规划、环境评价、污染防治、生态保护等战略的具体落实，在我国，已经基本形成了以宪法为依据，以环境保护基本法为基础，以各环境单行法为主体，以相关部门法为补充的环境立法体系。三十多年来，制定了大量的环境政策以及三十多部环境与资源保护法律，大量环保行政法规、规章等规范性文件和标准，制度和法律日趋完善。法律所涉范围包括了土地管理、城乡规划、污染防治、生态保护等，与主体功能区规划的要求应该说有高度的契合性。因此，目前的环境法律制度体系从形式上看，能够在具体的《主体功能区划法》出台之前为推进主体功能区建设提供应有的法制保障。但是，从法律的实施效果而言，它还不能很好地担当这一重要的角色，不能发挥其应有的作用，主要原因有以下几个方面：

（1）环境基本法中的基本制度与主体功能区制度的要求存在差距。一方面，法律规定的规划间的衔接存在断层。制定主体功能区规划制度就是要按主体功能重新定位不同区域的发展模式和方向，促进人口、经济、资源环境的空间均衡，从源头上扭转生态环境恶化趋势，适应和减缓气候变化，实现资源节约和环境保护。这就需要主体功能区规划、环境保护规划、土地利用规划和城乡规划的相互衔接配合。2015年1月1日实施的《环境保护法》对主体功能区规划关注的资源环境承载能力问题进行了回应，并在相关条文中对环境保护规划与主体功能区规划的衔接提出了要求。但是，法律的生命和权威在于实施的效果，这种法条上的"衔接"想贯彻于实践仍有一定的距离。就法律规定的书面表达而言，环境保护规划与主体功能区划相衔接相对容易。因为，根据"十二五"规划，主体功能区规划是最上位的规划，环境保护规划与之相衔接其实就是服从于主体功能区规划，环境保护规划就是要在推进各类主体功能区上发挥更大作用，这是题中应有之义。可是环境保护规划的推行还需要与土地利用规划、城乡规划相衔接共同发挥作用，才能使主体功能区规划落地实施，而这个衔接却存在着相当的难度。例如，2008年实施的《城乡规划法》在具体条文的设计上吸纳了主体功能区制度的内容，但实践中由于长期存在着土地利用规划与城乡规划不能很好协调的问题，《土地管理法》和《城乡规划法》都明确要二者相互衔接，但没有明确"衔接"的方式，也没有明确争议的解决程序。在实际操作中城乡规划的原则是"以人定地""以需定地"，而土地利用总体规划的用地安排则是自上而下。规划理念和编制程序相反。两个规划矛盾突出，法律很难落实。环保法中又理想化地要求环境保护规划与二者进一步衔接，这很容易造成法律规定难以落实，法律条文成为虚设。

另一方面，环境影响评价制度存在的不足影响了预防功能的充分发挥。主体功能区规划转化为具体的专项规划，需要预先对该规划实施的环境风险进行预判，也就是环境影响评价。环境法中环境影响评价制度的具体要求是，在作出可能带来环境影响的决定前，行动方案的拟定者事先对方案可能带来的环境影响进行调查，提出各种替代方案，并对替代方案可能造成的环境影响进行预测、评价和比较，从而让行动方案的决定者选择最适合环保的决定方案。它是在规划和项目决策中贯彻"预防为主"的环境法理念和原则，实现源头控制的环境保护目标，达到经济效益、环境效益相统一的重要手段。但是，我国现行的环境影响评价制度从总体上，评价对象的范围仍然有局限性，除了重大决策、政策等战略性规划没有进入环境影响评价外，不设区的市、县、乡镇人民政府及有关主管部门制定的规划也没有列入环评范围。对环境将会产生重大影响的规划缺乏替代方案，使得环境破坏的风险增大。规划环评的体系框架尚未形成，法律、政策、计划、规划等不同层次、不同要求和内涵的环境影响评价链条以及同层次的不同专项规划间的环境影响评价的相互衔接都还没有建立起来。这些也都无益于主体功能区的建设。

（2）环境污染防治法领域的诸多规范与主体功能区制度的要求存在差距。从总体发展看，四类功能区的建设都会涉及相应环境要素的污染防治问题，只是具体适用法律时侧重点有所不同，尤其是针对优化开发区和重点开发区防治污染应是环境保护的首要考量因素。这就需要环境法领域中污染防治类的法律规范发挥作用。目前，我国已制定的涉及环境污染防治的单项法律都要求将某一环境要素的污染防控纳入整个国民经济和社会发展计划当中，也不乏与社会整体发展规划相协调衔接的内容，但在实践中，涉及环境保护的计划编制主体众多、效力层次多样、具体内容广泛，计划编制方法与实施途径极不统一。受目前政府管理体制和权力运行机制的制约，法律并未明确环境保护计划编制和实施过程中相关部门之间的协调配合关系以及配合的途径、方法，造成管理部门之间及其管理部门内部都缺乏协调性。加之，法律中没有提供有效的激励和惩罚机制，使得环保计划与整体规划的协同性规定落实效果不理想。在污染防治的具体法律规范设计上也存在着抽象、笼统和不严谨的问题。例如，设立排污许可制度的目的，是在保护整体环境的基础上，在保持环境保护、经济发展与人民生活相互平衡的前提下，对环境容量进行有序的开发利用。而在《水污染防治法》中虽然明确规定国家实行排污许可制度（第21条），但该法并未规定排污许可的具体实施办法和程序，使得法律的可操作性大大降低。另外，排污收费制度是"污染者付费"原则的体现，我国除了对水污染物实行排污收费、超标排污征收超标准排污费外，对大气污染物、噪声污染物等只对超标准排放污染物者征收排污费。这实际上是以资源分配、无偿使用为特征的计划经济体制在环境保护领域的具体体现。排污者只要不超过污染物排放标准，就可以无偿使用环境纳污能力资源，这在很大程度上加剧了资源浪费和环境污染。由此可以看出，环境污染防治法领域的规划虚置和具体制度的安排上的不足影响着各功能区目标的实现。

（3）自然资源与生态保护法领域的规范与主体功能区制度要求存在差距。在环境法领域涉及资源开发利用、管理和保护的法律主要包括《水法》《土地管理法》《森林法》《草原法》《矿产资源法》《煤炭法》《野生动物保护法》《渔业法》《节约能源法》等，为规制各类资源的开发利用、管理保护过程中发生的利益关系提供了制度保障。但由于过去对生态价值的认识低于自然资源所产生经济价值的认识，因此，在自然资源法的相关制度安排上有些"重利用、轻保护"的经济理性倾向，这与主体功能区划制度的设立目的也是相悖的。例如，对于作为环境要素的土地资源的保护就存在类似问题。《土地管理法》"建设用地"一章中就土地征用问题所作的规定，其本意可能是为保证城市化发展对土地的内在需求，但是，从土地利用总体规划编制与土地用途管制制度的倒置，到建设征用土地的原因、补偿及法律程序，却为城市扩张对土地的无限需求提供了制度保障。另外，法律制度的设计和行为规范的配置存在失衡，致使对资源的开发利用、管理和保护缺乏力度。如《水法》中明确了对水资源实行流域管理与行政区域管理相结合的管理体制，体现了对水资源的流域整体性动态循环规律的重视，强化流域水资源整体开发、利用、保护观念。但是，该法中设立的流域管理机构属于水行政主管部门的派出机构，不具有完全独立的水资源管理权，根本无法与行政区域管理权设置相配合。流域管理机构也无权参与国家确定的重要江河、湖泊的水资源宏观管理，很难做到流域管理与行政区域管理相结合。这对功能区内涉及河流、湖泊的管理也造成了制度上的障碍。

我国目前制定实施的专门自然保护法律较少，有关自然保护的规范大多确立于自然资源立法中。尽管自然资源立法与自然保护的关系密切，但其大都是针对自然环境中的某一特定要素制定的，没有考虑到自然生态环境的整体性和各生态要素的相互依存关系；而且其主要目标是保障自然资源的持续利用和合理利用，而对自然资源的生态价值缺乏足够的关注和维护。作为生态保护领域中唯一的一部专门法律《自然保护区条例》，却存在着不适应时代发展需要的缺陷。除了法律位阶低，立法目的滞后，责任体系不完善，缺乏公众参与等外，我国自然保护区是以行政地理为基础建设自然保护区，没有考虑到自然生态环境的整体性和各生态要素的相互依存关系，忽视了保护区的自然地理特性，对自然生态环境人为划界，使得自然保护区破碎化，不利于管护工作的开展。自然区域保护的相关立法之间缺乏协调性，存在着规范与规范之间的矛盾和冲突。同时由于生态保护规划没有法的强制力作为保障，生态保护规划的具体实施在实践中属于各级政府贯彻执行环境保护政策的内部行政行为，是考核地方各级领导干部执政业绩的依据之一。因此，生态保护规划的落实情况也不容乐观。这些不足都影响着重点生态功能区的整体建设和发展。

（4）环境管理体制存在的问题，制约着法律作用的发挥以及主体功能区建设的推进。主体功能区规划的落实与环境保护规划的实施紧密相连，而环保规划的编制、环境法律制度的实施都需要环保部门的大力推进。三十多年来，我国环保部门经历了从无到有、从临时到常设、从非正式到正式、从部委归口管理部门到国务院直属机构再到国务院组成部门的演变过程，其级别也在逐渐升高。其他负有环保管理职能的部门在自己的职权范围内也做了大量工作。在现行环境管理体制下，对环境问题实行着统一监督与分级、分部门监督管理相结合的管理机制。然而，基于自然环境的整体性，各部门之间存在大量职权交叉和利益关联，法律对于统管部门如何行使统一监督的权力、如何对分管部门监管、如何与分管部门分配环境管理权，分管部门的类别、管理依据、权限等几乎都没有作出明确的规定，造成监管机制运行不畅，行政资源不能共享。很多部门经常从部门利益出发，对本部门有利可图的，往往相互争夺审批、发证、收费、处罚、解释等权限，而无利可图的则往往无人愿意负责，互相推诿，进而导致了整个环保执法的高消耗、低效能、低产出。因此，这看起来充满适应性和完美的体制，各部门之间实际上却存在着相互勾连、制约、重叠的关系。法律的规定就在中央和地方、上级和下级、部门与部门的利益平衡中渐渐走样，法律实施的效果大打折扣，不利于环境法治的发展和主体功能区建设的落实。

3. 完善环境法的相关制度，促进主体功能区制度的实施。当前，主体功能区规划的落实需要将主体功能区制度融入现行的相关政策、法律之中，或者在现行的政策、法律中增加主体功能区要求的内容。正如上文中所述，环境法领域的法规制度理论上应该能够为主体功能区规划的落实提供应有的法制保障，但因存在的不足影响了其作用的发挥。因此，完善环境法领域的相应制度、推进功能区规划的顺利实施，是当下较为紧迫的任务。

（1）以环境功能区规划的制定作为落实主体功能区规划的环境法前提。2014年修订的《环境保护法》中明确规定环境保护规划要与主体功能区规划、土地利用规划和城乡规划等相衔接，而环境功能区规划又是制定区域经济发展规划、环境保护规划以及污染治理和生态环境保护的重要依据。在推进生态文明建设、落实主体功能区战略、优化国土空间开发格局的具体实践中，环境功能区规划具有重要的基础性地位。因此，落实环境法的规定，加快环境功能区规划的制定，结合不同地区在生态环境结构、状态和功能上的差异，结合经济社会发展战略布局，合理确定环境功能并执行相应环境管理要求的区域，统筹考虑城乡规划、土地利用规划等环境法中规定的应当相互协调、衔接的规划，对主体功能区划的落实具有重要推动作用。

（2）完善环境影响评价制度，从源头开启主体功能区规划目标实现的制动器。环境影响评价制度所具有的科学技术性、前瞻预测性和内容综合性等优点，使其已经成为贯彻预防性原则的最主要的措施，也是环境行政决策的主要科学依据。因此，扩大环境影响评价的范围，微观上将设区的市、县、乡镇人民政府及有关主管部门制定的规划列入环评范围，宏观上将战略环评纳入评价的范围，明确规定对可能给环境带来不利影响的政策、各级政府的国民经济和社会发展规划都应当进行环境影响评价，并由中立的环评机构负责编制环境影响评价报告书，以保证环评报告的科学性。按照社会经济发展与环境保护相协调的原则进行决策，尽量在行动之前消除或减轻决策带来的负面影响。强调替代方案在环境影响评价中的重要作用，逐步在环境影响评价文件中施行替代方案，真正实现环境影响评价的预防功能。同时，吸纳公众参与到环境影响评价的过程中，任何一个层次的环境影响评价，都应当有公众参与的程序，接受公众的监督，以保证环境影响评价的公开和公正，促使主体功能区所追求的区位发展目标得以实现。

（3）以生态保护和可持续发展的理念重构环境单行法的法规制度，保障主体功能区规划的顺利实施。我国环境单行法领域存在的制度设计缺陷，不仅影响了对环境要素本身的污染防治和保护，而且也阻碍了主体功能区制度的具体实施。因此，以新修订的《环境保护法》为契机，对污染防治、自然资源利用和生态保护等方面的单项法律法规进行完善，有利于促进整个社会的发展。这其中首要任务就是对各单项法律法规的立法理念进行更新，将生态文明建设和可持续发展的思想贯穿于法律法规的修改中，使污染防治规划、自然资源合理利用规划、生态保护规划与环境功能区规划的要求协调统一起来。细化环境各参与主体的权利义务，明晰职责，建立完善的污染控制标准和责任追究机制，增强法律的可操作性，达到新修订的《环境保护法》所力求的"重拳治污、铁拳减排、全面改善环境质量"的效果。改变对自然资源的"人本主义"观念，以"生态中心主义"的理念重新审视自然资源所蕴含的资源价值和生态价值，合理进行制度设计，实现经济、社会、环境的可持续发展。加快生态保护的专门立法，协调各类自然区域保护之间的法律冲突，从推进主体功能区建设和环境功能区规划的视角建立和完善生态保护的法律制度。

（4）加强环境保护执法，保障环境法规制度的实施，推进各功能区规划的落实。一般而言，环境保护执法对环境法律实施的效果起着决定性的影响，而影响执法效果的因素包括执法体制的设置是否合理、执法权限分配是否合理、执法人员是否具备职业素质和职业道德、执法资源（人员、经费、设备等）是否充足等。2014年修订的《环境保护法》中加大了环保部门的执法授权，被认为是"史上给环保部门授权最多的一部法律"。无论法律有多先进，确保其实行的良好机制都是必需的。因此，执法者们应当将这些法律中的权力变为现实中环境保护的利器，为各项环境法律制度的实施提供全面的保障。同时尽快出台配套的权力实施细则，进一步强化环保部门的环境管理权威性地位，理顺与其他部门间的相互配合、相互协调的关系，明确各自权力行使的范围。建立统一的协调机构，防止执法中相互扯皮、推诿的现象发生。除了法律授权的完善外，执法人员素质的提高和执法经费的落实也是使权力从书面走向实践的重要保证。

4. 结语。主体功能区规划的具体落实需要诸多法律部门的共同推进，环境法是其中重要的制度保障，而环境法自身的发展与完善，将对推动功能区划的落实产生直接的效果。因此，从主体功能区划的具体要求审视环境法的相关制度规范，发现不足、寻找路径，以促进环境基本法和各单项法律完善的角度探讨主体功能区规划，具有非常重要的理论和现实意义。

理论思考与实务应用

一、理论思考

（一）名词解释

主体功能区　主体功能区规划　三大战略格局　四大主体功能区

（二）简答题

1. 简述主体功能区类型。

2. 简述主体功能区规划原则。

3. 简述国务院各部门职责。

（三）论述题

1. 论述我国国土空间规划体系。

2. 论述重点开发区域。

3. 论述主体功能区规划绩效考核评价制度。

二、实务应用

（一）案例分析示范

案例一　《河南省主体功能区规划》国家级重点开发区域[1]

加快中原城市群核心区建设。实施中心城市带动战略，依托郑州核心城市和区域中心城市，推进城际轨道交通系统和高速铁路建设，加强城市功能互补和产业分工，加快各类产业集聚区建设，促进产业集聚，实现交通一体、产业链接、服务共享、生态共建，促进大中小城市协调发展，进一步提高综合实力和整体竞争力，把该区域建设成为沿陇海经济带的核心区域及全国重要的城镇密集区、先进制造业基地、农产品生产加工基地、综合交通枢纽和物流中心。

深入推进郑汴一体化。按照一、二、三产业复合和经济、人居、生态功能复合的原则，支持郑汴一体化发展，打造"三化"协调发展先导区，形成中原经济区最具活力的发展区域。建成郑开城际铁路，深入推进两市电信同城、金融同城、产业同城、交通同城、生态同城和教育、医疗、信息等资源共享，加快郑汴一体化进程。

提升郑州全国区域性中心城市地位。按照建设大枢纽、发展大物流、培育大产业、塑造大都市和打造国家区域性中心城市的目标，加快大郑州都市区建设。强化科技创新和文化引领，促进高端要素集聚，完善综合服务功能，增强郑州辐射带动中原经济区和服务中西部发展的能力，把郑州建设成为全国历史文化名城、全国重要的综合交通枢纽、现代物流和商贸中心、区域性金融中心、先进制造业基地和科技创新基地。大力推进郑州航空港经济综合实验区建设，加快构建国际航空物流中心、以航空经济为引领的现代产业基地、内陆地区对外开放门户、现代航空都市和中原经济区核心增长极。

问：这部分规定体现了河南省国家级重点开发区域的哪些功能定位？

---

[1] 参见河南省人民政府《河南省人民政府关于印发河南省主体功能区规划的通知》。

【评析】通过将郑州打造为全国历史文化名城、全国重要的综合交通枢纽、现代物流和商贸中心、区域性金融中心、先进制造业基地和科技创新基地，提升郑州全国区域性中心城市地位，利用郑州辐射带动中原经济区和服务中西部发展的能力，建设中原城市群核心区。这体现出该区域的主体功能定位是：支撑全国经济增长的重要增长极，全国重要的高新技术产业、先进制造业和现代服务业基地，能源原材料基地，综合交通枢纽和物流中心，区域性的科技创新中心，全国重要的人口和经济密集区。

案例二 《汉阴县国家主体功能区建设试点示范实施方案》（节选）[1]

生态农林区

区域分布：包括城关镇、平梁镇、涧池镇、蒲溪镇、双乳镇、漩涡镇、汉阳镇、铁佛寺镇、龙垭镇、双河口镇、观音河镇、酒店镇、上七镇、双坪镇14个镇基本农田保护区、经济林和薪炭林区。

功能定位：切实保护农业发展条件较好区域的耕地，集中各种资源发展高效现代农业，不断提高农业综合生产能力。同时，使国家强农惠农的政策更集中地落实到这类区域，确保农民收入不断增长，农村面貌不断改善。还可避免过度分散发展工业带来的对耕地过度占用等问题。这类区域主要以提供农产品为主体功能，保障农产品供给安全的重要区域。打造富硒绿色食品生产基地、畜牧业生产基地、生态农业、社会主义新农村建设基地，依托现代农业示范园区建设，加快推进现代农业产业化进程。大力发展山林经济，促进生态林业向产业经济林转型。

发展方向：大力发展富硒、有机、生态现代农业，重点以魔芋、杜仲、果桑、烤烟、大米、油菜、设施蔬菜等为主导产业。建设现代农业示范园区和山林经济示范基地，保护耕地，集约开发，加强农业基础设施建设，显著提高农业综合生产能力、产业化水平、物资装备水平、支撑服务能力，提高农业生产效率；大力发展高产、高效、优质、安全的现代化大农业，保障农产品供给，加大农产品质量安全监管力度，打造富硒品牌；大力推进畜牧业规模化、产业化、基地化建设，积极发展畜产品精深加工业发展；加大农产品知名品牌开发力度，提升农产品增值空间，拓展农村就业和增收空间，加强农村基础设施和公共服务设施建设，改善生产生活条件。形成"南茶北果"的产业布局，使之覆盖漩涡镇、汉阳镇、上七镇、双坪镇在内的四个镇，沿汉江分布，总面积468.8平方公里，占

---

〔1〕"汉阴县国家主体功能区建设试点示范实施方案"，汉阴县人民政府网，http：//www. hanyin. gov. cn/Content-14750. html，访问时间：2018年3月21日。

县域总面积的 34.12% 。该区主要发展方向是发展茶叶、油茶、烤烟、林果、畜禽养殖为重点的特色产业。在平梁镇、双乳镇、铁佛寺镇、龙垭镇、双河口镇、观音河镇、酒店镇北部山区发展魔芋、杜仲、核桃、板栗等杂果为主体的特色产业，提高经济林覆盖度，保证水源涵养功能。

问：案例中体现了政府的哪些职责？

【评析】 江阴县政府根据区域开发强度、开发潜力以及环境承载能力，明确主体功能定位，并据此配置公共资源，完善区域政策，综合运用各种手段，引导市场主体根据相关区域主体功能定位，有序进行开发，促进经济社会全面协调可持续发展。

案例三　广东省政府关于促进主体功能区建设的绩效考核评价制度的若干规定[1]

《广东省市厅级党政领导班子和领导干部落实科学发展观评价指标体系及考核评价方法（试行）》，该文件第 8 条规定："根据经济社会发展情况，结合主体功能区规划要求，将全省 21 个市分为都市发展区、优化发展区、重点发展区、生态发展区四个区域类型。不同区域的发展要求、指标设计和指标权重均有所不同。"第 9 条规定："每个区域类型的实绩考核评价指标按经济发展、社会发展、人民生活、生态环境等四个指标组设置，包括共同指标和类别指标"。

《广东省人民政府办公厅关于健全生态保护补偿机制的实施意见》，该文件规定："完善激励约束机制。研究制定生态保护补偿工作考核评价体系。健全反映生态保护成效的生态保护指标考核体系，完善考核办法，根据主体功能定位，对各地政府实行差异化的考核制度。强化考核应用，将生态保护补偿工作考核评价体系纳入各地政府考核评价体系。完善生态保护成效与资金分配挂钩的激励约束机制。（省财政厅、发展改革委会同省国土资源厅、环境保护厅、住房城乡建设厅、水利厅、林业厅、海洋渔业厅负责）"

问：结合两个文件材料，请阐述不同主体功能区的绩效考核评价应依据什么标准。

【评析】 优化开发区域的绩效考核评价标准。实行转变经济发展方式优先的绩效评价标准，强化对经济结构、资源消耗、环境保护、自主创新以及外来人口

---

〔1〕 《广东省市厅级党政领导班子和领导干部落实科学发展观评价指标体系及考核评价方法（试行）》，参见"改革政绩考核，促进科学发展"，载《南方日报》2008 年 6 月 2 日，第 A02 版。《广东省人民政府办公厅关于健全生态保护补偿机制的实施意见》，参见广东省人民政府《广东省人民政府办公厅关于健全生态保护补偿机制的实施意见》。

公共服务覆盖面等指标的评价，弱化对经济增长速度、招商引资、出口等指标的评价。

重点开发区域的绩效考核评价标准。实行工业化城镇化水平优先的绩效评价标准，综合评价经济增长、吸纳人口、质量效益、产业结构、资源消耗、环境保护以及外来人口公共服务覆盖面等内容，弱化对投资增长速度等指标的评价，对中西部地区的重点开发区域，还要弱化对吸引外资、出口等指标的评价。

限制开发区域的绩效考核评价标准。限制开发的农产品主产区，实行农业发展优先的绩效评价标准，强化对农产品保障能力的评价，弱化对工业化城镇化相关经济指标的评价。限制开发的重点生态功能区，实行生态保护优先的绩效评价标准，强化对提供生态产品能力的评价，弱化对工业化城镇化相关经济指标的评价。

禁止开发区域的绩效考核评价标准。根据法律法规和规划的要求，按照保护对象确定评价内容，强化对自然文化资源原真性和完整性保护情况的评价。

（二）案例分析实训

案例一　《我市主体功能区规划公布　强化核心地位带动鲁中崛起》[1]

2 月 19 日，省政府公布全省主体功能区规划，将全省国土空间分为优化开发、重点开发、限制开发和禁止开发四类区域，按照这些区域的各自特点规划发展方向和目标，推动各区域"量体裁衣式"发展。其中，济南历下、市中两区进入济淄省级优化开发区域，历城、槐荫、天桥和章丘市则进入济南都市圈省级重点开发区域，而平阴、商河、济阳则进入限制开发区域。

据悉，山东将适当降低优化、重点开发区域地方财政的返还比例，适当提高限制、禁止开发区域地方财政的返还比例，并将在优化开发和重点开发区域放宽户口迁移限制，鼓励外来人口迁入和定居，将有稳定职业或住所的流动人口逐步实现本地化，在限制开发和禁止开发区域引导人口逐步自愿平稳有序转移。另外，小清河流域今年也有望建成生态补偿机制。

问：这篇材料体现了主体功能区规划的什么原则？

案例二　《人大代表张冬云建议完善国家重点生态功能区制度建设》[2]

全国人大代表、安徽省宣城市市长张冬云在接受中国网记者采访时指出，建

---

〔1〕 "我市两区进济淄优化开发区域"，舜网，http：//jnrb. e23. cn/shtml/jnsb/20130220/1131157. shtml，访问时间：2018 年 3 月 22 日。

〔2〕 "人大代表张冬云建议完善国家重点生态功能区制度建设"，中国网，http：//www. china. com. cn/lianghui/news/2018－03/12/content_ 50699543. shtml，访问时间：2018 年 3 月 22 日。

议加大中央政府对国家重点生态功能区特别是中西部重点生态功能区的支持力度。

党的十九大报告对"加快生态文明体制改革,建设美丽中国"进行了全面部署,强调要"建立市场化、多元化生态补偿机制"。《"十三五"生态环境保护规划》也明确指出要"加快建立多元化生态保护补偿机制""完善使用者付费制度"。

张冬云表示,目前建设多元化生态保护补偿机制的具体操作细则尚未制定出台。为确保国家主体功能区规划能够落实到位,他建议,加大中央政府投资对国家重点生态功能区特别是中西部重点生态功能区的支持力度,对重点生态功能区内国家支持的建设项目,以中央政府补助为主、市县级政府投资为辅;中央政府在基本公共服务领域的投资优先向基本公共服务基础薄弱的国家重点生态功能区倾斜。

张冬云建议制定、出台生态补偿政策法规,建立动态调整、奖惩分明、导向明确的市场化、多元化生态补偿长效机制。

"按照'谁受益、谁补偿,谁保护、谁受偿'的原则,建立跨省域的生态受益地区和保护地区、流域上游与下游的横向补偿机制,推进省级区域内横向补偿;采用现金补偿、对口支援、水权及碳汇交易、产业园区共建、社会捐赠等补偿手段,实现生态补偿方式的多元化。"他说。

问:请结合材料阐述生态补偿制度的意义。

案例三 《全国国土规划纲要(2016~2030年)》(节选)[1]
第十章 《纲要》实施
第一节 夯实实施基础

完善规划体系。以主体功能区规划为基础,统筹各类空间性规划,推进"多规合一",编制国家级、省级国土规划,并与城乡建设、区域发展、环境保护等规划相协调,推动市县层面经济社会发展、城乡建设、土地利用、生态环境保护等"多规合一"。各地区、各部门、各行业编制相关规划、制定相关政策,在国土开发、保护和整治等方面,应与国土规划相衔接。

完善法律制度。推动制修订相关法律法规,完善科学化、民主化、规范化的规划编制与实施管理制度,严格规范国土规划编制、审批、实施及修改程序。

问:国土空间规划体系主要包括哪些规划?应当怎样统筹国土空间规划体系?

---

[1] 参见《国务院关于印发全国国土规划纲要(2016~2030)的通知》。

🔍 主要参考文献

1. 孙鹏等：《中国大都市主体功能区规划的理论与实践：以上海市为例》，东南大学出版社 2014 年版。

2. 成为杰：《省级主体功能区规划推进研究》，天津人民出版社 2016 年版。

3. 张文彤："完善'多规合一'规划体系"，载《城市规划通讯》2018 年第 6 期。

4. 徐祥民、辛帅："民事救济的环保功能有限性——再论环境侵权与环境侵害的关系"，载《法律科学（西北政法大学学报）》2016 年第 4 期。

5. 张路路、蔡玉梅、郑新奇："省级主体功能区规划实施评价"，载《国土资源科技管理》2016 年第 1 期。

6. 盛科荣、樊杰："主体功能区作为国土开发的基础制度作用"，载《中国科学院院刊》2016 年第 1 期。

7. 樊杰："主体功能区战略与优化国土空间开发格局"，载《中国科学院院刊》2013 年第 2 期。

8. 方忠权："主体功能区建设面临的问题及调整思路"载《地域研究与开发》2008 年第 6 期。

9. 曾培炎："推进形成主体功能区促进区域协调发展"，载《求是》2008 年第 2 期。

10. 樊杰："解析我国区域协调发展的制约因素探究全国主体功能区规划的重要作用"，载《中国科学院院刊》2007 年第 3 期。

11. 高国力："如何认识我国主体功能区划及其内涵特征"，载《中国发展观察》2007 年第 3 期。

第四章

土地利用规划

【本章概要】本章主要阐述土地利用规划的概念、立法沿革、主要内容和主要制度。重点阐述了我国土地利用规划的立法现状、土地利用总体规划的编制、实施过程以及土地利用规划中的现有制度和存在的问题，并对现有制度存在的问题加以分析，在此基础上提出完善现有制度的建议。

【学习目标】通过本章学习，了解土地利用规划的相关概念、原则以及制定土地利用规划的目的和意义，重点掌握土地利用规划的编制、实施、修改等过程和现有的主要制度，并且可以发现土地利用规划目前存在的主要问题，对主要制度进行评析。

第一节　概述

一、土地与土地利用规划的概念

（一）土地的概念

不同学科对于土地有不同定义。从土地的物质形态来讲，土地一般指地球的陆地表面；从经济学角度来讲，土地就是社会生产活动中最基础的生产资料；从环境科学来讲，土地是指在"气候、地貌、岩石、土壤、植被和水等自然资源共同作用下形成的自然综合体"。而在土地法学中，土地被广泛认为属于自然资源的一种，是支撑其他所有自然资源的基础，它是从过去到现在的种种人类活动互相作用而形成的物质系统。

土地作为自然资源的一种，主要具有以下特点：

1. 数量有限。在一个国家或地区内，土地的总体面积基本稳定，即使人类可以通过自身活动增加某一类土地的数量，但其必然导致另一种土地面积的减少，总量仍然保持稳定。

2. 位置固定。从形态看，土地具有无法移动的特性。人们必须在固定的位置上对土地进行开发利用。

3. 难以替代。土地既是其他各种生物资源赖以存在和发展的基本条件，也是农业生产的基本生产资料，其功能和作用具有不可替代性。

根据土地的性状、地域和用途等方面的差异性，按照一定的规律，可以将土地划分为若干个不同的类别。根据《土地管理法》，我国将土地分为三大类，即农用地、建设用地与未利用地。农用地是指直接用于农业生产的土地，包括耕地、林地、草地、农田水利用地、养殖水面等。建设用地是指建造建筑物、构筑物的土地。建筑物一般是指人们进行生产生活或其他活动的房屋或者场所，构筑物则是指人们不直接在其内部进行生产和生活活动的建筑。未利用地是指农用地和建设用地以外的未开发的土地，即目前还未利用的包括难利用地在内的土地，可以分为荒草地、盐碱地、沼泽地等类型。

（二）土地利用规划的概念和特点

1. 土地利用规划的概念。人类社会的发展史就是一部土地利用史。土地利用规划是人类社会对土地有序利用的标志，体现了人类开始重视对土地的可持续利用，即以土地用途、功能定位等为核心的可持续利用。现代意义上的土地利用是"人们为了达到经济和社会发展目的，采用一定的技术措施对土地资源进行利用以满足自身需要的过程，它是对某一国家、地区、单位之土地，在社会需要的不同方面，在国民经济各个不同部门和各个不同项目上的分配和使用。"

联合国粮农组织（Food and Agriculture Organization of the United Nations. FAO）发布的《土地利用规划指南（Guidelines for Land-use Planning）》认为，土地利用规划是指对自然、社会和经济因素的系统评价，以此来鼓励和帮助土地利用者选择提高其生产力、可持续利用和满足社会需要的最佳途径。加拿大学者梁鹤年认为，土地利用规划是土地利用的空间安排和影响土地利用的政府行为的拟议过程。[1]

综上，土地利用规划是作为公共利益代表的国家对土地资源在未来一定时期的利用作出的导向性安排，其目的是满足不同行业、主体对土地的需求，实现对土地的可持续利用。

2. 土地利用规划的特点。

（1）公共性。公共性指代表社会公共利益的国家，借助规划对土地的整体利用、未来利用等作出安排。公共性主要表现在以下两个方面：一方面，土地利用规划必须是政府意志的体现，政府必须对土地利用行为进行干预，世界各国普遍通过土地利用规划干预土地利用行为；另一方面，规划具有严肃性，土地利用规划必须从整体上进行设计，下一层级的规划必须服从上一层级的规划，不得突破。

（2）法定性。土地利用规划的法定性主要包括规划主体法定性、职权法定性、程序法定性和内容具有法律效力几个方面。为制约规划主体的裁量权，土地

〔1〕　参见［加］梁鹤年：《简明土地利用规划》，谢俊奇等译，地质出版社2003年版。

利用规划最起码要求有组织法上的根据，规划的编制、实施必须遵循法治的轨道，一经确定，不得任意修改。若修改，必须经过严格的法定程序。

（3）目标多重性。规划目标有社会经济与生态环境的目标，有个人、地区或国家的目标，各目标所代表的利益群体不同，对于规划的诉求亦不相同，因此编制规划时应当考虑各主体的目标与利益诉求，最终在规划编制与实施中实现土地的最优利用。

（4）动态性。动态性是指在规划实施过程中，应当依据实施的反馈进行修正，在实践中体现为对规划的修改行为。这是由规划本身的不确定性决定的。规划作为长期的战略发展计划，具有明显的未来导向性，受社会经济变化的影响，在实施过程中保持一成不变是不可能的。规划必然要随社会经济的发展而不断发展完善。

（三）土地利用规划的意义

实践表明，各级土地利用规划的编制与实施，不仅为各级制定和实施土地利用年度计划提供依据，而且为农用地和建设用地的划分和管理、为我国的粮食安全和建设发展提供了土地保障。总体而言，土地利用规划的编制和实施一定程度上增强了各级政府对土地利用的宏观调控能力，促进了我国有限土地资源的开发、利用、治理和保护。

二、土地利用规划法制的基本原则

法律的基本原则是指可以作为法律规则的基础或本源的综合性、稳定性原理和准则，是指导具体法律规则的规范原理和价值准则。土地利用规划法制的基本原则能够集中反映土地利用规划法规的本质，贯穿于整个土地利用规划法律规范体系，并且在土地利用规划法律规范体系中起主导作用。土地利用规范法制的基本原则在土地利用规划法律体系中具有根本准则的地位和属性。土地利用规划的法规条例都是基本原则的具体体现。

（一）生态优先原则

20世纪70年代初，在我国发展经济的进程中，协调环境保护的政策就已经被确立，即"把防止污染、保护环境列入国民经济计划中"。1979年《环境保护法（试行）》第一次规定"国务院和所属各部门、地方各级人民政府必须切实做好环境保护工作；在制定发展国民经济计划的时候，必须对环境的保护和改善统筹安排，并认真组织实施"。1989年《环境保护法》再次确认该项原则"国家制定的环境保护规划必须纳入国民经济和社会发展计划。国家采取有利于环境保护的经济、技术政策和措施，使环境保护工作同经济建设和社会发展相协调"。2015年《环境保护法》将经济发展与环境保护相协调明确改为保护优先，《环境保护法》规定"环境保护坚持保护优先、预防为主、综合治理、公众参与、损害担责的原则"。

与环境保护一脉相承，土地资源的开发、利用同样需要遵循生态优先原则。为此，在土地利用规划过程中，我们必须把人口、资源、环境和社会经济发展统一起来考虑，通过土地空间布局的手段使生态优先原则得以贯彻落实，促进土地利用可持续发展。

（二）保护耕地、合理利用土地原则

保护耕地、合理利用土地原则是指在规划的编制、实施过程中要坚持合理利用土地。土地作为十分宝贵的资源和生产资料，其功能和作用具有不可替代性。我国人均耕地数量较少，耕地总体质量水平较低，不具备充足的后备资源。而且在我国的立法实践中，保护耕地是保护土地资源的重中之重。近些年来，许多地方并未从根本上解决乱占耕地、违法批地、浪费土地等现象，耕地面积大幅减少，土地资产流失严重，不仅对粮食生产和农业发展造成严重的不良影响，而且不利于整个国民经济的发展和社会的稳定。

不是耕地越多、建设用地越少就是好的"土地利用规划"，严格控制建设用地的目的在于严格控制土地的浪费而非简单控制用地数量。因此在土地利用规划过程中要坚持保护耕地、合理利用土地原则。

（三）正当程序原则

正当程序即正当法律程序。土地利用规划权力属于政府权力的组成部分，因此把"权力装进制度的笼子里"表明行使权力需要依据制度和程序来保障相对人的合法权益。正当程序原则贯穿于土地利用规划运作的各个环节，有助于实现权力与权利的平衡。土地利用规划在编制、审批、修改、调整、实施的每一个环节都要有严格的程序，而且权力机关也应当遵循严格的程序。正当程序原则的核心在于公众参与，公众参与土地利用规划体现了土地利用规划的民主化、透明化和公正性。规划工作的民主化、公开化很大程度上能够决定规划的可行性和社会性。

（四）弹性规划原则

土地利用规划的弹性是指规划方案对风险的外来影响冲击的适应能力。"风险的外来影响"一般指具有不确定性的市场因素，而弹性规划原则能够同市场经济中变化因素的不确定性、不可预见性及不可预测性相适应。土地利用规划的实质就是人们对区域未来土地利用状况的预测和安排，预测多建立在现有信息和曾经的经验上，因此出现误差是难以避免的。土地利用规划的弹性能够给该区域土地利用的预测以充分合理的弹性，给该区域未来的各种发展可能留有余地，使得某一区域能够适应社会经济发展的各种变化。

弹性规划可以使规划真正成为政府加强宏观调控的有效手段。但是弹性规划原则是指在编制规划时为合理利用土地留有空间，绝不意味着规划可以随意变动，规划的实施必须是刚性的。

三、土地利用规划体系

土地利用规划体系是指由不同类型、不同层次和不同时序的土地利用规划所组成的既有区别又有联系的有机系统。目前，世界各国土地利用规划模式各不相同，联合国粮食与农业组织将土地利用规划分为国家、区域和地方三个层次。不同的层次上，规划的方法和内容有所不同，各层规划之间是连续的，而且越是低层次的规划，其内容越详细，越有更多的公众参与。

（一）土地利用规划

我国自1987年国务院批准国家土地管理局（后与其他单位一起重组为国土资源部）《关于开展土地利用总体规划工作的报告》的通知下发后，全国大部分地区都进行了土地利用规划的编制工作，基本形成了一个以各级土地利用总体规划为主体的覆盖全国的土地利用规划体系。这一体系主要由以下几类规划组成：

1. 土地利用总体规划。土地利用总体规划是指一种在一定规划区域和时期内，根据当地自然和社会经济条件以及国民经济发展的需要，对土地资源的布局和利用结构进行的战略性计划，具有综合性、长期性、区域性和指导性的特点。土地利用总体规划是土地管理的龙头，其核心如下：①明确用地指标。以保护耕地为前提，以节约、集约利用建设用地为目标，将包括生产、生活、生态用地在内的各类用地加以安排，对建设用地的规模和增长速度加以控制。②划分土地利用区，明确土地用途。

土地利用总体规划由各级人民政府组织编制，它的核心是确定、调整和优化土地利用结构和用地布局。由于我国地域辽阔，各地区经济发展不平衡，国家不可能对各市、县的土地利用作出具体安排。与此同时，在全国整体的共同利益下，地方也存在着相对独立的经济利益，客观上需要由地方自主作出计划政策。因此，土地利用总体规划的编制和实施，要与我国现行的行政管理体制密切配合，以保证各级人民政府行使管理土地的职能。当前，根据土地利用总体规划所控制的区域范围及层次的不同，土地利用总体规划被划分为国家、省、市、县（市）和乡（镇）五个层次的行政区域土地利用规划以及各种自然区、经济区的土地利用规划，并相应编制了《全国土地利用总体规划纲要》《省级土地利用总体规划编制要点》《县级土地总体规划编制规程》。

2. 土地利用详细规划。土地利用详细规划是一种在土地利用总体规划的框架控制和指导下，详细规定各类用地的各项控制指标和规划管理要求，或直接对某一土地使用单位的土地利用作出具体的安排或规划设计的战略性计划。根据我国目前的土地使用情况，土地利用详细规划包括居民点用地规划、交通运输用地规划、水利工程用地规划、耕地规划、园地规划、林地规划、牧草地规划、水产用地规划等。

3. 土地利用专项规划。土地利用专项规划是在土地利用总体规划的控制和指导下，针对土地资源开发、利用、整治和保护过程中的某一专门问题而进行的规划。这类规划主要在于保护现有土地资源，提高土地的利用率和生产力。目前，在全国开展得最为普遍的是基本农田保护区规划、土地复垦规划、土地整治规划以及开发区用地规划等。

（二）土地利用计划

土地利用计划是指国家根据土地利用总体规划和国民经济发展计划，对年度内各类用地数量的具体安排。根据行政级别，土地利用年度计划由国家、省、地、县四级计划指标所构成。国家级计划，即全国的土地利用计划，主要规定我国国民经济及其各部门的用地比例及规模，是制定下级用地计划的主要依据。省、地、县级计划，是国家计划在各地区的具体化。地方计划以全国计划中按地区分列的指标为基本依据，结合本地区的情况，因地制宜地对本地区的土地利用作出具体安排。当地方计划与国家计划发生矛盾时，地方计划应当服从国家计划，并首先保证国家计划的实现。

土地利用计划根据调控程度分为指令性计划和指导性计划。指令性计划是由国家统一制定的具有法律效力和强制性的计划，包括农用地转用计划指标、耕地保有量计划指标和土地开发整理计划指标。其中农用地转用计划指标为高限指标，要求严格控制，不得任意突破；耕地保有量计划指标和土地开发整理计划指标是低限指标，要求保证完成或超额完成。而指导性计划只规定一定幅度而不具有强制性，计划执行单位一般以指导性计划为依据，结合本部门、本地区实际条件安排计划，可以在一定程度上有所突破并报土地利用计划主管部门备案。国家主要通过经济政策、经济杠杆和经济法规对计划的执行进行指导和调节，必要时辅以行政手段。城市土地出让计划、闲置土地利用计划、土地征用计划等都属于指导性计划指标[1]。

（三）土地利用规划与土地利用计划的关系

土地利用规划是对全部土地资源利用的战略性的长期计划，土地利用计划则是中期和年度的土地利用规划，具体而言二者关系如下：

1. 土地利用规划是土地利用计划编制与实施的依据。为实现土地利用目标，土地利用规划确定了一系列的土地利用控制指标体系，这些控制指标就是编制土地利用计划的直接依据，也是土地利用计划实施的重点。土地利用规划中一般有

[1] 国土资源部土地估价师资格考试委员会编：《土地管理基础》，地质出版社2000年版，第99~102页。

耕地减少量、耕地补充量、建设用地总量、农用地保有量等控制指标；土地利用计划中相应地应有农用地转用计划、生态退耕计划、土地开发整理补充耕地计划、耕地保有量计划等指标来保证土地利用规划控制指标按年度落实。

2. 土地利用年度计划是土地利用规划的具体实施计划。土地利用规划的实施需要分年度进行，土地利用年度计划就是在土地利用规划的框架内，依据国民经济发展的具体情况，对土地利用进行年度调节，以保障规划的贯彻落实。各级政府在审批农用地转用、土地开发整理、生态退耕等项目时，除要求符合规划确定的布局外，还应符合土地利用年度计划的要求。土地利用计划起着调节器的作用，可以避免某种土地供应行为在个别年度上过于集中。

四、土地利用规划的任务及目标

（一）土地利用规划的任务

土地利用规划作为一项国家调控土地利用的措施，其任务可概括为以下三方面：

1. 土地利用的宏观调控。为了加强对土地利用的宏观管理，必须建立一个土地利用宏观管理体系，例如用地计划体系、土地信息系统等。土地利用规划则是土地利用宏观管理体系的重要基础，是土地利用宏观控制的主要依据。国家通过土地利用规划协调国民经济各部门的土地利用活动，从而建立适应经济、社会和市场发展需要的合理的土地利用结构，合理配置土地资源，有效利用土地资源和杜绝土地资源的浪费。

2. 土地利用的合理组织。国家通过土地利用规划在时空上对各类用地进行合理布局，如对农业农地和建设用地以及自然保护区、风景旅游区等专项用地的布局，并对后备土地资源潜力进行综合分析研究，制定相应的配套政策，实施在利用土地的过程中同时保护土地的策略，引导土地资源的开发、利用、整治和保护，以保证充分、合理、科学、有效地利用有限的土地资源，防止对土地资源的盲目开发。

3. 土地利用的规范监督。《土地管理法》规定，土地利用总体规划一经批准，必须严格执行。这表明土地利用规划具有法律效力，任何人、任何机关不得随意变更土地利用规划方案，各项用地审批必须依据规划。土地利用规划是监督各部门土地利用情况的重要依据，规划方案的修改也必须按照编制规划的法定程序进行。

（二）土地利用规划的目标

土地利用规划的目标就是要在规划期内实现的土地利用结构和各类用地的布局。具体来讲，土地利用规划的目标是在土地利用结构研究的基础上，根据国民经济发展的长期规划对土地资源的需求、土地资源的供给状况、土地的人口承载潜力和土地利用战略的研究现状，提出的规划区域所应实现的土地利用目标。我国确定的土地利用规划的目标是：落实耕地总量动态平衡的战略思想；逐级落实三项指令指标，实现土地资源的可持续利用和管理；保证重点项目的用地需求，严格控制城市用地外延扩展，优先安排农用地，因地制宜发展园、林地，防止水土流失，改善生态环境，合理调整土地利用结构和布局，提高土地利用效率。

第二节　立法沿革

一、我国土地利用规划的历史进程

1. 1986 年以前。20 世纪 50 年代初，土地利用规划这一概念从苏联传入我国，当时被称为"土地整理"，50 年代后期改称为"土地规划"。中华人民共和国成立至 1978 年，我国并不存在整体的、完善的土地利用规划，且当时的土地利用规划为比较单一的农业用地规划。例如中华人民共和国成立之初的土地利用规划是为了发展农业生产，侧重的是国营农场；农业合作社阶段的土地利用规划目的在于从经济上和组织上巩固社会主义农业，创造最适宜的土地组织条件；在人民公社化期间，农业部土地利用局向全国发布"关于开展人民公社土地利用规划工作的通知"，人民公社土地规划内容比较广泛，是与农林牧副渔和工农商学兵全面相结合的；在 1963～1966 年上半年期间，土地利用规划的任务是继续巩固人民公社经济，为实现农村技术改革创造土地组织条件。

我国从文化大革命到改革开放期间的土地利用规划基本上都是围绕荒地开发和基本农田建设的农业土地利用规划，主要是以编制农业的土地利用规划为重点，解决局部地区土地利用存在的问题[1]。

2. 1986～1997 年。1986 年，我国制定了《土地管理法》，成立了国家土地管理局，以加强土地的宏观管理，实现土地的合理利用。1986 年《土地管理法》第 15 条规定，各级人民政府编制土地利用总体规划，地方人民政府的土地利用总体规划经上级人民政府批准执行。在这一背景下，我国开始进行第一轮全国土地利用规划（1986～2000）的编制。第一轮全国土地利用规划编制的背景与目的同 1986 年《土地管理法》制定的背景和目的一致，即我国第一轮全国土地利用规划（1986～2000）是以"我国经济建设加快发展过程中出现的建设用地规模扩张过快、耕地大量减少"为背景制定的。1993 年 2 月，国务院正式批准实施《1986～2000 年全国土地利用总体规划纲要（草案）》。这是我国第一部土地利用

---

〔1〕　张占录、张正锋主编：《土地利用规划学》，中国人民大学出版社 2006 年版，第 16～18 页。

总体规划。

在 1996 年底，我国大部分省、自治区、直辖市完成了省级土地利用总体规划的编制工作。新中国第一批土地利用总体规划的实施，在协调各行业用地、保护耕地、合理开发利用后备土地资源等方面发挥了重要作用。

3. 1997～2006 年。1998 年，我国修订了《土地管理法》，土地利用总体规划的法律地位得以确立，土地利用总体规划对城乡土地利用的整体调控作用得到强化。在 1998 年修订的《土地管理法》中，调整幅度最大的内容便是规划制度，86 项条款中，单独列出土地利用总体规划的条款共计 14 条，使得土地利用规划的编制实施水平以及法律地位都有了较大提升。

20 世纪 90 年代末，我国出现了大量的非农建设占用耕地的情形，这一背景推动了《土地管理法》的修订，同样也推动开展了第二轮全国土地利用规划的修编。1997 年 7 月，在全国范围内开展了（1997～2010 年）土地利用总体规划编制工作。这一轮土地利用总体规划修改以非农建设大量占用耕地为背景，以实施贯彻中央 11 号文件、实施两个"冻结"政策为前提条件，将耕地总量不减少作为战略目标，整个规划的部署、控制、土地开发与保护等都在围绕耕地数量做文章[1]。1999 年 4 月，国务院正式批准并印发《1997～2010 年全国土地利用总体规划纲要》。这一阶段土地利用总体规划最大的特点便是按照耕地总量动态平衡等新要求编制规划。

《1997～2010 年全国土地利用总体规划纲要》的实施，对于促进耕地保护具有重要意义。全国大部分地区基本农田面积保持稳定，同时有效控制了非农建设占用耕地的行为，促进了节约、集约利用土地。

4. 2006 年后。2006 年，我国开始了第三轮全国土地利用规划（2006～2020）修编。城市化、工业化进程加快，人地矛盾日益加剧成为此次修编的重要原因，同时产业结构调整和生态环境建设也对土地资源管理提出了新挑战，因此修编的重点是"解决如何协调保护农用地与保障经济发展用地关系的问题"。2006 年，国务院没有批准国土资源部提交的《全国土地利用总体规划纲要（2006～2020）》，主要原因在于该纲要没有守住 18 亿亩耕地这一红线。《全国土地利用总体规划纲要（2006～2020）》在 2008 年才获得批准。

《全国土地利用总体规划纲要（2006～2020）》首次在土地利用总体规划中明确设立环境保护用地指标。《全国土地利用总体规划纲要（2006～2020）》中的土地利用规划目标之一是土地生态保护和建设取得积极成效，提出"控制生产用地，保障生活用地，提高生态用地比例，促进城镇和谐发展"，并在第五章第

---

[1]　冯广京、严金明："土地利用总体规划修编的战略思路"，载《中国土地科学》2002 年第 2 期。

一节"加强基础型生态用地保护"中提出:"规划期内,具有重要生态功能的耕地、园地、林地、牧草地、水域和部分未利用地占全国土地面积的比例保持在75%以上"。

二、土地利用规划立法现状

(一)土地利用规划的基本法律

土地利用规划基本法律是对土地利用规划关系进行综合性法律调整的法律规范。2004年第二次修订的《土地管理法》专章规定了"土地利用总体规划"属于关于土地利用规划的基本法律规范,在土地利用规划法律体系中处于中心地位,也是其他土地利用规划法律、法规和规章的立法基础。此外,《土地管理法》分别在"耕地保护""建设用地""法律责任"的章节中设置了关于土地利用总体规划的执行条款。例如,第34条规定,国家实行基本农田保护制度,下列耕地应当根据土地利用总体规划划入基本农田保护区,严格管理。第52条规定,建设项目可行性研究论证时,土地行政主管部门可以根据土地利用总体规划、土地利用年度计划和建设用地标准,对建设用地有关事项进行审查,并提出意见。

(二)土地利用规划的其他法律

单一的基本法律无法整体覆盖广泛的土地利用规划关系,必须有其他法律部门的积极配合,共同发挥作用。从表面形式来看,虽然这些法律规定隶属于其他法律而没有划归土地利用规划法律部门,但从内在功能来看,它们与土地利用规划法律规范具有同一性或者互补性,应当属于土地利用规划法律体系的重要组成部分。例如,《城乡规划法》第5条规定,城市总体规划、镇总体规划以及向规划和村庄规划的编制,应当依据国民经济和社会发展规划,并与土地利用总体规划相衔接。《城市房地产管理法》第10条规定,土地使用权出让,必须符合土地利用总体规划、城市规划和年度建设用地计划。《草原法》第20条规定,草原保护、建设、利用规划应当与土地利用总体规划相衔接,与环境保护规划、水土保持规划、防沙治沙规划、水资源规划、林业长远规划、城市总体规划、村庄和集镇规划以及其他有关规划相协调。

(三)土地利用规划的行政法规、部门规章

土地利用规划行政法规是由国务院制定并公布或者经国务院批准而由有关部门公布的土地利用规划规范性文件。行政法规一般具有较强的针对性、操作性,属于土地利用规划法律体系的有机组成。例如,1998年通过的《基本农田保护条例》,其制定目的在于对基本农田实行特殊保护,促进农业生产和社会经济的可持续发展,其中基本农田保护区,是指为对基本农田实行特殊保护而依据土地利用总体规划和依照法定程序确定的特定保护区域。该条例第8条规定,各级人民政府在编制土地利用总体规划时,应当将基本农田保护作为规划的一项内容,

明确基本农田保护的布局安排、数量指标和质量要求。县级和乡（镇）土地利用总体规划应当确定基本农田保护区。1999 年《土地管理法实施条例》落实《土地管理法》的相关条款，进一步明确了土地利用总体规划的编制、土地分类、批准公告、规划修改、土地利用年度计划、规划执行以及规划责任等内容。

土地利用规划部门规章是由国务院国土资源主管部门或者国务院其他依照法律行使土地管理权力的部门制定的土地利用规划规范性文件。与行政法规相比，国土资源管理部门规章数量更多，操作性更强，涉及的问题更为具体。例如，2006 年第二次修订的《土地利用年度计划管理办法》为贯彻加强土地管理和调控，严格遵循管制土地用途、切实保护耕地、合理控制建设用地总量的基本思路，分别从计划的编制、执行、监督和考核等纲目具体规范计划年度内新增建设用地量、耕地保有量、土地开发整理补充耕地量。2017 年《土地利用总体规划管理办法》在总结《土地利用总体规划编制审查办法》的基础上，增加了土地利用总体规划的实施、修改、监督和罚则等部分，并对土地利用总体规划的地位、要求、编制方针、规划内容、审查、报批等进行了细化。

（四）土地利用规划的地方法规、规章

我国土地利用总体规划分为国、省、市、县、乡五级，这是由于我国地域广阔，各地的自然条件、地理环境差异较大且经济社会发展状况不均衡。各地对于自身的具体情况，在不与上位法抵触的前提之下，制定关于土地利用规划的地方法规、规章。

（五）土地利用规划的技术规范

技术规范是关于土地利用规划编制、保证土地利用规划有效实施的准则、标准。技术规范受到法律的确认即成为技术性法规。技术规范属于土地利用规划的行业标准，具有法律的基本属性，与其他土地利用规划法律、法规相互结合，不仅是判断土地利用规划是否具有科学性、合理性的法定依据，而且是实现土地利用规划管理目标必不可少的重要工具。

我国目前关于土地利用规划的技术规范主要包括《土地开发整理规划编制规程》《省级土地开发整理规划编制要点（2002）》等。

第三节　主要内容

一、土地利用总体规划

（一）具体内容

土地利用总体规划内容包括：土地利用现状分析、土地利用潜力分析、土地利用需求量预测、土地利用结构优化布局、土地利用规划效益预测等。土地利用总体规划的核心是确定或调整土地利用结构和用地布局。

土地利用总体规划内容的实质是对有限的土地资源在国民经济部门间进行合理配置，即土地资源在部门间的时空分配（数量、质量、区位），具体借助于土地利用结构加以实现。土地利用结构是指国民经济各部门占地的比重及其相互关系的综合，可被视为土地利用类型按照一定的构成方式所组成的集合。土地利用结构的变化可以反映一定的经济结构和生产结构的变化。土地利用结构的关键在于其结构的合理性。依据系统论的观点，结构决定功能，只有合理的土地利用结构，才能够保证在一定地域内土地利用系统的良性循环，从而达到以较少的消耗或投入取得较高的效益或产出的目的。

由于土地资源的总量是一定的，因此不同用途的土地之间必然存在竞争性，所以土地利用总体规划必须解决在各种竞争性用途之间合理分配土地资源和提高土地资源的利用效率这两个问题。使有限的土地资源促进国民经济发展和其他社会目标的实现是土地利用结构优化和土地资源合理配置的重要任务。

依据《土地利用总体规划暂行办法》，土地利用总体规划主要分为编制、审查、实施、修改四个部分。

（二）编制

1. 编制原则。《土地管理法》第 19 条规定，土地利用总体规划按照下列原则编制：

（1）严格保护基本农田，控制非农业建设占用农用地。除国家重点建设的基础设施、能源、交通等对国民经济具有重大影响的项目，确实无法避开农用地的，经依法批准，才能够占用农用地。

（2）提高土地利用率。土地利用总体规划的编制必须充分考虑利用现有的土地，尤其是要充分利用现有的建设用地，避免规模的扩张。建设用地内能够避开农用地的，要尽量不用农用地或者尽量少用农用地，以保证基本农田不减少。

（3）统筹安排各类、各区域用地。土地利用总体规划对农用地、建设用地及建设用地中不同类别用地进行统筹安排，对不同区域的土地应当合理利用、统筹规划。

（4）保护和改善生态环境，保障土地的可持续利用。在制定土地利用总体规划时，应当把保护环境和改善环境作为非常重要的内容，只有环境得到了切实的保护和改善，土地的可持续利用才有保障。

（5）占用耕地与开发复垦耕地相平衡。随着我国经济的不断发展，基础设施和工业建设必然会占用一部分耕地，而我国的耕地资源又十分宝贵，在这种情况下，为了保证我国耕地总量不减少，就必须保持占用耕地与开发复垦地相平衡，如此才能达到这一要求。

（6）坚持政府组织、专家领衔、部门协助、公众参与。随着我国民主政治生活的不断推进，公民越来越多地参与政治生活。而且基于土地利用不可逆这一特性，专家和公众参与规划编制有利于确保土地利用总体规划的科学性和民主性，保障公众对土地利用的知情权。

2. 具体编制规范。下一级总体规划应当依据上一级土地利用总体规划编制。地方各级人民政府编制的土地利用总体规划中的建设用地总量不得超过上一级土地利用总体规划确定的控制指标，耕地保有量不得低于上一级土地利用总体规划确定的控制指标。省、自治区、直辖市人民政府编制的土地利用总体规划，应当确保本行政区域内耕地总量不减少。

土地利用总体规划由同级政府编制并报上级政府批准。全国土地利用总体规划，由国务院国土资源主管部门会同国务院有关部门编制，报经国务院批准。省、自治区、直辖市的土地利用总体规划，由省、自治区、直辖市人民政府组织本级国土资源主管部门和其他有关部门编制，报经国务院批准。省、自治区人民政府所在地的市、人口在100万以上的城市以及国务院指定的城市的土地利用总体规划，由各该市人民政府组织本级国土资源主管部门和其他有关部门编制，经省、自治区人民政府审查同意后，报国务院批准。其他土地利用总体规划，由有关人民政府组织本级国土资源主管部门和其他有关部门编制，逐级上报省、自治区、直辖市人民政府批准。其中，乡（镇）土地利用总体规划由乡（镇）人民政府编制，逐级上报省、自治区、直辖市人民政府或者省、自治区、直辖市人民政府授权的设区的市、自治州人民政府批准。

《土地利用总体规划管理办法》规定了相关的编制规范。土地利用总体规划大纲包括规划背景，土地利用现状与评价，指导思想和原则，土地利用战略定位和目标，土地利用规模、结构与总体布局，规划实施措施。

在土地利用总体规划的编制中，《土地利用总体规划管理办法》还设置了保障公众权益的措施。对于直接涉及公民、法人和其他组织合法利益的规划内容，应当采取公告、听证或者其他方式听取公众的意见。采取公告方式听取意见的，公告时间不得少于30日。采取听证方式听取意见的，按照《国土资源听证规定》的程序进行。征询、听取和采纳公众意见的情况应当作为规划报送审查材料一并上报。

土地利用总体规划编制内容具体包括以下方面：现行规划实施情况评估规划背景，土地利用现状与评价，土地供需形势分析，土地利用战略，确定规划主要目标（包括耕地保有量、基本农田保护面积、建设用地规模和土地整理复垦开发安排等），土地利用结构、布局和节约集约用地的规划方案，土地利用的差别化政策，规划实施的责任和保障措施，规划图件和图则，规划说明以及与相关规划协调衔接情况。乡（镇）土地利用总体规划可以依据实际情况，对上述内容加以简化。

依据《土地利用总体规划管理办法》，不同层级的土地利用总体规划具有不同特点。省级土地利用总体规划对以下内容做出重点安排：国家级土地利用任务的落实情况，重大土地利用问题的解决方案，各区域土地利用的主要方向，对市级土地利用的调控，土地利用重大专项安排，规划实施的机制创新。市级土地利用总体规划应当对以下内容做出重点安排：省级土地利用任务的落实，土地利用规模、结构布局和时序安排，土地利用功能分区及其分区管制规则，中心城区土地利用控制，对县级土地利用的调控，基本农田集中划定区域，重点工程安排，规划实施的责任落实。县级土地利用总体规划应当对以下内容做出重点安排：市级土地利用任务的落实，土地利用规模、结构、布局和时序的安排，土地利用管制分区及其管制规则，中心城区土地利用控制，对乡（镇）土地利用的调控，基本农田保护区的划定，城镇村用地扩展边界的划定，土地整治的规模、范围和重点区域的确定。乡（镇）土地利用总体规划应当对以下内容做出重点安排：耕地、基本农田地块的落实，县级规划中土地用途分区、布局与边界的落实，地块土地用途的确定，镇和农村居民点用地扩展边界的划定，土地整治项目的安排。

土地利用总体规划图件包括土地利用总体规划图和土地利用总体规划附图，附图包含规划现状图、专题规划图和其他图件等。

（三）审查

1. 审查内容。《土地利用总体规划管理办法》第 24 条、26 条规定，我国目前土地利用总体规划审查分为两部分，土地利用总体规划大纲和土地利用总体规划均需进行审查报批。

省、市、县土地利用总体规划大纲经本级人民政府同意后，逐级上报规划审批机关同级的国土资源主管部门审核。土地利用总体规划大纲未通过审核的，有关国土资源主管部门应当根据审核意见修改土地利用总体规划大纲，按照规定程序重新上报审核。国土资源主管部门应当对土地利用总体规划大纲的指导思想、战略定位、基础数据、规划目标、土地利用结构与空间布局等内容进行审查。

土地利用总体规划大纲审查通过后，有关国土资源主管部门应当依据审查通过的土地利用总体规划大纲编制土地利用总体规划。

土地利用总体规划按照下级规划服从上级规划的原则，依法自上而下审查报批。审查时应当提交以下材料：规划文本及说明，规划图件，专题研究报告，规划数据库，征求意见及论证情况、土地利用总体规划大纲审核意见及修改落实情况等其他材料。

2. 审查程序。《土地利用总体规划管理办法》第28条规定，有关国土资源主管部门应当收到人民政府转来的下级土地利用总体规划之日起5个工作日内，送其他有关部门和单位征求意见；自收到其他有关部门和单位的意见之日起30日内，完成规划审查工作。在土地利用总体规划的审查过程中若有较大分歧，有关国土资源主管部门应当组织其他有关部门和单位进行协调。因特殊情况，确需延长规划审查期限的，经本部门主要负责人批准，可以延长30日。

国土资源主管部门对土地利用总体规划审查主要依据现行法律法规、规章及相关规范，国家有关土地利用和管理的方针和政策，上级土地利用总体规划，土地利用相关规划以及其他可以依据的基础调查资料等。

土地利用总体规划审查的重点内容包括：现行规划实施评价；土地利用现状与评价；规划目标；土地利用规模、结构、布局和时序；土地利用主要指标分解情况；规划衔接协调论证情况和公众参与情况；规划实施保障措施；规划图件、数据库成果。

国土资源主管部门应当依据审查情况和相关部门意见，提出明确的审查结论，提请有批准权的政府审批。

（四）实施

土地利用总体规划的实施是实现土地用途管制的重要方法。土地利用总体规划的实施凭借县乡级具有约束力的规划和规模边界控制制度、土地用途分区制度。

规模边界控制是指建设用地与其他用地的界限必须清晰。土地利用总体规划划定的城乡建设用地管制边界和管制区域，必须严格执行，未经依法批准，不得擅自突破。城市总体规划、村庄和集镇规划，应当与土地利用总体规划相衔接，城市总体规划、村庄和集镇规划中建设用地规模不得超过土地利用总体规划确定的城市和村庄、集镇建设用地规模。市、县在不改变允许建设区规模、不突破城乡建设用地扩展边界和有条件建设区的前提下，可以制定城乡建设用地规模边界调整方案，经土地利用总体规划审批机关同级的国土资源主管部门同意后，调整允许建设区和有条件建设区的空间布局。

土地利用总体规划实施评估应当包括以下内容：耕地和基本农田保护落实情况；节约集约用地落实情况；建设用地规模、结构及空间布局实施情况；生态用地保护落实情况；土地利用重大工程与重点建设项目实施情况；规划实施措施执行情况；规划背景重大变化情况；评估结论。

土地用途区分是指土地利用总体规划应当将土地划分为农用地、建设用地和未利用地。县级和乡（镇）土地利用总体规划应当根据需要，划定基本农田保护区、土地开垦区、建设用地区和禁止开垦区等。其中，乡（镇）土地利用总体规划还应当根据土地使用条件，确定每一块土地的用途。乡（镇）土地利用总体规划经依法批准后，乡镇人民政府应当在本行政区域内予以公告，公告应当包括规划目标、规划期限、规划范围及地块用途批准机关和批准日期等内容。

在实务中，是否符合土地利用总体规划是判断土地利用行为合法与违法的标准之一。对违反土地利用总体规划，擅自将农用地改为建设用地的，限期拆除在非法转让的土地上新建的建筑物和其他设施，恢复土地原状；对不符合土地利用总体规划的，没收在非法转让的土地上新建的建筑物和其他设施。

（五）修改

修改土地利用总体规划的，由原编制机关根据国务院或者省、自治区、直辖市人民政府的批准文件修改。为确保规划的法定性和严肃性，仅在发生下列情形时可以对原规划进行修改：国家或者省级重大战略实施、重大政策调整、经济社会发展条件发生重大变化，经国务院或者省级人民政府及其投资主管部门批准的能源、交通、水利、矿山、军事设施等建设项目，重大自然灾害抢险避灾、灾后恢复重建行政区划调整，重要民生项目建设，法律、行政法规规定的其他情形。

申请修改土地利用总体规划，应当报送下列材料：规划修改方案主要内容（包括规划修改的原因、依据、主要内容、方案评价和措施建议），规划修改方案主要表格（包括土地利用结构调整情况表、规划指标调整情况表、建设用地空间管制分区变化情况表），规划修改方案主要图件（包括土地利用总体规划修改图、土地利用总体规划修改前后对比图、土地利用分区调整图、建设用地空间管制分区调整图），规划修改方案数据库成果，规划修改征求意见情况、修改说明等其他材料。属于评估后修改的，还需要同时报送规划实施评估报告。

土地利用总体规划修改应当重点审查下列内容：是否必要；是否符合法律、法规和本办法规定的适用范围；是否符合国家战略和土地利用管理政策；是否符合保护耕地、节约集约用地和改善生态环境的要求；主要指标安排是否合理、可行；与上级规划是否衔接；增加规划指标的途径是否可行；是否与相关规划协调；实施措施是否落实了土地用途管制的要求。

（六）土地利用总体规划与城市规划、村庄集镇规划的关系

土地利用总体规划与城市规划、村庄集镇规划的关系主要体现在"城市建设用地规模应当符合国家规定的标准，充分利用现有建设用地，不占或者尽量少占农用地"的规定上。城市规划、村庄集镇规划应当与土地利用总体规划相衔接，城市规划、村庄集镇规划中的建设用地规模不得超过土地利用总体规划确定的城市和村庄集镇建设用地规模。在城市规划区、村庄集镇规划区内，城市和村庄集镇建设用地应当符合城市规划、村庄集镇规划。

土地利用总体规划与城市规划在内容上有相同点，也有不同点。其相同点

为，土地利用总体规划和城市规划都以国民经济和社会的发展规划为基础、以改革部门的发展规划为依据安排各类用地，并通过制定一系列的实施措施，合理调整用地布局，优化用地结构，以达到节约用地、合理用地的目的，促进社会经济的可持续发展。其不同点为：首先，两者侧重解决的问题不同。土地利用总体规划除了要分析城镇用地的综合平衡、优化调整和合理配置外，更注重区域的自然性，强调保护自然资源和环境资源，追求整体环境的稳定性、物种的多样性和规划区域的可持续发展，是以一种指标定量调控为基础，并积极向空间发展的地域规划。城市规划除了要分析城镇用地的规模外，更重要的是对城市内部各类用地进行优化调整和合理配置，是一种以定性、定位为基础的物质、社会、经济相结合的整体空间规划。其次，二者的追求效果不同。土地利用总体规划偏重于规划的结果，是一种指令性目标；而城市规划偏重于规划的过程性，它的结果只是一种预测，强调的是为达到目标而进行的调控过程。

二、土地利用年度计划

（一）编制

1. 编制原则。《土地利用年度计划管理办法》第3条规定，土地利用年度计划管理的原则是：严格执行土地利用总体规划安排，合理控制建设用地总量和强度，切实保护耕地特别是基本农田，保护和改善生态环境，保障土地的可持续利用；运用土地政策参与宏观调控，创新计划管理方式，以土地供应引导需求，促进土地利用结构优化和经济增长方式转变，提高土地节约集约利用水平；坚持绿色发展，实行耕地保护数量、质量、生态并重，确保建设占用耕地与补充耕地相平衡，提高补充耕地质量；严格执行国家区域政策、产业政策和供地政策，优先安排社会民生建设用地，保障国家重点建设项目和基础设施项目用地；坚持协调发展，统筹区域、城乡建设用地，促进国土空间开发格局优化。统筹存量与新增建设用地，促进存量用地盘活利用，严格控制农村集体建设用地规模；尊重群众意愿，维护群众土地合法权益，保障群众共享城镇化发展成果。

2. 土地计划指标制定。土地计划指标制定实行自下而上的建议收集与审批程序。县级以上地方人民政府国土资源管理部门会同有关部门，按照国家的统一部署，提出本地的土地利用年度计划建议，经同级人民政府审查后，报上一级人民政府国土资源管理部门。省、自治区、直辖市的土地利用年度计划建议，应当于每年10月31日前报国土资源部，同时抄送国家发展和改革委员会。计划单列市、新疆生产建设兵团的土地利用年度计划建议在相关省、自治区的计划建议中单列。国土资源主管部门会同国家发展和改革委员会，依照《土地利用年度计划管理办法》的有关规定，在省、自治区、直辖市和国务院有关部门提出的土地利用年度计划建议的基础上，提出全国土地利用年度计划总量控制指标建议。国土资源主管部门根据全国土地利用年度计划总量控制指标建议和省、自治区、直辖市提出的计划指标建议，编制全国土地利用年度计划草案，纳入年度国民经济和社会发展计划草案，上报国务院。经国务院审定后，下达各地参照执行。待全国人民代表大会审议通过国民经济和社会发展计划草案后，正式执行。

需国务院及国家发展和改革等部门审批、核准和备案的重点建设项目拟在计划年度内使用土地，涉及新增建设用地的，由行业主管部门于上一年 9 月 25 日前，按项目向国土资源部提出计划建议，同时抄送项目拟使用土地所在地的省、自治区、直辖市国土资源管理部门以及发展和改革部门。

3. 土地计划指标执行。土地计划指标的执行采取自上而下的指标分解与执行程序。全国土地利用年度计划下达到省、自治区、直辖市以及计划单列市、新疆生产建设兵团。新增建设用地计划指标只下达城镇村（包括独立工矿区）和由省及省以下审批、核准和备案的独立选址建设项目用地。国务院及国家发展和改革委员会等部门审批、核准和备案的独立选址重点建设项目，新增建设用地计划指标不下达地方，在建设项目用地审批时直接核销。县级以上地方人民政府国土资源主管部门可以将上级下达的土地利用年度计划指标分解，经同级人民政府同意后下达。省级人民政府国土资源主管部门应当将分解下达的土地利用年度计划报自然资源部备案。省级人民政府国土资源主管部门在分解下达计划指标时，对国务院批准土地利用总体规划的城市，应将在中心城市的规划建设用地范围内新增的建设用地计划指标单独列出。省级人民政府国土资源管理部门在分解下达城镇村建设用地计划指标时，应当严格依据土地利用总体规划，按照城镇建设用地增加与农村建设用地减少相挂钩的原则，统筹城乡建设，合理安排城镇和农村建设用地，实现建设用地总量控制。

（二）考核

1. 考核原则。土地利用年度计划考核坚持以下原则：

（1）控制用地总量。以国家宏观调控要求为目标，对土地供应严加把控，对新增建设用地总量计划执行情况统筹考核。

（2）突出耕地保护。从严控制农用地特别是耕地转为建设用地的规模，突出对新增建设占用耕地计划执行情况和补充耕地计划落实情况的考核。

（3）促进节约集约。围绕盘活存量、促进土地利用方式转变和土地节约集约利用水平的提高进行考核。

（4）依法依规用地。通过实际新增建设用地和实际补充耕地考核土地利用计划的执行，衡量依法依规批地和用地、有效实施土地利用规划和计划的情况。

（5）促进差别化管理。依据计划执行情况考核结果，针对批地用地、补充耕地、节约集约用地等不同情况，区别对待，实行土地计划指标奖惩措施，奖优罚劣，切实发挥土地利用计划评估考核的引导作用。

2. 双向考核制度。土地利用年度计划执行情况考核，实行新增建设用地计划与土地整理复垦开发补充耕地双向计划考核制度。新增建设用地计划执行情况的考核，实行单向考核与综合考核相结合的制度。对纳入考核内容的各单项指标，按照超出或节余计划的实际数量计算占该项计划指标的比例，分别进行定量评价，再把各单项考核结果按权重累计分值进行综合评价，确定综合考核结果。各单项指标在综合考核中的权重依据考核原则确定，并且依据国家土地管理目标和宏观调控要求适时调整。土地整理复垦开发补充耕地计划执行情况的考核，以省为单位，依据当年实际补充耕地面积，以超计划完成耕地量为正值、未完成补充耕地计划量为负值，确定考核结果。

第四节　现有制度评析及完善

一、土地利用规划公众参与制度

公众参与是指具有相同或不同利益基础的社会群体对政府有关公共事物的决策及其过程的介入和干预。中华人民共和国成立后经历了长期的计划经济时代，土地利用规划工作一直沿用苏联的规划制度，基本上都是政府部门独家运作，完全是一种政府行为。随着市场经济体制的建立，我国需要建立一种与政治、经济相匹配的土地利用规划制度，其中重点是使规划工作由封闭走向开放，从单一的政府行为转向政府与人民群众互动的民主政治行为。

（一）公众参与规划的意义

"在人类社会的发展中，公民参与是国家走向政治民主和政治文明不可分割的部分，是公民进入公共领域生活、参与治理、对那些关系生活质量的公共政策施加影响的基本途径。"[1]对于土地管理而言，公众参与不仅是一项需要认真贯彻的基本原则，而且也是不可或缺的基本制度。公众参与规划制度的建立对于保障公平、促进地区经济社会的健康发展具有重要意义，而且可以解决市场和政府所不能克服的公平与效率的关系问题，使公共决策尽可能做到既不损害效率，又不破坏真正的公平原则，并且对于提高规划的有效性和实施的可行性具有积极意义。

土地的可持续利用是一个复杂的系统工程，不仅关系到公众自身的生活生存

---

〔1〕　[美] 托马斯：《公共决策中的公民参与：公共管理者的新技能与新策略》，孙柏英等译，中国人民大学出版社 2005 年版，第 2 页。

问题，而且还牵涉到子孙后代的利益。因此，政府不仅应当关注通过土地利用发展经济建设的问题，更应当关注公民在土地利用方面的环境需求问题。

（二）我国现行土地利用规划公众参与的运行方式

《土地利用总体规划管理办法》规定编制土地利用总体规划应当坚持政府组织、专家领衔、部门协作、公众参与的原则，但是在具体的土地利用总体规划中，并未明确规定公众如何参与规划的编制和实施。

我国目前在土地利用规划的编制阶段主要采取两段式规划步骤。首先，在政府有土地利用总体规划的意向后，委托相应的编制单位根据一个地区实际情况做好初步的土地利用总体规划，再提交给委托的土地利用规划方面的专家审查。其次，依据专家的意见对规划方案进行调整后提交领导，领导在综合考虑实际情况后作出规划的决策。由此可见，整个决策程序很少有听取公众意见的机会。在土地利用总体规划的审批阶段，主要由相关专家和人大审议、评定，涉及利益影响的普通公众往往被排除在听取意见的人员之列。这种精英式的土地利用规划往往与社会现状脱节，缺乏可操作性。

（三）土地利用规划中公众参与存在的问题

虽然我国在土地利用规划的相关法规中规定了公众参与，但是这种公众参与还仅仅是一种形式上的公众参与，尚未具备各种制度的支撑，而且缺乏立法的形式保证。公众参与的过程还没有通过程序加以固定，缺少组织性。只有通过一定的组织形式对单个公众的力量加以强化，才能够更好地促进我国的公众参与的发展。十八大以来，公众参与已经成为我国未来在公共决策方面的发展方向，特别是《土地利用总体规划管理办法》明确提出对于可能会产生重大影响的土地利用规划，应当听取公众的意见，保证公众参与的机会。

1. 公众参与缺乏法律保障。在法治社会，由于法律具有可预测性、稳定性等特点，法律成为公众办事的基本准则，依法办事成为值得信赖的选择方式，而缺乏法律保证的各种制度通常难以得到公众的支持和有效实施。与此相同，土地利用规划中的公众参与制度也缺乏相应的法律保障，这一点成为影响公众切实有效地参与土地利用规划的重要障碍。

公民基本的参与权没有法律依据，不仅不利于公众积极参与公共事务，而且成为政府部门逃脱公众参与的借口。我国长期受计划经济体制的影响，形成了国家本位的思想，政府部门在进行一些重要的公告决策时，通常出于国家利益的需要而忽视公众的个人利益。将国家利益、集体利益大于个人利益这一标准作为衡量利益价值的基准，忽视公众的表达，是形成在土地管理的主要法律规范中未对公共参与这一制度明确、详细规定的主要原因。

2. 公众参与土地利用规划的主体范围模糊。在我国的土地利用规划领域，无论是《土地管理法》还是《城乡规划法》，对于参与土地利用规划的主体范围均未做具体规定。公共利益代表的主体中，普通民众人数最多，但是各利益集团同样也是公众参与的重要组成部分，具有十分明显的作用和影响力。西方国家的公众参与实践表明，成效最为显著的公众参与是非盈利机构、非政府组织的参与而非个人的直接参与。我国公众参与土地利用规划面临阻力最大的原因在于所参与的公众和被规划的土地之间的利益链条没有能够起支撑作用的组织和人员来维系，公众的利益诉求无法正确地反映在土地利用规划中，长期发展的结果便是公众失去了参加土地利用规划编制的积极性。

有学者认为，影响公众积极参与土地利用规划的主要因素有：

（1）空间距离，生活在某个项目周围的人，其受到新规划所带来的生活不便的可能性更大，是受到规划影响最为明显的公众。

（2）经济利益，新规划区功能的不同可能会对公众自身的工作和生活条件造成显著影响，这一点是影响公众参与土地利用规划积极性的最重要因素。

（3）社会关注度，那些关注本地区传统文化和风俗习惯的人对该规划表现出强烈的关注度，他们认为在某一区域涌入大量规划建设者或建设项目，对于该地区的人口及人文素养可能产生深远影响。

我国土地利用规划中公众参与主体的相关规定并没有依照上述分类对公众参与主体进行筛选和划分，导致参与的公众与被规划土地之间的利益关系不明确，既影响了公众参与土地利用规划的积极性，也降低了土地利用规划方案的合理性及科学性。同时，公众主体范围的模糊会对土地利用规划的执行效率造成不利影响。公众是与土地利用规划实施有直接利害关系的，因此公众和政府的积极沟通、互动可以减少规划在执行过程中的阻力；相反如果规划在编制和讨论过程中缺乏公众参与，执行过程中由于公众对规划欠缺理解或存在误解，进而可能出现规划执行效率大幅降低的现象。

3. 公众参与的信息渠道不畅。公众参与土地利用规划的目的是希望通过这种渠道对于土地利用总体规划表达自己的看法，实现自己作为规划利益和规划权利享有者的地位，这是对自身利益的直接或间接的维护方式。因此信息公开是公众参与土地利用规划的重要保障，而信息公开的不对等则是落实土地利用规划公众参与制度的一大障碍。

在我国土地利用规划的编制、审批和实施过程中，除与公民、法人等有密切关系外，其他规划只有在规划审批后政府才进行公告，而且何为"密切联系"尚未统一规定，因此公众在知道规划内容时已经是心有余而力不足。此外，规划公告的内容多为土地利用规划示意图和一些专用术语，在规划方面没有相关知识的人难以了解规划的具体内容，严重影响了公众参与的积极性。可见，我国公众在土地利用规划的编制和实施过程中难以获得对参与决策有用的信息，大部分公众无法有效参与到土地利用规划的编制和实施过程中。长此以往，政府难以了解公众的真实想法和好的建议，公众的智慧更无从发挥。

如今很多地方政府领导为了凸显政绩，常常突破土地利用总体规划的设计，盲目创建各项政绩工程，出现了隐瞒上级和欺骗公众的恶劣现象。

4. 公众参与缺乏利益表达渠道。我国目前的公众参与方式多为论证会、听证会和调查问卷、市长热线等形式，方式较为单一且流于形式的可能性较大，尚有待进一步完善、丰富。

调查问卷通常交给相应的专业调查公司来实施，然而问卷的有效性和数据的真实性难以保障。信访制度作为公众参与的辅助渠道，具有较强的政治性角色，因而距离土地利用规划的编制和实施有一定的距离。市长热线、领导接待日等形式又因其没有完善的保障机制而大大削弱了应有的功效。听证会作为我国行政管理领域较为常见的公众参与形式之一，其召开基本属于政府的权限，普通公众根本没有召开听证会的权利，而对一些需要利益博弈的重大决策过程，政府通常不会主动召开听证会，或是参加听证会的公众为某些特定的主体，最终导致听证会这一形式无法真正发挥其应有的作用。

5. 公众缺乏参与意识。我国现阶段社会经济政治发展水平有限，加上传统思想的影响，大多数的公众对于公众参与知之甚少，甚至对于自己应当享有的参与权利都不太了解。此外，我国公众的受教育程度总体而言不是很高，对土地利用规划认识不清，尤其是在某些单位信息公开程度不够的情况下，公众了解何时参与、如何参与等基本参与知识更加困难，这些不利于公众积极参与土地利用规划。

此外，土地利用规划并不是仅仅针对单个个体的利益分配，而是一项具有专业知识和影响社会大多数公共利益的政治行为，因此公众参与规划需要花费时间成本和经济成本，而对于没有参与公共决策的公众而言，他们不需付出成本却可以直接享受规划的成果。基于这种搭便车的思想，多数公众会放弃参与规划，影响了公众参与规划的积极性。

（四）完善公众参与土地利用规划

有效的公众参与应当具备以下条件：①相关的利益诉求主体在此机制中都可以表达和接受意见；②在公众参与的过程中要有严密、完善的组织，公众表达的任何一种意见都能够得到有效的回应；③在利益表达和参与的过程中所形成的意见，在有效的行动中甚至是在反对（如果有必要的话）主导型的权威体制中，随时可以找到一条"发泄"途径；④政府权威机构并不对公众进行过分的干预和渗透。[1]因此，在公众参与制度中要完善参与的方法，增加信息公开形式，保证公众参与的有效开展。

1. 完善公众参与土地利用规划的立法。完善公众参与土地利用规划的知情权和参与权的立法规定。参与土地利用规划首先要保障其知情权，因为规划的知情权是参与权的前提和基础，因此通过立法来确认公众参与的知情权以及具体程序性规范，不仅有利于保证公众参与土地利用有法可依，而且有利于提高公众的参与意识。此外，立法确认公众的参与权以及具体规范对于控制公权力和提高决策的科学性也具有重要意义。

2. 增加土地利用规划的信息公开形式。信息公开的方式通常有两种，一是行政机关或企业等义务主体主动的公开，二是依公众申请的公开。第二种方式在国外受到高度重视。具体在环境法方面，国外立法对公众环境信息的申请获得作了详细规定。而我国目前对于土地利用规划的信息公开方式的立法规定以及实践操作都仅限于行政机关单方面公开的模式，没有公众申请获取土地利用规划信息的规定。我国环境信息法一方面应进一步完善行政机关或企业等义务主体的环境信息公开，明确承担公开义务的具体主体，确定公开的程序、具体形式和不公开的法律责任等。另一方面，更为重要的是，应赋予公众申请获取土地利用规划信息的权利，具体规定公众申请的程序、救济、收费、被申请者处理申请的程序、时间要求、驳回申请的程序和决定等内容。由此，建立起行政机关主动公开与公众申请公开相结合的双向土地利用规划信息公开制度。

行政机关依职权主动公开的具体形式又包括：发布公告，利用报纸、电视、广播、互联网发布简报或消息或发布专题新闻，利用信息发布会散发项目概要小册子等书面材料，将相关材料放置在政府阅览室供公众查阅等。尤其要注重信息公开的效果，使得相关利益群体必须充分知晓具体信息，使得信息公开不仅仅停留于形式上，而是使公众获得实质性的信息公开。

3. 完善公众参与土地利用规划的方法。

(1) 完善专家论证参与制度。

第一，完善专家遴选制度，保证专家独立。目前专家的遴选聘请程序形式多样。虽然专家遴选程序各异，但其相似之处在于"推荐或提名程序"多为行政机关的内部程序，使专家组成结构以及独立性大打折扣。可以借鉴美国《咨询委员会法》的相关经验，建立完善的专家遴选机制，尤其强调专家构成的平衡性、观点和知识的多样性，考虑不同专家的利益立场，通过不同知识、观点的交锋、

---

〔1〕 冯敬尧："公众参与机制研究——以环境法律调控为视角"，载王树义：《环境法系列专题研究》（第1辑），科学出版社 2005 年版，第 11 页。

辩论，相互制约而达到理性的目的。

第二，明确专家论证责任，提高论证质量。专家论证不同于资产评估、验证、会计、法律服务等，大多具有临时的性质，即使专家虚假论证，法律基本上也无可奈何。但是论证是借助于专业知识和科学精神使规划得到技术保证或取得公信的制度性措施，为提高论证质量，除了需要提高专家的职业道德，还必须强调法律责任对专家论证行为的制约，这不仅是维护专业知识的权威的需要，更是对国家、社会就规划土地利用事项的负责。具体而言，法律应当对虚假论证进行惩罚：一方面，惩罚组织方为专家提供便利，指使其说假话的行为；另一方面，惩罚那些为得到好处乱签名或者不认真论证就同意，最后造成政府决策失误的专家。

（2）完善普通公众的听证参与制度。听证作为公众参与土地利用规划的核心内容，使公众以最直接、最有效的方式参与到规划决策之中。近年来，土地利用规划管理法律一般都包含关于普通公众听证参与的规定，但其在操作层面不是十分明晰。明晰操作层面的具体问题主要从以下方面入手：其一，听证代表组成具有广泛性。代表组成的合理与否直接决定听证会能否成功。一般而言，居民参与的人数与达成共识的难度成正比；专家、精英则具有较强的参与性。目前，代表的数量、机构明显偏向专家，而代表产生的方式、代表分布及名额确定的依据、代表的代表性标准等问题都不明朗。应当及时向社会公布代表的选取原则、要求、办法及其进展状况，以公开自愿的原则吸引广大公众的参与。而且应当提前公布所选取的代表，并主动接受社会监督，以消除公众对代表的疑虑。其二，充分回应听证结果。回应参与结果与赋予参与机会同等重要，一个没有任何回应的参与，仅仅满足形式上的参与要件，对参与者或开发者而言并没有实质意义。听证意见回应机制要求对于焦点问题和主要分歧意见，决策机关必须指明事实根据并说明理由，必要时在当事人的参与下查明事实真相，使听证结果具备足够的证据支持，并通过书面或者其他形式向社会公布，增强听证在土地利用规划中的效力。

4. 提高公众参与土地利用规划的意识。我国相当一部分公众将政府视为社会的"大管家"，对政府形成了过分的信赖，但同时这又表明公众对于政府的过度信赖，舍弃了作为一个现代社会理性公民的个人权利和责任。

为此，要强化公众对于社会的归属感和主人翁的责任感，培养公众参与社会公共事务的意识，进一步发挥公众参与公共事务的决策作用。实践表明，具有参与公共管理事务经历的公众的民主意识会得到很大的加强。土地利用规划是涉及众多利益的政治行为，一个地区或整个社会的发展和未来走向都有赖于规划设计的科学性和严格的执行性，所以一项合理的土地利用总体规划应扩大公众参与的范围。

二、土地利用规划环境影响评价制度

环境影响评价是对人类活动赖以生存的环境产生或者可能产生的正面或负面反应和效果进行的综合评判。在法律意义上，环境影响评价是指国家制定规划、政策和法律或从事工程建设、开发行为时，应当就其可能造成的环境资源影响进行分析、预测和评估，同时提出相应的预防或者减轻不良影响的对策和措施，并采取跟踪监测的方法与制度。

我国的环境影响评价包括建设项目环境影响评价和规划环境影响评价。其中规划环境影响评价是指在规划的编制阶段，对规划实施可能造成的环境影响进行分析、预测和评价，并提出预防或者减轻不良环境影响的对策和措施的过程。

（一）土地利用规划环境影响评价概念

《环境影响评价法》第 7 条第 1 款规定，国务院有关部门、设区的市级以上地方人民政府及其有关部门，对其组织编制的土地利用的有关规划，区域、流域、海域的建设、开发利用规划，应当在规划编制过程中组织进行环境影响评价，编写该规划有关环境影响的篇章或者说明。

土地利用规划环境影响评价是指土地利用规划对土地发展战略、土地利用的目标和方针、土地利用方案、土地利用政策的实施可能对环境带来的影响作出的预测、分析和评价，在作出土地利用和经济发展的综合决策中应当将环境因素纳入其中，并采取预防措施或其他补救措施来降低或避免不利影响，例如对决策进行修正或寻求替代方案，尽可能地降低或避免由于规划失误对环境造成的不可逆的影响，从源头上减少土地利用规划产生的生态环境负效应。土地利用规划环境影响评价贯穿于土地利用规划决策的各个阶段，是协调环境与经济、社会发展关系的一种综合决策和科学规划手段。

（二）土地利用规划环境影响评价工作程序

土地利用规划的环境影响评价基本上分为三个阶段：第一阶段"准备阶段"——进行资料搜集与分析工作，并确定规划环境影响预测、评价方法与指标体系，主要收集包括国家生态建设和环境保护在内的有关法律法规，以及环保、林业、农业、水利等部门的有关资料。第二阶段"正式工作阶段"——主要工作包括环境现状分析与评价、规划方案草拟并制订替代方案、进行环境影响预测和评价。第三阶段"编写报告书阶段"——编写报告书、篇章或说明。

（三）土地利用规划环境影响评价存在的问题

1. 土地利用规划的环评方法理论不够成熟。规划环境影响评价作为环境影响评价体系中的一种，在实际应用中存在诸多问题。具体在土地利用规划环境影响评价中，主要表现为规划环境影响评价的技术人员对于土地利用相关理论知识储备不足、环境影响评价的方法和技术体系仍不够完善，尤其在土地利用专项规划中，缺少有效的理论评价和合适的评估技术系统来平衡不同规划间的多样性与系统性，解决规划环境影响评价的不确定性和复杂性。

此外，规划环境影响评价通常缺乏相应的替代方案，针对具体的规划环评中评价方法的选择也没有明确的说明。这些因素往往使得实践中的操作有一定的随意性和盲目性，后期对于土地利用规划环境影响评价效果的有效性和科学性极有可能产生不利影响。

2. 评价主体的不确定性。与建设项目的环评不同，土地利用规划环评没有对评价主体做出明确的规定，目前多是由国家环境保护行政主管部门推荐的环评机构开展。评价主体在进行土地利用规划的环评的过程中，无法参与到高层次的规划决策环节，尤其是对于一些保密性要求较高的、不确定性较大的规划，环境影响评价部门更是与规划部门缺乏交流和沟通。

3. 规划环评法律责任错位。法律责任是"公正自身的保护机制。如果缺乏这种自身保护机制，公正将是不堪一击甚至不攻自破的。公正的对等性和互换性在惩罚性方面同样有效"。[1] 法律责任对于维护法律有效实施具有重要意义。《环境影响评价法》第四章、《规划环境影响评价条例》第五章均对违反环境影响评价的行为规定了法律责任，但对于弄虚作假造成环境影响评价严重失实，以及违法审批对环境造成重大影响甚至是严重后果的违法者的法律责任承担显然规定得不够。《规划环境影响评价条例》虽然对于规划的编制机关、审批机关、审查小组召集部门的失职、渎职、违法行为规定了处分责任，但该责任形式不仅不符合职责相称的法理原则，更没有考虑违法的成本问题。从经济学的角度来看，有效抑制违法行为的关键途径之一，是降低守法成本而提高违法成本。在违法收益大于违法成本或是违法成本小于守法成本时，行为主体常常倾向于选择违法。

在土地利用规划的实务中，有些地方政府对于规划环评的理念认识不够，常常将环境影响评价制度视为一种外在的约束条件，难以主动接受。在已开展的规划环评实践中，多数的规划环评流于形式，大多数的土地利用规划只有在审批通过的时候，才发现缺少"规划环评"这一内容，才匆忙委托环评编制机构编写相应的规划环境影响报告书或环境影响篇章，这使得规划环境影响评价从一开始就失去了其最基本的功能和意义。事实证明，如果没有相关的监督小组的强有力度的督促和严格的法律责任制度，评价单位和规划编制单位很难实现动态的融合，规划方案的调整很难及时反馈到评价过程中，而评价过程中的建设性意见也很难融入规划之中。

---

〔1〕　赵汀阳：《论可能生活》，生活·读书·新知三联书店 1994 年版，第 145～146 页。

4. 规划评价的成果不能得到重视。社会经济的发展同环境保护之间始终存在矛盾，二者发生冲突时人们在经济利益的面前通常以牺牲环境为代价。尤其是对于一些短时就能开发利用但要过很长一段时间才能产生环境问题的规划项目，人们往往注重眼前的经济利益。而且对于已有的规划环评，评价机构参与介入时机的滞后性、评价程序的形式化，使得环评的成果根本得不到重视，规划建设后期的跟踪监测更无从落实。

（四）完善土地利用规划环境影响评价制度

前文已经对土地利用规划环评制度的现状作出详细阐述，该制度对进一步规范土地利用规划环境影响评价工作，保障在规划源头预防环境污染、生态破坏具有重要意义。

1. 增加替代方案。在环境影响评价中，其核心内容和重要保障恰恰是相应的替代方案，缺乏替代方案成为现行环境影响评价制度的重大缺陷。环境影响评价的实质不是寻求没有环境影响的建设项目、发展规划，而是旨在找出对环境、社会、经济等影响都较低的项目、规划方案。这就意味着所有可能的替代方案必须在对某个具体规划作出承诺之前，对成本、效益进行更加细致、全面的审议。具体替代方案可分为两部分，即行动单位提出替代方案与审批主体主动选择替代方案或者提出可替代方案：前者指编制主体规划用地项目时，明确规划目的，在提出规划草案的同时全面考察，寻找实现目的的其他途径；后者指审批主体对多种方案的经济、社会和环境因素进行理性对比，选取最佳方案，使规划达到环境效益最大化，或者针对编制主体的建议行动等，提出以根本不同的方式实现该目的、完全代替建议行动的方案，或者认为实现目的的条件尚不成熟，基于谨慎性原则而推迟建议行动。

2. 强化法律责任。

（1）厘清法律责任体系。规划环境影响评价主要由编制机关、审批机关、审查小组召集部门主导，它们处于责任体系的顶端，承担主要责任，而规划环评的技术机构仅是履行合同义务，处于责任体系的末端，承担协从责任。目前我国法律对责任体系顶端的主体采取"软弱"的行政处分，而对责任体系末端的技术机构采取罚款甚至追究刑事责任等手段，无疑是"本末倒置"。因此，法律应当严厉制裁责任体系顶端主体，从源头上杜绝可能出现的弄虚作假，才能保证规划环评的真实可靠。

（2）完善法律责任种类。为了避免政府及职能部门掌握权力却不作为而出现"懒政"的情形，法律需要增加关于规划环评不作为的法律责任，防止权力与责任相互脱节，强化"职责本位"的理念。如果规划环境影响评价没有取得相应的实际效果，因此造成严重损害后果，相应主体也必须承担相应责任。

3. 衔接程序规范。理论上，规划环境影响评价可以分为第三方评价和自我评价两种，前者指规划编制主体委托具体编制单位以外的单位进行环评，后者则是规划编制主体自己进行环评。第三方评价虽然可以解决专业性较强的规划环评的问题，但由于第三方机构不能从规划编制的开始阶段就融入对环境因素影响的考虑，因此这种评价模式实际上体现了一种"末端管理"的思想。自我评价则能够较好地体现规划环评设立的初衷，因为其更容易融入规划编制、实施的整个过程。政府在提出编制土地利用规划之前，应当从保障土地的可持续利用角度出发，依据社会、经济发展状况和土地的自然特性，在时空上对土地利用合理分配、组织等问题进行前瞻性研究。由于政府编制土地利用规划往往基于经济效益等凸显政绩的角度考虑，对于土地退化、土壤污染等生态问题的关注较为薄弱，而一旦提出规划编制的申请并进行报告，则规划目标、范围已经基本确定，在内容、方案的后续编制过程中也难以变动。因此，环评机构应当介入规划编制之前的基础工作，与相关主体开展沟通、交流等互动，使规划编制、实施能够满足生态环境保护的特定需求。在具体的规划编制中，编制机关可以融合对生态环境保护的自我见解，在符合法律规定的前提下，减少可能造成生态风险的环节，并在形成规划草案后，再由专门的规划环评机构对其进行全面、系统的综合评价，这样既可以避免不必要的资源浪费，又可以提高规划环评的有效性，进而建立一套规划环评的混合程序。

总之，建立健全完善的土地利用规划环境影响评价制度，最终目标在于以"协调土地利用与生态环境建设"，促成土地利用与经济、社会、生态持续发展之间的友好关系。与之相伴的意义还在于：其一，通盘考量土地利用与生态环境的密切关系以及规划可能触及的生态环境问题，提升土地利用规划的科学性、合理性；其二，以"改善、协调、预防和减缓"生态危机为动力源泉，针对土地利用中可能出现的各种生态问题，提出一系列较为完善的规划建议方案，从源头上减少环境问题的发生。

三、土地利用规划实施评价制度

为加强土地利用规划的可操作性，除了在编制规划时注重其科学性和可操作性外，还应当由政府监督部门对执行情况进行监督、检查以及评价。土地利用规划实施评价一方面可以评价政府相关部门执行规划的情况，另一方面其结论也可以成为规划调整和修编的重要依据。

(一) 土地利用规划实施评价的概念

土地利用规划实施评价是指根据一定的标准，运用一定的方法，对土地利用规划执行的效果进行分析、比较后作出的一种综合的价值判断。在土地利用规划的实施管理中，建立健全土地利用规划实施评价制度，不仅对土地利用规划的调整和修编有积极影响，而且可以帮助有关部门及时发现规划中存在的问题。

土地利用规划实施评价的内容主要包括以下三个方面：其一，土地利用规划结果评价，指对土地利用规划执行后的结果是否符合其目标及实现程度的评价；其二，土地利用规划效益评价，指对土地利用规划结果和土地利用规划投入之间的关系的评价；其三，土地利用规划效力评价，指土地利用规划执行后对规划对象及其环境所产生的影响的评价。土地利用规划付诸实践后，其结果对于规划对象及其环境将产生多重影响，这种影响可能对环境有利，也可能对环境造成负面影响；可能是直接的影响，也可能是间接影响；可能是长期影响，也可能是短期影响。这些共同构成了土地利用规划的综合效力。

（二）土地利用规划实施评价的主体

土地利用规划实施评价的主体通常可分为内部评价者和外部评价者两种。内部评价者主要是土地利用规划编制部门、规划执行部门、监督部门的评价者；外部评价者则主要是立法部门、司法部门、投资部门、金融部门、研究机构、新闻媒介部门、社会团体部门的评价者以及非执政党部门的评价者。

当前土地利用总体规划实施评价的主体多是当地国土资源主管部门或其委托的编制修编单位，这种组织模式降低了规划实施评价主体的独立性，影响了评价成果的质量。因此开展土地利用总体规划实施评价制度需要进一步明确规划实施评价的组织主体与执行主体，明确分工，并积极引入监督与咨询机制，强调政府各职能部门的协调配合，加强公众参与程度，广泛征询专家意见。同时，规划实施评价是一项专业性较强的工作，应加强对规划实施评价主体的资格审查与专业技术考核。

（三）土地利用规划实施评价的指标体系

土地利用规划实施评价的指标可以分为两类，一类是效果指标，另一类是执行指标。效果指标指的是土地利用规划实施后，所产生的社会、经济和生态效益，同时也包括社会公众对土地利用规划的认知程度。效果指标可以从四个方面进行衡量：社会公众认知度、投入产出率、环境改善率、劳动生产提高率。执行指标是指在土地利用规划实施过程中，关键指标的落实完成情况以及违反规划事件的频率、处置率。执行指标也可以分为三类：完成性指标、限制性指标、违反规划事件指标。

当前中国土地利用规划实施评价制度的设计，主要是对规划实施结果的评价。随着规划实施评价工作的深入与完善，还应进一步加强对规划编制方法、内容与规划实施管理与执行过程的评价。根据评价对象的具体特点，科学合理地构建评价指标体系，明确必选指标与备选指标，促进评价工作的规范化。

近年来我国各级各类土地利用规划虽然不断地被编制出来，但无论是规划的内容、方法，还是规划的实施效果都没有实质性的进步。由于缺少制度化、程序化的对规划实践的反思，"规划师只能根据对本身社会处境的自我反应和普遍性的情绪来判断规划的有效抑或失效，成功抑或失败"。

土地利用规划在实施的过程中，在区域发展的过程中究竟发挥了什么作用，这种作用的效果如何，直接影响并决定了土地利用规划在社会建制中的作用与地位，也决定了社会对土地利用规划的认识。而就土地利用规划自身来说，通过实施评价可以全面地检讨规划实施的结果和过程，有效地检测、监督既定规划的实施过程和实施效果，并在此基础上形成相关信息的反馈，从而为规划的内容和政策设计以及规划运作制度的架构提出修正、调整的建议，使土地利用规划的运作过程进入良性循环。因此，在现代土地利用规划运作体系中，规划实施评价应作为一个重要的、不可或缺的组成部分。

学术视野

土地利用规划的相关问题探析

1. 土地利用规划的公共性与法治性。规划在我国既是国家强化土地宏观调控的手段，也是权利人微观利用土地的指南。土地利用规划具有长期性、法定性、公权力性等重要特性。具体的土地利用规划行为必须接受规划制度的限制，规划必须纳入法治化轨道，规划法治化主要体现为规划的编制、审批、实施及修改均应具有合法性，不得随意突破。规划是确定土地利用行为合法性的前提之一，锁定了土地的不同用途及具体的使用方式及强度。规划是依据国家职权而实施的行政活动。政府基于其所拥有的管理权，在规划领域形成土地利用规划权与城乡建设规划权。

但在既有规划实践中，我国强调规划经济性、技术性、工具性，而缺乏公共性与法治性。规划的公共性欠缺导致的结果是：其一，多重规划部门分割权力，导致规划成果之间存在冲突。我国涉及行政规划的部门有十余个，包括发展改革部门、土地部门、环境保护部门、文物保护部门等。其二，目前规划以行政区划为单位，且更偏重于城市规划，此类规划的纵向协调性强，而横向协调性差，可能导致资源利用紧张关系或恶性竞争关系。

规划的法治性欠缺的表现是：其一，因土地利用规划与编制不直接对相对人产生法律后果，相对人或社会公众缺乏参与规划活动的机制。其二，土地利用规划仅是一种准抽象行政行为与准内部行政行为，导致规划侵权时无相应的权利救济机制。

为体现规划的法治性，必须建立规划救济措施，具体包含三个方面：其一，程序性保护。当规划行政机关在法定规划期内变更已经生效的土地利用规划的时候，该机关至少应当给已经产生合法预期的相对人提供最起码的程序保障，必须遵循规划变更的法定程序。行政机关变更时没有履行这些程序，如不能陈述规划改变的原因或者没有给当事人提出异议或听证的机会，将会导致其后来作出的改变决定被法院撤销。其二，实体性保护。支持规划相对人对短期土地利用规划的预期利益，确认其土地利用规划执行请求权、计划存续请求权等。其三，补偿性保护。要求行政机关在变更规划的同时，必须对相对人的合法预期给予适当补偿或过渡机会。[1]

2. 正确处理好土地利用总体规划与城市规划及其他专业规划之间的关系。加拿大的土地利用规划没有我国土地利用总体规划和城市规划之分，两者有机结合在一起。在我国，由于管理体制的原因，土地利用总体规划和城市规划是分开的，而且由土地行政主管部门和建设行政主管部门分别管理。虽然土地管理法规定城市总体规划应当与土地利用总体规划相协调，但正确处理土地利用总体规划与城市规划及其他专业规划的关系并不是一件易事。由于管理体制造成的土地管理和城市规划管理的分割状态在客观上容易导致规划的内容及规划的执行发生利益上的冲突，也人为地增加了规划的成本。要彻底解决这一问题，只能在规划管理体制的改革上寻求突破。

在管理体制无法到位之前，应该修订《城市规划法》，将"城市规划区的具体范围，城市人民政府在编制城市总体规划中划定"，"城市规划应与土地利用总体规划相协调"的规定修订为"城市规划建设用地区的具体范围，不得超过土地利用总体规划确定的城市建设用地区"，"城市规划应当与土地利用总体规划相衔接"。这是因为对城市用地而言，土地利用总体规划主要解决宏观用地问题，确定城市建设用地区界线等，城市规划则主要解决微观问题，在城市规划区内确定城市建设用地功能和具体建设项目用地范围等，两个规划既要各有侧重，也要相互衔接，衔接一致的关键是城市建设用地区的范围。但从当前各地实际情况看，两个规划的衔接并不到位，很多地方的城市建设用地区超过甚至远远超过土地利用总体规划确定的城市建设用地区范围。主要原因是城市规划编制在前，批准在前，地方政府在编制城市规划时，宽打宽用，贪大求全，城市发展多采用粗放外延扩展方式，将城市建设用地区范围划得过大，有的甚至将整个行政区辖范围都划入城市规划区，导致建设用地规模过大。而土地利用总体规划编制在后，批准在后，特别是自中央11号文件下发后开始着手修编的新一轮土地利用总体规划，其主要目的，就是要严格控制城市建设用地规模，彻底变粗放利用、

---

[1] 高富平主编：《土地法学》，高等教育出版社2016年版，第282页。

外延扩展为集约用地、内部挖潜，在编制时，不能被动地接受城市规划过大的建设用地范围，许多城市规划也没有根据土地利用总体规划进行修编。由于土地利用总体规划和城市规划都是省级以上人民政府批准要执行的规划，土地利用总体规划确定的城市建设用地区与城市规划确定的建设用地区范围的不一致，必然导致某些土地利用符合城市规划但不符合土地利用总体规划，给城市建设用地管理增加难度。因此，两个规划在审查批准前必须先行衔接好，土地利用总体规划一经批准，凡原已批准的城市规划中确定的城市建设用地区超过土地利用总体规划确定的建设用地区范围的，应当按土地利用总体规划规定的建设用地区范围及时调整和修改。这种修改，完全依靠地方政府的自觉性很难做到，省级以上人民政府在批准土地利用总体规划的同时，应要求地方政府按土地利用总体规划修改原已批准的城市规划，并在批准修编的城市规划时予以严格把关，保证两个区域界限和范围一致。

3. 正确处理好各级规划权力配置的冲突与协调。规划体系行政权内部配置问题主要体现在中央规划权与地方规划权的冲突及部门规划权之间的冲突上。中央土地利用规划权与地方土地利用规划权的冲突以及上、下级行政区土地利用规划权之间的冲突，如五级土地利用总体规划体系内部的不协调，就是由于各级规划级别与详略程度难以协调，全国、省级、市级等宏观规划过细，县级、乡（镇）级微观规划过粗，致使土地利用规划的实效不强，功能无法切实显现。部门规划权之间的冲突普遍存在。土地利用规划未能有效协调城乡建设规划，导致土地利用规划制度未能担负起对建设用地的控制责任。在规划的实施与监督过程中，规划实施的保障机制不足。

世界上很多国家，都采用这样一种制度，即在国家级层面制订总的政策规划，在低一级的地区或城市制订较为详细的或者更具有明确的法律效力的规划。国家规划从法律角度来制订，而不同于地区和城市的规划，并且它们在实质内容、影响投资和土地利用决策的方式上理应不同。如在加拿大，联邦政府没有管理规划的职能，规划完全由省以下各级政府管理。从1996年安大略省规划法案修改的情况看，省政府越来越多地将规划的制定和审批的权力下放给各城市政府，而将其职责定位于制定规划的总体政策，对地方制定规划进行指导。省政府制定的规划政策十分简单，仅有11页，但城市总体规划方案的内容十分详细，往往是很厚的一本书并附有分类很细的规划图。世界很多其他国家，包括美国也是如此，因为这些国家认为，由各城市自己决定城市土地未来的开发和利用是更为经济和有效的方式。

我国是五级规划体系，国家、省、市、县、乡都有土地利用总体规划。从总体上说，这与我国的实际情况是相符的，但从降低决策成本和更好地发挥各级规划作用的角度，我们必须对各级规划的地位和作用进行正确的定位。借鉴国外的经验，国家和省的土地利用规划应作为宏观性、战略性的规划。国家规划明确国家宏观战略与目标，提出土地利用规划的原则性问题；省级规划根据国家规划的目标与各省实际提出具体的规划条例，国家给予各省一定的自主权。市、县、乡的规划则应该是非常详细的、可操作的、能够真正实现用途管制的具体的控制性规划。其中市级规划应注重协调性，具有沟通上下的作用，不仅要与省内的其他地（市）相协调，更重要的是协调地（市）内各市县的土地利用；县、乡级规划同是操作层面的规划，但应区分其作用和规划手段，县级规划在一定程度上仍然是结构规划，确定各类土地的结构及利用方向，乡级层面的土地利用规划则应着重分区管制，具体到各个地块的用途管制[1]。

4. 土地利用规划是否具有可诉性。我国土地利用规划体系包括土地利用总体规划、土地利用专项规划、土地利用整体规划和土地利用年度计划等。

（1）全国、省级、市级的土地利用总体规划是通过各业用地指标分配和地域划分，对土地资源在行政区域间、产业间和部门间进行配置的规划，体现了区域公共利益，也体现了中央和地方公共利益之间，经济、社会和环境公益之间及其相互之间的错综复杂的冲突、协调和平衡，属于政策性、战略性的宏观调控规划，对于公众而言仅具有指导性，对外部相对人不发生法律效力，属于非拘束性规划。县级、乡（镇）级土地利用总体规划则属于法律拘束性规划，即不仅对行政机关的判断和行为具有拘束力，而且最主要是对规划相对人也有拘束力。县级、乡（镇）级规划通过划定土地利用分区界线和明确限定每一块土地用途，对规划相对人的环境权和自然资源权进行限制，体现了公共利益与私人利益的冲突与平衡，属于微观控制规划。具体而言，县级土地利用总体规划是具有强烈政策性的地方规章，因为它是由具有规章制定权的省级人民政府批准决定或经其授权批准决定的，对县域的所有土地使用人都有普遍的约束力，行政相对人必须按规划分区要求开发利用土地；同时它对行政主体也具有拘束力，执法机关必须依照规划进行土地管理执法，乡级人民政府必须将分区规划落实到每一块土地。如果相对人违反规划，则会出现两种法律后果：一是在需经审批的情况下，如农用地转为建设用地时，视为不符合审批的法定条件，导致相对人有关土地利用的申请被驳回，开发利用权利不能实现；二是在不需审批的情况下，如开垦未利用地未在规划划定的未开垦区而在禁止开垦区内时，相对人开发利用行为违反规划等同于违法，要受到行政处罚。乡镇土地利用总体规划是一种具体的行政处分决定，因为乡镇规划要按照县级规划的土地利用分区落实每一地块的用途，就是对地块上每一个权利人的土地使用权及环境权在土地使用方式上的限制，在一定时期内剥夺土地权利人的某些权益，对具体相对人实施了不利益处分。

（2）土地利用专项规划是对土地利用总体规划的深度开发的展开和实施，一方面在建设用地总量、规模控制、土地利用分区上应遵循土地利用总体规划，另一方面又对各自规划区域内的土地具体用途再做进一步划分。

城市总体规划、城市详细规划、村庄和集镇规划、江河湖泊综合治理和开发利用规划属于法律拘束性规划，原因在于这些规划通过不同类型的功能区划，进一步补充、深化和具体化了土地利用总体规划的土地利用分区，以分区控制形式对规划相对人的环境权和自然资源权进行限制，体现了公共利益与私人利益的冲突与平衡，对规划相对人产生法律约束力。具体来讲，城市总体规划、村庄和集镇规划中的总体规划、江河湖泊综合治理和开发利用规划属于具有强烈政策性的法规、规章或行政规范，因为它们需经有法规制定权的国务院、有地方规章制定权的省级人民政府或有行政规范制定权的市、县级人民政府审批决定，对规划区域内不特定的土地权利人产生反复适用的效力，并作为行政执法主体的执法依据。城市详细规划和村庄和集镇建设规划是一种具体的行政处分决定，通过对具体建设项目的开发控制，限制特定的土地利用者或建设者的财产权利或环境权。

公路建设用地规划和铁路建设用地规划则属于非法律拘束力规划，因为它们只从宏观上确定公路、铁路的用地规模和位置，对公众仅有指导性，不对相对人权益产生直接影响。

（3）土地利用年度计划属于具有强烈政策性的内部规章。由于落实的是指令性指标，其在行政机关内部具有强制力，是农用地转为建设用地审批的法定依据之一，行政主体若违反计划，将承担行政处分等行政责任。但此计划并未直接限制公民的个人权利，对相对人不直接产生法律效力，与分区控制性的土地利用规划有区别。其政策性表现在计划实际上对土地资源在时间上、在行政区域间、产业间和部门间进行配置，并且体现了区域公共利益之间，中央和地方公共利益之间，经济、社会和环境公益之间及其相互之间在时间上的错综复杂的冲突、协调和平衡。

某类土地利用规划是否具有可诉性，取决于我国目前的行政诉讼法律制度和对土地利用规划行为的法律性质认定。通过前文分析，全国、省级、市级土地利用总体规划，公路建设用地规划和铁路建设用地规划，土地利用年度计划属于不对外部相对人产生法律效力的非拘束性规划，其制定不属于法律行为，因此对它们的编制、决定行为不能纳入司法救济的范围；县级、乡（镇）级土地利用总体规划，城市总体规划、详细规划，村庄和集镇规划，江河湖泊综合治理和开发利用规划属于对外部相对人产生法律效力的拘束性规划，其中制定县级土地利用总体规划、城市总体规划、村庄和集镇总体规划、江河湖泊综合治理和开发利用规划的行为属于抽象行政行为，由于在我国现行的行政诉讼制度中抽象行政行为不属于受案范围，因此这类规划行为不可诉，而制定乡（镇）土地利用总体规划、城市详细规划、村庄和集镇建设规划的行为属于具体行政行为，具有可诉性。

理论思考与实务应用

一、理论思考

（一）名词解释

土地利用总体规划　土地利用年度计划

（二）简答题

1. 简述土地利用总体规划的概念、特点。

2. 简述土地利用总体规划的编制原则、依据、程序。

3. 简述土地利用年度计划的含义及编制审批程序。

（三）论述题

1. 试述土地利用总体规划的法律效力。

2. 试述土地利用总体规划的公众参与制度。

3. 试述土地利用规划法制的原则。

二、实务应用

（一）案例分析示范

案例一　违反土地利用总体规划的判断依据[1]

2009 年，郭德胜在未办理土地使用手续的情况下建造养殖场一处，实际占用土地面积 220.50 平方米。2011 年 12 月 5 日，河南省卫辉市国土资源管理局（以下简称卫辉市国土局）对原告郭德胜作出了卫国土监字（2011）第 041 号行政处罚决定书，要求原告拆除在非法占用的 220.50 平方米土地上新建的建筑物220.50 平方米，恢复土地原状，并处罚款 4410 元。原告认为被告作出处罚决定认定事实错误，诉至河南省卫辉市人民法院，要求撤销该处罚决定。

问：郭德胜非法占地是否符合土地利用总体规划？河南省卫辉市人民法院应如何判决？

【评析】国土资源主管部门在查处违法用地的过程中，必须准确界定其是否

---

〔1〕　参见"郭德胜诉河南省卫辉市国土资源局行政处罚案"，中国法院网，https://www.chinacourt.org/article/detail/2014/06/id/1323244.shtml，访问时间：2018 年 4 月 24 日。

符合土地利用总体规划，进而才可以确定对违法用地行为应如何处罚，是拆除还是没收，否则就可能因判定错误而造成处罚错误。《国土资源违法行为查处工作规程》（以下简称《查处规程》）对如何准确判定违法用地是否符合土地利用总体规划作出了明确规定。

是否符合规划的判定依据是什么？

判定是否符合土地利用总体规划，应当以法定土地利用总体规划图件、文本为依据。土地规划用途是由土地利用总体规划确定的，土地利用总体规划通过规划图件、文本将规划区域内土地的规划用途具体划分为农用地、建设用地和未利用地三类。经依法批准后，土地利用总体规划图件和文本即为法定规划图件和文本，土地实际用途与法定土地利用总体规划图件和文本明确的规划用途一致的，即可判定用地符合规划。

由于违法用地往往都是由违法建设引起的，国土资源主管部门查处违法用地时，判定是否符合规划实质是要看违法地块在法定土地利用总体规划图件和文本中标示的规划用途是否为建设用地。《查处规程》明确：判定违法用地是否符合土地利用总体规划，应当将违法用地的界址范围（或者界址坐标）与乡（镇）土地利用总体规划纸质图件（或者数据库矢量图件）套合比对、对照，将项目名称与土地利用总体规划文本对照。

如何判定非单独选址类违法用地是否符合规划？

违法用地属于城乡建设用地（非单独选址项目）的，判定其是否符合规划，应当将违法用地的界址范围（或者界址坐标）与乡（镇）土地利用总体规划纸质图件（或者数据库矢量图件）进行套合比对，违法用地位于规划城乡建设用地区域的，应当判定为符合土地利用总体规划。

需要注意的是，新一轮土地利用总体规划划定了"三界四区"，即城乡建设用地规模边界、扩展边界和禁止建设边界，允许建设区、有条件建设区、限制建设区和禁止建设区。因此，对于规划城乡建设用地范围应当区分情况进行判定：用地位于允许建设区的，判定为符合土地利用总体规划；用地位于有条件建设区、不突破城乡建设用地总规模的，判定为符合土地利用总体规划；用地位于禁止建设区和限制建设区的，判定为不符合土地利用总体规划。

如何判定单独选址类违法用地是否符合规划？

违法用地项目属于能源、交通、水利、矿山、军事设施等单独选址项目的，判定其是否符合规划，应当将违法用地的界址范围（或者界址坐标）与乡（镇）土地利用总体规划纸质图件（或者数据库矢量图件）进行对照，或将项目与土地利用总体规划文本进行对照。

当违法地块位于土地利用总体规划确定的交通廊道内、独立工矿用地区域，或用地项目已列入土地利用总体规划重点建设项目清单的，应当判定为符合土地利用总体规划；不在上述范围的建设项目用地，应当判定为不符合土地利用总体规划。

判定违法用地是否符合规划应遵循什么原则？

判定违法用地是否符合土地利用总体规划时应遵循以下原则：

第一，原则上以乡（镇）土地利用总体规划为依据，如果乡（镇）土地利用总体规划与市（县）土地利用总体规划不衔接的，应当以市（县）土地利用总体规划为准。

第二，在作出处罚决定前，土地利用总体规划依法作出了重大调整，违法用地的规划土地用途发生重大变更的，可以按照从轻原则判定是否符合土地利用总体规划。例如，违法行为发生时土地利用总体规划确定的规划用途为农用地的，依法应当拆除地上建筑物、构筑物；作出处罚决定或执行处罚决定时，土地利用总体规划已依法作出调整，调整后规划用途已调整为建设用地的，应当按照从轻原则，依据新的土地利用总体规划调整处罚内容或重新作出处罚决定，对地上建筑物、构筑物应当依法没收。违法行为发生时土地利用总体规划确定的规划用途为建设用地的，依法应当没收地上建筑物、构筑物；作出处罚决定或执行处罚决定时，土地利用总体规划已依法作出调整，调整后规划用途为农用地的，则应当依照从轻原则，适用原土地利用总体规划，处罚内容或处罚决定可不再调整，但应当明确地上建筑物、构筑物不得翻建、扩建。

第三，违法用地占用土地利用总体规划确定的未利用地的，根据《土地管理法实施条例》第23条、第24条的规定，不需要办理农转用审批手续，应当判定为符合土地利用总体规划。

本案中，郭德胜确实存在未经批准非法占用土地建养殖场的行为，违反了我国土地管理法的有关规定，卫辉市国土局应当根据郭德胜非法占用土地的行为是否符合当地土地利用总体规划的事实，对郭德胜作出限期拆除非法占用土地上的建筑物或没收非法占用土地上的建筑物的行政处罚。但卫辉市国土局提供的标示郭德胜违法占用土地的具体位置的图纸未附说明材料，其在庭审中亦未对该图纸中原告占用土地位置的确定方法作出说明、解释，致法院无法判断郭德胜占用的土地系农用地还是建设用地，即无法判断郭德胜建造的养殖场是否符合当地土地利用总体规划，直接导致无法确定卫辉市国土局对郭德胜的违法行为应如何处罚，即是拆除还是没收在非法占用土地上的建筑物。同时，根据行政处罚法的规定，卫辉市国土局在作出限期拆除建筑物即较重的行政处罚决定之前，应当经过本单位领导集体讨论决定，但是卫辉市国土局并未提供其对郭德胜作出的处罚决定经过了本单位领导集体讨论决定的证据。因此，卫辉市国土局对郭德胜作出的处罚决定主要证据不足，不符合法定程序，依法应予撤销，并且重新作出处理。

案例二　擅自改变土地用途合同效力评析[1]

甲葡萄园艺场依法拥有集体所有的土地使用权，该土地的用途为各类果树苗木。2004年1月1日，甲葡萄园艺场与乙化工厂签订协议，约定将土地租给乙化工厂使用，租期为10年，每年租金7000元。乙化工厂于租期内给付过租金14 000元，之后就一直拖欠租金。现因纠纷乙化工厂诉至法院请求确认双方之间签订的租用协议无效并要求甲葡萄园艺场返还其已交付的租金。

问：甲乙双方签订的合同是否有效？甲葡萄园艺场是否应当返还租金？

【评析】本案中甲乙签订的土地租赁协议无效。理由如下：

《民法通则》第58条第1款第5项规定，违反法律或者社会公共利益的民事行为无效。此处的强制性规定应指效力性强制性规定。我国《土地管理法》明确对农用地作出界定，且规定建设占用土地，涉及农用地转为建设用地的，应当办理农用地转用审批手续，不符合土地利用总体规划的，限期拆除在违法占用的土地上新建的建筑物和其他设施，恢复土地原状，可以并处罚款。此规定应当为效力性强制性规定。本案中虽然甲葡萄园艺场与乙化工厂签订的土地租赁协议系双方真实意思表示，但由于甲葡萄园艺场出租给乙化工厂的土地用途为农用地，且二者并未办理农用地转为建设用地的手续，属于擅自改变农业土地用途，签订的协议违反《土地管理法》的相关法律规定，因此所签订协议无效。

甲是否应当返还14 000元租金产生争议，即如何理解和适用《合同法》第58条"合同无效或者被撤销后，因该合同取得的财产，应当予以返还"的规定。

本案产生两种意见。第一种意见认为，应当返还租金。应严格适用《合同法》第58条的规定。原被告双方在明知未经批准该农用地转变成非农用地的情况下签订土地租用协议，合同自始无效，被告不仅得不到原合同中规定的土地租金，还要将已收取的租金退还原告。这是合同法规定的返还原则，符合被告不得基于恶意行为得利的原则。

第二种意见认为，不应当返还租金。应审查合同法规定的返还财产的合法性与现实性。首先，本案不具有返还租金的合法性，原告为恶意租用该土地且使用的行为，甲葡萄园艺场返还租金的请求不合法。其次，本案也不具有返还租金的现实性，土地租赁合同的连续性给付特征，决定了其已经履行的部分具有不可消灭的性质，况且原告也因原合同的履行获得了占有的收益。完全恢复原状已经不

---

〔1〕　"集体土地租赁合同被判无效怎么办"，华律网，http://www.66law.cn/laws/154104.aspx，访问时间：2018年4月24日。

可能，已交付租金的返还操作也很难，不予返还已经交付的租金，更加符合法律规定的意愿和公平合理的原则，故原告要求返还已交付租金的诉求不予支持。

笔者赞成第二种意见，具体理由为：

第一，合同无效设立的宗旨。从设定合同无效制度的目的出发，认定合同无效是为了防止因为无效合同的履行给国家、社会以及第三人利益带来损失而防控危害时所采取的救济方式。而返还财产只是救济方式的一种，并不是惩罚性的制裁，不能机械地理解返还财产为无效合同的一般原则。当合同标的物性质决定了其不能被返还时，则不能适用返还财产。仅因维护一方当事人的利益而适用返还财产，达不到维护社会秩序稳定的作用。在本案中合同确认无效的情况下，要求被告葡萄园艺场返还已交付的租金则显然是不现实也是不公正的。

第二，《合同法》及《民法通则》对当事人的恶意行为的规定。最基本的立法精神，即行为人不得从自身的恶意行为中获利。从预防不法分子利用无效合同进行恶意诉讼、恶意抗辩的情况来看，当事人明知自己签订无效合同，在履行过程中发现客观情况对己不利，主动到法院申请确认合同无效，要求返还财产。如果支持返还已交付的租金则满足了不法分子的请求，其不但没有因此承担合同无效的不利后果，反而可以由此获益。这样一来就存在着鼓励、放纵当事人签订无效合同的风险，不仅有损交易公平、诚信原则，扰乱市场的交易秩序，交易安全亦得不到保障。本案中，原告乙化工厂要求返还租金的诉讼请求无法律依据，如支持亦违反法律精神。

第三，合同无效财产应当予以返还的情形及条件；14 000 元租金是否具有逆转性及可返还性。从土地租赁合同的连续性给付特征来看，已经履行的部分具有不可消灭的性质，并不能简单地"各自返还"和"恢复原状"，其已经产生了一种无法逆转的事实状态，因此只能予以保留。如果已经全部或部分履行的租赁合同被确认无效，则由于承租人不可能向出租人返还其对租赁物已享受的使用之利，从而必然排除了合同无效时溯及力的适用。即便支持已给付租金的返还，使用土地一方也应当支付相当于租金的"土地使用费"，双方就会因此陷于循环诉讼当中，造成当事人的累讼和司法资源的浪费。此时，合同无效只能及于未来，返还财产必然受到限制，否则，将导致承租人无代价地获得对租赁物使用的不公平结果。因此，出租人仍应保留其已获得的租金，承租人应返还租赁物而无权就租金请求返还，以平衡当事人之间的利益关系。在请求返还财产时，法律并非一刀切，而应依据无效合同的性质、标的等因素对返还财产给予一定的限制，公正合理地处理无效合同纠纷。

第四，基于违法合同无效处理与基于合法合同解除处理的区别。无效合同应当恢复到违法前的状态，双方将依照合同从对方取得的财产予以返还，不支持获利，这是法律最低的保护形式。而合同解除是根据履行情况和合同性质，当事人可以请求恢复原状或采取其他补救措施，通常多数非连续性合同的解除有溯及力，而多数继续性合同的解除无溯及力。若本案系合法合同被解除，则被告葡萄园艺场不仅不需要将已经交付的租金交还给原告，原告还应当将未交付的资金偿还给被告。但是本案系违法合同无效，被告不得依据违法行为获利，故本案不能依据合同解除的处理办法来解决。

第五，被告违法出租土地的行为该如何惩罚。从民事法律关系的角度看，合同无效，未交付的租金被告无法取得，被告不得基于该违法签订协议的行为获利。从行政法律关系的角度看，可以依据《土地管理法》，由土地管理部门对被告进行行政处罚。但是从实施的现状来看，土管部门在管理方式上还存在欠缺，对农村土地的管理只是通过制定土地利用规划、城乡发展规划等方式，对农村集体用地的用途进行安排以维持正常交易秩序的公共管理方式，并不能积极主动地进行监督和管理。为了更好地将土地管理的立法精神落到实处，在土管部门还未对其进行行政处罚的情况下，被告葡萄园艺场不予返还已经交付的租金更符合现状要求。

案例三　非法占用农地罪[1]

2006年，依据省政府规定强生珍珠岩制品总公司应当属于关停企业范围。作为强生总公司的法人代表，周运生遂决定将公司迁址。在未经罗山县国土资源管理部门批准的情况下，周运生将公司迁往陈堂村，擅自与罗山县高店乡陈堂村部分村民签订租地协议，非法占用农用地14.355亩，其中基本农田13.668亩，耕地0.687亩，改变土地用途，于2007年8月建成强生珍珠岩制品有限公司并投入生产。罗山县人民检察院提供相应证据证明上述事实，请求法院依法判处周运生构成非法占用耕地罪。

问：周运生是否构成非法占用耕地罪？罗山县法院应当如何判处？

【评析】非法占用耕地罪在客观方面表现为违反土地管理法规，非法占用耕地改作他用，数量较大，造成耕地大量毁坏的行为。非法占用耕地通常表现为：其一，未经批准占用耕地，即未经国家土地管理机关审理，并报经人民政府批准，擅自占用耕地的；其二，少批多占耕地的，即部分耕地的占用是经过合法批准的，但超过批准的数量且多占耕地的数量较大的；其三，骗取批准而占用耕地的，主要是以提供虚假文件、谎报用途或借用、盗用他人的名义申请等欺骗手段

---

[1]　"土地法学案例分析——周运生非法占用耕地案"，豆丁网，https://www.docin.com/p-2073987327.html，访问时间：2018年4月24日。

取得批准手续而占用耕地，且数量较大的。

本案中周运生在未经罗山县国土资源局批准的情况下，擅自与罗山县高店乡陈堂村部分村民签订租地协议，违反土地管理法规，且非法占地规模多达14.355亩，符合"较多"这一标准。

非法占用耕地罪在主观方面表现为故意，即明知占用耕地改作他用的行为违反土地管理法规，而且对于占用耕地改作他用会造成大量耕地被毁坏的结果也是明知的。明知自己的行为会发生危害社会的结果，仍然希望或者放任结果的发生，在主观上为故意。且周运生在自诉中提到强生总公司的原厂址依据省政府决定属于关停企业范围，其想将公司迁址。由于其和陈堂村村支书熟识，所以决定将公司迁往陈堂村。因此周运生主观方面确为故意。

《刑法》第342条规定，违反土地管理法规，非法占用耕地、林地等农用地，改变被占用土地用途，数量较大，造成耕地、林地等农用地大量毁坏的，处5年以下有期徒刑或者拘役，并处或者单处罚金。《最高人民法院关于审理破坏土地资源刑事案件具体应用法律若干问题的解释》第3条规定，违反土地管理法规，非法占用耕地改作他用，数量较大，造成耕地大量毁坏的，依照《刑法》第342条规定，以非法占用耕地罪定罪处罚：非法占用耕地"数量较大"，是指非法占用基本农田5亩以上或者非法占用基本农田以外的耕地10亩以上。因此周运生符合非法占有耕地罪的构成要件，罗山县法院可判处其构成非法占有耕地罪，具体量刑应当依据被告人具体情节论处。

（二）案例分析实训

案例一　擅自改变土地用途合同效力案[1]

2007年9月1日，袁正凤与胡波协商一致签订了一份《协议》，袁正凤把自家的2.6亩责任田出租给胡波开竹木加工厂用；双方约定的租赁期限为5年，租金为每年2080元，租金给付方式为付一年租金使用一年，即先付租金后使用土地；未约定一方违约后所产生的损失的计算方法和所产生的损失的承担方式。协议签订后，胡波向袁正凤支付了第一年的租金。但一年期满后，一直到2008年10月，胡波仍未向袁正凤支付第二年租金。事实上，该协议所涉土地用途为农用地，地块名称为驼田，等级为2级，地类为水田，至今未办理农用地转用手续。袁正凤遂于2009年2月12日诉至威信县人民法院，请求判令解除双方签订的租赁协议，判令被告将土地恢复原状，由被告赔偿一切违约损失并由被告承担本案诉讼费。

---

[1] 参见"合同擅自改变土地用途　法院判决无效"，找法网，http://china.findlaw.cn/hetongfa/hetongdexiaoli/hetongxiaoliwenti/20178.html，访问时间：2019年4月6日。

问：本案袁正凤与胡波签订的土地租赁协议是否有效？袁正凤的诉讼请求能否成立？

案例二 违法工地利用规划商业开发案〔1〕

王某有家庭承包土地8亩，被县政府为建设"北山区"的商业开发项目而征收。后经查询得知，"北山区"商业开发项目用地通过城市批次方式被批准征收，而王某的承包地未在该县土地利用总体规划的城市建设用地范围内。王某于是以B省政府征地批复具体行政行为违法为由，要求撤销。

问：B省政府具有哪些违法情形？王某应当如何救济自己的权利？

案例三 王某破坏农用地案〔2〕

临港街道（原利港镇）苍山村村民王某违反与苍山村村委签订的用地协议，于2012年10月15日违法占用苍山村创新河北侧原苍墩窑厂一块经复垦验收的集体土地，经测量，违法占地面积为56.59亩，其中建有两垮钢结构厂房、混凝土搅拌堆场以及一些零星小企业建设的建（构）筑物，已造成耕地破坏。其违法占用的56.59亩土地均为耕地，违法情况十分严重，造成的影响十分恶劣。

问：王某的行为是否构成非法占用农地罪？苍山村村委是否有权要求王某进行赔偿？

主要参考文献

1. 张占录、张正锋主编：《土地利用规划学》，中国人民大学出版社2006年版。
2. ［美］托马斯：《公共决策中的公民参与：公共管理者的新技能与新策略》，孙柏英等译，中国人民大学出版社2004年版。
3. 王树义：《环境法系列专题研究》（第1辑），科学出版社2005年版。
4. 高富平：《土地法学》，高等教育出版社2016年版。
5. 王文革：《土地法学》，复旦大学出版社2011年版。

〔1〕 参见"商业开发项目可以直接占用耕地吗？"，农权法律网，http://www.nmql.com/e/action/ShowInfo.php?classid=324&id=15443，访问时间：2019年4月6日。
〔2〕 参见"行政执法案件（王洪炳）"，江阴市自然资源和规划局网，http://www.jsmlr.gov.cn/wxjy/gtzx/ztzl/yasf/201805/t20180522_651890.htm，访问时间：2019年4月6日。

第五章

城乡规划法

【本章概要】随着我国城镇化进程的加快和社会主义市场经济体系的逐步建立，城乡之间的联系日益紧密，城市的经济社会发展对其周边乡村的发展起到了积极的带动作用，乡村也为城市的发展提供了有力的支持，城市和乡村的发展日益交融。《城乡规划法》的制定即是为了加强城乡规划管理，协调城乡空间布局，改善人居环境，促进城乡经济社会全面协调可持续发展。本章以《城乡规划法》为主，对我国城乡规划的立法进程、立法现状进行了介绍，具体阐述了该法在制定、实施与修改、保障等方面的规定，进而对现有制度进行评析并提出了完善建议。

【学习目标】通过本章学习，重点掌握城乡规划法的制定目的、原则，以及制定、实施、修改、保障等相关制度，了解城乡规划的立法进程及现状。

第一节　概述

一、城乡规划与城乡规划法的概念

（一）城乡规划的概念

对于城乡规划的概念，我们不可以简单地把它理解为对城市和乡村的规划，这样太过笼统。要把握城乡规划的定义，需要认识到城乡规划是为实现一定经济社会发展目标而进行的各项建设活动的安排与部署，是一种对象为城乡的土地利用和空间布局的综合性的专门活动。因此，所谓城乡规划，是指为了实现一定时期内城市、村庄和集镇的经济和社会发展目标，确定城市、村庄、集镇的性质、规模和发展方向，合理利用城乡土地，协调城乡空间布局和各项建设的综合部署和具体安排。[1]

我国城乡规划法中所称城乡规划，包括城镇体系规划、城市规划、镇规划、乡规划和村庄规划。城市规划、镇规划分为总体规划和详细规划。详细规划又分为控制性详细规划和修建详细规划。

（二）城乡规划法的概念

从广义上讲，城乡规划法就是指国家制定和认可的，旨在调整城乡规划活动

---

〔1〕 隋卫东、王淑华、李军主编：《城乡规划法》，山东大学出版社2009年版，第4页。

中发生的各种社会关系的法律规范的总称，城乡规划的制定、实施管理、修改、监督检查等活动中所产生的各种社会关系是《城乡规划法》的调整对象；从狭义上讲，城乡规划法就是指全国人大常委会于 2007 年 10 月 28 日通过的《城乡规划法》这部法律。[1]

二、我国城乡规划法的立法目的

《城乡规划法》第 1 条即明确了该法的立法目的。

(一) 加强城乡规划管理

规划是人民政府行政管理权的重要内容之一，城乡规划管理就是要组织编制和审批城乡规划，并对城市、镇、乡、村庄的土地使用和各项建设的安排实施规划控制、指导和监督检查。城乡规划工作具有全局性、综合性的特点。因此，必须要依法加强对城乡规划的管理，使依法批准的各类城乡规划得以落实，有序规范各项城乡建设活动。由此可见，加强城乡规划管理是城乡规划立法的直接目的。

(二) 协调城乡空间布局，改善人居环境

加强城乡规划管理是本法的直接目的，但立法不能仅为了加强规划管理。将城乡规划的编制、审批、实施以及监督检查活动纳入法制化轨道，依法规范、管理城乡建设活动，其根本目的在于以人为本，实现城乡空间协调布局，为人民群众创造良好的工作和生活环境。

(三) 促进城乡经济社会全面协调可持续发展

城乡规划应处理好局部利益与整体利益、近期目标与长期目标、经济建设与环境保护、现代化建设与历史文化保护等一系列关系，充分发挥城乡规划在引导城乡发展中的统筹协调和综合调控作用，立足当下、面向未来，促进城乡经济社会全面协调可持续发展。

三、我国城乡规划的指导思想

(一) 可持续发展思想

"可持续发展"（sustainable development）是 20 世纪 80 年代在环境保护领域提出的一个新概念。1987 年，世界环境与发展委员会在《我们共同的未来》这一报告中，将其定义为"既能满足当代人的需要，又不对后代人满足其需要的能力构成危害的发展"。这一思想已在世界范围内被许多国家吸收、采纳，1997 年中共十五大把可持续发展战略确定为我国"现代化建设中必须实施"的战略。

可持续发展同样是城乡规划的重要内容。城市与乡村的可持续发展，应注重资源、环境、人口与发展的统一，注重经济效益、社会效益与环境生态效益的统一，注重城市与乡村的协调发展。同时，城乡规划对可持续发展也有重要的意

---

[1] 在本章中，如无特别说明，城乡规划法是指广义上的说法。

义，合理的城乡规划更有助于区域的可持续发展。

（二）科学发展观

科学发展观是我国城乡规划的重要指导思想。改革开放以来，经济发展迅猛，城市数量快速增加，城市规模和空间结构都在发生重大变化，城乡间人口流动带来的压力等问题都对我国城市和农村的管理提出了新一轮挑战。

在《城乡规划法》出台以前，我国有关城市和乡村规划管理的法律、行政法规有《中华人民共和国城市规划法》（1989 年 12 月 26 日第七届全国人民代表大会常务委员会第十一次会议通过、1990 年 4 月 1 日起施行，现已失效）和《村庄和集镇规划建设管理条例》（1993 年 5 月 7 日国务院令第 116 号公布、1993 年 11 月 1 日起施行），简称"一法一条例"。"一法一条例"实施多年来，对于加强城市、村庄和集镇的规划、建设和管理，促进城乡健康协调发展，遏制城市和乡村的无序建设、生态环境破坏等问题起到了重要的作用，但随着城乡间的联系愈发紧密，"一法一条例"在城乡二元结构基础上建立起来的规划管理制度使得城市和乡村之间缺乏统筹考虑与协调，逐渐凸显出其不适应性；加之一些地方在城市建设中脱离实际，大搞"政绩工程""形象工程"，规划的编制和实施中也缺乏公众的充分参与，以及过于原则的法律责任规定，都使得问题出现后难以得到及时、有效的解决，不仅浪费了宝贵的资源，一定程度上还加剧了社会矛盾。

因此，我们必须要在城乡规划中以科学发展观为指导，用科学发展观统领城乡规划建设工作，把科学和先进的理念渗透到规划工作的全过程中。

四、我国城乡规划的基本原则

我国《城乡规划法》第 4 条规定了在制定和实施城乡规划中，应当遵循城乡统筹、合理布局、节约土地、集约发展和先规划后建设的原则。

（一）城乡统筹原则

城乡二元体制在市场化进程中不仅没有促进农村地区的发展，反而加大了农村与城市之间的差距。城乡统筹的基本原则，体现了中共十七大提出的"城乡、区域协调互动发展机制基本形成"的目标要求，有利于改变以往城乡经济社会发展的二元结构，形成城乡良性互动的发展格局，尤其是有利于促进城市发展对农村的经济带动作用。城乡统筹原则作为制定和实施城乡规划应当遵循的首要原则，要求我们在制定和实施规划的过程中，统筹考虑城市、镇、乡和村庄的发展，适应区域人口发展、国防建设、防灾减灾和公共卫生、公共安全各方面的需要，合理配置基础设施和公共服务设施，促进城乡居民均衡享受公共服务，改善生态环境，以促进基本形成城乡、区域协调互动发展机制目标的实现。

（二）合理布局原则

合理布局是城乡规划制定和实施的重要内容，协调城乡空间布局是《城乡规划法》的立法目的之一。合理布局就是要优化空间资源配置，维护空间资源利用的公平性，提升空间资源的利用率；它是城市社会、经济、自然条件、工程技术以及建筑艺术在空间上的综合反映。[1]我们应当注重维护空间资源的公平利用、促进资源的节约利用；与此同时，更要注重保持地方特色和传统风貌，保障城市运行安全和效率，促进大中小城镇协调发展，促进城市、镇、乡和村庄的有序健康发展。

（三）节约土地原则

地少人多，尤其是耕地资源少，是我国的基本国情。《城乡规划法》第4条中提出在制定和实施城乡规划中要节约土地，并进一步强调要保护耕地。在城乡建设活动中，要改变对土地利用的铺张浪费和用地结构不合理的状况，对土地进行节约、集约利用，在合理规划用地的同时提升土地利用效益。该法对于乡、村庄规划区内进行乡镇企业、乡村公共设施和公益事业建设以及农村村民住宅建设中占用农用地的限制要求就是这一原则的具体体现。

（四）集约发展原则

资源是人类赖以生存和发展的物质基础，是可持续发展的重要保障。集约发展是我国在当今土地资源缺乏、环境容量压力大的基本国情下进行编制、实施城乡规划所要遵循的重要原则。集约发展意味着在充分利用资源的基础上，更注重集中、合理地运用现代管理与技术，强调要素组合的集结、协调和优化。为此，我们要认真分析城镇发展的资源环境条件，推进城镇由粗放型发展向集约型发展的转变，增强可持续发展的能力，向建设资源节约型、环境友好型城镇迈进。

（五）先规划后建设原则

先规划后建设是城乡规划法确定的实施规划管理所要遵循的基本原则。《城乡规划法》第3条规定，城市和镇应当依照该法制定城市规划和镇规划，县级以上地方人民政府根据本地农村经济社会发展水平，确定应当制定乡规划、村庄规划的区域，在确定区域内的乡、村庄，应当依照该法制定规划。同时，县级以上地方人民政府鼓励、指导上述规定以外区域的乡、村庄制定和实施乡规划、村庄规划。在实施《城乡规划法》时必须坚持这一基本原则，各级人民政府和城乡规划主管部门都要及时制定城乡规划并实施严格的管理和监督，严格依照法定程序审批和修改规划并加强对已经被依法批准的规划的监督管理，充分发挥法定规

---

〔1〕　何明俊编著：《城乡规划法学》，东南大学出版社2017版，第36页。

划对土地使用的指导、调控作用，促进城乡社会的有序发展。

五、城乡规划与相关规划的关系

原《城市规划法》规定，城市总体规划应当和国土规划、区域规划、江河流域规划、土地利用总体规划相协调；《村庄和集镇规划建设管理条例》中规定，村庄、集镇规划的编制，应当以县域规划、农业区划、土地利用总体规划为依据，并同有关部门的专业规划相协调。《城乡规划法》第5条规定："城市总体规划、镇总体规划以及乡规划和村庄规划的编制，应当依据国民经济和社会发展规划，并与土地利用总体规划相衔接。"

城乡规划是一种综合性规划，它不是一个封闭、孤立的体系，其编制需要与其他有关部门的专业规划相协调，相关专业管理部门所提供的如人口规模、建设用地规模、交通布局等基础数据资料为城乡规划的制定基础；同时，城乡规划是城乡建设的依据，确定了城乡的空间发展方向，这些又会影响到相关专业规划的制定。因此，虽然《城乡规划法》并未对城乡规划与其他相关专业规划的关系作重复规定，但在规划的制定和实施过程中，仍应注意其与各个相关专业规划相协调。

（一）城乡规划与国民经济和社会发展规划的关系

国民经济和社会发展规划是各级政府对本辖区内未来的国民经济和社会发展所作的规划，对经济建设、社会建设、文化建设发挥着重要的作用。从宏观管理层面上看，在发展目标、生产力布局、产业发展方向、城乡建设与环境保护等方面，城乡规划与国民经济和社会发展规划之间是相辅相成的；二者都是由政府直接编制的规划，都包括发展目标、发展规模等具体内容，且都要通过人大进行审议。

（二）城乡规划与土地利用总体规划的关系

土地利用总体规划是指在一定区域内，根据国民经济和社会发展规划对土地的需求以及当地的自然、经济、社会条件，对该地区范围内全部土地的利用所作的长期的、战略性的总体部署和安排。《土地管理法》第22条中也对城乡规划和土地利用总体规划的关系作出了规定，其规定城市总体规划、村庄和集镇规划中建设用地规模不得超过土地利用总体规划所确定的城市和镇、乡、村庄建设用地规模；在城市规划区[1]内、村庄和集镇规划区内，城市和村庄、集镇建设用地

---

[1]《城乡规划法》第2条对其与《土地管理法》所称的"规划区"进行了定义：规划区是指城市、镇和村庄的建成区以及因城乡建设和发展需要，必须实行规划控制的区域。规划区的具体范围由有关人民政府在组织编制的城市总体规划、镇总体规划、乡规划和村庄规划中，根据城乡经济社会发展水平和统筹城乡发展的需要划定。

应当符合城市规划、村庄和集镇规划。

城乡规划和土地利用总体规划在合理利用国土资源，促进经济、社会和环境的全面协调可持续发展等规划的目标上是一致的，与此同时，二者也各有侧重。土地利用总体规划以土地利用为核心，以保护土地资源为主要目标，侧重于从宏观上对土地资源及其利用进行功能划分与控制；城乡规划从其各项建设的空间布局进行考量，侧重于规划区内土地和空间资源的合理利用。

城乡规划体系中的城镇体系规划、总体规划等确定的经济社会发展目标及空间布局等内容可以为土地利用总体规划提供宏观依据，且城乡规划主管部门也参加国土规划和土地利用总体规划的编制、审核；同时，负责制定和实施国土规划、土地利用总体规划的国土资源部门也有责任参与城乡规划的编制和审核等工作。

（三）"多规合一"导向下城乡规划与其他规划之间的关系

同一空间下的多规矛盾已经严重影响了我国空间治理和发展的效率。2014年12月，由国家发展和改革委员会、国土资源部、环境保护部和住房和城乡建设部分别牵头，选取全国28个市县陆续开展了"多规合一"的试点工作。为贯彻落实党的十八届五中全会关于以主体功能区规划为基础统筹各类空间性规划、推进"多规合一"的战略部署，深化规划体制改革创新，建立健全统一衔接的空间规划体系，提升国家国土空间治理能力和效率，在市县"多规合一"试点工作基础上，2017年1月，中共中央办公厅、国务院办公厅印发了《省级空间规划试点方案》，将9个省份纳入试点范围。因此，推进"多规合一"，构建空间规划体系，已成为推进国家治理能力和治理体系现代化，加快生态文明建设和新型城镇化的重要举措。

从字面意义理解，"多规合一"即将多种规划整合为一种规划，对各规划的规划范围、编制内容以及实施过程进行统一或融合，进而指导城市发展。在现阶段各项研究以及实践中，对"多规合一"的定义尚未统一，有的认为应以各类规划内容的协调为主，有的认为应以建立各规划协调部门为主；对于"多规"的定义范围也各不相同，对协调统一的规划数量的理解也存在差异，一般而言，必须包含国民经济与社会规划、城乡规划、土地利用总体规划以及环境保护规划这四个主要规划。笔者认为，现阶段来看，"多规合一"的核心在于多个规划之间增进协调，即对已有的各规划进行分析与对比，明确规划原则，建立信息管理平台，并制定实施与保障措施，从而达到统一城乡空间的规划目标、用地布局，以及提高土地资源配置效率的目的。

在空间规划的改革模式中，"全面取代"模式是指用一个综合性的规划全面取代国民经济与社会发展规划、城乡规划、土地利用总体规划和环境保护规划；

"1＋X"的空间规划体系也作为一种新思路展现在我们眼前。"1"即国土空间规划，是其他规划的"宪法"性基本规划，对其他各项规划予以统筹；"X"即指保留现有的国民经济发展规划、土地利用规划、城乡规划、环境保护规划等。"全面取代"有利于实现无缝衔接，无需协调，但缺点是综合性过强，对规划编制、审批、管理和实施控制要求过高；"1＋X"模式不能实现规划体系的"减负"目标，但可以在不对现行规划体系造成巨大冲击的情况下，协调各规划之间的冲突。

第二节　立法沿革

城乡规划的法制建设同我国的社会发展历程一样，也历经了从无到有、从单一到配套、从零乱到系统的曲折发展之路。随着法治进程的加快，城乡建设得以迅速发展，城乡规划法制建设也在不断取得进步。

在中华人民共和国成立之初，城乡建设随着社会主义新制度的诞生进入了新的历史篇章。1951年2月，中共中央在《政治局扩大会议决议要点》中指出，"在城市建设计划中，应贯彻为生产、为工人服务的观点"，"力争在增加生产的基础上逐步改善工人生活"，以此明确了城市建设的基本方针。同年，中央政务院财政经济委员会发布了《基本建设工作程序暂行办法》，这是我国第一部全国性的基本建设管理办法，对基本建设的范围、计划的编制与批准等问题都作出了明确的规定。1952年9月，中央政务院财政经济委员会召开了新中国第一次城市建设座谈会，把城市建设纳入统一领导，我国自此进入按规划进行建设的新阶段。1956年，国家建设委员会（现为住房和城乡建设部）颁发了我国第一个城市规划方面的管理法规《城市规划编制暂行办法》，标志着规划工作开始走上法制的轨道。1962年10月，中共中央和国务院联合发布了《关于当前城市工作若干问题的指示》。在"人民公社化"时期通过的《关于人民公社若干问题的决议》中，对乡镇和村居民点的建设进行了规定，但只是为了人口集中和组织变动，并未具体进行建设安排。

改革开放以后，国家倡导社会主义法制建设，城乡规划也因此重新进入法制轨道。城乡规划法制建设由此至今可以分为三个时期：

一、初步重建时期

1977年至1989年可以被称为城乡规划法制建设初步重建时期，在城市规划方面：1978年，国务院第三次城市工作会议制定了《关于加强城市建设工作的意见》，经中共中央批准下发执行，对城市建设制定了一系列方针、政策，强调了城市在国民经济发展中的重要性，强调了编制城市规划的重要性；1980年，全国城市规划工作会议讨论《城市规划法（草案）》，明确指出"为了彻底改变多年来形成的只有人治没有法治的局面，国家有必要制定专门的法律，来保证城市规划稳定地、连续地、有效地实施"，同年12月，国家建设委员会（现为住房和城乡建设部）正式颁发了《城市规划编制批准暂行办法》和《城市规划定额指标暂行规定》，为城市规划的编制和审批提供了法律和技术依据。

在村镇规划方面，国家在大力进行城市建设的同时也鼓励农村的发展。1979年12月，国家建设委员会（后被并入国家计划委员会）、国家农业委员会（后被并入国家经济委员会）、农业部、建筑材料工业部（后被并入国家经济委员会）、国家建工总局（现已被撤销）在国务院的批准下联合召开了全国农村房屋建设工作会议，提出了"全面规划，正确引导，依靠群众，自力更生，因地制宜，逐步建设"的方针。[1]1982年1月14日，国家建委、国家农委联合颁发《村镇规划原则》，对村镇规划编制的指导思想、基本任务、阶段和具体内容进行了规定。

二、全面发展时期

1990年到2008年是我国城乡规划法制建设的全面发展时期，在总结吸收自身发展经验教训和借鉴国外发展经验的基础上，全国人大常委会于1989年颁布《中华人民共和国城市规划法》。相较于《城市规划条例》，该法更科学地对城市规划的性质、规划编制的基本原则、新旧区的开发改建以及规划实施过程中的监督管理和法律责任等方面的内容进行了规定。此后陆续颁布的《关于统一实行建设用地规划许可证和建设工程规划许可证的通知》《关于加强城市规划工作的通知》《城市规划编制办法》及其实施细则等规章和技术规范，都在城市规划和建设过程中发挥了巨大的作用。

1993年国务院颁布施行了《村庄和集镇规划建设管理条例》，要求促进农村地区健康发展，成为乡村规划工作的基本法律依据。"一法一条例"的出台标志着我国城乡规划法制建设迈入了新阶段，在该条例的基础上所颁布的《村镇规划标准》《建制镇规划建设管理办法》《村镇规划编制办法（试行）》等实施性的配套文件，标志着村镇规划法制建设也进入了全面发展的新阶段。

三、"城乡一体化"时期的规划法制建设

随着我国经济高速、稳定发展，城乡联系也愈发紧密，长久以来城乡规划的"二元结构"已经不能适应城乡发展需要。2007年10月28日，全国人大常委会通过了《中华人民共和国城乡规划法》，标志着我国进入了城乡一体的规划时

---

[1] 隋卫东、王淑华、李军主编：《城乡规划法》，山东大学出版社2009年版，第33页。

期,其确立了城乡规划编制、审批、实施和修改的制度框架,推进了城乡规划督察员制度、公众参与和社会监督制度、问责追究制度等规划制度的建设。

为保证《城乡规划法》的贯彻执行,相关配套法律规范也随之修改,如"一法三条例"的基本框架:2008年通过实施的《历史文化名城名镇名村保护条例》,于2006年实施、2016年修订的《风景名胜区条例》,以及《村庄和集镇规划建设管理条例》的修订工作也在抓紧推进中。

城乡规划法治建设是国家治理能力现代化与依法治国两大理念对城乡规划的重要要求,是实现城乡治理能力现代化的必经之路,我们要加快以城乡规划法治建设促进城乡治理体系法治化和治理能力的现代化。[1]

第三节　主要内容

一、城乡规划的制定制度

(一) 城乡规划的制定主体

规划的制定分为编制和确定,其制定主体可以分为编制主体和确定主体。我国《城乡规划法》第二章中对这一内容进行了明确的规定:具有指导省域城镇体系规划、城市总体规划编制作用的全国城镇体系规划由国务院城乡规划主管部门会同国务院有关部门组织编制,由国务院城乡规划主管部门报国务院审批;省域城镇体系规划由省、自治区人民政府组织编制,报国务院审批;城市总体规划由城市人民政府组织编制,直辖市的城市总体规划由直辖市人民政府报国务院审批,省、自治区人民政府所在地的城市以及国务院所确定的城市的总体规划,由省、自治区人民政府审查同意以后,报国务院审批,其他城市的总体规划,由城市人民政府报省、自治区人民政府审批;县人民政府组织编制县人民政府所在地镇的总体规划,报上一级人民政府审批,其他镇的总体规划由镇人民政府组织编制,报上一级人民政府审批;乡、镇人民政府组织编制乡规划、村庄规划,报上一级人民政府审批。

城市规划、镇规划分为总体规划和详细规划,详细规划又可分为控制性详细规划和修建性详细规划。城市人民政府城乡规划主管部门根据城市总体规划的要求,组织编制城市的控制性详细规划,经本级人民政府批准后,报本级人民代表大会常务委员会和上一级人民政府备案;镇人民政府根据镇总体规划的要求,组

---

[1] 罗彦、樊德良:"治理能力现代化视角下的城乡规划法治化建设挑战与思考",载《规划师》2016年第9期。

织编制镇的控制性详细规划，报上一级人民政府审批；县人民政府所在地镇的控制性详细规划，由县人民政府城乡规划主管部门根据镇总体规划的要求组织编制，经县人民政府批准后，报本级人民代表大会常务委员会和上一级人民政府备案；城市、县人民政府城乡规划主管部门和镇人民政府可以编制重要地块的修建性详细规划。修建性详细规划应当符合控制性详细规划。

《城乡规划法》第24条还对城乡规划的组织编制主体案提出了资质要求：城乡规划组织编制机关应当委托具有相应资质等级的单位承担城乡规划的具体编制工作。从事城乡规划编制工作应当具备下列条件，并经国务院城乡规划主管部门或者省、自治区、直辖市人民政府城乡规划主管部门依法审查合格，取得相应等级的资质证书后，方可在资质等级许可的范围内从事城乡规划编制工作：有法人资格；有规定数量的在相关行业协会注册的规划师；有规定数量的相关专业技术人员；有相应的技术装备；有健全的技术、质量、财务管理制度。

（二）城乡规划的制定程序

城乡规划的制定程序包括编制程序和确定程序，这里仅对城乡规划的总体规划的制定程序进行简述。

1. 城乡规划总体规划的编制程序。我国《城乡规划法》并未对城乡总体规划的程序进行详细的规定，这里根据《城市规划编制办法》对城市总体规划的程序进行介绍，其他规划的总体规划编制程序可参考此程序：

（1）前期研究。《城市规划编制办法》第12条对城市总体规划的前期研究进行了规定[1]，要求在城市人民政府提出编制城市总体规划前，首先对现行的规划实施情况进行总结，并对城市基础设施的支撑能力、建设条件等进行评价，在对城市发展目标等战略问题进行前瞻性研究后，再开始进行总体规划的编制工作。

（2）编制工作报告。在前期研究完成后，编制组织主体还应按规定提出编制工作报告，编制直辖市、省会城市以及国务院指定市的城市总体规划的，应当向国务院建设主管部门提出报告，其他市的城市总体规划的编制主体应向省、自治区建设主管部门提出报告。

（3）编制规划纲要和规划成果。编制组织主体组织编制城市总体规划纲要应按规定提请审查，并在审查部门给出审查意见后，依据该意见组织编制城市总

---

[1]《城市规划编制办法》第12条：城市人民政府提出编制城市总体规划前，应当对现行城市总体规划以及各专项规划的实施情况进行总结，对基础设施的支撑能力和建设条件做出评价；针对存在问题和出现的新情况，从土地、水、能源和环境等城市长期的发展保障出发，依据全国城镇体系规划和省域城镇体系规划，着眼区域统筹和城乡统筹，对城市的定位、发展目标、城市功能和空间布局等战略问题进行前瞻性研究，作为城市总体规划编制的工作基础。

体规划成果，按法定程序报请审查、批准。

2. 城乡规划的确定程序。城乡规划的审批程序主要包括审查、审议、审批、备案和公布。

（1）审查。审查就是指在进行审批前由法定审查主体依据职权对城乡规划编制组织主体所提交的城乡规划草案进行审核、调查。《城乡规划法》《风景名胜区管理条例》等有关文件中对审查进行了规定：省、自治区人民政府所在地的城市以及国务院确定的城市的总体规划，由省、自治区人民政府审查同意后，报国务院审批；村庄规划在报送审批前，应当经过村民会议或者村民代表会议讨论同意；国家级风景名胜区总体规划由省、自治区、直辖市人民政府审查，报国务院审批；国家自然保护区发展规划，经国务院计划部门综合平衡后，报国务院批准实施。

（2）审议。城乡规划的审议是指国家权力机关依法对城乡规划草案按照权力机关的议事规则进行审议的程序。如《城乡规划法》第 16 条规定，省、自治区人民政府组织编制省域城镇体系规划，城市、县人民政府组织编制的总体规划，在报上一级人民政府审批前，应当先经本级人民代表大会常务委员会审议；镇人民政府组织编制的镇总体规划，在报上一级人民政府审批前，应当先经镇人民代表大会审议。

（3）审批。城乡规划的审批就是由法定审批机关依法对城乡规划草案及相关公众意见、审议意见等进行审查，决定其最终效力的程序。相关审批机关在上文中已有部分介绍，不再赘述。

（4）备案。我国《城乡规划法》对已被批准的城乡规划实行备案制度，是一种要求组织编制城乡规划的部门依照法定程序将应报备文件报送有关机关，有关机关对符合法定条件的文件予以登记的一种制度，如《城乡规划法》第 19 条、第 20 条中的规定。[1]

（5）公布。我国《城乡规划法》第 8 条对公示制度进行了规定："城乡规划组织编制机关应当及时公布经依法批准的城乡规划。但是，法律、行政法规规定不得公开的内容除外。"

（三）城乡规划的内容和期限

1. 城乡规划的内容。《城乡规划法》对各规划的内容进行了规定，其要求省

---

[1]《城乡规划法》第 19 条：城市人民政府城乡规划主管部门根据城市总体规划的要求，组织编制城市的控制性详细规划，经本级人民政府批准后，报本级人民代表大会常务委员会和上一级人民政府备案。

第 20 条：镇人民政府根据镇总体规划的要求，组织编制镇的控制性详细规划，报上一级人民政府审批。县人民政府所在地镇的控制性详细规划，由县人民政府城市规划主管部门根据镇总体规划的要求组织编制，经县人民政府批准后，报本级人民代表大会常务委员会和上一级人民政府备案。

域城镇体系规划的内容应当包括：城镇空间布局和规模控制，重大基础设施的布局，为保护生态环境、资源等需要严格控制的区域。

《城乡规划法》第 17 条第 1 款明确规定："城市总体规划、镇总体规划的内容应当包括：城市、镇的发展布局，功能分区，用地布局，综合交通体系，禁止、限制和适宜建设的地域范围，各类专项规划等。"同时该条第 2 款还对城市总体规划、镇总体规划的强制性内容作出了规定，即规划区范围、规划区内建设用地规模、基础设施和公共服务设施用地、水源地和水系、基本农田和绿化用地、环境保护、自然与历史文化遗产保护以及防灾减灾等内容，应当作为城市、镇总体规划的强制性内容，其作为规划的必备内容在规划图纸上准确表明，在规划文本上有明确、严格、规范的表述，并提出相应的管制性措施。

《城乡规划法》第 18 条对乡规划、村庄规划的内容进行了规定，应包括：规划区范围，住宅、道路、供水、排水、供电、垃圾收集、畜禽养殖场所等农村生产、生活服务设施、公益事业等各项建设的用地布局、建设要求，以及对耕地等自然资源和历史文化遗产保护、防灾减灾等的具体安排。乡规划还应当包括本行政区域内的村庄发展布局。

2. 城乡规划的期限。《城乡规划法》对城市总体规划、镇总体规划的期限作出了规定：城市总体规划、镇总体规划的规划期限一般为 20 年，近期建设规划期限一般为 5 年。根据《城镇体系规划编制审批办法》，城镇体系规划的期限一般为 20 年。《村镇规划编制办法（试行）》中对村镇总体规划和村镇建设规划的期限规定为一般 10 ~ 20 年，强调后者宜与前者一致；村镇近期建设规划的期限一般为 3 ~ 5 年。详细规划和专项规划的期限目前欠缺全国性的法律规范的相关规定，一般来说应该在总体规划期限内或者与总体规划的期限相一致。

二、城乡规划的实施制度与修改制度

城乡规划的实施，是指城乡规划的行政主管部门依据有关城乡规划的法律规范和已批准的城乡规划，对规划区内各项建设用地和建设活动进行审查，并核发规划许可的一种行政行为。这里先对城乡规划的实施原则进行概述，再对主要的实施制度进行介绍。

（一）城乡规划的实施原则

《城乡规划法》第 28 条对城乡规划的实施过程中所应遵循的原则进行了规定，即"地方各级人民政府应当根据当地经济社会发展水平，量力而行，尊重群众意愿，有计划、分步骤地组织实施城乡规划"。在这里对各原则[1]进行简要概述：

---

〔1〕 吴高盛主编：《中华人民共和国城乡规划法释义》，中国法制出版社 2007 年版，第 64 ~ 65 页。

1. 根据当地经济发展水平实施的原则。经济社会发展水平，是指地方各级人民政府管辖范围内的社会生产力发展水平以及由生产力发展水平所决定的产业结构的基本情况、当地市场的发育情况。城乡建设不能脱离实际，要防止盲目扩大建设规模、急功近利。地方各级人民政府应根据本地实际情况，明确近期建设和远期发展的目标，统筹考虑城市、镇（乡）和村庄的发展状况，根据各类规划的内容要求和特点，编制相关规划。

2. 量力而行的原则。我们认为本原则与前一原则相呼应，都是强调要根据当地经济社会发展水平及本地区人力、物力、财力等实际情况来制定切实可行的规划，是科学发展观和构建和谐社会的要求。

3. 尊重群众意愿的原则。尊重群众意愿，是指地方各级人民政府在实施城乡规划时要虚心接受人民群众的监督，充分听取人民群众的意见和建议，建立城乡规划的实施和人民群众普遍关注的民生问题的联系，有效地配置公共资源，合理安排城市基础设施和公共服务建设，改善人居环境，方便群众生活，在城乡规划的实施过程中进一步推动社会公正和改善民生。

4. 有计划、分步骤地组织实施的原则。本原则是指要根据当地经济社会发展水平，制定并落实城乡规划的具体实施意见和配套措施来保证城乡规划的实施，要确定不同阶段的工作重点和工作方向，分阶段、分步骤、有计划地对城乡规划予以落实。

（二）城乡规划的审查许可制度

城乡规划许可是城乡规划行政主管部门，应建设单位或个人的申请，通过颁发规划许可证等形式，依法赋予该单位或个人在城乡规划区内获取土地使用权，进行建设活动的行政行为。[1]各项建设用地和建设工程应当符合城乡规划，依法取得城乡规划行政主管部门的批准文件，城乡规划行政主管部门也必须依据城乡规划进行规划许可审批。

实施《城乡规划法》后，我国城乡规划审查许可制度实行"一书三证"的规划管理制度，其中，城镇规划审查实行"一书两证"制："选址意见书"是城乡规划主管部门依法审核建设项目选址的法定凭据；"建设用地规划许可证"是经城乡规划主管部门依法审核，建设用地符合城乡规划要求的法律凭证；"建设工程规划许可证"是经城乡规划主管部门依法审核，建设工程符合城乡规划要求的法律凭证。乡村规划实施"一证"制，在实施《城乡规划法》前，乡村规划

---

〔1〕 全国人大常委会法制工作委员会经济法室，国务院法制办农业资源环保法制司，住房和城乡建设部城乡规划司、政策法规司编：《中华人民共和国城乡规划法解说》，知识产权出版社 2008 年版，第85 页。

区建设实行"一书一证"，即需要向规划主管部门领取村镇规划选址意见书和村镇规划建设许可证，后考虑到乡村交通、建设规模等特点，依照便民原则废除了村镇规划选址意见书制度，现只要向规划主管部门申领乡村建设规划许可证即可开展乡村建设。

1. 建设项目选址意见书。建设项目选址意见书是城乡规划主管部门按照法律规定，对以划拨方式提供国有土地使用权的建设项目，在报送有关部门批准或者核准前，向建设单位核发的同意选址的证明文件。由于建设项目的选址与一个城市的功能布局、空间形态以及基础设施、自然环境等联系密切，选址合理，可以促进城市的长远发展；选址失败，则会阻碍城市的发展，因此必须要通过建设项目选址意见书的核发，从规划上对建设项目加以引导，从而更加充分合理地利用土地资源。

根据我国《城乡规划法》第36条的规定，这里所说的建设项目意为：按照国家规定需要有关部门批准或核准的，且通过划拨方式取得土地使用权的建设项目，除此以外的建设项目不需要申请选址意见书。根据我国《土地管理法》的规定，建设项目土地使用权的获得包括有偿出让和无偿划拨两种方式。划拨是指经县级以上人民政府依法批准，在土地使用者缴纳补偿、安置等费用后，取得国有土地使用权，或者经县级以上人民政府依法批准后无偿取得国有土地使用权。[1]我国《城市房地产管理法》第24条规定，划拨土地主要用于保障社会公共事业用地，除国家机关用地和军事用地，城市基础设施和公益事业用地，国家重点扶持的能源、交通、水利等项目用地，以及法律、行政法规规定的其他用地在经县级以上人民政府依法批准后可以采取无偿划拨的方式外，对其余用地都采取有偿出让制度。[2]我国《城乡规划法》第38条规定，在城市、镇规划区内以出让方式提供国有土地使用权的，在国有土地使用权出让前，城市、县人民政府城乡规划主管部门应当依据控制性详细规划，提出出让地块的位置、使用性质、开发强度等规划条件，作为国有土地使用权出让合同的组成部分。未确定规划条件的地块，不得出让国有土地使用权。即对有偿出让地块的建设项目虽不需要城乡规划主管部门进行建设项目的选址和出具选址意见书，但在其获得国有土地使用权前，也同样需要具备城乡规划主管部门所提出的相关条件。

2. 建设用地规划许可证。建设用地规划许可证，是指建设单位在向土地管理部门申请征用、划拨土地前，城乡规划行政主管部门确认建设项目位置和范围符合城乡规划后向建设单位所颁发的法定凭证，是建设单位用地的法律凭证。

---

〔1〕　隋卫东、王淑华、李军主编：《城乡规划法》，山东大学出版社2009年版，第209页。
〔2〕　隋卫东、王淑华、李军主编：《城乡规划法》，山东大学出版社2009年版，第210页。

建设单位在取得建设项目选址意见书及建设项目经有关部门批准、核准后，向城市、县人民政府城乡规划主管部门送审建设工程设计方案，申请建设用地规划许可证，城市、县人民政府城乡规划主管部门对各项文件、资料、图纸等是否完备进行审核，并依据控制性详细规划对建设用地的位置、面积及建设工程总平面图进行审核，确定建设用地范围。对于符合法定要求的建设项目，应当核发建设用地规划许可证；对于不符合法定要求的，不予核发并说明理由，且应给予书面答复。

建设单位在取得建设用地规划许可证后，方可向县级以上地方人民政府土地主管部门申请用地，经县级以上人民政府审批后，由土地主管部门划拨土地。

以出让方式取得国有土地使用权的建设项目，在签订国有土地使用权出让合同后，建设单位应当持建设项目的批准、核准、备案文件和国有土地使用权出让合同，向城市、县人民政府城乡规划主管部门领取建设用地规划许可证。

我国《城乡规划法》第 42 条对建设用地规划许可进行了限制：城乡规划主管部门不得在城乡规划确定的建设用地范围以外作出规划许可。这里所说的建设用地是指建造建筑物、构筑物的土地，包括住宅用地、公共设施用地、能源、交通、水利等基础设施用地、旅游用地、军事用地等。建设用地的规模和范围，以及土地利用的性质和强度均必须严格按照城乡规划主管部门所确定的内容进行，各级土地主管部门在进行规划许可时绝不可逾越该范围，以此保障城乡规划的实施，并在规划的指引下达到合理利用和节约土地的目的。

3. 建设工程规划许可证。建设工程规划许可证，是指在城市、镇规划区内进行建筑物、构筑物、道路、管线和其他工程建设的建设单位或个人，应当向城市、县人民政府城乡规划主管部门或者省、自治区、直辖市人民政府确定的镇人民政府申请领取的建设工程的法律凭证。其是建设单位建设工程的法律凭证，也是在建设活动中接受监督检查时的法定依据。核发建设工程规划许可证的目的在于确认有关建设活动的合法地位，保证建设单位和个人的合法权益。

从建设工程规划许可证与建设用地规划许可证的关系来看，建设用地在获得规划主管部门的规划许可后，在该建设用地上建设工程仍需获得对项目本身的规划许可，建设用地规划许可是工程规划许可的前提，前者不能取代后者，后者也不能突破前者的内容。建设用地规划许可主要是使建设项目在整体上符合城乡规划，建设工程许可则是对建设项目本身的具体方案进行审查，如控制标高、建筑密度和建筑层数等，如果经审查发现内容不合格，如建筑物过高与周围环境不协调或存在安全隐患等问题，就不能颁发建设工程规划许可证。

4. 乡村建设规划许可证。2008 年颁布的《城乡规划法》对建立乡村建设规划许可制度提出了明确要求，建设部《关于贯彻实施〈城乡规划法〉的指导意见》也明确提出，建立乡村建设规划许可证制度要充分体现农村特点，体现出便民利民和以人为本，以满足农民生产和生活需要，遏制农村无序建设和浪费土地。经过6年的实践与探索，住房和城乡建设部于2014年制定了《乡村建设规划许可实施意见》，提出了强化管理、高效便民、因地制宜的乡村建设规划原则，并对乡村建设规划许可的条件、机关、程序等内容加以细化，进一步为乡村建设规划的建立与完善指明了方向。

（1）核发乡村建设规划许可证的条件和程序。《城乡规划法》第41条规定，申请乡村规划许可证的主体应为建设单位或者个人，其在乡、村庄规划区内进行乡镇企业、乡村公共设施和公益事业建设的，应当向乡、镇人民政府提出申请，由乡、镇人民政府报城市、县人民政府城乡规划主管部门核发乡村建设规划许可证。乡、镇人民政府负责接收个人或建设单位的申请材料，报送乡村建设规划许可申请。

城市、县人民政府城乡规划主管部门负责受理、审查乡村建设规划许可申请，作出乡村建设规划许可决定，核发乡村建设规划许可证。城市、县人民政府城乡规划主管部门在其法定职责范围内，依照法律、法规、规章的规定，可以委托乡、镇人民政府实施乡村建设规划许可。

城市、县人民政府城乡规划主管部门应自受理乡村建设规划许可申请之日起20个工作日内进行审查并作出决定。对符合法定条件、标准的，应依法作出准予许可的书面决定，并向申请人核发乡村建设规划许可证。对不符合法定条件、标准的，应依法作出不予许可的书面决定，并说明理由。

建设单位或者个人在依法取得乡村建设规划许可证后，即可办理用地审批手续。

（2）乡村建设规划许可的内容。《乡村建设规划许可实施意见》还对乡村建设规划许可的内容作出了规定，其包括对地块位置、用地范围、用地性质、建筑面积、建筑高度等的要求。根据实际管理需要，乡村建设规划许可的内容也可以包括对建筑风格、外观形象、色彩、建筑安全等的要求。

各地可根据实际情况，对不同类型乡村建设的规划许可内容和深度提出具体要求。要重点加强对建设活动较多、位于城郊及公路沿线、需要加强保护力度的乡村地区的乡村建设规划许可管理。

（3）乡村建设规划许可的变更。个人或建设单位应按照乡村建设规划许可证的规定进行建设，不得随意变更。确实需变更的，被许可人应当向作出许可决定的行政机关提出变更申请，依法办理变更手续。

此外，为了公共利益的需要，在由于乡村建设规划许可所依据的法律、法规、规章被修改或废止，或准予乡村建设规划许可所依据的客观情况发生重大变化时，可依法变更或撤回已经生效的乡村建设规划许可证。由此给被许可人造成财产损失的，应依法给予补偿。

由于乡镇一级的管理机构相对不健全，县级建设部门的管理力量也较为薄弱，这一建设许可制度在大多数地区可能难以得到有效的执行。因此，各级城乡规划主管部门要增强责任感和紧迫感，制定切实可行的乡村建设规划许可管理机制，在明确职责的同时落实责任；同时，加大对相关管理人员的业务指导和培训，通过宣传普及乡村建设许可工作，发挥乡镇人民政府和村民自治组织的作用，提高村民遵守规划的意识；此外，各级城乡规划主管部门要加强监督检查，对未依法取得乡村建设规划许可证或未按照规定进行建设的，由乡、镇人民政府责令停止建设、限期改正；逾期不改的，可以拆除。对于不符合城乡规划要求、未依法取得乡村建设规划许可证的，不得办理房屋产权证，对于未按规定受理申请、核发乡村建设规划许可证的，应依法追究有关人员的责任。

（三）城乡规划法的修改制度

由于当地经济社会发展的情况变化，在规划的实施过程中难免会出现在编制、审议或批准时无法预测的情况，从而可能影响规划目标的实现。《城乡规划法》专门设立了"城乡规划法的修改"一章，提出了"定期评估"，并对修改规划的条件、审批、备案等法定程序，以及修改规划对当事人的合法权益造成损失时的补偿和未按规定进行规划修改所应承担的责任进行了规定。

1. 城乡规划的修改主体。《城乡规划法》第46条规定，省域城镇体系规划、城市总体规划、镇总体规划的组织编制机关，应当组织有关部门和专家定期对规划实施情况进行评估，并采取论证会、听证会或者其他方式征求公众意见。组织编制机关应当向本级人民代表大会常务委员会、镇人民代表大会和原审批机关提出评估报告并附具征求意见的情况。第48条规定，修改控制性详细规划的，组织编制机关应当对修改的必要性进行论证，征求规划地段内利害关系人的意见，并向原审批机关提出专题报告，经原审批机关同意后，方可编制修改方案。这在一定程度上反映了修改参与主体的扩大，更为注重信息公开和公众参与。

2. 城乡规划的修改程序。为了增强规划实施的严肃性，防止随意修改规划，《城乡规划法》第47条对规划的修改条件和程序作出了具体规定。该条规定，有下列五种情形之一的，组织编制机关方可按照规定的权限和程序修改省域城镇体系规划、城市总体规划、镇总体规划：

（1）上级人民政府制定的城乡规划发生变更，提出修改规划要求的。

（2）行政区划调整确需修改规划的。

（3）因国务院批准重大建设工程确需修改规划的。

（4）经评估确需修改规划的。

（5）城乡规划的审批机关认为应当修改规划的其他情形。

修改省域城镇体系规划、城市总体规划、镇总体规划前，组织编制机关应当对原规划的实施情况进行总结，并向原审批机关报告；修改涉及城市总体规划、镇总体规划强制性内容的，应当先向原审批机关提出专题报告，经同意后，方可编制修改方案。

修改后的省域城镇体系规划、城市总体规划、镇总体规划，应当依照《城乡规划法》第13～16条规定的审批程序报批。也就是说，修改后的规划的报批程序同制定规划的报批程序是一致的。[1]

修改控制性详细规划的，如上述，组织编制机关应当论证对规划进行修改的必要性，征求规划地段内利害关系人的意见，并向原审批机关提出专题报告，在原审批机关同意后，方可编制修改方案。修改后的控制性详细规划，应当依照《城乡规划法》第19条、第20条[2]规定的审批程序报批。控制性详细规划修改涉及城市总体规划、镇总体规划的强制性内容的，应当先修改总体规划。修改乡规划、村庄规划的，应当依照《城乡规划法》第22条[3]规定的审批程序报批。

城市、县、镇人民政府修改建设规划的，应当将修改后的建设规划报总体规划审批机关备案。

3. 损失补偿与责任承担。在城乡规划的实施过程中，城乡规划主管部门依据经法定程序批准的城乡规划，核发"三书一证"，在核发这些许可证书后，规划主管部门不得擅自改变已经生效的行政许可。但在客观情况发生了重大变化必须对规划进行修改时，为了公共利益的需要，可以依法对城乡规划作出相应的修改。此时，由于城乡规划的依法修改或许可证的变更、撤销给被许可人造成合法权益损失的，应当依法给予补偿；经依法审定的修建性详细规划、建设工程设计

---

[1] 即省域城镇体系规划，直辖市的城市总体规划以及省、自治区人民政府所在地的城市以及国务院确定的城市的总体规划，报国务院审批；其他城市的总体规划，报省、自治区人民政府审批；县人民政府所在地的镇的总体规划，报县人民政府的上一级人民政府审批；其他镇的总体规划，报镇人民政府的上一级人民政府审批。同时，在报上一级人民政府审批前，应当先经本级人民代表大会常务委员会或镇人民代表大会审议，审议意见和根据审议意见修改规划的情况，应当一并报送上一级人民政府。

[2]《城乡规划法》第19条：城市人民政府城乡规划主管部门根据城市总体规划的要求，组织编制城市的控制性详细规划，经本级人民政府批准后，报本级人民代表大会常务委员会和上一级人民政府备案。第20条：镇人民政府根据镇总体规划的要求，组织编制镇的控制性详细规划，报上一级人民政府审批。县人民政府所在地镇的控制性详细规划，由县人民政府城乡规划主管部门根据镇总体规划的要求组织编制，经县人民政府批准后，报本级人民代表大会常务委员会和上一级人民政府备案。

[3]《城乡规划法》第22条：乡、镇人民政府组织编制乡规划、村庄规划，报上一级人民政府审批。村庄规划在报送审批前，应当经村民会议或者村民代表会议讨论同意。

方案的总平面图不得随意修改，确需修改而因依法修改给利害关系人合法权益造成损失的，也应当依法给予补偿。[1]

同时根据《城乡规划法》有关规定，确需修改经依法审定的修建性详细规划、建设工程设计方案的总平面图的，城乡规划主管部门应当采取听证会等形式，听取利害关系人的意见，以保障公众行使对城乡规划的监督权。因此，同意修改修建性详细规划、建设工程设计方案的总平面图前未采取听证会等形式听取利害关系人的意见的，《城乡规划法》对此作出了规定，即镇人民政府或者县级以上人民政府城乡规划主管部门有上述行为的，由本级人民政府、上级人民政府城乡规划主管部门或者监察机关依据职权责令改正，通报批评；对直接负责的主管人员和其他直接责任人依法给予处分。

（四）城乡规划的监督检查制度

改革开放以来，我国城乡建设发展速度加快，城乡面貌发生显著变化。但近年来，在城市规划和建设中也出现了一些不容忽视的问题，一些地方不顾当地经济发展水平和实际需要，盲目扩大城市建设规模；在城市建设中互相攀比，急功近利，贪大求洋，搞脱离实际、劳民伤财的所谓"形象工程""政绩工程"；对历史文化名城和风景名胜区重开发、轻保护；在建设管理方面违反城乡规划管理有关规定，擅自批准开发建设等，这些问题严重影响了城乡建设的健康发展。为进一步强化城乡规划对城乡建设的引导和调控作用，应当更加重视健全城乡规划建设的监督管理制度，促进城乡建设健康有序发展。

1.《城乡规划法》中监督检查的内容。我国《城乡规划法》将监督检查单设一章，也同样凸显了监督检查的重要性，在此首先对该法中所明确的监督检查内容进行阐述。

（1）行政监督。加强和完善城乡规划的法制建设，就要建立和完善城乡规划管理监督制度，形成完善的行政监督检查、行政纠正和行政责任追究机制，强化对城乡规划实施情况的督查工作。

城乡规划法中规定我国城乡规划的行政监督主体是县级以上人民政府及其城乡规划主管部门，包括国务院和各级人民政府以及国务院建设行政主管部门、县级以上地方人民政府城乡规划主管部门，由二者分别主管全国城乡规划工作和本行政区域内的城乡规划工作。法律赋予了它们对城乡规划编制、审批、实施、修

---

[1]《城乡规划法》第50条：在选址意见书、建设用地规划许可证、建设工程规划许可证或者乡村建设规划许可证发放后，因依法修改城乡规划给被许可人合法权益造成损失的，应当依法给予补偿。经依法审定的修建性详细规划、建设工程设计方案的总平面图不得随意修改；确需修改的，城乡规划主管部门应当采取听证会等形式，听取利害关系人的意见；因修改给利害关系人合法权益造成损失的，应当依法给予补偿。

改行为的监督检查权，在履行监督检查的职权时应保证主体合法、对象合法、内容合法、措施合法；同时，《城乡规划法》也规定城乡规划管理监督检查人员必须按照法律、法规规定的程序进行监督检查，如在进行监督检查时应当出示执法证件。在合法行使监督检查权时，其有权对被检查一方采取以下措施：要求有关单位和人员提供与监督事项有关的文件、资料，并进行复制；要求有关单位和人员就监督事项涉及的问题作出解释和说明，并根据需要进入现场进行勘测；责令有关单位和人员停止违反有关城乡规划的法律、法规的行为。

（2）立法监督。立法监督是指各级人民代表大会及其常委会对国家行政机关及其工作人员的行政管理活动所进行的监督，我国《城乡规划法》第52条规定，地方各级人民政府应当向本级人民代表大会常务委员会或者乡、镇人民代表大会报告城乡规划的实施情况，并接受监督。地方各级人民政府向人民代表大会及其常委会报告城乡规划的实施情况，可以根据实际需要主动进行报告，也可以根据人民代表大会及其常委会的要求进行报告，主要运用听取和审议政府专项工作报告这一基本形式，接受人大及其常委会的检查和监督。

（3）公众监督。公众监督是发挥社会民主的重要途径，同时也是约束政府行为的有效方式。社会公众的监督无论是对发现和纠正违法违纪行为，还是对违法违纪问题的整改，都具有重要作用。《城乡规划法》规定城乡规划监督检查情况和处理结果应当依法公开，供公众查阅和监督，以促进公众监督作用在城乡规划监督检查中的充分发挥，保障社会公众的知情权。

为推进城乡规划公众参与，规范城乡规划公开公示工作，便于公众知晓、接受公众监督，住房和城乡建设部在2013年11月颁布实施了《关于城乡规划公开公示的规定》，其中第23条明确规定，上级人民政府及其城乡规划主管部门应当对下级人民政府及其城乡规划主管部门开展公开会示的情况进行监督检查和考核，各级地方人民政府及其城乡规划主管部门应当设立投诉信箱和投诉电话，受理有关投诉，及时纠正公开公示过程中的不当行为。同时规定，县级以上地方人民政府城乡规划主管部门及有权进行城乡规划公开公示的行政主管部门及其工作人员若未按照法律规定进行城乡规划公开公示，依据《城乡规划违法违纪行为处分办法》对有关责任人员给予相应处理。

《城乡规划法》在对检查处理结果应当依法公开进行规定的同时，也对处罚违法人员等程序进行了规定：城乡规划主管部门在查处违反《城乡规划法》规定的行为时，发现国家机关工作人员依法应当给予行政处分的，应当向其任免机关或者监察机关提出处分建议。同时，依照《城乡规划法》规定应当给予行政处罚，而有关城乡规划主管部门不给予行政处罚的，上级人民政府城乡规划主管部门有权责令其作出行政处罚决定或者建议有关人民政府责令其给予行政处罚。

2. 城乡规划督察员制度。由于我国城乡规划监管体制中缺乏层级监督手段，规划实施者和规划监督者为同一主体，且缺乏事前、事中的监督机制，问题的逐渐暴露和解决问题的急迫性使得我们在借鉴国外经验后，按照"先行试点，逐步推开"的思路，探索建立了城乡规划督察员制度。

（1）城乡规划督察员制度的内容。为了贯彻《国务院关于加强城乡规划监督管理的通知》，建设部 2005 年发布了《关于建立派驻城乡规划督察员制度的指导意见》，中国的城乡规划督察员制度逐步建立。城乡规划督察员制度是指，通过上级人民政府城乡规划主管部门向所督察的城市派出城乡规划督察员，并由督察员依据国家有关城乡规划的法律法规等对所派驻城市的城乡规划编制、审批、实施管理工作进行事前和事中监督。由于督察员由国家或地方城乡规划主管部门派出，因此它属于行政监督检查的一种形式。

《住房和城乡建设部城乡规划督察员工作规程》中规定了督察员主要对下列事项进行督查：城市总体规划、国家级风景名胜区总体规划和历史文化名城保护规划的编制、报批和调整是否符合法定权限和程序；城市总体规划的编制是否符合省域城镇体系规划的要求，是否落实省域城镇体系规划对有关城市发展和控制的要求；近期建设规划、详细规划、专项规划等的编制、审批和实施，是否符合城市总体规划强制性内容、国家级风景名胜区总体规划和历史文化名城保护规划；重点建设项目和公共财政投资项目的行政许可，是否符合法定程序、城市总体规划强制性内容、国家级风景名胜区总体规划和历史文化名城保护规划；《城市规划编制办法》《城市绿线管理办法》《城市紫线管理办法》《城市黄线管理办法》《城市蓝线管理办法》等的执行情况；国家级风景名胜区总体规划和历史文化名城保护规划的执行情况；影响城市总体规划、国家级风景名胜区总体规划和历史文化名城保护规划实施的其他重要事项。

城乡规划督察员对问题的处理有两种方式：一是督察建议书。这种建议书不具有法律效力，它是对被督察的政府和城乡规划主管部门的一种规劝性的建议，督察员可以直接签发而无须经过城乡规划行政主管部门同意。二是督察意见书。督察意见书是一种职权性的督察意见，由规划督察员上报，经派出单位的城乡规划主管部门同意签发。从法律的角度来看，这是城乡规划主管部门的行政职权行为，是否具有法律效力还需要看督察的内容以及督察主体的职权。无论是督察建议书还是督察意见书，都要求被督察的对象进行自我纠正。[1]

（2）城乡规划督察员制度的特点。我国城乡规划督察员制度的特点有三：

---

〔1〕　何明俊编著：《城乡规划法学》，东南大学出版社 2017 年版，第 195 页。

一是层级监督。住房和城乡建设部直接向城市派驻督察员，使得督察员可以更加独立、公正地进行监督，免受当地行政机构的制约。二是实时监督。规划督查把城乡总体规划的实施由"虚"变"实"，督察员常驻在派驻城市，有利于全面掌握规划执行的第一手资料；发现违规问题时及时指出并督促整改，有利于及时制止违法违规行为苗头。三是专业监督。督察员多数是国家注册城市规划师或具有规划技术高级职称，且多有丰富的规划建设部门的工作经历，更能以认真、负责的态度，从专业的角度及时发现问题、提出恰当的建议和意见。

（3）城乡规划督察员制度取得的成效。在督察员制度实施十余年之中，城乡规划的权威性、严肃性得到有力的强化，城市生态环境和公共资源得到有效保护，地方政府依法行政的意识和派驻城市的管理规划水平也得到明显的提升。督察员认真履行职责，维护城市公共安全和公共利益。如在城市发展扩张的过程中，侵占绿线、蓝线和黄线等进行选址建设的情况突出，督察员依法坚决对这些行为予以制止，截至 2016 年，共制止侵占绿地行为 1180 余起，避免了 6800 万平方米城市公园、生态隔离绿地和具有应急避难功能的绿地被侵占，还有效制止了 240 余起侵占饮用水水源地、河道水系、城市基础设施用地等开发建设的行为。国家风景名胜区是大自然给予人类的宝贵财富，督察员在派驻的城市中认真监督风景名胜区保护规划的执行，制止了在国家风景名胜区内违规建设会所、开发房地产项目等行为 120 余起，避免了风景名胜区的资源破坏。[1]

督察员制度开展以来在我国城乡规划建设中发挥了极重要的作用，不论是在填补管理工作的缺页、建立中央与城市的沟通渠道方面来看，还是从宣传城乡规划法规、增强公众参与度来看，都对认真执行好城乡规划、促进城乡依法科学合理发展提供了有力的支持。

（五）城乡规划的救济制度

城乡规划的法律救济是指在城乡规划的制定、实施和修改的过程中，因不当行为或违法行为而遭受侵害的主体向行政机关或法院申请撤销、变更该行为，并请求弥补由于该行为所造成的损害的制度。由于目前规划管理主体的指向是"管理和个人"，行政行为大多是单方行政行为，法律救济也就主要体现为一种行政救济。同时，对城乡规划中民事主体的相关民事权利也应融合民事权利保护和救济的思路予以重视。此外，《城乡规划法》中也规定了对违反城乡规划法的个人和单位追究刑事责任，同样也是城乡规划救济的一种方式。[2]

---

〔1〕 住房建设部城乡规划办公室："探索创新　建立健全城乡规划督察制度　攻坚克难　维护城乡规划严肃性权威性——城乡规划督察员制度十年回顾与展望"，载《城乡建设》2016 年第 10 期。
〔2〕 隋卫东、王淑华、李军主编：《城乡规划法》，山东大学出版社 2009 年版，第 308 页。

1. 城乡规划的行政救济。行政救济，是指公民、法人或其他组织认为具体行政行为直接侵害其合法权益，请求有权的国家机关依法对行政违法行为或行政不当行为进行纠正，并追究其行政责任，以保护行政管理相对方的合法权益。城乡规划的实施，尤其是行政审批、行政处罚、行政强制是具体的行政行为，如城乡规划行政许可的行政相对人不服国家城乡规划行政主管部门的处理时，有权依法申请行政复议、提起行政诉讼、进行申诉、控告和请求国家赔偿。《城乡规划法》中没有关于规划行政救济方式的条款，即应当依据《行政复议法》《行政诉讼法》《国家赔偿法》等法律。

（1）城乡规划行政复议的含义和程序。城乡规划的行政复议是指行政相对人认为城乡规划主管部门的具体行政行为侵犯其合法权益，依法向行政复议机关提出复查该行政行为的申请，由行政机关依法定程序对被申请的具体行政行为进行审查，并作出决定。该审查既包括对具体行政行为合法性的审查，也包括对具体行政行为合理性的审查，且以具体行政行为为审查对象的同时，可以附带审查部分抽象行政行为，如国务院城乡规划主管部门或县级以上地方各级人民政府及其城乡规划主管部门的规定。行政复议作为行政机关的自我纠错机制，相较于行政诉讼，程序更为灵活、纠错更为快速。

申请复议应当具备相应的条件：复议申请人应当是认为城乡规划主管部门的具体行政行为侵犯其合法权益的公民、法人或者组织，并有明确的被申请人和具体的复议请求与事实依据。

在具备了申请复议的条件后，行政相对人可以对城乡规划主管部门作出的罚款、责令停产停业、暂扣或者吊销执照等行政处罚申请行政复议，或对查封施工现场、强制拆除等行政强制决定申请行政复议，对城乡规划主管部门根据《城乡规划法》作出的关于许可证等证书变更、中止、撤销的决定不服的，认为城乡规划主管部门没有依法办理、颁发城乡建设规划许可证、建设规划用地许可证等证书的，行政相对人可以依法申请行政复议。

（2）城乡规划行政诉讼的含义和范围。行政诉讼是指行政相对人与行政主体在行政法律关系领域发生纠纷后，依法向人民法院提起诉讼，人民法院依法定程序对行政主体的行政行为的合法性进行审查、裁判的活动。2014年修正的《行政诉讼法》已经将受案范围由"具体的行政行为"改为"行政行为"，范围由8类扩大至12类，并在第53条中增加了对规范性文件的附带审查。

根据2017年修正的《行政诉讼法》，城乡规划领域的行政诉讼范围主要有以下几类：①建设项目的行政许可。对申请行政许可、城乡规划主管部门拒绝或者在法定期限内不予答复，或者对其作出的有关行政许可的其他决定不服的事项。②建设项目的行政处罚。对行政机关做出的责令停止建设、限期改正、限期拆除等行政处罚不服的事项。③城乡规划编制单位的行政处罚。对城乡规划主管部门所做出的限期改正、停业整顿、罚款、承担赔偿责任等行政处罚不服的事项。④经过行政复议后仍不服的事项。⑤城乡规划行政行为所依据的规范性文件的附带审查。《行政诉讼法》第53条第1款规定："公民、法人或者其他组织认为行政行为所依据的国务院部门和地方人民政府及其部门制定的规范性文件不合法，在对行政行为提起诉讼时，可以一并请求对该规范性文件进行审查。"

2. 城乡规划的行政赔偿。

（1）城乡规划行政赔偿的含义。行政赔偿是指国家行政机关和国家行政机关工作人员在行使行政职权时，因违法而侵犯公民、法人或者其他组织的合法权益而使之遭受损害的，由国家行政机关承担损害赔偿责任的一种制度。在城乡规划领域有具体的行政行为和抽象的行政行为，其中，城乡规划的制定和修改是抽象的行政行为。《国家赔偿法》中没有明确规定抽象行政行为是否承担赔偿责任。为此，城乡规划的行政赔偿是指，在建设项目行政许可以及建设项目行政处罚中，由于行政行为违法使行政相对方的合法权益受损，依法向受害人承担赔偿责任的制度。[1]

在这里要注意行政赔偿与行政补偿的区别。行政补偿是指国家行政机关在其合法行使行政职权的过程中为了公共利益的需要，所做出的行政行为使行政相对人的合法权益受到了损失，由国家行政机关对其所受的损失予以适当补偿的一种制度；行政赔偿则是因违法的行政行为使行政相对人的合法权益遭受损失而进行赔偿的法律制度。

（2）《城乡规划法》中有关行政补偿、赔偿的规定。

第39条规定："规划条件未纳入国有土地使用权出让合同的，该国有土地使用权出让合同无效；对未取得建设用地规划许可证的建设单位批准用地的，由县级以上人民政府撤销有关批准文件；占用土地的，应当及时退回；给当事人造成损失的，应当依法给予赔偿。"

第57条规定："城乡规划主管部门违反本法规定作出行政许可的，上级人民政府城乡规划主管部门有权责令其撤销或者直接撤销该行政许可。因撤销行政许可给当事人合法权益造成损失的，应当依法给予赔偿。"

第62条规定："城乡规划编制单位有下列行为之一的，由所在地城市、县人民政府城乡规划主管部门责令限期改正，处合同约定的规划编制费1倍以上2倍以下的罚款；情节严重的，责令停业整顿，由原发证机关降低资质等级或者吊销资质证书；造成损失的，依法承担赔偿责任：①超越资质等级许可的范围承揽城

---

〔1〕 何明俊编著：《城乡规划法学》，东南大学出版社2017年版，第223页。

乡规划编制工作的；②违反国家有关标准编制城乡规划的。未依法取得资质证书承揽城乡规划编制工作的，由县级以上地方人民政府城乡规划主管部门责令停止违法行为，依照前款规定处以罚款；造成损失的，依法承担赔偿责任。以欺骗手段取得资质证书承揽城乡规划编制工作的，由原发证机关吊销资质证书，依照本条第 1 款规定处以罚款；造成损失的，依法承担赔偿责任。"

3. 城乡规划的民事责任。

（1）城乡规划民事责任的概念和特点。我国《民法通则》第 121 条规定，国家机关或者国家机关工作人员在执行职务中，侵犯公民、法人的合法权益造成损害的，应当承担民事责任。民事责任是对民事法律责任的简称，指民事主体在民事活动中，因实施了民事违法行为，根据民法所承担的对其不利的民事法律后果或者基于法律特别规定而应承担的民事法律责任。民事责任是保障民事权利和民事义务实现的重要措施，是民事主体因违反民事义务所应承担的民事法律后果，它主要是一种民事救济手段，旨在使受害人被侵犯的权益得以恢复。

城乡规划的民事责任主要是一种财产责任，追究其民事责任不仅要对违反民事义务的人加以制裁，而且还要弥补被害人的损失。如建设单位不按照规划要求进行拆迁而侵犯他人房屋所有权时，就需要赔偿房屋损害等财产损失。

（2）城乡规划领域中所应保护的民事责任。[1]

第一，土地所有权上的用益物权。在城乡规划制定实施的过程中，土地征收是一个不可缺少的环节，是将农村集体经济组织所有的土地征收为国家所有的一项制度。如果城乡规划中的土地征收违反了《城乡规划法》的规定，给农村集体经济组织和农户的土地所有权或其他用益物权造成损害的，应当承担相应的民事责任。

第二，在城乡规划的制定和实施中，如旧城改造工程对旧城进行拆迁，拆除旧有房屋，如果违反《城乡规划法》而制定和实施城乡规划，给民事主体的房屋所有权等不动产物权带来侵害的，应当承担相应民事责任。

第三，《物权法》第 89 条规定，建造建筑物，不得违反国家有关工程建设标准，妨碍相邻建筑物的通风、采光和日照。如果建设单位和个人不遵守城乡规划或违反行政许可，妨碍相邻建筑物的通风、采光和日照时，应当承担相应的民事责任。城乡规划部门在规划制定、建设许可和违建处罚的公权力行使过程中，也不得侵害公民的上述权利。

4. 城乡规划的刑事责任。《城乡规划法》第 69 条明确规定："违反本法规

---

〔1〕 隋卫东、王淑华、李军主编：《城乡规划法》，山东大学出版社 2009 年版，第 323 页。

定，构成犯罪的，依法追究刑事责任。"

城乡规划的刑事责任具有主体多元的特征。在城乡规划过程中，各级人民政府及其城乡规划主管部门、编制单位的国家工作人员以及实施违法建设行为的个人和单位，都可以成为城乡规划刑事责任的承担主体。该责任主体多为自然人，且主要是国家工作人员和违法建设行为的实施者；符合单位犯罪构成要件的，也可以构成单位犯罪。违反城乡规划法可能触犯的主要刑法罪名为：滥用职权罪；玩忽职守罪；妨害公务罪；非法占用农用地罪；非法批准征用、占用土地罪；贪污罪；受贿罪等。

第四节　现有制度评析及完善

建立健全的城乡规划法是实践科学发展观、构建和谐社会的重要保障。《城乡规划法》颁布施行以后，城乡规划法治建设取得了较快发展，然而城乡规划仍存在法律法规更新较滞后、执行不力，规划管理工作拖沓、违规，管理人员的失职、渎职等问题。及时发现制度上存在的不足并进行修正、查漏补缺，是完善城乡规划法规体系的基础，也可以为我国城乡规划法更好地进行城乡建设、规范规划管理提供合法依据。

本节对我国《城乡规划法》中所涉及的且学界较为关注的部分制度进行评析，并对其完善提出相应的建议。

一、乡村建设规划许可制度有待优化

（一）乡村建设规划许可制度存在的问题

《城乡规划法》对乡村建设规划许可证的发放进行了原则性的规定，如许可的适用范围、适用情况、受理机关、审批机关、受理流程。为明确乡村建设规划许可实施的范围、内容，规范程序，加强乡村建设规划许可，住房和城乡建设部于2014年制定了《乡村建设规划许可实施意见》，在《城乡规划法》所确定的法定原则的基础上对许可依据、许可内容、管理重点地区、申请主体、许可权限、申请材料的内容等予以深化，并明确因地制宜的原则，为各地依照自身发展的不同情况进行许可证的发放设定了前提。[1]但是乡村建设规划许可制度的实施也面临着一些困境。

一方面，由于我国乡村地域广阔，村庄规划编制不足成为乡村建设规划许可

---

[1]　付明达："乡村建设规划许可制度探讨与优化"，载《新常态：传承与变革——2015 中国城市规划年会论文集》。

制度建立与完善的一个严重障碍。《村镇规划编制办法（试行）》是我国目前针对村庄规划的主要法律法规，它明确了村镇规划的主要内容以及成果形式，并开始强调村镇的近期规划建设，对于集镇规划的内容和体系提出了较为详细的要求。不同于相对完善的城市规划体系，我国法律法规中并没有对村庄规划的阶段、层次的细分形成法定或权威的说法。[1]编制经费和技术经验的限制成为阻挠村庄规划编制进一步完善的瓶颈。

另一方面，依照《乡村建设规划许可实施意见》对审批主体的规定，由城市、县人民政府城乡规划主管部门负责受理、审查乡村建设规划许可申请，作出核发许可证的决定，在法定职责范围内也可以委托乡镇人民政府实施乡村建设规划许可。虽然市县级的主管部门在管理水平、技术水平上来说，理应优于乡镇政府，但是乡镇政府作为最为了解、贴近乡村实际的基层政府，其对市县审批职能的行使可以起到支持作用。但就目前来看，村镇规划建设管理机构在乡镇中的设置情况并不理想，大多省份未在乡镇一级设置专门的规划建设管理机构、配备相应的管理人员。因此，虽然法律中规定了审批权限可以委托乡镇政府执行的条款，但在管理机构与管理人员的配备方面并不能满足这一执行的要求。

（二）乡村建设规划许可制度的优化策略

首先，加大财政支持。对于产业发展较快，建设活动频繁的村庄纳入乡、村规划区之内，加大对其规划编制工作的资金支持，增强村庄规划的可实施性。同时，规划范围的限定也有利于避免盲目开展村庄规划造成的人力物力消耗。此外，吸纳专业人员，推动规划师下乡驻村以加强规划服务，或对有城乡规划行政管理经验的人员进行培训以培养专业人才，从而使乡村建设规划许可制度在基层政府有充分的技术支持。在乡镇政府具备了审批主体的必备能力后，市县人民政府应按照法律规定将乡村建设规划许可证的审批权力重心进行下移，借助更为熟悉当地情况的乡镇政府来有效地履行审批程序，这也有利于增强村民参与城乡规划的积极性。

二、城乡规划的公众参与

（一）公众参与制度的有效实行面临难题

2008年1月1日《城乡规划法》正式实施，对信息公开、公示制度、听证制度等作了原则性规定，其标志着城乡规划中的公众参与制度正式确立。但就目前来看，我国的公众参与还只是停留在一种自上而下的制度化安排，在实践中还存留着许多影响制度充分有效发挥作用的问题。

---

〔1〕 罗异铿："乡村建设规划许可制度下的村庄规划编制研究——以广东省为例"，华南理工大学2015年硕士学位论文。

虽然我国立法中明确规定在行政决策的过程中应当采取召开听证会、论证会等形式听取公众意见，如《城乡规划法》中规定规划部门征求专家和公众意见的主要方式为论证会、听证会或其他方式，但对参与的具体操作未作详细规定，导致了问题的出现。

一方面，代表的选择不够科学、公正，公众参与度不高。只有参会代表具有广泛性、代表性，才能在政策制定中真正发挥作用。但如何按照公开透明、广泛性和代表性的原则选拔代表，国内尚缺乏严格的操作规程，无法保证利益相关人都能发表意见，且行政机关容易倾向于专家咨询而忽略公众意见。

另一方面，由于针对城乡规划听证的地位、效力缺乏法律上的明确规定，实践中，各地多根据地区情况制定实施细则，大部分规划决策的结果是各种程序到位，但听证的回应和救济机制不健全，听证代表意见影响决策的过程缺乏法律规制，导致对行政决定缺乏刚性制约，那么就可能存在多数代表反对而方案仍能通过的情况，导致在实践中听证会有名无实，公众意见对行政机关预设的目标未有影响。如此一来，原本就属于被动参与一方的公众对于"走过场"的听证会、论证会等参与的积极性愈发降低，最终损害政府的公信力和民众的利益。

（二）完善公众参与城乡规划法律制度

公众参与城乡规划是一个系统工程，依靠一部《城乡规划法》并不能解决公众参与的所有问题，只有逐步构建及完善公众参与城乡规划的法律体系，才能使公众参与的作用充分发挥出来。所以，当务之急是将公众参与城乡规划的内容、方式、具体程序、救济途径等用法律的形式明确固定下来，加快制定或修订城乡规划的配套法规。

完善听证代表选择机制，在选择代表时要从范围广泛的利害关系人中选择，做到代表利益的多样化，兼顾不同利益阶层的比例；既要保证专家代表的专业性，还要注重无利害关系人如非政府组织的参与，这样可以避免利害关系群体因主观意识较强、过于维护自身利益而作出不客观、不公正的意见表达。

充分发挥听证的效力，建立听证报告制度。由于我国目前对听证报告制度未明确其必要性，对于公众意见的采纳情况、回应情况的落实并不到位。应当加快建立听证报告制度，对作出时限要求、采纳情况、反馈采纳结果等内容进行具体规定。将公众意见进行整理、分类和核实，在排除明显不合理以及不合法的意见后，对意见的采纳与否及时给予答复，并就原因进行解释说明。在信息化时代，也要充分利用网络的便捷性进行公众参与。一方面，可以更为及时地公开相关信息，方便公众获取和查阅。另一方面，也可以发挥舆论监督的积极作用，对怠于履行职责、违法违规的行政部门进行曝光，督促其依法及时履行职责，保证公众参与城乡规划的实现。

三、城乡规划督察员制度有待完善

城乡规划督察员制度的具体内容在前一节已进行了简要介绍，虽然督察员制度已取得了部分成效，但在督察员的遴选、督察工作的进行和保障等方面依旧存在着一些问题。

在2013年中央城镇化工作会议上，习近平总书记指出"目前城市规划工作还存在不少问题，规划空间约束性无力，各类规划自成体系、互不衔接，规划的科学性和严肃性不够"。规划实施随意，空间约束无力的问题都受到了中央的高度重视。2014年的《国家新型城镇化规划（2014～2020年）》从国家战略层面提出健全国家城乡规划督察员制度，以规划强制性内容为重点，加强规划实施督察，对违反规划行为进行事前、事中监管以及事后追责；2016年印发的《中共中央国务院关于进一步加强城市规划建设管理工作的若干意见》（中发〔2016〕6号文件），明确提出"健全国家城乡规划督察员制度，实现规划督察全覆盖"的目标任务，强调了这一制度在城乡规划实施过程中的重要意义。

督察员制度要想进一步完善，必须要不断强化队伍建设，严把督察员准入门槛，制定严格的督察员遴选程序，明确准入条件，将更多具备专业知识和规划行政管理经验的优秀人才纳入到队伍中来。同时，在监察中加强对现代信息技术手段的利用。2009年住房和城乡建设部正式开展了利用卫星遥感监测技术辅助城乡规划督察工作。根据《住房城乡建设部利用遥感监测辅助城乡规划督察工作管理办法（试行）》和《住房城乡建设部利用遥感监测辅助城乡规划督察工作重大违法案件处理办法》的要求，建立了对派驻城市的动态监测制度。通过定期比对城市规划区内的卫星遥感影像资料和规划图纸，为督察员提供全面、准确、客观的城市规划建设情况，使督察员更加全面掌握规划实施情况。2015年住房和城乡建设部正式下发《住房城乡建设部利用遥感监测辅助城乡规划督察工作管理办法（试行）》，进一步向27个省（区）、103个城市下达图斑核查任务。这一现代信息技术成为督察员开展工作的有效手段，提高了规划督查工作的效能，尤其是对违法建设行为的的及时发现、处理起到了重要作用。

四、完善城乡规划的司法救济

行政诉讼作为城乡规划纠纷解决机制，是一种重要的司法救济。在城乡规划领域，如城乡规划管理领域中对违反城乡规划的建设实施行政强制执行时，极易引发矛盾和纠纷，且往往涉及人数众多、社会影响力大，若通过司法力量也无法得到有效的解决、获得相应的救济，就更容易激化矛盾。在以往的行政诉讼中，只考虑对具体行为的合法性审查。在2014年的《行政诉讼法》中虽然对审查标准作出了少许改变，在以往的证据、法律适用、程序、行政人员对行政权的运用等方面以外，加入了对是否明显不当的考量。这一点看似是对行政行为合理性的强调，但由于其表述的模糊性，其内涵在学界仍有争议。

因此，要完善城乡规划的司法救济，应当首先进一步构造合法性的审查要件，对主体合格、条件符合、事实有据、程序正当、处理得当五个要件进行明确，通过这样的审查可以避免出现行政诉讼过于依赖立法而导致判决合法却不合理的现象，使得城乡规划的纠纷解决真正符合现实需要、维护公民的权益。

学术视野

应然与实然：《城乡规划法》立法的改进和完善[1]

1. 应然与实然。根据黑格尔《法哲学原理》可知，法的应然是指法应当是什么以及应当怎样，即法的概念和法的价值；法的实然是指法实际是什么和实际是怎样的，主要包括法的现象、法的形式和法的实现。张文显认为，应然性和实然性研究是法学研究的两个重要方面。"应然性研究主要研究法的价值，为改革和完善法律制度提供指导原则和理想模式；实然性研究主要包括法律规范的实然性和法律运行的实然性两个方面。"应然与实然之间的关系，通常是指价值标准与事实本身之间的关系问题。首先，表现为法律原理与社会实际、法律原理与法律文本及法律原理与法律适用三者之间的关系，这种具体表现的分离是应然与实然差异的体现。其次，法的应然与实然也是辩证统一的。立法内容则是法的应然性与实然性统一的重要表现，法律制定作为法律价值具体化的过程，必然会将法律价值落实到各项法律条款的内容当中。例如，《城乡规划法》中除对城乡规划的编制和审批进行明确规定外，还在第26条对城乡规划报批前的规划公示事宜进行了说明，旨在利用法律权威保证公众既能了解规划，又能参与规划，进而使公共利益得到平衡，使法律上的公平价值得到凸显。因此，《城乡规划法》立法的应然与实然，即是《城乡规划法》的价值目标与立法现实之间的关系问题。对《城乡规划法》立法的应然与实然进行研究，目的是把研究方向从规划实务层面提高到法律哲学层面，从宏观上对《城乡规划法》的法律价值进行分析与把握，使得规划法的应然基准对当前实然的立法实践起到推动与促进作用。正如拉德布鲁赫所言："在实然中实现应然，在现实中体现价值，这就是意义。"

2. 立法的应然状态——《城乡规划法》的价值目标。法律价值的存在基础即法与人的关系，而法对于人的需要的满足，构成了法的全部意义，也是人关于法

---

〔1〕　参见叶强、栗梦悦："应然与实然：《城乡规划法》立法的改进和完善"，载《规划师》2017年第3期。

的绝对超越指向，因此作为法的基本价值的公平和效率是《城乡规划法》重点考量的基本内容。最初的《城市规划法》侧重于保障国家利益，着重考虑城市经济社会发展需要，忽视了效率和公平价值。2008年实施的《城乡规划法》是社会主义市场经济下的新法，体现了新形势下国家立法对《城乡规划法》公平价值的关注。例如，确定了行政机关对于依法变更规划的行政行为造成被许可人合法权益受到损害的要予以补偿。这在对被许可人进行行政救济、保护其合法权益的同时，也可在一定程度上避免地方政府官员随意修改规划，权力寻租、为所欲为。这些制度的安排均是公平价值在此法中的体现。然而，在某种程度上《城乡规划法》的效率和公平价值仍然没有得到应有的凸显，效率与公平的悖论也依然存在。

（1）效率——保证资源优化配置和利用的基础。法的效率价值是指法在实际运行中能够使社会或人们通过较少或较小的投入获得较多或较大的产出，以满足人们对效率的要求。从立法涉及的不同对象出发，《城乡规划法》的效率价值也表现出相应的多样性。对于立法机构而言，效率价值表现为立法的及时性和有效性，即立法要及时回应社会生活变化，制定的法律要得到良好的执行和适用；对于政府而言，则表现为城乡规划行政行为的合法、合理和最大效率。在《城乡规划法》立法时，充分贯彻法的效率价值应该做到两点：一是在构建法律体系和实现法治目标时，通过提高法律运行的实际效率保证资源优化配置；二是在具体的《城乡规划法》立法过程中，充分考虑立法的选择是否有利于提高相关行为的综合效率。

（2）公平——《城乡规划法》的题中应有之义。公平价值与法的联系主要表现在两个方面：一是法律体系中的公平要求及体现，即立法公平；二是法律运行机制中的公平要求及体现，即程序公平。

以《城乡规划法》为例，立法公平体现在三个方面：一是在创立城乡规划法律体系过程中，坚持公平是立法的指导思想和基本原则；二是在城乡规划法律体系的内容构成上，应当充分体现公平的精神；三是《城乡规划法》立法过程应体现出公平性，准确地反映民意，遵循民主的立法程序。

程序公平是法的程序层面的价值追求，其根本目的是为了保障实体权利和义务得到平等、恰当的实现。为实现《城乡规划法》的程序公平，必须坚持两点：第一，公平分配不同主体的权利和义务，保证其平等行使权利和履行义务。第二，行为程序必须严格依照程序法规定的内容和步骤进行。法律的实体公平通过程序公平得以实现，《城乡规划法》只有建立合理、系统的程序性内容，才能最大化地保障《城乡规划法》实体公平的实现。

综上所述，一个公平的城乡规划法律体系的建立与完善需要公平的立法、公正的执法，以及严格、公平的法律监督等。在现行的《城乡规划法》中，静态的、规范意义上的立法公平和动态的、法律运行中的公平都十分重要。

3. 立法的实然状态——《城乡规划法》的现实基准。《城乡规划法》自2008年1月1日正式颁布实施后，在规范城乡规划建设方面做出了突出贡献。但是，随着近年来我国经济社会的持续发展，城镇化进程不断加快，也出现了很多《城乡规划法》立法中没有涉及或未进行明确规定的现象，显现出立法内容和进程等未能"全覆盖"的问题。经济、社会、文化都在发生剧变，但整个城乡规划法律法规体系并未依据形势的变化进行适当的更新，不能在新形势下有效落实法律的效率与公平价值。具体来讲，突出体现在立法效率、立法保障、评估监督和责任认定四个方面。

（1）立法机构对社会现象反应迟缓。随着物联网和云计算技术的高速发展及大数据时代的到来，智慧城市逐渐成为我国城市发展的重要方向。党中央、国务院新发布的意见中明确指出，建设智慧城市是国家新型城镇化发展的必然要求，要从国家战略层面上加以把握和推进智慧城市建设以促进新型城镇化的发展。截至目前，我国有超过500个城市进行了智慧城市试点建设，推行建设的部委除住房和城乡建设部外，还有工业和信息化部、科学技术部和国土资源部等。

短短5年时间，智慧城市建设经历了从无到有、再到现在遍地开花的爆发式增长，同时也出现了思路不清、盲目建设和各自为政的现象。这些现象的出现很大程度上是由于智慧城市顶层设计的缺失，缺少统一有效的宏观指导和把控。然而，国家层面至今尚未出台任何法律法规来统筹和协调智慧城市的建设。

住房和城乡建设部于2012年11月22日印发了《国家智慧城市试点暂行管理办法》和《国家智慧城市（区、镇）试点指标体系（试行)》作为部门规章，但鉴于其法律位阶之低，仅能起到调整本部门内行政关系的作用，在智慧城市规划建设领域并不普遍适用。关于智慧城市规划建设和城乡规划的关系、地位、要求等重大问题，在《城乡规划法》中尚不能找到与之对应的法律依据，不能很好地指导、规范和约束城乡规划领域内的智慧城市建设行为，使得智慧城市的推行和建设缺乏有力的法律约束及保障。

（2）城市设计实施缺乏法律保障。现代城市设计理论自20世纪80年代逐渐引入中国以来，已历经三十余年的发展，然而可以有效保障城市设计实施的法律法规仍然空缺。就目前来看，城市设计多是作为城市规划的空间翻译工具，仅在技术层面上发挥作用，其作为公共政策的导向功能、管制功能、调控功能和分配功能均未得到有效发挥。这种情况的出现，与城市设计的法律地位未得到明确、城市设计政策的实施缺乏指导性的法律法规密切相关。

如果城市设计的法律地位没有得到明确，那么城市设计的实施过程将会表现出很大的盲目性。目前，各地方城乡规划法规中，有关城市设计内容和实施的规定极不统一。单就北京、上海和深圳三个城市而言，北京市将城市设计作为控制性详细规划（以下简称控规）的组成部分，用于控制、引导控规刚性要素之外的有关公共空间品质的部分；上海市将城市设计内容纳入控规，进行城市设计的对象是规划区域内需要作出特别规定的建筑、公共空间和景观要素；深圳市将城市设计分为整体城市设计和局部城市设计，整体城市设计作为各层次规划的组成部分，局部城市设计是详细蓝图的组成部分。这些在城市设计内容和层次方面出现的不统一，与《城乡规划法》缺乏对有关城市设计内容的规定、国家层面缺少有关城市设计及其实施保障的顶层设计相关。

2014 年 12 月 16 日，时任中共中央政治局常委、国务院副总理张高丽在全国规划建设工作座谈会上强调要加强城市设计。2016 年 2 月 21 日发布的《中共中央国务院关于进一步加强城市规划建设管理工作的若干意见》再次强调要提高城市设计水平。城市设计在当前城市建设中的重要性可见一斑。诚然，城市设计不是仅靠召开一次会议、印发一个文件就能得到加强的。在《城乡规划法》中明确城市设计的地位和作用，完善城市设计相关法规和技术标准，通过法律的强制性保障城市设计的实施，才是当前迫切、紧要的任务。

（3）城乡规划评估机制缺失。

第一，城乡规划实施评估是规划过程中不可忽视的环节，是考量、检测规划实施的主要手段，是修正和完善规划编制与规划管理的重要依据，具有完善规划方案编制、保障规划实施、促进城市发展目标实现、平衡和调节社会各方利益等作用。《城乡规划法》中涉及规划评估的内容编订在"城乡规划的修改"一章中，显然该法所提到的评估仅仅是指规划实施后的评估，这种规定不能作为指导城乡规划全过程评估的依据。除此之外，现行的《城乡规划法》对规划评估的具体内容、评估标准和评估程序等均未有明确规定，更没有形成规范、系统的评估机制和评估准则，以至于无法保障规划评估的法定地位，导致规划评估流于形式。

第二，城乡规划评估的实施主体也存在争议。以城市人民政府组织编制的城市总体规划为例，从《城乡规划法》第 14 条、第 28 条、第 46 条和第 51 条的规定不难看出，城市人民政府既负责组织编制城市总体规划，又负责实施城市总体规划，还负责组织对城市总体规划实施情况进行评估和监督检查。事实上，从法律的公平价值出发，公权力的分配不应当允许这种"运动员兼具裁判员身份"的情况出现。

比较而言，发达国家对城市评估的过程实现了全方位的覆盖，实践也较为成熟，并且评估内容已经从基本的方案评估扩展到对价值标准、政策落实、过程控制和实施效果等方方面面的把握；评估委托方从政府部门扩大到拥有专业资源和实力的第三方机构、公众和各利益团体；评估方法一般采用定性评估与定量评估相结合的综合评价；同时，建设开放的信息平台，为城乡规划评估工作的开展提供技术支持。

（4）规划决策责任追究主体认定模糊。根据权责一致的行政法基本理论，行政机关在作出决策后要依法承担相应的责任。《城乡规划法》中有关行政决策责任追究主体的界定在第六章"法律责任"中提出，但只表明过错或失误的责任承担主体是人民政府负责人及其他直接负责的主管人员和责任人员，这种模糊的法律条文语义和现实执行中的困境将会带来规划决策责任追究主体的认定模糊。

城乡规划作为一项公共政策，其目的在于保障公众利益，而公众权利的保障和实现有赖于法律对决策责任追究对象的严格约束。《宪法》明确规定，行政机关实行首长负责制，即各级政府均由行政正职负责。而根据党管干部原则，在各级政府领导班子中，党委书记拥有着绝对的决策权，作为政府负责人的省长、市长和县长等实际上是副职，主要履行决策执行过程中的自由裁量权。因此，如果党委书记出现决策失误，而该失误导致执行过程出现问题，在此情况下只追究行政首长决策责任显然有失公允。

城乡规划作为一项政府决策，在城乡规划决策责任追究实践中，若因这一制度上的硬性规定而时常出现责任追究对象模糊甚至错误的现象，则有失法律的公平。

与此同时，行政官员的"身份重叠"也带来了行政决策责任追究对象的认定模糊。我国多数政府官员既是党员，又是人大代表。政治身份的多重性使得明确规划决策失误的问责对象困难重重。

国务院日前印发的《中共中央国务院关于进一步加强城市规划建设管理工作的若干意见》明确提出"要进一步强化规划的强制性，凡是违反规划的行为都要严肃追究责任"。而追究责任的前提应当是在法律法规中对问责主体进行合理的界定，同时对其权责进行明确的规定和约束，并依靠法律的强制力保证实施。

4. 从实然到应然的实现途径。城乡规划既是公共政策，又是指导城市持续建设的蓝图。我国的社会、经济与政治正向市场经济转型，《城乡规划法》也应向着更完善和更有效的良法方向进发。本文通过研究《城乡规划法》从实然到应然的途径和策略，以期实现《城乡规划法》法律价值和法律现实的和谐统一。

（1）提高立法效率，坚持立、改、废、释并举。针对当前《城乡规划法》未随城市实践更新、立法效率不高的问题，笔者认为应当主要从立法理念和立法机制两个层面入手完善立法。

第一，适当运用超前立法观，建立超前立法程序。"超前立法是指立法者超越某一新生事物现有的发展状态，根据事物自身发展的客观规律和社会生活的实际需要，进行合理的预测，制定相应的法律规范，以保障、引导和促进新生事物此后的发展。"况且城市规划是对城市未来很长一段时期的发展预测和政策安排，城市规划建设的特殊性决定了城市建设活动在短时期内不可重复；而我国法律的制定却通常有着一定的滞后性，往往等到事态严重到不得不管控之后才进行立法或修订。若城乡规划法律法规的修订一定要安排在城市规划建设出现问题之后，则大规模的盲目建设一定会伴随着城市管理的混乱、公众利益的损害和不可估量的经济损失。因此，在《城乡规划法》的立法上，可以适当运用超前立法观念。在对待一些符合改革方向和城乡经济发展趋势的问题上，适度运用超前立法观，建立超前立法程序，充分利用法律的前瞻性，通过立法来推动改革，引导城乡发展。

第二，在适当运用超前立法观提高立法效率的同时，还应当合理评估立法效益，坚持订立法、修改法、废止法和解释法四项工作并举。通过强化城乡规划学和法学背景学者的共同研究，建立《城乡规划法》立法效益评估机制，及时修改和废止实施成本高、收益小的条款，并对《城乡规划法》制定和修改的内容进行权威、合理的法律解释，以提高《城乡规划法》的社会适应性，增强《城乡规划法》的系统性、针对性和有效性，实现法律的效率价值。

(2) 明确城市设计的法律地位。城市设计既是当前城乡规划建设活动中的重点工作，又是一种更为精细化的管理手段。在依靠城市设计进行城市管理的活动中，首先，应当明确城市设计在城市规划各层次中的地位和作用。其次，如何定位城市设计，城市设计的内容和对象是什么，如何保证城市设计的实施也是急需厘清的问题。

由于城市设计的实施具有地方性，推动和落实城市设计的主要力量应该是地方政府。这要求中央政府应当就城市设计中的关键性问题进行规定和说明，如城市设计的编制办法、审批程序和实施手段等，为地方政府推进城市设计工作提供指导，也为城市设计实施提供最基本的制度保障。同时，城市设计作为一项公共政策，在制定和实施过程中，若引发各利益团体之间的社会纠纷和经济纠纷，则需要借助法律的力量进行解决，这也要求就城市设计当中涉及利益分配的内容进行立法保障。

城市设计获得法律保障的实质，即技术成果法律化使之成为制度性成果。因此，在《城乡规划法》中应当进一步明确城市设计的法律地位和作用，明确城市设计各个阶段的设计内容及成果要求，明确在开展城市设计工作前，应当对地域城市特色、历史文化等内容进行综合深入研究，明确城市设计成果的法律地位以保障其有效落实。同时，建议通过立法手段构建城市设计实施的长效评估机制；立法鼓励运用新技术、新方法进行创新城市设计等。

（3）建立第三方城乡规划动态评估机制。城乡规划的实施是一个长期的、复杂的动态过程。因此，城乡规划成果的好坏无法在短时间内做出准确判定，应当进行持续化和常态化的评估。根据我国目前的城市发展状况，构建一种整合规划目标与手段、事实与价值的全过程评估机制模式和方法体系显得尤为重要。《城乡规划法》应当将规划评估作为对整个城乡规划过程进行评价和监督的重要手段，建议增加规划评估概念界定、规划评估类型和评估理念及方法等基本内容。以立法手段推进城乡规划评估机制模式的建立，进而推动我国动态城乡规划评估体系的构建工作。

除此之外，应当借鉴发达国家经验，将公众利益平衡等内容纳入规划评估工作的范畴。还应当为第三方城乡规划评估机构（如资源优厚的学术单位等）提供准入机制和保障，以确保规划评估的独立性和可持续性，维护法律的公平价值。

建议立法允许将规划定期评估委托给具有专业资质的第三方机构进行，而非委托政府机构或其他利益相关的行政部门；鼓励公众和社会各利益团体参与规划评估及意见反馈，并为其建言献策提供固定的操作程序；同时，在立法中增加有关规划评估及评估后调整的程序性内容。在政策上，可考虑逐步改善开展评估工作的技术条件，如建立专家库、数据库和部门合作机制等。通过立法保证实现第三方进入城乡规划的动态评估领域，促进社会各界和各利益团体参与规划，进而保证更好地实施城乡规划，实现公平价值。

（4）保障多元主体有效参与城乡规划决策监督。众所周知，城乡规划中多元主体参与规划决策监督可以有效遏制"长官规划"和"短命规划"项目。但受相关法律法规不健全、参与机制不具体等条件的制约，多元主体参与决策监督大多有原则、无细则，不能实施且难以保证规划工作的公平性。

《城乡规划法》中应当补充规定多元主体参与城乡规划决策监督的相关内容并明确其法律地位，对参与机制进行程序性立法，解决好参与人选条件等问题，以保障多元主体参与城乡规划决策监督的合法性和可操作性。这种多元的主体可以在规划决策监督中反映社会公众的利益诉求，成为连结政府和社会公众之间的桥梁，保障权力在阳光下运行。

此外，应建立合理并切实可行的城乡规划决策问责启动程序，明确决策责任追究主体，实行重大决策终身责任追究制度。城乡规划决策大到重大项目的引进，小到违章建筑的拆除，都关乎经济社会发展和公共利益，也影响着公众的合法权益，理应明确决策责任追究主体，使其决策行为受到法律的规范和约束。与此同时，由于城乡规划建设的周期长，短期内无法准确判定规划决策的失误与否，对重大规划决策实行终身责任追究机制可以有效遏制决策的随意性和利益化。

理论思考与实务应用

一、理论思考

（一）名词解释

城乡规划　城乡一体化　一书三证　城乡规划督察员制度

（二）简答题

1. 简述《城乡规划法》中所明确的城乡规划的基本原则。

2. 简述《城乡规划法》中规定的可以对规划进行修改的情况。

3. 简述乡村建设规划许可证的核发程序。

（三）论述题

1. 试论对公众参与城乡规划有何思考。

2. 试论何为建设工程规划许可证与建设用地规划许可证。

3. 试论何为城乡规划督察员制度。

二、实务应用

（一）案例分析示范

案例一　"挖坑代表"李宝俊案[1]

2015年1月24号凌晨，北京市德胜门内大街93号门前发生坍塌，出现一个长15米、宽5米、深10米的大坑。经过调查，事故原因竟然是房主李宝俊偷挖了深达18米、相当于6层楼高度的地下室。李宝俊徐州市人大代表、海茭集团董事长的身份曝光后，媒体称他为"挖坑代表"。

法院经审理查明：2014年5月至2015年1月间，被告人李宝俊将其购买的本市西城区德内大街93号院的建设改造工程委托给无建筑资质条件的被告人卢祖富的个体施工队。被告人李宝俊要求被告人卢祖富超出建设工程规划许可证的内容，违法建设地下室，深挖基坑。被告人卢祖富负责管理、指挥施工，另指派无执业资格的被告人李海轮负责施工现场管理、指挥等工作。期间，在施工人员提出存在事故隐患时，被告人李宝俊、卢祖富未采取措施仍继续施工。2015年1月24日凌晨3时许，因基坑支护结构不合理、支护结构承载力不足、地下水控制不力，导致施工现场发生坍塌，造成东侧毗邻的德胜门内大街道路塌陷，北侧毗邻的部分民房倒塌损坏，西侧、南侧毗邻的办公楼受到损坏，经鉴定，因93号院施工现场坍塌造成东侧毗邻的德胜门内大街道路塌陷，西侧、南侧毗邻的办公楼受到损坏的直接经济损失为人民币5 835 234元。同时，该起事故还造成了

---

[1]　"最高法发布城乡规划领域犯罪典型案例，打击违建"，人民网，http://legal.people.com.cn/n1/2017/0213/c42510-29077814.html，访问时间：2018年3月12日。

德胜门外大街由北向南交通中断，德胜门西大街、鼓楼西大街和新街口北大街交通拥堵，给周围居民和多家单位的正常生活工作造成影响。

问：对被告人的行为如何定性？法院应如何处理？

【评析】被告人的行为是不正确的。被告人李宝俊、卢祖富、李海轮在建设作业中违反有关安全管理规定，造成基坑坍塌，并导致相邻路面塌陷、房屋受损等严重后果，情节特别恶劣，危害了公共安全，应依法惩处。近年来，未取得规划许可或者未按照规划许可进行违法建设的现象十分严重，相关部门屡禁不止。违法建设未经任何审查，往往存在抢建、野蛮施工、隐蔽施工等情形，施工条件恶劣，安全隐患很大，容易发生道路坍塌、房屋倒塌、人员伤亡等事故，不仅侵犯了公众合法权益，也是一种严重违反城乡规划法律法规的行为，情节严重的应当依法追究刑事责任。

北京市西城区人民法院认为，被告人李宝俊、卢祖富、李海轮在建设作业中违反有关安全管理的规定，造成基坑坍塌，并导致相邻路面塌陷、房屋倒塌受损、交通拥堵等严重后果，情节特别恶劣，其行为危害了公共安全，已构成重大责任事故罪，均应依法惩处。北京市西城区人民检察院指控被告人李宝俊、卢祖富、李海轮犯重大责任事故罪罪名成立。本案中，已经发现事故隐患，被告人李宝俊、卢祖富在有关人员提出后，未采取措施仍继续施工，依法应从重处罚；被告人卢祖富在投案途中被抓获，如实供述自己罪行，系自首，依法可从轻处罚；被告人李海轮到案后如实供述自己的罪行，依法可从轻处罚并适用缓刑。故判决：①被告人李宝俊犯重大责任事故罪，判处有期徒刑5年；②被告人卢祖富犯重大责任事故罪，判处有期徒刑3年6个月；③被告人李海轮犯重大责任事故罪，判处有期徒刑3年，缓刑3年。宣判后，被告人不服提出上诉。北京市第二中级人民法院裁定维持原判。

案例二 江阴市嘉丰机械安装有限公司、章峰非法占用农用地案[1]

江阴市嘉丰机械安装有限公司在被告人章峰担任法定代表人期间，从2003年开始，陆续向江阴市临港街道某村村民及村委会租用集体土地共计22.79亩，用于建设厂房、宿舍、食堂及堆场等。经鉴定，造成原有耕作层种植功能丧失且难以复原，耕地已被严重破坏。案发后，该公司对部分厂房进行了拆除并复耕，对堆场部分进行了复耕。

问：被告违反了《城乡规划法》的何种规定？法院应当如何处理？

---

[1] "因违法建设及相关行为被追究刑事责任典型案例"，中华人民共和国最高人民法院网，http://www. court. gov. cn/zixun－xiangqing－35852. html，访问时间：2018年3月12日。

【评析】我国《城乡规划法》第41条规定,"在乡、村庄规划区内进行乡镇企业、乡村公共设施和公益事业建设的,建设单位或者个人应当向乡、镇人民政府提出申请,由乡、镇人民政府报城市、县人民政府城乡规划主管部门核发乡村建设规划许可证"。"在乡、村庄规划区内进行乡镇企业、乡村公共设施和公益事业建设以及农村村民住宅建设,不得占用农用地;确需占用农用地的,应当依照《中华人民共和国土地管理法》有关规定办理农用地转用审批手续后,由城市、县人民政府城乡规划主管部门核发乡村建设规划许可证"。本案中江阴市嘉丰机械安装有限公司及其法定代表人章峰,违反土地管理和城乡规划法规,非法占用农用地,改变被占用土地用途,造成原有耕作层种植功能丧失且难以复原,使得耕地被严重破坏,社会影响十分恶劣。

江苏省江阴市人民法院经审理认为,江阴市嘉丰机械安装有限公司违反土地管理和城乡规划法规,造成农用地大量毁坏。章峰系该公司直接负责的主管人员,在归案后能如实供述罪行,当庭自愿认罪,积极对被占用农用地进行复耕,且无再犯罪危险,适用缓刑对所在社区无重大不良影响,故以非法占用农用地罪分别判处江阴市嘉丰机械安装有限公司罚金人民币2万元;章峰拘役3个月,缓刑5个月。

近年来,在广大农村地区,违反规划非法占用耕地、改变耕地用途进行违法建设,造成土地沙化、土壤肥力消失等问题比较严重。此类违法行为无视国家土地管理和城乡规划法规,造成农用地大量毁坏,生态环境破坏。人民法院依法以非法占用农用地罪追究其刑事责任,对于遏制此类犯罪行为具有重要现实意义。

案例三 襄阳市突破城市总体规划建设用地范围违法建设光彩工业园案[1]

湖北省襄阳市光彩工业园占地面积约23.7万平方米,其中14.3万平方米在国务院批复的《襄阳市城市总体规划(2011~2020年)》建设用地范围之外。自2011年起,建设单位陆续办理了规划许可手续。2015年止,已建成32栋建筑并大部分投入使用,建筑面积约21.5万平方米。

问:上述行为违反了《城乡规划法》的哪些规定?住建部可以如何对其进行处理?

【评析】上述行为严重违反了《城乡规划法》第30条、第42条等规定。《城乡规划法》第30条第2款规定:"在城市总体规划、镇总体规划确定的建设用地范围以外,不得设立各类开发区和城市新区。"第42条规定:"城乡规划主管部门不得在城乡规划确定的建设用地范围以外作出规划许可。"襄阳市在城市

---

[1] "因违法建设及相关行为被追究刑事责任典型案例",中华人民共和国最高人民法院网,http://www.court.gov.cn/zixun-xiangqing-35852.html,访问时间:2018年3月12日。

总体规划确定的建设用地范围之外设立光彩工业园，并核发有关规划许可，违反了上述规定。

2015 年 6 月 10 日，住房和城乡建设部依据《住房城乡建设部利用遥感监测辅助城乡规划督察工作重大违法案件处理办法》（下文简称《处理办法》）（建稽〔2014〕182 号）向湖北省住房和城乡建设厅发布了重大违法案件挂牌督办通知书，决定对该案进行挂牌督办。责令其立即停止违法建设，依法查处违法行为，并追究有关单位和个人责任。并于 2015 年 9 月 10 日前报告处理整改结果。《处理办法》第 3 条规定："本办法所称重大违法案件是指严重违反城乡规划法律、法规及城市总体规划强制性内容、造成重大社会影响的违法案件，以及其他需要按照本办法处理的违法案件。"这类案件包括：严重违反"三区四线"等城市总体规划强制性内容的；遥感督察工作中发现的严重违法问题并且未在规定期限内整改到位的；经部派城乡规划督察员督促未得到解决的；以及其他需要重点关注的重大违法案件。《处理办法》第 6 条对重大违法案件的处理方式进行了规定，其中第三种方式为挂牌督办。挂牌督办是指住房和城乡建设部向社会公开重大违法案件基本情况及处理要求，督促省级人民政府住房城乡建设（规划）主管部门办理，接受公众监督的一种行政措施；在采取这种处理方式前，组织实施部门应核实案件有关情况，报住房城乡建设部领导审定实施。对确定为挂牌督办的案件，由住房城乡建设部办公厅向省级人民政府住房城乡建设（规划）主管部门发出《重大违法案件挂牌督办通知书》，同时抄送有关城市人民政府，并向社会公布。挂牌督办的解除由省级人民政府住房城乡建设（规划）主管部门提出申请，住房城乡建设部稽查办公室会同有关业务司初审报部领导审定后下达《重大违法案件挂牌督办解除通知书》，同时抄送有关城市人民政府并向社会公布。

在湖北省住房和城乡建设厅提出申请、住建部相关负责人进行审定后认为，湖北省住房和城乡建设厅已按照《重大违法案件挂牌督办通知书》要求，督促襄阳市人民政府及有关部门认真开展调查处理。且该案涉及违法行为已被依法查处，有关责任单位和人员责任已被追究，住房和城乡建设部于 2016 年 1 月 29 日下达了《重大违法案件挂牌督办解除通知书》。

（二）案例分析实训

案例一　绿地改为居住地？[1]

2015 年 6 月 15 日，在住房和城乡建设部 3 楼会议大厅，住房和城乡建设部稽查室主任王早生通报了住建部挂牌督办 9 起严重违反规划行为的违法案件。这

〔1〕"住房城乡建设部严查违反规划行为挂牌督办 9 起违法案件"，中华人民共和国住房和城乡建设部网站，http://www.mohurd.gov.cn/zxydt/201506/t20150615_221401.html，访问时间：2018 年 3 月 12 日。

也是《城乡规划法》出台 8 年以来，住建部首次挂牌督办违反城乡规划行文的案件。其中，邯郸市违反城市总体规划强制性内容审批、邯郸顺益房地产开发有限公司违法建设天福苑项目案备受关注。邯郸市违反城市总体规划强制性内容及控制性详细规划，擅自将约 5.5 万平方米防护绿地改为居住用地，核发天福苑项目《建设用地规划许可证》。邯郸市顺益房地产开发有限公司未取得《建设工程规划许可证》，擅自开工建设该项目。

　　问：上述行为违反了《城乡规划法》哪几条规定？住房和城乡建设部可以依据何种方式对其进行处理？

案例二　储可付诉阜阳市城乡规划局规划行政确认案[1]

　　储可付向一审法院诉称，其夫妇响应当时的政策，创建阜阳市富兴养殖有限公司养殖场，在阜阳经济技术开发区京九办事处岳寨行政村大于庄东头建设养殖场及住房，该建设项目依法报请阜阳经济技术开发区京九办事处批准，符合城乡规划。阜阳市城乡规划局未调查取证，未履行正当程序，认定储可付所建房屋属于违法建设，事实不清，证据不足，程序违法且超越职权。请求依法撤销阜阳市城乡规划局作出的认定储可付位于阜阳经济技术开发区京九路街道办事处的房屋属于违法建设的行政行为。

　　一审法院审理查明，储可付于 2007 年 6 月向京九办事处申请立项筹建养殖企业，2008 年后在阜阳市颍州区京九办事处岳寨村大于庄建成砖混结构和部分砖木结构的 3 层房屋一处，面积 1042 平方米，没有办理《建设工程规划许可证》。2014 年 11 月 11 日，阜阳市城市管理行政执法局接到阜阳汽贸物流园请求查处的函，随即立案调查。阜阳经济技术开发区城市管理行政执法局向阜阳市城乡规划局书面申请，要求对储可付等十户村民的房屋是否合法作出认定。2014 年 12 月 18 日，阜阳市城乡规划局作出阜规函〔2014〕361 号复函，认定包括储可付在内的 10 户村民在京九办事处建设的房屋属于违法建设。2014 年 12 月 23 日，阜阳市城市管理行政执法局对储可付作出（2014）城管罚决字第 6009 号行政处罚决定，限储可付 3 日内自行拆除完毕。储可付不服，向人民法院提起诉讼。安徽省阜阳市中级人民法院于 2015 年 9 月 7 日作出（2015）阜行终字第 00099 号行政判决，驳回储可付的诉讼请求。

　　问：一审法院可依据城乡规划法的何种条款驳回原告的诉讼请求？后原告上

---

〔1〕 "储可付诉阜阳市城乡规划局规划行政确认二审行政判决书"，中国裁判文书网，http://wenshu. court. gov. cn/content/content？ DocID = c7bae058 - 069f - 4b12 - b7f1 - b7342fb23275&KeyWord = % EF% BC% 882016% EF% BC% 89% E7% 9A% 96% E8% A1% 8C% E7% BB% 88388% E5% 8F% B7，访问时间：2018 年 3 月 12 日。

诉称其建设行为发生于城市规划区内耕地上，即使属于违法建设，也仅适用《中华人民共和国土地管理法》和《中华人民共和国土地管理法实施条例》等土地管理法律法规予以认定和处理，而阜阳市城乡规划局同时适用《中华人民共和国城市规划法》和《中华人民共和国城乡规划法》错误。你是否支持原告的主张？

案例三　黄义生诉规划局不履行规划行政管理法定职责案[1]

1995 年 5 月 23 日，桂阳县城乡规划局向第三人颜艳红核发了桂规字 95090 号建设用地规划许可证。审批建筑层数 2 层，底层占地面积 75 平方米。在第三人颜艳红打基础准备建房时，接到桂阳县城乡规划局口头通知，告知其消防路要与龙潭路联通，道路红线未定，要求暂缓建房，等道路红线确定再建。道路已成型后，第三人颜艳红于 2012 年 11 月 6 日开始动工建房，建房基脚由南至北面 13.4 米，房屋南面退离黄义生房屋 0.6 米，房屋北面为 3 米的公共通道。2003 年 10 月 16 日，桂阳县城乡规划局向黄义生核发了桂规字（2003）107 号建设用地规划许可证，该证所指建设用地处于第三人颜艳红建设用地的南面。审批建筑层数为 3 层，建筑底层占地面积 88 平方米。建设用地规划审批单上注明建筑退规划用地边界距离向北缩进 2 米，即黄义生所称的桂阳县城乡规划局要求其建房留出的消防通道。2003 年 11 月 8 日及 2004 年 1 月 13 日黄义生与第三人颜伟平（第三人颜艳红房屋的实际出资人），就黄义生与第三人颜艳红房屋的相邻问题分别以"领到"的收条方式进行处理，该"领到"的收条中双方就相邻关系达成了基础协议，黄义生建房北面以颜伟平房屋砖墙为界。另查明，黄义生于 2012 年 11 月 6 日起就第三人占用其消防通道的问题多次向桂阳县城乡规划局反映情况，桂阳县城乡规划局于 2012 年 12 月 7 日作出《关于黄义生反映颜伟平（颜艳红之弟）不按规定建房的回复》中确定，第三人颜艳红所建房屋并未占用黄义生建房留出的消防通道。

问：桂阳县城乡规划局对第三人颜艳红建房作出的系列审批手续的行政行为是否可以撤销？桂阳县城乡规划局是否应责令第三人停止建房？

主要参考文献

1. 吴高盛主编：《中华人民共和国城乡规划法释义》，中国法制出版社 2007 年版。

---

[1] "上诉人黄义生因规划行政许可一案二审行政判决书"，中国裁判文书网，http://wenshu. court. gov. cn/content/content? DocID = 342d3cef - 3a3b - 443c - aad5 - 567a8c6b2895&KeyWord = % E8% AF%89% E8% A7%84% E5% 88%92% E5% B1%80，访问时间：2018 年 3 月 12 日。

2. 全国人大常委会法制工作委员会经济法室等编：《中华人民共和国城乡规划法解说》，知识产权出版社 2008 年版。

3. 何明俊编著：《城乡规划法学》，东南大学出版社 2016 年版。

4. 隋卫东、王淑华、李军主编：《城乡规划法》，山东大学出版社 2009 年版。

5. 于洋："公益性规划申诉制度的困局与消解——以规划督察制度为视角"，载《城市规划》2018 年第 4 期。

6. 罗彦、樊德良："治理能力现代化视角下的城乡规划法治化建设挑战与思考"，载《规划师》2016 年第 9 期。

7. 住房城乡建设部稽查办公室："探索创新 建立健全城乡规划督察制度 攻坚克难 维护城乡规划严肃性权威性—城乡规划督察员制度十年回顾与展望"，载《城乡建设》2016 年第 10 期。

8. 付明达："乡村建设规划许可制度探讨与优化"，载中国城市规划学会编：《新常态：传承与变革—2015 中国城市规划年会论文集（11 规划实施与管理）》，中国建筑工业出版社 2015 年版。

9. 罗异铿："乡村建设规划许可制度下的村庄规划编制研究——以广东省为例"，华南理工大学 2015 年硕士学位论文。

10. 叶强、栗梦悦："应然与实然：《城乡规划法》立法的改进和完善"，载《规划师》2017 年第 3 期。

第 六 章

环境保护规划

【本章概要】本章从"环境保护规划概述"出发，就环境保护规划的概念、特征、目标、类型和基本原则，环境保护规划与其他规划的关系，规划的生成和决策过程以及其实施与管理，环境保护规划的意义、理论基础、发展历程和主要法律规定等基础性问题进行了阐述和介绍。

【学习目标】通过本章的学习，了解与环境保护规划相关的基本概念、环境保护规划的发展历程、理解环境保护规划的目的和意义，需要重点掌握环境保护规划的目标、基本原则以及主要法律规定，能发现环境保护规划现存问题，对其主要制度进行评析。

第一节　概述

一、环境保护规划的概念

环境保护规划是一种事先预防措施，是对一定时期、一定地域范围内从事行为、活动的安排，环境保护规划要协调经济、社会发展与环境之间的关系，是对经济活动和生产活动关系的协调。为了在保持环境容量和承载力的基础上发展经济，就要预先了解环境现状及其承载力，在此基础上规划人们的经济和社会活动。绝大多数学者认为，环境保护规划是人类为使环境、经济、社会共同发展，把"社会—经济—环境"作为一个复合生态系统，依据社会经济规律、生态规律和地学原理，对其发展变化趋势进行研究，并对人类自身活动和环境所做的时间和空间上的合理安排。[1]环境保护规划不仅要结合经济发展状况和经济发展计划，还要结合各地区的实际环境情况。环境保护规划体现了环境保护法基本原则中的预防原则。

环境保护规划是行政规划的一种，规划的主体主要是政府，内容包括制定、实施、监督等。虽然"一元化"的体制屡被诟病——不能发挥市场、政府和社会的协同作用，但政府作为行政机关，有资金、技术和能力去进行环境调查、分析、预测，能够站在全局的角度进行统筹安排，既能使规划更具合理性，也便于

[1] 张素珍主编：《环境规划理论与实践》，中国环境出版社2016年版，第3~4页。

规划的实施。

环境保护规划规定了规划的指导思想、基本原则、现阶段存在的问题以及改进方案、下一阶段的目标和任务，是长期目标与短期目标的结合。

二、环境保护规划的特征

规划的历史可以追溯到人类文明的早期。早在古埃及文明时期，人类已经开始运用规划安排生活布局。规划之所以在人类社会早期就已经产生，并能延续到今天而长盛不衰，是因为它符合人的理性要求。有计划的规划可以使人类活动事半功倍，环境保护规划是致力于保护环境、协调经济与环境之间关系的规划，它既具有规划的一般性特征，又具有自己的特点。一般来说，环境保护规划具有以下特征：

（一）整体性

环境具有整体性。环境保护规划必须有全局思想，要全面、整体地看待环境，以全局观念来看待环境问题，对环境各要素的规划要考虑其相互关联性。环境是一个整体，牵一发而动全身，生态系统之间存在着千丝万缕的联系，食物链、食物网以及能量流动将生物直接、间接地联系在一起。环境保护规划的目的之一是对环境进行有效利用，而不是进行破坏性的、无秩序的、无度的利用。这就要求规划制定主体在编制规划时进行全面、整体的考量，不破坏环境本身存在的调节机制，并在对环境有效利用的基础上保持环境的再生、永续能力。因而规划工作应从环境保护规划的整体出发全面考察研究，单独从某一环节着手并进行简单的串联叠加难以获得有价值的系统结果。[1]环境保护规划不仅要考虑环境自身的整体性，还要将环境保护和经济发展看做一个整体来进行规划。对环境容量小、承载力薄弱的地区，要限制其对环境的开发利用程度，即使这会在一定程度上限制该地区的经济发展水平。环境保护规划制定者要站在环境保护、经济发展之外，将二者有机联系起来，以客观、全面的视角来衡量各地区的环境和经济指标，对各种环境要素利用的限度进行可行性分析，以此来编制的环境保护规划才能实现其目的、发挥其价值。

（二）科学性

环境保护规划要尊重科学、尊重生态规律。在进行规划编制时，要运用科学的方法统筹安排。环境保护规划的科学性还体现在技术的运用上，例如污染物排放总量控制，需对该地区的环境状况进行调查，在调查数据的基础上进行科学性分析。规划应是在科学数据和技术的基础上建立起来的。环境保护规划的复杂性要求编制者以科学的态度去对待它，在没有科学、理性分析的基础上进行非系统

---

[1] 孙明烈、肖彦山主编：《污染防治法基本制度研究》，中国海洋大学出版社 2016 年版，第 125 页。

性的规划，不仅达不到规划的预防作用，无法实现规划的目的，甚至还会造成环境保护工作秩序的混乱。科学地研究环境的变化规律，对环境容量和环境承载力进行科学分析，研究人类活动与环境变化的关系，在此基础上才能更好地制定规划。在规划的编制过程中，还会用到环境生物学、环境化学、环境工程学、环境经济学、环境管理学等科学知识。不仅在规划的编制阶段要坚持科学性原则，在规划的审查、批准、实施、监督等环节也要贯彻科学性原则。

（三）区域性

环境保护规划包括总体规划、专项规划、区域规划、流域规划等。我国幅员辽阔，南北、东西的地形地貌、环境容量、环境承载力、环境现状和经济发展水平存在着很大的不同，尤其是环境问题的区域性特征十分明显，因此，环境保护规划必须注重"因地制宜"。[1]我们的规划在编制时不仅要有总体的全局性规划，还要有各地方根据总体规划，结合各地区的实际情况编制的地方区域规划。区域规划体现了地方特色，融入了地方特征，能更好地在各地区实施，避免出现规划不适应甚至阻碍地方发展的情况。国家根据区域性特征划分了禁止开发区域、限制开发区域、重点开发区域、优化开发区域。区域性要求因地制宜，在综合考虑各地区实际情况的前提下，作出最有利于地区环境保护和经济发展的规划。

三、环境保护规划的目标

环境保护规划目标是环境保护规划的核心内容，是对规划对象未来某一阶段环境质量状况的发展方向和发展水平所作的规定。[2]目标不同于目的，目的是抽象性的，是完成某件事的方针；目标是完成某件事的具体的追求，是目的的具体化。环境保护规划以人与自然和谐发展为宗旨，以协调人类社会在发展生产过程中与生态环境的关系为目的。环境保护规划以其宗旨和目的为基础，来确定环境保护规划的具体目标。环境保护规划的目标可分为长期目标、中期目标和短期目标。短期目标也可称为年度目标，一般是在1年或2年内要达成的环境目标。短期目标要明确具体，具有可操作性，要切合实际，保证在规划期内能达成。短期目标要与中期、长期目标相协调，短期目标是对中期和长期目标的细化。中期目标一般是5到10年，在这一时间期内的目标具有承接作用，既能检验几个短期目标是否完成以及完成情况，又为长期目标的完成奠定基础。中期目标的制定不能过高，要切实考虑短期目标的具体操作性和可完成性；也不能过低，要受到长期目标的影响，是长期目标的具体化。长期目标是对未来10年或以上环境目标的具体规定，长期目标应明确各阶段完成的任务和时间点，以便更好地执行。长

〔1〕 张素珍主编：《环境规划理论与实践》，中国环境出版社2016年版，第11页。
〔2〕 郭怀成、尚金城、张天柱主编：《环境规划学》，高等教育出版社2009年版，第68页。

期目标是制定中期、短期目标的标杆，长期目标的制定要有长远的眼光，可以提出更高的要求，这样才能具有一定的激励性，但又不是不切实际、天马行空的想象。三个阶段的目标相互结合、相互影响，最终实现环境保护规划的目的。具体而言，环境保护规划的目标应满足以下基本要求：

（一）环境保护规划的目标要切合实际

环境保护规划必须结合环境现状和经济发展状况，制定出切实可行的目标。制定的目标不能遥不可及，要在结合实际情况的基础上制定出能发挥最大主观能动性的目标。制定的目标要有可操作性，是可以通过具体操作、执行体现出来的；理念、精神性的目标不具有可操作性，其实现也没有固定的表现形式。切合实际还要求经济上可行、技术上允许，规划的编制、实施需要一定资金和技术的支持，目标的设定不可脱离两者的实际水平。

（二）环境保护规划的目标要有激励性

制定的目标不可太低，制定一个高目标可以起到激励作用。制定具有激励性的高目标，可以刺激实施主体的积极性、主动性、创造性，将实施者与目标紧密连接在一起。

（三）环境保护规划的目标要以环境保护优先为指导

环境保护规划的最初目的就是保护环境，协调人与自然的关系，处理环境保护与经济发展的关系。环境保护优先是指在环境保护管理活动中应当把生态保护放在优先的位置加以考虑，在社会的生态利益和其他利益发生冲突的情况下，应当优先考虑社会的生态利益，满足生态安全的需要，作出有利于生态保护的管理决定。[1]

四、环境保护规划的基本原则

制定环境保护规划的基本目的在于，不断改善和保护人类赖以生存和发展的自然环境，合理开发和利用各种资源，维护生态平衡。因此，制定环境保护规划，应遵循一定的原则。[2]环境保护规划的基本原则是指贯穿在整个环境保护规划的编制、实施过程中，反映环境保护规划的性质、特征，并能对与环境保护规划有关的活动、行为具有普遍指导作用的基本准则。《"十三五"生态环境保护规划》中明确提出环境保护规划的基本原则包括以下几点：

（一）坚持绿色发展、标本兼治

绿色发展是以效率、和谐、可持续为目标的经济增长和社会发展方式。要坚持绿色发展，坚持低碳经济，以一种低污染、低能耗的要求去发展经济，转变产

---

〔1〕　王树义：《俄罗斯生态法》，武汉大学出版社 2001 年版，第 215 页。
〔2〕　张素珍主编：《环境规划理论与实践》，中国环境出版社 2016 年版，第 5 页。

业结构和生产方式，推进供给侧结构性改革，推动形成绿色的生产和生活方式，处理好发展和保护的关系。绿色富国、绿色惠民，要处理好发展和保护的关系，协同推进新型工业化、城镇化、信息化、农业现代化与绿色化。坚持立足当前与着眼长远相结合，加强生态环境保护与稳增长、调结构、惠民生、防风险相结合，强化源头防控，从源头预防生态破坏和环境污染，加大生态环境治理力度，促进人与自然和谐发展。

（二）坚持质量核心、系统施治

以解决生态环境突出问题为导向，分区域、分流域、分阶段明确生态环境质量改善目标任务。坚持以环境质量为核心，促进经济发展与保护环境相协调。对于环境污染问题，运用多种手段开展多污染物协同防治，系统推进生态修复与环境治理，确保环境保护规划目标的实现。统筹运用结构优化、污染治理、污染减排、达标排放、生态保护等多种手段，实施一批重大工程，开展多污染物协同防治，确保生态环境质量稳步提升，提高优质生态产品供给能力。

（三）坚持空间管控、分类防治

坚持生态优先，统筹生产、生活、生态空间管理，划定并严守生态保护红线，维护国家生态安全。对于不同种类的污染，有针对性地采取不同的方法进行分类防治，更好地实现对环境污染的管控与治理。建立系统完整、责权清晰、监管有效的管理格局，实施差异化管理，分区分类管控，分级分项施策，提升精细化管理水平。

（四）坚持改革创新、强化法治

以改革创新推进生态环境保护，完善环境保护制度，在遵循生态规律的基础上进行制度创新，让制度具有可操作性且能切实履行，加快形成系统完整的生态文明制度体系。完善环境立法，加强环境执法，严守环境司法，促进全社会遵纪守法，依靠法律和制度加强生态环境保护。转变环境治理理念和方式，改革生态环境治理基础制度，建立覆盖所有固定污染源的企业排放许可制，实行省以下环保机构监测监察执法垂直管理制度，加快形成系统完整的生态文明制度体系。加强环境立法、环境司法、环境执法，从硬从严，重拳出击，促进全社会遵纪守法。依靠法律和制度加强生态环境保护，实现源头严防、过程严管、后果严惩。

（五）坚持履职尽责、社会共治

建立严格的生态环境保护责任制度，合理划分中央和地方环境保护事权和支出责任，落实生态环境保护"党政同责""一岗双责"。落实企业环境治理主体责任，动员全社会积极参与生态环境保护，激励与约束并举，政府与市场"两手发力"，形成政府、企业、公众共治的环境治理体系。

五、环境保护规划的类型

按照不同的分类标准，可对环境保护规划进行不同的分类。

按照规划时间长短，可将环境保护规划分为长期环境保护规划、中期环境保护规划和短期环境保护规划。长期环境保护规划是以一种长远的目光对未来 10 年的愿景，具有战略意义；中期规划是对长期规划的再具体，是对短期规划的检验，为长期规划的完成奠定基础；短期规划是对 1 年或 2 年内的具体环境保护规划，可操作性最强。

按照环境要素，可将环境保护规划分为大气污染防治规划、水资源规划、土地利用总体规划等。大气污染控制规划，是对一定时期内大气环境质量提出要求，并且设立一系列制度、措施来进行大气污染防治。2012 年 9 月 27 日，国务院批复了《重点区域大气污染防治"十二五"规划》，这是我国第一部综合性大气污染防治的规划。水资源规划是对一定时期内水资源的合理开发利用和水害防治及水域的综合整治预先做好的总体部署和宏观安排。[1] 土地利用总体规划是对土地开发利用所作的总括性要求。土地是万物生存之本，对土地的开发利用要坚持无害原则，并提出土地污染防治的预防性和治理性措施。

按照行政区划和地域，可将环境保护规划分为国家环境保护规划、省级环境保护规划、城市环境保护规划、农村环境保护规划、区域环境保护规划和流域环境保护规划。其中国家环境保护规划是总体性规划，其他规划要根据国家规划来制定，对于国家规划有规定的可结合地方环境实际情况进行细化；对于国家规划未作规定但地方环境管理、防治所必需的可进行补充规定，但不可违背环境保护规划的基本原则。由于环境问题并不拘泥于某个地区，其具有跨区域性，因此编制区域环境保护规划是必要的。流域环境保护规划的编制和实施便于整个流域内环境的预防、管理和治理。

六、环境保护规划与其他规划的关系

目前，我国进行了多规合一试点工作。不同地区多规合一的类型不尽相同，主要有以下几种：

（一）全面取代

即制定一个包罗所有规划的总体规划，取代国民经济和社会发展规划、城乡规划、土地利用总体规划、环境保护规划。

（二）"1+4"模式

即制定一个涵盖所有规划的总体规划，再分别制定国民经济和社会发展规划、城乡规划、土地利用总体规划、环境保护规划。

---

〔1〕 吕忠梅主编：《环境法导论》，北京大学出版社 2008 年版，第 149 页。

（三）"1+3"模式

即以国民经济和社会发展规划、城乡规划、土地利用总体规划、环境保护规划的其中之一为主体，形成"多规合一"规划，并保留另外三个规划。

环境保护规划与其他规划的"多规合一"，是指环境保护规划与其他规划之间相互协调、相互影响，共同处理经济发展与环境保护的关系，实现经济发展与环境保护相协调。环境保护规划在各项规划中占据重要地位，环境保护规划应渗透进其他规划中，在各规划中贯彻环境保护规划的宗旨和理念，保护环境优先，实现人与自然和谐共生。其他规划亦会对环境保护规划产生影响，在制定环境保护规划时，要充分考虑其他规划对环境可能造成的风险或危害，及时采取预防措施。

七、环境保护规划方案的生成和决策过程

（一）环境保护规划方案的生成

1. 环境保护规划方案的设计。

（1）环境保护规划方案设计的内容。环境保护规划方案的设计是整个环境保护规划工作的核心，方案科学与否将直接影响环境保护规划能否顺利实施。它是在考虑国家或地区的综合能力的基础上确定的，根据国家或某一区域的经济水平、环境容量、环境承载力、环境污染状况、产业结构、投资能力、主要环境问题等多方面因素，提出具体的污染防治对策和自然资源保护措施。

（2）环境保护规划方案设计的原则。环境保护规划方案的设计要遵循一定的原则，以保证规划方案本身的科学性、合理性，及其可以有效实施。

第一，收集信息，对准目标。环境保护规划的前期一定要大量收集信息，但并不是盲目的一把抓，而是有针对性地收集与环境保护规划有关的、对环境保护规划的编制有影响的信息。要将收集到的信息进行妥善分类，从中筛选有用的信息进行分析、对比，在环境保护规划的编制中对这些信息进行妥善运用。同时，要考虑在环境保护规划方案的设计中提出的对策和措施是否具有可操作性，是否能实现规划目标，要加强信息意识和目标意识。

第二，以提高资源利用率为根本途径。环境污染主要是由于生产生活的废弃物排放，废弃物的直接排放不仅污染环境，还会造成这些物质中可进行再次利用的物质或资源的浪费。提高资源利用率，对废弃物质进行再回收利用，可以减轻环境污染和资源短缺的双重压力。在环境保护规划方案的设计中，环境污染治理、生态保护、产业结构布局和调整都要围绕提高资源利用率这个中心。

第三，遵循国家或地区有关的法律法规。要在法律允许的范围内进行环境保护规划方案设计，避免提出的对策措施与法律相抵触。

（3）环境保护规划方案的设计过程。

第一，分析环境调查结果。包括环境质量、污染状况、自然资源储量和利用现状、主要污染物、现有环境容量和环境承载力、资金能力、产业结构等，明确环境现状和治理能力。

第二，分析现实问题和解决能力。了解了环境现状后，要对治理环境的资金、技术可能性进行分析，综合考虑实际存在的问题和解决问题的能力。

第三，列出环境保护规划目标。经过上述两步后，在环境治理能力的基础上列出环境保护规划的总目标和各项分目标，明确现实环境状况和环境目标之间的差距。

第四，制定环境发展战略和主要任务。从整体上提出环境保护方向、重点、主要任务和实施步骤。

第五，制定环境保护规划的对策和措施。对策和措施是环境保护规划方案的重点，没有对策和措施，规划方案就无法有序实施。对策和措施也是环境保护规划目标的体现，对策和措施要有针对性，如自然资源开发利用措施、污染物排放措施、生态环境保护措施等。

2. 环境保护规划方案的优化。在制定环境保护规划时，一般要做多个不同的环境保护规划方案，经过对比分析，确定经济上合理、操作上可行、技术上先进并能有效实现环境保护规划目标的方案。方案优化是环境保护规划编制的重要内容。方案的对比要有鲜明的特点，抓住起关键作用的因素进行对比分析。对比各方案的环境保护投资和经济、环境、社会效益的统一，力争达到投资少效果好的目的。但是不能片面追求投资少，要以实现环境保护规划的目标为准；同时不能片面追求先进技术，要从实际出发，考虑其是否具有可操作性。一般而言，环境保护规划方案优化有以下几个步骤：

（1）分析、评价现存的和潜在的环境问题，寻求解决这些环境问题的方法和途径，研究为实现环境目标而采取的制度和措施的合理性、可操作性。

（2）对所有拟定的环境保护规划方案草案的环境效益、生态效益、经济效益和社会效益进行分析。对规划中可能采取的技术进行可行性分析，对技术本身是否会造成环境损害进行分析，避免有可能发生的环境损害。

（3）比较、分析、论证各环境保护规划草案，建立优化模型，综合考虑之后，选出最佳方案。

（4）预测评价环境保护规划方案的实施对社会和经济发展以及环境可能产生的影响。

（5）概算实施环境保护规划方案所需的总投资，确定投资方向、投资重点并评估投资效果等。

（二）环境保护规划方案的决策

1. 环境保护规划方案决策系统。环境保护规划方案的决策是指根据人类社会生存和环境发展的需要，制定一定时期、一定区域的环境目标，并从各种可供选择的实施方案中，通过比较、分析、评价，选定一个切实可行的、最佳的（投资少、效果好）环境保护规划方案的过程。环境保护规划方案决策系统和一般的控制系统一样，分为输入、处理、反馈、调节和输出。

（1）输入。在整个环境保护规划过程中，会出现各种各样的规划指标，如环境污染的治理、资源开发、产业结构的调整等，所有这些目标的实现都会有相对应的多个方案，对此必须结合起来综合判断，择优而取。

（2）处理。处理模块包括建立评价决策模型并利用计算机求解。针对不同情况，可采用不同的决策评价技术。

（3）反馈。对于处理结果，在获得承认以前应征求意见，以便使结果不断趋于真实。

（4）调节。其作用是合理选择系统自身的行为，即对评价决策方法的合理选用。

（5）输出。作为评价决策系统的最后一个环节，输出的一向是满意的结果。一方面，它为某一系统扩展提供了决策信息；另一方面，它为更高层次的工作做了准备。

2. 环境保护规划方案决策步骤。

（1）目标制定阶段。综合"社会—经济—自然"复合生态系统，分析环境状况和经济社会发展状况，对现实存在的和潜在的环境问题加以研究，提出环境决策所要达到的目标。

（2）信息调查阶段。搜集决策过程中所需的各种资料和数据。

（3）方案设计阶段。分析与实现目标有关的各种因素，从环境、经济、社会、资金、技术等多方面来考虑，拟定所能达到目标的方案。

（4）方案评估阶段。对制定出的各种方案进行评估、选择。

（5）方案选定阶段。在确保环境保护规划目标能够实现的前提下，选择对环境保护最有利、经济投资最少的最佳实施方案。

（6）反馈调查阶段。在经济技术条件不能满足所有可能的实施方案时，要对环境目标、对策和措施进行修正或调整。

八、环境保护规划的实施与管理

（一）环境保护规划的实施

环境保护规划的编制、审批、下达只是规划工作的一部分，规划的实施也是重要一环。经过审批的环境保护规划，在一定程度上体现了国家今后一段时间环境工作的方向，体现了人民的根本利益。环境保护规划按法定程序下达后，各规划实施单位按规划中对本区域、本单位、本部门的要求执行规划，使纸面上的规划变成实际生活中的规划。

1. 环境保护规划实施的基本条件。为保证环境保护规划的顺利实施,需要一些基本条件:

(1)全面落实环境保护资金。为解决环境问题,需要一定的资金支持,用于研发先进的技术、购买清洁生产的机器设备,同时还需要一定的人力物力。环境保护并不是一句口号,需要付诸实践,在实践中,就需要物质条件和资金支持。尤其是对环境污染比较严重、生态环境比较恶劣的国家或地区,要想解决环境问题,一定的资金投入是必要的。环境保护的资金投入比例根据各区域的实际情况确定,与各区域的经济社会发展水平和环境状况有关,也与环境保护规划的目标密切相关。有些国家成立了环境保护基金,用于给地方政府在环境保护相关基础设施建设方面提供比民营银行条件更加优惠的贷款,如日本、泰国。[1]资金投入是推动环境保护规划实施最根本的一环。

(2)实行环境保护目标管理。为了实现环境保护规划的目标,仅靠一般的行政管理已经不能适应目前环境保护工作的需要。把环境保护规划的目标与责任紧密结合起来,实行各级领导的环境保护目标责任制。实行环境保护规划目标责任制,有助于将环境保护规划中的目标和任务具体化,有助于调动各区域、各部门、各行业的力量来共同实现规划的目标,保护和改善环境。

(3)年度环境保护规划的编制和实施。我国环境保护规划有长期规划、中期规划和年度环境保护规划。年度环境保护规划的实施情况将决定着中期和长期规划的实施效果。年度环境保护规划层层分解,落实到具体部门和单位,分工明确,便于环境保护规划的实施。环境保护规划实施的无序性将会破坏规划本身的效果,制定得再好的规划得不到实施也将变成一纸空文,因此年度环境保护规划的实施是环境保护规划工作的一项重要内容。

2. 环境保护规划实施的基本措施。环境保护规划的实施主要有协调和审议的措施、组织管理方面的措施和科学研究方面的措施。

(1)协调和审议的措施。首先是规划部门内部的协调和调整。在规划部门内部有各专项环境保护规划,因此环境保护规划应该与各专项规划相协调,不能出现相互排斥的目标或措施。其次是环境保护规划所涉及的有关部门的协调和调整。环境保护规划所涉及的部门,包括规划实施部门、投资部门、政策制定部门等,它们之间应进行协调,根据本部门的需要提出对规划的要求,进行协调以避免冲突。最后是临近区域的协调和调整。环境问题是跨区域的,同样环境保护也

---

〔1〕　王金南、陆军、吴舜泽主编:《中国环境规划与政策(第十二卷)》,中国环境出版社 2016 年版,第 308 ~ 314 页。

不应有区域限制，邻近区域的环境保护规划可以进行协调，采取联防联动机制，共同行动实施环境保护规划，治理环境问题，保护生态环境。

（2）组织管理方面的措施。可以制定自然资源开发利用标准，使自然资源的开发利用有章可循，提高自然资源的综合利用率，使自然资源管理规范化，利于环境保护规划目标的实现。还可以制定污染物治理和生产废物回收利用的统计报表，通过数据可以及时掌握资源利用和环境污染情况，对环境问题治理状况有更直观的了解，也可以为下一年度环境保护规划的编制提供依据。

（3）科学研究方面的措施。自环境保护规划过程中采用计算机模拟技术以来，该技术给规划方法的开拓提供了广阔的前景。基于此，我们应采用综合集成技术把大规模系统优化理论应用于环境保护规划，使环境保护规划更切合实际，更便于环境保护规划的有效实施。此外，生态工程、工艺方面的研究是制定和实施环境保护规划必不可少的基础工作之一。

3. 环境保护规划实施的意义。环境保护规划体现了国家的环境与经济发展战略，为进行环境管理提供了科学依据，是各级政府和环境保护部门发展经济、开展环境保护工作的依据。

工业革命以来，科学技术的迅速发展，大大解放了人类劳动力，带来了经济的高速发展，但也带来了一系列环境问题，如环境污染、生态破坏、资源枯竭、物种灭绝等，尤其是20世纪30～70年代全球八大公害事件的发生，给人类敲响了保护环境的警钟，各种预防、治理环境问题的学说被提出，如公共信托理论、环境权、代内公平、代际公平、可持续发展等。《人类环境宣言》"共同信念"中的第2项申明，"为了这一代和将来的世世代代的利益，地球上的自然资源，其中包括空气、水、土地、植物和动物，特别是自然生态类中具有代表性的标本，必须通过周密计划或适当管理加以保护"。这说明了环境保护规划的重要性。环境保护规划预先安排、设定了人们的行为活动和社会生产的大致方向以及一些具体的制度措施，引导人们合理开发利用自然资源，保护生物赖以生存的环境要素；约束排污者的行为，合理设定排污总量和排污限额分配，防治环境污染。环境保护规划体现了预防原则，预防原则被称为环境保护的"黄金规则"，据计算，预防污染损害费用与事后治理费用的比例是1∶20，预先采取防范措施，要比事后治理经济得多，也有效得多。

时至今日，环境问题已成为各个国家普遍存在的问题，甚至有些是全球性的问题。保护环境依然是各个国家的重点工作，而环境保护规划是国家为应对环境问题提出的具有战略意义的制度措施。编制、实施环境保护规划，对于改善和保护环境具有重要意义。

（1）环境保护规划具有预防环境损害发生的作用。环境保护规划最明显且最重要的作用是预防。环境保护规划通过科学、严密、合理的分析计算和安排，设计出了有利于环境保护和发展的措施，进行了经济发展和环境保护的关系设定，以此来减少环境损害，在环境保护的基础上进行经济建设，以预防的方式来逐步改善环境质量。以前没有环境损害事先预防的措施政策，而随着对环境问题成因进行本质分析、成本效益计算，我们得出结论：事先采取预防措施是正确合理且经济的。环境保护规划正是这么一项措施，它的有效实施可以起到预防环境损害的作用，比事后救济更经济。由于环境损害具有不可逆性，尽管我们可以尽力进行局部修复，但是环境不可能被恢复到原来的状态，如对于已经灭绝的物种而言，人类永远不可能恢复该物种。环境损害是不可逆的过程，会破坏生物多样性和生态系统。环境损害的不可逆性要求人类必须谨慎对待环境，在开发利用环境前，必须预先考虑这一行为可能带来的后果，并对这一后果采取补救措施或者寻找这一行为的替代行为来减轻或避免环境损害。环境损害具有潜伏性。环境损害所具有的潜伏性是指人们可以直接观察到的污染和破坏等环境损害对人类的影响和对环境所造成的损害往往具有一定的潜伏期，其后果并不会在短期内呈现出来，如日本富山痛痛病。这就要求人类必须在实施可能对环境造成损害或影响的行为前考虑周全，从而通过合理的安排和部署来避免潜在环境损害的发生。环境损害具有持续性，如化学化工等有毒有害物质会随着食物链、食物网的能量流动进行转移，这类有类有害物质在处于食物链顶端的生物（即人类体内）是最多的。这就要求我们从源头进行控制，在进行该行为前，进行合理分析、论证，制定合理规划。预防是环境保护的前置性手段，是进行环境保护的首要选择，与其事后耗费大量的精力财力，不如提前做好规划，这样既能减少经济消耗、人身损害，又可以更好地保护环境。

（2）环境保护规划是解决环境问题的理性选择。比利时马斯河谷烟雾事件、美国洛杉矶光化学烟雾事件、美国多诺拉事件、英国伦敦烟雾事件、日本水俣病事件、日本四日哮喘病事件、日本爱知米糠油事件、日本富山痛痛病事件等环境公害事件敲响了保护环境的警钟。若人类肆意破坏环境、攫取资源，终将使我们自身受到损害。频发的环境公害事件，导致人类人身、财产利益都受到严重损害，为此，我们应主动寻求减少环境损害的方法措施，而环境保护规划是经过理论和实践双重证明的，能有效保护环境、减少环境损害的措施。现在，我们面临着全球气候变暖、臭氧层空洞、厄尔尼诺现象等环境问题，在人类不加限制的生产活动下，地球已经变得千疮百孔。恩格斯曾说，"不要过分陶醉于我们对自然界的胜利。对于每一次这样的胜利，自然界都报复了我们。每一次胜利，在第一次确实取得了我们预期的结果，但是在第二步和第三步却有了完全不同的、出乎预料的影响，常常把第一个结果又取消了"。[1]我们必须通过多种途径、多种方式来合理地解决环境问题，保护我们赖以生存的环境。人类必须尊重自然、顺应自然、保护自然，建立人与自然命运共同体。地球环境容量是有限的、环境承载力是有度的，我们必须合理地利用环境，排污不应超过环境的容量，开发利用自然资源不应超过环境的承载力。环境保护规划就是在环境容量和环境承载力限度内进行开发利用自然资源、进行排污行为等经济建设活动的规划。因此，环境保护规划是一项理性的规划，是能够平衡经济发展与环境保护关系的规划，它不会因为要保护环境而禁止发展经济，也不会一味地发展经济而忽视环境保护。

（二）环境保护规划的管理

环境保护规划的编制、实施与管理是一系列动态发展的过程。环境保护规划的实施与管理同其编制一样，要与本国或本区域的经济社会发展和环境状况相一致。环境保护规划既是区域未来状态的模拟设想和预先协调行动纲领，同时又是一个不断积累的追踪决策过程。

1. 环境保护规划实施的动态追踪过程。

（1）动态追踪管理。在环境保护规划的实施过程中，通过动态的追踪监控，在不改变环境保护规划实施目标的前提下，调整环境保护规划的实施方式，以适应社会发展的动态变化要求；并能在发生预测之外的突发事件时及时作出调整，以保证环境保护规划的目标顺利实现。

（2）动态追踪干扰因素作用管理。环境保护规划的实施过程会受到各种因素的干扰，通过动态追踪干扰因素，及时检讨、改错、置换，使环境保护规划保持科学性和合理性，在发挥环境保护规划作用的同时，还能使规划本身得到更新、完善和发展。

（3）环境追踪技术的可操作管理。在环境保护规划的实施过程中，以追踪技术可行为前提，通过动态监控过程，及时掌握政府和规划部门对规划实施的承受能力，进而对环境保护规划方案的实施作出调整。

2. 环境保护规划的管理手段。

（1）建立完善环境保护规划管理的组织机构。环境保护规划的实施管理主要是依靠现有的环境管理部门，也可根据需要设立专门的机构来对环境保护规划的实施进行管理，如设立某区域或某流域的专门环境保护规划管理委员会。环境保护规划的管理机构主要负责规划的分解、执行、检查、考核、协调和调整。

（2）形成完善的环境保护规划管理手段。

第一，环境保护规划的行政管理。在环境保护规划的实施过程中，各有关部

---

〔1〕《马克思恩格斯选集》第3卷，人民出版社1972年版，第517页。

门应在互相配合、共同管理的基础上各司其职、各尽其责，完成环境保护规划的任务，实现环境保护规划的目标。

第二，环境保护规划的协调管理。由于环境问题的跨区域性特征，有些环境保护规划的实施需要跨区域部门的协调配合，在任务分配、行动计划、资金投入等方面要做好协调。同时，环境保护规划的实施过程可能会出现各种突发状况，各部门之间要进行协商，通过经济手段、行政手段等进行调整，使环境保护规划得以顺利实施。

第二节　环境保护规划的理论基础

一、环境容量与环境承载力

环境是一个复杂的大系统，里面拥有各种要素和元素，这些丰富多样、功能各异的元素形成错杂的关系、多样的结构，通过物质循环、能量流动组成了环境系统。环境依靠其自身的调节能力和运行机制进行稳态运动。人类是环境系统中的一部分，处于食物链的顶端。但是人类自身的行为、活动可能会破坏环境系统的稳定状态，如某一物种因人类活动灭绝，而一个物种的灭绝，会或多或少地影响它所在食物链的所有生物的生存，所谓牵一发而动全身。因此维持环境系统的稳定显得尤为重要。环境系统的组成要素有水、大气、土壤、各种生物、自然资源等，它们分别构成了水环境、大气环境、土壤环境等子系统。环境系统有其自身特点和运作方式，人类活动干预了这一系统，导致一系列环境问题出现。人类对环境系统的干预和破坏主要有两种形式：排污行为和自然资源开发利用行为。这两种行为主要是针对环境容量和环境承载力，因此环境保护规划应对环境容量及其承载力做一定了解，这样才能更好地了解环境保护的薄弱环节并作出相应的调整，编制的环境保护规划才能更有针对性，才能更好地实现保护环境的目的。

（一）环境容量

1968 年，日本学者首先把电工学中的电容量的概念引入环境科学中，提出了环境容量的概念，为制定某一区域环境的污染物控制总量提供了可量化的依据。[1]环境容量，从字面意思理解，就是环境系统所能容纳的量，这个量就是排污量。因此，环境容量可以解释为环境系统所能容纳的最大排污量。环境系统有一定的自净能力，对于部分污染物可以通过其自身的机能消化、容纳，但如果超过其最大容纳量，就会造成环境污染问题。因此在编制环境保护规划前应了解某一地区

---

[1]　张素珍主编：《环境规划理论与实践》，中国环境出版社 2016 年版，第 37 页。

最大的环境容纳量及环境系统现有的容纳量，来规划下一步的人类行为活动。治理环境污染微观上就是减少对环境容量的占有。

基于环境容量总量控制的核心思想是根据区域经济发展水平和技术水平，通过治污与经济发展的不断平衡，逐步将污染物的排放总量控制在环境容量的允许范围即最大环境容量内；表现在环境保护规划中，就是先通过科学调查和分析来确定某一区域最大环境容量，通过协调经济发展（表现在排污行为上）与环境保护的关系，来确定这一区域未来一定时期内排放污染物的最大限额，制定污染物排放总量控制指标，进而将总量指标进行分配，来实现预定环境目标的环境保护规划措施。污染物总量控制包括一系列的技术过程，具体包括：确定容量控制指标、污染物排放总量的核算与预测、环境容量计算、总量分配与污染物削减技术方案制定及总量监控等。

我国最早进行的环境容量研究是在水系统领域，早在 20 世纪 70 年代末期，我国就启动了环境容量与水体污染物总量控制研究，并将其逐步应用于环境保护中，使其成为环境管理的基本制度之一。同时，围绕不同环境目标下的大气环境容量，我国学者也开展了许多研究工作，任阵海等模拟了全国城市二氧化硫年均浓度达标下的二氧化硫最大允许排放量约为 1200 万吨。[1]我国最早对环境容量的研究仅限于污染物排放浓度达标控制，即排放污染物的浓度达到一定标准即可排放，不限量；但单一的浓度控制和不限量的排放，并不能解决环境污染问题，因而又在此基础上制定了排放污染物总量控制制度，通过总量控制和浓度控制双重标准来治理环境污染问题。

总量控制制度可以分为三类：一是容量总量控制，即排放污染物的总量不超过改变环境质量标准所允许的排放限额；二是目标总量控制，即把允许排放污染物的总量控制在管理目标所规定的污染负荷削减率范围内；三是行业总量控制，即通过控制生产过程中的资源和能源的投入以及控制污染物的产生，使排放的污染物总量限制在管理目标所规定的限额之内。目前我国的总量控制基本上是目标总量控制。

（二）环境承载力

承载力概念应用最初是被引入到区域系统的生态学研究中，其含义是：在某种环境条件下，某种生物个体可存活的最大数量的潜力。在环境污染蔓延全球、资源短缺和生态环境不断恶化的背景下，科学家们相继提出了资源承载力、环境

---

〔1〕 王金南、陆军、吴舜泽主编：《中国环境规划与政策（第十二卷）》，中国环境出版社 2016 年版，第 45 页。

承载力、生态承载力等概念。[1] 环境承载力是环境系统功能的外在表现，环境系统通过自身的物质循环、能量流动等一系列调节机制，可以维持环境系统的稳定性，在遭受人类行为小程度的干扰时，可通过自身调节来继续维持其稳定，但是环境自身调节能力是有限的，超过其自身调节能力就会使环境遭到破坏，环境承载力就是环境所能承受的人类行为活动的干扰程度，并重新调整自身组织形式的能力。环境承载量是某一时刻环境系统所承受的外界干扰的作用量，这一作用的极限值，即环境承载力。环境容量主要针对的是排放污染物的行为活动；环境承载力主要针对的是自然资源的开发利用行为。人类在早期的发展过程中，对自然资源的利用是掠夺式的，但自然资源基数大，并没有引起环境问题，随着自然资源的逐渐减少，对自然资源不加限制地开发利用的弊端逐渐显现，超过环境承载力的某些区域出现了严重的环境问题。

环境承载力作为判断人与环境关系是否协调的依据，具有主观性与客观性。主观性是因为环境承载力的判断、分析是人为的，没有确定的衡量办法和标准，在不同区域或不同时间内指标的选取和量化评价方法会有所不同，它并没有一个可以统一套用的公式；客观性是因为环境承载力是客观存在的，虽然不同区域或不同时间内环境承载力会有所差别，但是环境承载力是在任何时间或一定区域内都存在的，其通过自然资源和环境状况来体现。环境承载力不仅体现了自然环境状况，也反映了人类在一段时间内对该区域的开发利用程度。

基于环境承载力的环境保护思想是指根据区域经济发展水平和环境状况，通过环境保护与经济发展水平的不断平衡，对不同地区采取不同的环境保护政策或措施。对于生态薄弱地区限制或禁止开发利用；对于经济发展水平低且环境承载力强的地区，可以放宽对该地区开发利用自然资源行为活动的限制；对于经济发展水平低且环境承载力弱的地区，鼓励其进行环境保护，限制其开发利用行为，可以采取政府转移支付的方式来支持当地建设。这一思想表现在环境保护规划中，就是通过调查、分析该地区的自然资源总量和环境承载力，并结合当地的经济发展水平，来制定该地区相应的环境保护规划目标和为达成这一目标的对应措施。环境保护规划不仅要考虑一定时间内特定区域的环境容量，来对该区域进行环境污染治理，还要把环境承载力作为约束条件，在环境承载力范围之内对该区域的产业结构、经济发展方向和经济布局提出最优方案。环境保护规划的目标是协调经济发展与环境保护的关系，实现人与自然和谐相处。通过环境承载力来表现，就是在不超过环境承载力的基础上发展经济，还要尽可能地不断提高环境承

[1] 廖慧璇、籍永丽、彭少麟："资源环境承载力与区域可持续发展"，载《生态环境学报》2016 年第 7 期。

载力，在环境承载力范围内制定经济发展的最优政策。

（三）环境容量与环境承载力的关系

两者的不同点分别是：环境容量侧重反映环境系统的自然属性，是环境系统自身的禀赋和性质；环境承载力侧重反映环境系统的社会属性，反映人与环境的相互关系，是外在的社会禀赋和性质。

两者的相同点分别是：一是有限性。在科学技术和社会关系发展的一定历史阶段，环境容量具有相对的确定性、有限性；而一定时期、一定状态下的环境承载力也是有限的。二是两者都是环境系统状况的体现。一般来说环境容量越大、环境承载力越高，说明环境状况越好。三是两者的作用。环境容量和环境承载力在编制环境保护规划时具有重要作用，可以依据两者的状况，来协调某一区域一定时期内经济发展与环境保护的关系，从而更好地制定环境政策，更好地保护环境。

为了将环境容量和环境承载力统一起来，李辛琪等学者提出了环境容载力的概念，将其定义为自然环境系统对其人口、社会、经济及各项建设活动所提供的最大的容纳程度和最大的支撑阈值，或以最大的环境容量和环境质量支持的社会经济发展的能力。简言之，环境容载力是指自然环境在最大纳污条件下所支撑的社会经济的最大发展能力。

二、可持续发展与人地系统

工业革命以来，机器化的生产解放了人类劳动力，但是也带来了很严重的负面影响，如对自然资源的开发利用到了变本加厉的地步；先进的技术带来了工业化的大发展，也带来了浓烟和废水；工业化造成了生态破坏、资源短缺、环境污染等问题；在 20 世纪，发生了全球公害事件。一系列的环境危害事实警告人类，粗糙的、激进的生产方式会给环境、给人类的生存空间带来极大的危害。环境不断恶化，使人类面临的生存环境的威胁也不断加大，这使得人类不得不重新审视自己的行为活动，不得不转变经济发展方式，不得不关心环境保护问题。起初人类对环境问题的认识仅局限于环境污染，并对环境污染采取末端治理模式，但发现这并不能很好地解决环境问题。因此，必须探索新的环境治理模式和经济发展方式，可持续发展战略应势而生。

（一）可持续发展

1. 可持续发展定义。可持续发展的萌芽阶段应该追溯到 20 世纪 60 年代，首先是科学家认识到不能再继续走传统发展的老路，要处理好人类社会与地球生态环境的关系，必须走一条全新的"可持续发展"的道路。[1]1987 年由挪威前首相布伦特兰夫人（Gro Harlem Brundtland）领导的世界环境与发展委员会发表题

---

[1] 李强："可持续发展概念的演变及其内涵"，载《生态经济》2011 年第 7 期。

为《我们共同的未来》的研究报告，对可持续发展概念进行了阐释。根据该报告，可持续发展是指"既满足当代人的需要，又不对后代人满足其需要的能力构成危害的发展"。后来英国的菲利普·桑兹（Philippe Sands）提出"四要素"说，即可持续发展包含代内公平、代际公平、可持续利用和环境与发展一体化。这一学说获得了我国学者的普遍认同。

（1）代内公平。这是指代内所有人，无论其国籍、种族、性别、经济发展水平和文化方面的差异，对于利用自然资源和享受清洁、良好的环境享有平等的权利。它是可持续发展的必要条件。代内公平体现了公平的空间性维度，强调不同发展空间即任何地区和国家的发展不能以损害别的地区和国家的发展为代价。

（2）代际公平。这是指每一代人都是后代人地球权益的托管人，应实现每一代人之间在开发、利用自然资源方面权利的平等。美国著名国际法学家爱蒂丝·布朗·魏伊丝（Edith Brown Weiss）于20世纪80年代提出的代际公平理论借势全球性环境危机这一话语背景，在环境哲学、环境伦理学、环境政治学、环境法学等领域产生了全球性的深远影响。[1]代际公平体现了公平的时间性维度，它要求本代人的发展不能以损害后代人的发展为代价，要留下能满足后代人进一步发展的环境资源等自然条件。

（3）可持续利用。这是指以可持续的方式利用自然资源。对于可再生资源，可持续利用指的是在保持它的最佳再生能力前提下的利用；对于不可再生资源，则是指保存和不以使其耗尽的方式的利用。可持续利用的核心是利用的"度"，即对自然资源的利用必须有"度"。这个"度"是自然资源的再生和永续能力。无度或过度地利用自然资源，将毁坏它的再生和永续能力，使它的状况发生不可逆转的恶变。有度地利用自然资源，既能使它发挥最大的效益，又不损害它的再生和永续能力。[2]

（4）环境与发展一体化。这是指将保护环境与经济和其他方面的发展有机地结合起来，协调统一，不能以保护环境牺牲发展，也不能以发展牺牲环境。它是1992年联合国环境与发展大会的主题。环境保护与经济活动和社会条件密不可分。发展受到生态要素的限制，必须将经济和社会发展与环境保护有机地结合起来，即三方面相互结合，协调统一。从环境与发展关系的整体角度来看，可持续发展甚至可以说是一切社会发展活动的基本指导原则。

2. 可持续发展目标。可持续发展既是一种发展模式，又是人类的发展目标。其核心要求是环境资源作为全人类的财产，同代人可以公平地利用和享受，但是

---

〔1〕 刘卫先："对魏伊丝代际公平说的全面反思"，载《现代法学》2011年第2期。

〔2〕 林灿铃：《国际环境法》，人民出版社2004年版，第173页。

不能因此而破坏环境、影响后代人的使用，必须在当代人之间以及当代人与后代人之间进行合理的分配，做到环境资源的可持续利用和环境与发展一体化。可持续发展是社会发展的目标，可持续发展自身也有其目标，可以将其目标概括为连续性、稳定性、多样性、均衡性、独立性和更新性。[1]

（1）连续性是指一种可以长久维持的过程或状态。人类社会的连续性由经济、社会、文化连续性三者有机组成。三者的连续性是社会发展的目标，可持续发展就是从现在到未来无限时间内都能实现社会生活的稳定和生存环境的良好。

（2）稳定性是指系统具有自身的调节能力和消化能力，在遭受外来的干扰和侵害时，能通过自身机制消除危害，回归到原来的平衡状态。环境状况稳定和良好，物种没有减少，说明环境系统处于稳定状态下，这也是可持续发展的外在表现。

（3）均衡性是指系统过程的发展平衡，并且总体发展水平有所提高。在不同的时空类型中，存在空间结构、功能机制和时间动态方面的多样化和变异性，通过调控系统的动态变化做到均衡发展。

（4）独立性是指系统的发展具有其相对独立性，不受制于外界力量，分为形式独立和实质独立。形式上的独立是指系统具有充分相关信息的理性支持，保证系统结构功能受到的损害可以恢复；实质上的独立是指仅结构受到影响，系统未发生根本性转变。

（5）更新性是指系统通过自身结构功能的调整，不断推陈出新而被持续利用。在高速发展的时代，科学技术不断更新，我们也需要不断更新发展自己来适应时代的变化。

3.实现可持续发展。可持续发展是一种新的发展模式，是符合当代发展的模式，可持续发展在保护环境的同时，又可以达到发展经济的目的。可持续发展的思想越来越深入人心，正在改变着人类传统的发展观念，深刻影响着环境资源类型选择、环境利用方式选择、环境利用时间选择、环境利用分析方法等方面。

（1）可持续发展以环境资源的永续利用为前提。可持续发展就是要实现代内公平、代际公平，即空间和时间维度的公平。要实现环境资源利用和享受的公平，就要做到环境资源的永续利用，保证后代人可以享受到和当代人同等水平的环境资源。尤其是不可再生资源的开发利用，我们要做到谨慎开发、合理利用，尽快找到其替代能源。

（2）可持续发展要求清洁生产。清洁生产是指将综合预防的环境保护策略持续应用于生产过程和产品中，以期减少对人类和环境的风险。清洁生产是工业

---

〔1〕　郭怀成、尚金城、张天柱主编：《环境规划学》，高等教育出版社2009年版，第41页。

化发展到一定阶段的必然选择，是人类意识到了环境问题的严重性和环境保护的重要性的体现。清洁生产是环境利用方式的新选择，是一项从源头到结尾都要求绿色的生产方式，从原材料的选择，到原材料的加工、生产、淘汰、回收、废弃物处理，整个流程都要求生态化。清洁生产改变了原来环境污染末端治理的困境，将环境保护理念运用到生产的整个环节。清洁生产旨在减少产品在整个生命周期中对环境的影响。同时，清洁生产对生产工艺，即科学技术提出了比一般生产更高的要求。清洁生产可以很好地解决经济发展与环境保护的关系，是符合生态规律的技术。清洁生产包含了技术上的可行性，实施清洁生产对于经济发展也是有利的，清洁生产中废弃物的回收处理、循环利用将大大节约资源能源，实施可持续发展战略是各国经济发展的必然选择。

（3）可持续发展中的生态技术。生态技术是指既可满足人们的需要，节约资源和能源，又能保护环境的一切手段和方法，与环保技术、清洁生产技术概念比较，更具有广泛性和普遍性。生态技术可以使一种物质在变成另一种物质的过程中，通过不断循环利用或者最大限度利用的方式，产生最少甚至零污染的生产技术，是高效率、高产出、低污染的技术措施。生态技术是一个技术体系，包含多种技术，如绿色技术、替代技术、再利用技术等。生态技术能提高资源利用率，减少污染物的排放，能有效解决资源浪费、短缺和环境污染问题。随着生活水平的提高，大众对消费也有了更高的要求，绿色消费是一种健康、清洁、满足现代人生活要求的消费方式。我国正通过生态技术的开发和示范工程建设，探索一条符合中国国情的可持续发展道路。

（4）促进可持续发展的经济措施。环境资源有偿使用制度，是运用经济手段保护环境的一项重要办法。环境资源的无偿使用，使得生产者无节制地利用资源、排放污染物，造成的环境损害后果却由大家一起承担。我国已经开始实行环境资源有偿使用制度，开始征收的排污费、环境税就是这一制度的体现。环境税是我国环境政策创新的一个选项，希望通过税收来提高污染者的生产成本，达到保护环境的目的。[1]以经济措施来提醒环境资源的破坏者谨慎进行生产活动，促进可持续发展。

（二）人地系统协调共生理论

将地理科学研究核心"人地关系地域系统"与最先进的人地关系思想"协调共生"结合起来可以产生一个新的科学基本概念，即"人地关系地域系统协调共生"。在应用理论层面上构建的理论——人地关系地域系统协调共生应用理

---

[1] 王金南、陆军、吴舜泽主编：《中国环境规划与政策（第十二卷）》，中国环境出版社2016年版，第158页。

论，是人地关系论的一种新的理论形态，具有可操作性,[1]是环境科学理论的基础理论之一。

人地系统是地球表层上人类活动与地理环境相互作用形成的开放的复杂系统。环境保护规划的成效，应充分体现人地和谐共生这一主线。在人地关系协调中，人口与经济社会发展同自然资源和环境之间相互交织，并存在着直接和间接的反馈作用。人类对自然系统投入可控资源、治理自然灾害、改善环境质量、开发各种资源，从而实现产出并予以优化。任何区域开发、区域规划和区域管理都必须以改善区域人地相互作用结构、开发人地相互作用潜力和加快人地相互作用在地域系统中的良性循环为目标。

不同类型的区域，由于其地理位置、地形地貌、水文特征、环境容量、环境承载力、自然资源的种类和数量、经济发展水平、经济与环境发展目标、存在的问题和挑战、面对的机遇不同，人地之间的矛盾激化程度不同，所以区域发展状态、环境保护规划也不同。在编制环境保护规划时，必须明确人地系统协调观念，注意经济发展中工业生产的经济负外部性。不仅要在规划中体现能源效率、各种资源利用效率、环境容量使用效率、空间效率、生存负荷效率等，还要在维护人类良好生态环境的前提下，分析人地系统的交叉效率及其整体协调程度，以保证人地系统协调持续发展，保证环境保护规划目标的实现。

三、复合生态系统

由于人类行为活动给环境带来的负面影响，环境问题日益严重，环境污染、生态破坏、资源短缺等问题突出，但末端治理、"头痛医头脚痛医脚"的方式并不适合环境保护，人们从而开始意识到预防的重要性。为此必须做出具有促进环境、经济和社会可持续发展的环境保护规划。环境本身是个复杂的系统，它受到社会、经济等因素的影响，因此环境保护规划必须借助多学科进行综合研究，借助相关学科的理论支持，而复合生态系统理论就是其中之一。

（一）复合生态系统理论

复合生态系统理论是由我国著名生态学家马世骏教授于 1981 年提出的。他指出人类生存的自然、经济、社会组合而成一个复杂的大系统，这个系统是一个整体：其中自然是整个社会、经济的基础；经济是社会的基础，又是社会联系自然的中介；社会是经济的上层建筑。结合环境保护规划的定义，环境保护规划是人类为使经济、社会与环境协调发展，而对自身行为活动和环境所做的时间和空间的预先合理安排。可以看出，环境保护规划是在社会—经济—自然复合生态系统的基础上展开的，要做好环境保护规划，必须对复合生态系统进行研究并把它

---

[1] 潘玉君："人地关系地域系统协调共生应用理论初步研究"，载《人文地理》1997 年第 3 期。

应用在实际规划中。复合生态系统具有人工性、综合性、脆弱性、可塑性等特征，这些特性为环境保护规划的编制和实施提供了可能。复合生态系统的三个子系统之间具有互为因果的制约与互补关系：良好的经济发展需要稳定的社会环境，需要充足的自然资源进行供给；社会的稳定依赖于经济的发展和适合人类生存的环境；在经济发达、社会稳定的情况下，人类对生活提出了更高的要求，向往更加舒适、优美的自然环境。在这个复合生态系统中，人是最积极的活跃因素，也是最强烈的破坏因素。环境保护是我国经济和社会发展的重要一环，环境与经济、社会有着密切的联系，必须将它们纳入环境保护规划，协调三者的关系，促进三者的共同发展。

（二）复合生态系统与环境保护规划的关系

环境保护规划是为环境、经济、社会三个子系统的自身发展和综合发展做出的预先合理安排。它具有整体性、综合性、科学性、区域性、动态性等特征。复合生态系统的结构和功能，是进行环境保护规划必须要掌握的知识。在编制环境保护规划的过程中，信息的调查、收集、分析、识别、核定、运用，环境指标体系的建立，环境问题的分析，未来的目标与方案，环境影响的技术经济模拟等，都与复合生态系统的功能密不可分。人类对复合生态系统中的任何一个子系统造成侵害，都会干扰整个系统的运作及功能，进而破坏整个系统。总而言之，复合生态系统是进行环境保护规划必须要加以考虑、研究和应用的，要依据系统运作规律和功能来确定环境保护规划的目标和方案；环境保护规划做出的目标和措施要更有利于环境保护、经济发展和社会稳定，更有利于整个复合生态系统的发展和功能的发挥。

（三）复合生态系统对环境保护规划的指导作用

研究、了解和分析本区域的复合生态系统，对本区域的环境保护规划具有深刻的指导意义。环境保护规划实质上是一种克服人类经济、社会发展和环境保护的盲目性、无序性与主观随意性的科学决策活动。它的基本任务为：依据有限的环境资源，在不破坏其后续利用的基础上，尽可能发挥其最大功能，促进经济发展、维持社会稳定；同时，有限的环境资源需要对经济和社会发展做出合理的限制和安排，约束人的行为活动，有效协调三个子系统的关系，促进人与自然和谐发展；随着社会和经济的发展，人们对生活环境提出了更高的要求，需要发挥经济活动的作用，加大环境保护的力度，为人们创造一个优美的生存环境。因此，环境保护规划要以经济和社会发展为基础。而考虑到环境的保护力度又受到经济和社会发展的制约，应针对经济和社会发展现状和趋势，对环境保护做出合理规划。通过对自然系统中能量的输入、输出、转换、利用和污染全过程的分析，确定污染的现状动态，厘清制约社会和经济发展的主要环境因素。结合环境容量和环境承载力，从社会—经济—自然复合生态系统的结构、性质、功能出发，协调三者关系，处理好人与自然的关系，分析出相应的协调因子，反馈给复合生态系统，然后对复合系统进行调整，对环境保护规划进行合理安排。

1. 自然子系统对环境保护规划的指导作用。自然环境是人类生存发展的基础，也是经济、社会发展的基础，它制约着人类的发展方式。由于自然环境本身的特点、结构、功能不同，人类的利用方式、程度也会有所差异。随着科学技术的发展，人类有了干预、改造自然环境的能力，但不同区域由于经济等原因，自然环境受影响的程度是不同的。自然环境在现代社会环境的影响下，形成了不同以往的演化方向。因而必须分别研究各区域的复合生态系统，研究其区域环境特征，根据研究分析结果来编制环境保护规划，使编制的环境保护规划体现地方特色，符合当地的发展方向，有利于当地环境状况实质性的改善。

2. 社会、经济子系统对环境保护规划的指导作用。在复合生态系统中，社会、经济和自然三个子系统之间相互联系、相互制约。因此，环境保护规划必须考虑三者之间的关系及经济和社会的发展速度。如果对经济和社会发展速度做出调整，那么对环境保护规划也应做出相对应的调整，否则环境保护规划就会与实际情况脱节，影响其实施，失去其功能和意义。许多环境问题是由经济和社会活动引起的，因此要处理好环境问题、做好环境保护规划，就要摆正复合生态系统中社会、经济的位置，脱离这两大子系统编制的环境保护规划，必定与现实脱节，没有指导意义，也不能发挥规划实际作用的战略安排。

综上，社会—经济—自然复合生态系统必然是进行环境保护规划的理论基础。

四、循环经济理论与产业生态学

（一）循环经济理论

循环经济的思想萌芽可以追溯到环境保护兴起的 20 世纪 60 年代，是一种可持续发展的经济形态。直到 20 世纪 90 年代，随着全球性环境问题不断加剧和可持续发展观念深入人心，循环经济逐渐引起世界各国的重视。1998 年，循环经济理念被我国研究生态经济学和产业生态学的学者首先引入，并增加了中国对这个概念的理解和阐述，后其逐渐成为我国绿色发展理论研究、政策研究和社会实践的热点。[1] 循环经济理论目前没有形成统一的概念，总结各种不同的观点，我们认为，循环经济是一种以"资源—产品—回收—再生资源—再利用—再生产品"的反馈流程为基础，在产品的生产过程中做到清洁生产、循环使用、合理和持久利用的生产模式。在这一模式中，最小的资源投入能获取最大的经济效益，

---

〔1〕　诸大建、朱远："生态文明背景下循环经济理论的深化研究"，载《中国科学院院刊》2013 年第 2 期。

最少的废物输出能获得最佳的环境效果，减少了社会生产过程中的物质代谢对生态系统的影响，实现了环境、经济和社会的共赢发展。

循环经济学理论认识到了传统生产方式的局限性和不合理性，并为此建立了以减量化、再利用、再循环为原则的理论构架。减量化不仅要求进入生产流程的资源能源的减量，还要求生产过程中废物的减量。再利用是对生产之后有再利用价值的物质进行二次利用，发挥其最大的价值，防止物品过早地变成废物。再循环是尽可能多地循环利用各类物质或产品。

（二）产业生态学

产业生态学最早来自 20 世纪 80 年代物理学家罗伯特·弗罗斯彻（Robert Frosch）等人模拟生物的新陈代谢过程和生态系统的循环时所开展的"工业代谢"研究；尼古拉斯·伽罗珀罗（Nicholas Gallopoulos）等人进一步从生态系统的角度提出产业生态系统和产业生态学的概念。1991 年美国国家科学院与贝尔实验室共同组织产业生态学论坛，对产业生态学的概念、内容和方法以及应用前景进行全面系统的总结。从"社会—经济—自然复合生态系统"的角度来说，产业生态学是一门研究社会生产活动中自然资源从源流到汇流的全代谢过程、组织管理体制以及生产、消费、调控行为的动力学机制、控制论方法及其与生命支持系统相互关系的系统科学。产业生态学可以被看作一门研究产业与产业以及产业与环境之间相互作用关系的学科。它要求人们不是孤立而是协调地看待产业系统与其周围环境的关系，提倡从产品全生命周期——原材料准备、产品加工、产品使用、废物管理——对流经社会经济系统的物质和能量加以优化利用。[1] 循环经济理论就是基于产业生态学发展起来的。

在环境保护规划中以产业生态学为基础，贯穿循环经济学的基本理念，建立资源循环和污染减排体系，从源头上减少资源能源的过度消耗和污染物的大量排放，为调整产业结构和提高环境质量提供根本保障。

第三节　环境保护规划的发展历程

一、我国环境保护规划的发展历程

我国的环境保护规划是伴随着整个环境保护工作而产生和发展起来的，经历了从无到有、从简单到复杂、从局部进行到全面开展的发展历程，大致可以分为孕育阶段（1973～1980 年）、尝试阶段（1981～1990 年）、发展阶段（1991～

---

〔1〕 石磊、陈伟强："中国产业生态学发展的回顾与展望"，载《生态学报》2016 年第 22 期。

2000 年)、完善提高阶段(2001~2005 年)、转变约束阶段(2006 年至今),目前已经形成了以 5 年环境保护规划为龙头的环境保护规划体系。[1]

(一) 孕育阶段(1973~1980 年)

1973 年召开的第一次全国环境保护会议提出了环境保护工作的 32 字方针,对环境保护和经济建设实行"全面规划、合理布局",这标志着我国的环境保护规划开始孕育发展。20 世纪 70 年代开展的北京东南郊、沈阳市及图们江流域环境质量评价和污染防治途径研究为环境保护规划做了有益的探索。由于环境保护事业刚刚起步,缺乏理论和实践经验,环境保护规划工作也处于零散、局部、不系统的状态,除了一些地区开展了环境状况调查、环境质量评价等工作外,大规模和较深入的环境保护规划工作尚未展开。这些规划的范围仅限于污染治理,在规划中分析了存在的环境问题,提出了治理措施;在方法论上,还停留在以定性为主的阶段。

(二) 尝试阶段(1981~1990 年)

"六五"期间,1983 年第二次全国环境保护会议提出了"三同步"方针,表明我国对环境与经济建设、城市建设之间关系的认识产生了一个飞跃,对环境保护规划有着深远影响。同时,环境保护规划也开始被纳入国民经济和社会发展规划,并成为其中的一部分,"三同步"方针提出了规划所需达到的要求,对环境目标也有一定的表述,但未形成独立的环境保护规划文本。一些地区和部门,把环境保护规划的理论和方法作为科研课题进行研究,取得了一些成果,20 世纪 80 年代初的济南市环境保护规划和山西能源重化工基地综合经济规划的环境专项规划是我国最早的区域环境保护规划。同时,作为环境保护规划的基础工作,环境影响评价和环境容量研究也开始在全国范围开展。

"七五"期间,国家计划委员会和国务院环境保护委员会联合制定和下发了第一个国家环境保护五年计划——《国家环境保护"七五"计划》,内容包括环境保护的目标、指标和措施。在同期的《国民经济与社会发展"七五"计划》中,也规定了"七五"期间环境保护的基本任务和主要措施。1984 年全国环境管理、经济与法学学会在太原市召开了全国城市环境保护规划研讨会,对环境保护规划的发展起到了推动作用。

(三) 发展阶段(1991~2000 年)

1992 年 8 月,中共中央、国务院批准了《中国环境与发展十大对策》,其中第 1 条"实行持续发展战略"指出,必须"重申经济建设、城乡建设、环境建设同步规划、同步实施、同步发展"的战略方针。《国家环境保护"八五"计

---

[1]　郭怀成、尚金城、张天柱主编:《环境规划学》,高等教育出版社 2009 年版,第 13 页。

划》开始将总量控制、重点项目作为计划重要内容，环境保护规划在规划方法和体系方面都取得了较大的发展，确定了 65 项指标，形成了国家、地方、行业、重点项目、重点工程、重点流域等一体的环境保护规划体系。值得一提的是，1992 年，环境保护年度计划被正式纳入国民经济与社会发展计划体系。1993 年国家环境保护总局（后改为环境保护部）发文要求各城市编制城市环境综合整治规划，并下发了《城市环境综合整治规划编制技术大纲》，组织编制了《环境保护规划管理指南》。国家计划委员会和国家环境保护局于 1994 年发布了《环境保护计划管理办法》。1996 年 7 月在北京召开了第四次全国环境保护会议，随后国务院批准了《国家环境保护"九五"计划和 2010 年远景目标》，要求到 2000 年实现"一控双达标"，实施了双项重大举措，即全国主要污染物排放总量控制计划和中国跨世纪绿色工程规划，并确定"三河""三湖""两区"为治理重点。这些举措在一定意义上完善和丰富了环境保护规划的内容，也使规划的导向性和重要性得到了发展。

在这种背景下，我国广泛开展了环境保护规划的制定工作，涌现出了一批优秀的环境保护规划，如湄洲湾环境保护规划，秦皇岛市、广州市、南昌市、马鞍山市和济南市环境保护规划，通化市环境综合整治规划，桂林市大气环境保护规划和澜沧江流域生态环境保护规划等。

（四）完善提高阶段（2001~2005 年）

国家环境保护总局在 2000 年初制定了《（地方环境保护"十五"计划和2015 年长远目标纲要）编制技术大纲》，随后在 2002 年制定了《国家环境保护"十五"计划》，并且对环境保护的工作重点进行了优化调整，确定了控制污染物排放总量的工作主线，确立了"33211"的工作重点；指标包括总量控制、工业污染防治、城市环境保护、生态环境保护、农村环境保护和重点地区环境保护6 个方面 35 项指标，主要任务覆盖工业污染防治、城市环境保护、生态环境保护、重点流域和地区环境保护、全球环境保护、加强能力建设、实施《污染物排放总量控制计划》、实施《中国跨世纪绿色工程规划》8 个方面。从应用来看，出现了大量流域环境保护规划、生态规划与区域环境保护规划，其中具代表性的有北京大学与云南和四川两省环境科学研究院共同完成的"泸沽湖流域水污染防治综合规划"、中国环境保护规划院主导完成的"珠江三角洲环境保护规划"等。从方法论来看，大量的模型，如不确定性优化与风险决策模型得以应用，进一步夯实了环境保护规划的科学基础与决策依据。

（五）转变约束阶段（2006 年至今）

随着我国经济体系从计划经济向市场经济的逐渐转变，国务院于 2008 年组建了环境保护部，将环境保护规划作为政府干预市场、保证国家宏观经济健康运行、环境保护工作宏观指导的重要手段。党的十八大将生态文明建设纳入中国特色社会主义事业总体布局，将生态文明建设放在突出地位。党的十九大提出人与自然的生命共同体，将环境保护放在我国发展的显著位置。环境保护是祖国发展大计，经济发展要与环境保护相协调，绿水青山就是金山银山。要保护环境、控制污染、对自然资源进行合理的开发利用，就要对环境保护工作进行合理规划。环境保护规划不仅包含环境工作内容，还包含了经济发展方向和道路。近年来，政府和全社会的环境保护意识显著增强，环境保护地位得以提高，规划所需的中央政府环境保护投资在规划报批过程中基本落实，环境保护规划实施评估和考核提上日程，环境相关内容和要求日益成为各级政府的中心工作之一。

第四节　环境保护规划的主要法律规定及其制度评析

一、我国环境保护规划的主要法律规定

我国《环境保护法》第 13 条规定："县级以上人民政府应当将环境保护工作纳入国民经济和社会发展规划。国务院环境保护主管部门会同有关部门，根据国民经济和社会发展规划编制国家环境保护规划，报国务院批准并公布实施。县级以上地方人民政府环境保护主管部门会同有关部门，根据国家环境保护规划的要求，编制本行政区域的环境保护规划，报同级人民政府批准并公布实施。环境保护规划的内容应当包括生态保护和污染防治的目标、任务、保障措施等，并与主体功能区规划、土地利用总体规划和城乡规划等相衔接。"第 19 条规定："编制有关开发利用规划，建设对环境有影响的项目，应当依法进行环境影响评价。未依法进行环境影响评价的开发利用规划，不得组织实施；未依法进行环境影响评价的建设项目，不得开工建设。"第 20 条第 1 款规定："国家建立跨行政区域的重点区域、流域环境污染和生态破坏联合防治协调机制，实行统一规划、统一标准、统一监测、统一的防治措施"。这些条款明确提出制定环境保护规划并依法有效实施。还有一些条款，虽未明确提出制定环境保护规划，但其规定的内容实质就是制定规划以保护环境，如《环境保护法》第 29 条第 1 款规定："国家在重点生态功能区、生态环境敏感区和脆弱区等区域划定生态保护红线，实行严格保护。"其中，划定生态保护红线是进行环境保护规划的内容之一。我国有关环境保护规划的法律规定很少，并且都是软法性质，没有规定具体的法律责任和救济手段。

二、我国环境保护规划的制度评析

由于环境污染更容易被感知，早期我国对环境问题的主要认识仍停留在环境

污染上，将环境问题等同于环境污染。这一认识表现在规划上，即将污染物的削减定为我国环境保护规划的主要目标。为了实现环境保护规划的目标，国家大力推行污染治理措施，强力推进污染减排，早期制定了关停、限期治理、责令停产停业等措施，后来又规定了按日计罚制度，还将环境犯罪入刑，表明了国家治理污染的决心。我国在环境污染治理方面也取得了显著成果，全国城市污水治理率由 2005 年的 52% 提高到 2012 年的 85%，燃煤电厂脱硫机组比例由 14% 提高到 90%。[1] 近年来，为了加大环境污染处理力度，完成环境保护规划的目标，有关部门关停了高污染的企业，这都使得我国环境质量得到一定程度的改善。

2011 年，国务院印发《国家环境保护"十二五"规划》，该规划分为环境形势、指导思想、基本原则和主要目标，推进主要污染物减排，切实解决突出环境问题，加强重点领域环境风险防控，完善环境保护基本公共服务体系，实施重大环保工程，完善政策措施，加强组织领导和评估考核 9 部分内容。可见，环境保护规划的重点仍放在环境污染方面。同年，国务院决定把"2010 国际生物多样性年中国国家委员会"更名为"中国生物多样性保护国家委员会"，批准了《中国生物多样性保护战略与行动计划（2011～2030 年）》。在这一阶段，我们认识到了生物多样性的重要性，将生物多样性的保护纳入规划，加强了对生物多样性的保护。2012 年，原环境保护部等部门联合印发《重点流域水污染防治规划（2011～2015 年）》《重点区域大气污染防治"十二五"规划》，深入推进让江河湖泊休养生息、建立重点流域跨省界断面水质考核制度、完善考核指标体系、开展水质较好湖泊生态环境保护试点等工作。2013 年，北京市、天津市、河北省、山西省、山东省、河南省人民政府，国务院有关部委、直属机构，原环境保护部会同原国土资源部、住房和城乡建设部及水利部编制了《华北平原地下水污染防治工作方案》，积极落实《全国地下水污染防治规划》，解决地下水污染问题，关注突出民生问题。各省市政府及环境保护相关部门联合编制工作方案来落实环境保护规划，说明了环境保护规划的重要性，其在环境保护工作中具有一定的指导性地位。环境保护规划规定了环境保护的目标、原则，并运用激励性措施鼓励各级政府和相关部门根据各区域的实际情况作出具体规定来贯彻落实环境保护规划目标。2016 年，国务院印发《"十三五"生态环境保护规划》，规划的核心非常明确，就是"改善环境质量"。改善环境质量是政府对环境保护提出的明确要求，是环境保护规划的主要目标，是广大人民群众的强烈期盼，也是环保工作的出发点和落脚点。以往的环境管理工作主要侧重于污染物总量减排，而在"十三

---

〔1〕　参见 2013 年时任环境保护部部长周生贤在第一场"中国特色社会主义和中国梦宣传教育系列报告会"上所做的《我国环境保护形势与对策》报告。

五"时期,环境管理的主要任务是尽快向环境质量改善转变,环境治理要从点源转向面源,从一次污染防治转向二次污染防治,从单个污染物转向多个污染物协同控制。

至此,环境保护规划的主要目标从污染物减排转变为改善环境质量。目前,我国的环境保护规划尚未明确对自然资源的保护,上述提到的对生物多样性的保护规划是专项规划,在环境保护规划中我们还没有将对自然资源的保护列为主要目标。从环境法学的角度出发,环境保护规划范围的界定应以整体意义上的环境为基础。随着环境质量的改善,我们应逐步关注自然资源、生态系统的保护,真正建立人与自然生命共同体。

我国环境保护规划体系比较复杂,不同层次的规划相互交叉,由此也导致不同规划间存在较大差异,例如,规划目标与指标体系的设定、对环境保护规划重要性的认识、对不同层次环境保护规划编制范围和内容的界定,以及对规划编制方法体系的研究和规划实施等。目标设定是否合理是衡量一个规划成功与否的指标之一,目标是未来一定时期内环境保护所要取得的理想成果,表征着未来一定时期内环境保护的地位。合理的目标设定不仅可以起到激励作用,还可以使规划真正落到实处,发挥出环境保护规划的作用。但在环境保护规划的早期阶段,在缺乏对我国环境状况、环境容量、环境承载力进行科学调查和分析的情况下,编制的环境保护规划目标有点脱离实际情况,往往超出自身能力。当时我国的经济发展水平较低、科学技术实力较弱,没有足够的能力去实现环境保护规划所确定的比较大的目标,当然这也与环境污染治理的长期性、复杂性、艰巨性有关。对环境污染治理难度系数的估计不足,使得环境保护规划目标的实现起来有一定的难度,影响了环境保护规划的实施效果,致使环境保护规划不仅没能起到激励作用,还让公众丧失了对规划的信心。环境保护规划还存在对规划的目标、指标、任务、措施、投资之间内在关系分析不足的问题,以致无法将规划的目标与任务衔接起来,使两者之间存在脱节。一般而言任务应该服务于目标,可环境保护规划的任务却与目标的实现存在偏差,致使任务的履行并不能实现规划目标;规划所需资金和可筹措资金间存在差距,缺乏资金来支持措施的实施;并且规划所规定的措施可行性不足。整个环境保护规划的体系内部衔接不畅,致使环境保护规划的实施并不能达到理想效果。因此,我们在制定环境保护规划时,要充分考虑到规划体系内部的衔接问题,从实际出发,经过科学的调查、精确的计算、严谨的分析,规定合理的环境保护规划目标,并使规划的目标、任务、资金、措施等相协调。

我国尚未形成稳定的规划目标指标体系,历次环境保护规划目标指标相差较大,这里面固然有我国正处于经济社会环境系统动态变革过程中的客观因素,但终究使规划的长期指导性大打折扣。环境保护规划的指标体系是指进行环境保护规划定量或半定量研究时所必需的数据指标体系，比如区域的地质地形、气候与气象、水文、土壤和生物等自然生态指标；污染物发生量、排放量等污染源指标，污染物浓度分布及对此作出的一定评价等级和环境质量评价指标；反映区域总体水平的区域环境综合整治指标等都是环境保护规划研究所必需的数据指标。[1]简而言之，环境保护规划的目标是通过环境指标体系表征的。例如，污染物排放浓度的限制，通过规定污染物排放浓度指标来判断污染排放目标是否达成。环境质量指标极其重要，包括大气、水、噪声等质量指标，这些显示着我们的生活环境质量，是环境保护规划的出发点和归宿。环境质量指标的确定也是经过科学调查和技术分析、在现有质量指标的基础上，确定一个资金足够、技术可达的质量目标。我们所熟知的污染物总量控制制度，就是通过污染物总量控制指标来反映的，其详细规定了各类污染物的现有指标和目标指标，直观地反映出规划的实施和进度。另外还有经济指标、社会指标等都与环境指标有密切联系。环境保护规划指标体系对于环境保护规划来说是必不可少的，是规划的重要组成部分。但是一些环境指标并没有定期的监测数据，其效果不尽如人意。而且我国的环境保护规划指标较多地涉及污染防治（以治理指标为主，以环境质量指标为辅），对于生态系统和人体健康涉及较少。

目前在规划中规定的保障措施和规划实施要求内容过于泛化，比如加强环境管理能力建设、加强环境宣传教育、提高公民环境保护意识等，没有明确其执行主体，不具有可实施性。为改善这一状况，还需要在规划中明确规划所涉及的部门，如各级政府、财政部门、建设部门等，规定规划的考核和评估要求。

目前我国尚未设立环境保护规划制度，对此有学者指出，我国环境保护规划需要利用制度进行约束，才能更好地发挥其效果，并提出了制定环境保护规划法的构想。该构想基于如下几方面考虑：

1. 因为环境保护规划的复杂性。它是由诸多要素构成的，如主体、目标、指标、原则、指导思想、实施等，需要制度来对这些要素进行明确规定。同时，环境保护规划的程序也需要明确，包括编制程序、审批程序、实施程序、修改程序、监督程序，程序的约束是必要的，是保障规划的合法性的前提。对于环境调查、环境预测、环境分析也需作出具体规定，保证环境保护规划的科学性、合理性。环境保护规划的技术和资金保障也以制度的形式规定下来，避免资金不足或者因资金问题导致的规划问题。

2. 因为环境保护规划的运行需要法律制度保障。法律制度具有权威性，是

---

[1] 郭怀成、尚金城、张天柱主编：《环境规划学》，高等教育出版社 2009 年版，第 74 页。

保障规划运行、规划目标实现的最有效的规范。环境保护规划法的立法目的是加强环境保护规划的管理，明确各规划主体的任务和责任，以程序来保障环境保护规划的正当性和权威性，更好地控制和治理污染，保护环境，促进人与自然的和谐。环境保护规划法的缺失，使得环境保护规划的实施没有法律责任和法律救济手段，这极大地影响了环境保护规划的运行和实施效果。为实现这一目的，环境保护规划法应当坚持环境保护优先原则、预防原则、谨慎行事原则、人与自然和谐原则和公众参与原则。环境保护规划法的基本内容应当包括规划的制定、实施、修改、监督检查和法律责任等部分。

学术视野

编制环境保护"十四五"规划的几点建议[1]

随着我国经济持续发展，环境问题日益严峻，同时，人民群众对优良环境质量的需求不断提升，环保规划逐渐引起政府和社会的广泛重视。环保规划是为实现经济社会发展与环境保护相协调的目标，约束人们生产生活行为，对人类活动进行时间与空间上合理安排的指导方案。因此，环保规划是防治环境污染与生态破坏、提高环境质量、提供更多优质生态产品以满足人民日益增长的美好生态环境需要的根本保证。

党的十九大报告指出，从2020年到2035年，我国要在全面建成小康社会的基础上，再奋斗15年，基本实现社会主义现代化。具体到生态环境保护方面，到2035年，要达到"生态环境根本好转，美丽中国目标基本实现"的目标。然而，当前必须认识到我国发展质量和发展效益仍然不高、发展与环保的矛盾尚未完全解决、发展不足与发展过度导致的环境破坏等问题，生态文明建设仍然任重道远。为此，笔者将在回顾过去环保规划（计划）的基础上，分析进入新时代后中国环保与发展的主要矛盾和基本问题，就编制环保"十四五"规划及2035年远景目标纲要提出相关政策建议。

制定环境保护规划的历史经验

20多年前，我国制定的"九五"计划就包含2010年远景目标纲要。《国家环境保护"九五"计划和2010年远景目标纲要》提出，到2000年，基本建立比较完善的环境管理体系和与社会主义市场经济体制相适应的环境法规体系，力争

---

〔1〕　参见高明豪、包存宽："编制环境保护'十四五'规划的几点建议"，载《中国环境报》2018年1月11日，第3版。

使环境污染和生态破坏加剧的趋势得到基本控制，部分城市和地区的环境质量有所改善，建成若干经济快速发展、环境清洁优美、生态良性循环的示范城市和示范地区；到2010年，可持续发展战略得到较好贯彻，环境管理法规体系进一步完善，基本改变环境污染和生态恶化的状况，环境质量有比较明显的改善，建成一批经济快速发展、环境清洁优美、生态良性循环的城市和地区。

"九五"期间，环保目标得到了较好的实现，2010年远景目标却远未实现。其原因主要有两方面：一方面，2001年以后，我国经济高速增长、城镇化快速推进，随之而来的是资源消耗急速增加和生态环境日益恶化等问题；另一方面，"以问题为导向、工程主义、技术至上"的传统环境管理思路没有及时调整，难以承受伴随经济快速发展而迅速扩张的污染负荷与生态压力。因此，必须从过去的环保实践、环保规划编制与实施中吸取经验教训，环境保护需要从问题导向转变为问题导向与目标导向并重，环境治理思路也需要从基础的坚守底线向满足人民群众更高的环境需求转变。

对比2010年和2035年的远景目标，尽管环保的目标和内容不再完全相同，但思路转变的过程却有些相似。"九五"规划前后，是从被动应对形势严峻的环境污染，到全面建成小康社会之前打赢污染攻坚战的转变；2020年以后，将是进一步向实现美丽中国目标的转变。因此，在政策转变和组织形式方面，可以充分参考历史，吸取经验教训。

"十四五"规划编制的建议

为确保到2035年我国实现生态环境根本好转、美丽中国基本建成，笔者认为，编制"十四五"环保规划及2035年远景目标纲要需明确目标、内容与保障机制。

第一，规划目标。"十四五"规划目标设置方面，要在全面建成小康社会、全面打赢污染防治攻坚战的基础上，进一步实现主要污染物排放总量明显减少，生态系统稳定性显著增强，人居环境进一步改善，环境管理体系、环境监管机制和行政执法体制等生态环保制度法规体系进一步完善，最终在"十四五"结束时实现生态环境质量大幅改善，为2035年远景目标的实现打下坚实基础。

2035年远景目标设置方面，要基本实现经济建设、政治建设、文化建设、社会建设、生态文明建设"五位一体"总体布局，实现生产发展、生活富裕、生态良好。要促进现代化建设各方面相协调，如生产力与生产关系相协调，经济基础与上层建筑相协调等。人民群众在享有丰富的物质和文化产品的同时，生产和生活方式更加高效、低耗、可持续，使得天更蓝、水更清、山更绿、空气更清新。

第二，规划内容。"十四五"时期需致力于将现代化建设提高到人与自然和谐共生的高度。要坚持节约优先、保护优先、自然恢复为主的方针，顺应自然规律，着力防止破坏，并形成节约资源和保护环境的空间格局、产业结构、生产方式和生活方式，从源头上提高资源的利用率，以达到物尽其用。

具体来说，需要落实以下四方面的内容：一是推进绿色发展，建立绿色、高效、低碳的经济体系、能源体系和资源利用体系；二是着力全面提升城乡环境质量，改善城乡人居环境，满足人民日益增长的优美生态环境需要；三是加大生态系统的保护力度，坚持保护与修复并重，建立市场化、多元化生态补偿机制；四是推动构建人类命运共同体，合作应对气候变化，为全球生态安全做出贡献。

第三，保障机制。"十四五"环保规划及2035年远景目标纲要需着力于确保制度先行，建设合理高效的保障机制，实现环境治理能力和治理体系的现代化。

具体来说，可以从以下四方面建立保障机制：制度体系上，始终坚持节约资源和保护环境的基本国策，完善生态环境管理制度系统；管理体系上，设立国有自然资源资产管理和自然生态监管机构，统筹山水林田湖草系统治理；监督体系上，构建政府为主导、企业为主体、社会组织和公众共同参与的环境治理体系，坚决制止和惩处破坏生态环境行为；宣传体系上，加大宣传力度，普及环保知识，推广珍视生态环境、保护绿水青山的理念。此外，还要协调制度间的相互作用，形成制度合力，建立、完善持续改善环境的长效机制。

理论思考与实务应用

一、理论思考

（一）名词解释

环境容量 人地系统协调共生 复合生态系统 循环经济理论

（二）简答题

1. 简述预防原则。

2. 简述环境承载力。

3. 简述环境保护规划的发展历程。

（三）论述题

1. 论述可持续发展理论。

2. 论述环境保护规划实施的必要性。

3. 对环境保护规划的现有制度进行评析。

二、实务应用

（一）案例分析示范

案例一　王宗孝诉连云港市规划局不履行规划管理职责案〔1〕

1992 年至 1994 年间，王宗孝（原告，连云港市对外贸易运输公司墟沟仓库退休工人，住连云港市墟沟镇海棠路前进巷 16 号）前邻韩学仁在未经市政规划部门批准的情况下采取分层施工的方法，沿王家两层小楼前 20 厘米处建房，损害了王家的采光、通风权益。为此，王宗孝曾多次要求连云港市规划管理局依法处理。1994 年间，韩学仁在原建筑基础上加盖二层时，王宗孝出面阻止并砸坏了一根新建水泥柱，韩学仁诉至法院要求恢复原状、赔偿损失。受诉法院经审理判令王宗孝赔偿人民币 16.24 元，并驳回了韩某恢复原状的诉讼请求。同年 8 月间，王宗孝再次前往连云港市规划局连云区规划管理办公室，反映韩学仁非法加盖二层楼房问题并要求处理。规划局于同年 10 月 26 日作出并向韩学仁送达了《关于韩学仁违法建筑的处罚决定》，要求韩学仁拆除第二层，但未向原告王宗孝送达。韩学仁收到该处罚决定后未自动履行，规划局也因未在法定期限 3 个月内申请人民法院强制执行，而使该行政决定对韩学仁违法建筑的处罚落空。原告王宗孝于 1995 年 4 月 22 日以规划局不履行规划管理职责为由向连云港市连云区人民法院提起行政诉讼，请求人民法院判决被告连云港市规划局履行法定职责，作出具体行政行为，对韩学仁违法建筑予以拆除，以保护原告的合法权益。被告辩称：原告曾来规划局反映前邻韩学仁非法加盖二层楼问题，但被告已经于 1994 年 10 月 26 日下发了 94（144）号《关于韩学仁违法建筑的处罚决定》，并于同日将该文送达韩学仁。后原告没有主动查问，被告认为韩家已经自动履行处罚决定，两家矛盾已经解决。1995 年 4 月底，被告接到原告的起诉状后，申请法院强制执行 94（144）号文，但法院以超出申请执行的期限为由而不予强制执行。

问：王宗孝是否有权对规划管理部门不履行法定职责的行为提起行政诉讼？

【评析】本案是一起因政府规划管理部门未完全履行规划管理职责，未在法律规定的期限内申请人民法院对行政处罚决定强制执行，从而使行政处罚决定实际上归于无效而引起的行政诉讼案件。该案向行政执法部门和受理行政诉讼案件的国家审判机关提出了一个尚未引起注意的新问题，即行政机关的行政行为达到何种程度才算是完全履行了自己的职责，亦即行政机关虽已作出行政行为，但未督促相对人自觉履行又未在规定期限内申请人民法院强制执行，与该行政行为有利害关系的公民能否对作出该行政行为的行政机关提起行政诉讼的问题。

---

〔1〕　参见祝铭山主编：《城市规划行政诉讼：典型案例与法律适用（行政类 17）》，中国法制出版社 2004 年版，第 51 页。

　　本案中王韩两方纠纷的客体，从行政执法的角度来看，当属于城市规划管理秩序无疑。《中华人民共和国城乡规划法》第40条规定："在城市、镇规划区内进行建筑物、构筑物、道路、管线和其他工程建设的，建设单位或者个人应当向城市、县人民政府城乡规划主管部门或者省、自治区、直辖市人民政府确定的镇人民政府申请办理建设工程规划许可证。"《中华人民共和国城乡规划法》第64条规定："未取得建设工程规划许可证或者未按照建设工程规划许可证的规定进行建设的，由县级以上地方人民政府城乡规划主管部门责令停止建设；尚可采取改正措施消除对规划实施的影响的，限期改正，处建设工程造价5%以上10%以下的罚款；无法采取改正措施消除影响的，限期拆除，不能拆除的，没收实物或者违法收入，可以并处建设工程造价10%以下的罚款。"因此，韩学仁违法建房的行为理应在政府规划管理部门管辖的范围之内，连云港市规划局连云区规划管理办公室在接到本案原告王宗孝的投诉后，对韩学仁作出行政处罚决定并责令其拆除违法加盖的二楼亦是正确的。

　　问题在于，此后规划部门既未认真督促韩学仁自觉履行，亦未在规定期限内申请人民法院强制执行；实际上使该处罚决定归于无效。而本案中王宗孝的合法权益既未得到实现，城市规划管理秩序亦未得到有效保障。依当时的法律规定："当事人逾期不申请复议、也不向人民法院起诉、又不履行处罚决定的，由作出处罚决定的行政机关申请人民法院强制执行。"据此，针对王宗孝的投诉和韩学仁违法建筑的行为作出行政行为以及依法申请人民法院强制执行的后续环节均系规划管理部门的法定职责。与该行政行为有利害关系的本案原告人王宗孝有权对规划管理部门不履行法定职责的行为提起行政诉讼。目前我国《城乡规划法》赋予了城乡规划主管部门强制执行的权力。在当事人逾期不复议、不起诉、不履行的情况下，规划主管部门无需申请法院强制执行，可直接强制执行处罚决定。

案例二　宁夏瀛海公司盲目选址造成巨大损失案[1]

　　宁夏瀛海银川建材有限公司（以下简称瀛海公司）计划实行年产30万吨粉煤灰水泥旋窑技术改造项目，该项目所选厂址拟位于银川市新市区范围内。1999年11月24日，宁夏回族自治区经济贸易委员会对该技术改造项目的建议书予以批复，同意瀛海公司的立项，并要求瀛海公司编制可行性研究报告报批。瀛海公司获得经贸委的立项批准后，根据区环保局"该项目应严格执行国家环境影响评价的规定，履行环保审批手续"的要求，于2000年8月18日委托银川市环境保

---

〔1〕　参见李艳芳、唐芳主编：《环境保护法典型案例》，中国人民大学出版社2003年版，第49页。

护研究所对该项目进行环境影响评价。2001 年 2 月 26 日，区环保局在关于该技术改造项目进行环境影响评价大纲的批复中要求，环境影响评价要"结合区域功能区划及城市规划，给出明确的结论"。2001 年 3 月，该项目的"环境影响评价报告书"编制完成，并于 2001 年 4 月报送区环保局审查。该报告书在"结论和建议"部分，从产业政策方面肯定了该项目的可行性，但同时也指出："由于宁夏回族自治区已经将宁夏瀛海银川建材有限公司厂址所在地规划为'银川国家级经济技术开发区'，确定发展无污染高新技术产业，如果国家批复同意按规划建设开发区，（由于）该项目是粉尘污染重的企业，所以厂址需另外选址。"

2001 年 3 月 30 日，宁夏回族自治区人民政府常务会议讨论了关于银川经济技术开发区的规划和建设问题。会议指出"努力把开发区建设成为高起点、高成长、高效益的创业园区"，原则上通过关于银川经济技术开发区规划建设有关重要问题的决定，确定了开发区的发展方向：园区定位和产业布局主要突出高新技术产业化以及用高新技术改造提升有比较优势的传统产业，并初步分为信息产业、特色医药产业、天然气化工业、用高新技术改造的传统企业、金融服务业和中介服务六个园区。而"用高新技术改造的传统产业"中的建材行业，主要包括"立足于我区石膏资源的新兴建材产业"。

瀛海公司不服区环保局"应另选厂址"的批复意见，于 2001 年 6 月 21 日依法向国家环保总局申请行政复议，其主张，区环保局以项目不符合银川国家经济技术开发的规划要求为由另选厂址，但自己并未收到任何批件和其他法律文书，因此区环保局的决定是没有依据的，要求区环保局批准其项目在原选厂址建设。

国家环境保护总局经审理后认为，2001 年 3 月 30 日，自治区政府已经"原则同意"银川国家级经济技术开发区的园区定位和产业布局，2001 年 4 月 23 日，自治区政府通过《关于确认银川国家级经济技术开发区区块范围的函》，确认了开发区的区块范围，上述机关决定的精神必须严格遵守和执行。瀛海公司报送区环保局审查的项目拟选厂址位于开发区范围内，但该项目的产业性质与自治区政府原则上同意的开发区的园区定位和产业发展方向不符，因此，区环保局对瀛海公司申报项目的环境影响评价报告书的批复意见符合自治区政府关于开发区的有关决定精神，未超越法定权限和程序，依法应予以支持。根据《中华人民共和国行政复议法》第 28 条第 1 款的规定，作出复议决定：宁夏回族自治区环境保护局 2001 年 6 月 13 日在《关于对宁夏瀛海银川建材有限责任公司年产 30 万吨粉煤灰水泥旋窑技术改造项目环境影响报告书的批复》中所作要求另行选址的批复行为，认定事实清楚，内容适当，予以维持。

问：试分析该案中涉及的规划问题，瀛海公司的建设项目是否应该遵守该规划?

【评析】

(1) 土地利用规划制度是指国家根据各地区的自然条件、资源状况和经济发展需要，通过制定土地利用的全面规划，对城镇设置、工农业布局、交通设施等进行的总体安排，以保证社会经济的可持续发展，防止环境污染和生态破坏。

(2) 土地利用规划制度是"预防为主"原则的具体体现。我们知道，人类的任何开发、建设活动都是在一定的空间和地区上进行的，不可能出现不占用土地的空中楼阁，因此任何建设项目都必然要占用一定面积的土地。如何分配这些建设项目的空间位置，与一定地区的环境状况有着密切的联系。如果污染严重的企业大量集中在一个地区，污染物的排放量超过环境的自净能力，这种布局对该地区环境的影响肯定大于对这些企业分散布局的情况；向空气中排放污染物的企业处于上风位置，对一个地区的影响显然大于其处于下风位置的布局。因此，通过土地利用规划就可能做到全面规划、合理布局，从根本上防治环境污染。土地利用规划制度是西方国家总结环境污染被动治理的教训后采取的从被动变为主动的先进管理制度，该制度在实施过程中确实也取得了很好的效果，所以在20世纪70年代后，其迅速地被许多国家的环境立法所吸收。目前，各国关于土地利用规划的法律种类繁多，大致有《国土整治法》《土地利用规划法》《城市规划法》《区域规划法》《乡镇规划法》等。

(3) 在我国，有关的土地利用规划主要有以下两种：一是城市规划。城市规划是指一定时期内城市发展和各项建设的综合部署。制定城市规划首先要根据国家的国民经济和社会发展的规划和该地区的区域规划，其次要根据城市所在地的自然条件、历史状况、城市的现状和特点等来确定规划期内城市发展的目标、城市的性质、规模和布局，并在综合考虑以上因素的基础上规划和部署城市的经济、文化、公共事业、环境保护等各种建设项目，从而做到合理利用城市土地，保证城市协调、有序地发展。我国长期以来在城市的建设和发展问题上一直存在管理思想上的误区，对城市的性质、规模、功能等理解不够全面，往往只重视生产，而忽视了市政建设和环境建设，导致城市布局不合理、环境设施欠账多、污染问题非常严重。近年来，政府和广大市民都意识到了城市环境保护的重要性，将消除"四害"——污水、烟尘、废渣和噪声污染作为城市环境综合治理的重点，认识到要从根本上解决环境问题，必须从城市生态系统的整体出发，进行科学的规划和严格的管理，合理调整城市产业结构和建设布局，并在《环境保护法》和《城乡规划法》中作了相应规定。本案中，宁夏回族自治区人民政府根据经济与环境协调发展的指导思想确定了银川市新市区的发展规划目标——建立高新技术产业和用高新技术改造提升有比较优势的传统产业的经济技术开发区，这些产业比起传统产业对环境的污染大大减少，充分体现了银川市在新时期发展定位的改变，不再只追求经济效益，而是将环境保护纳入经济发展规划中，编制城市规划时注意保护和改善城市生态环境，防止污染和其他公害，力求做到经济效益和环境效益"双赢"。该规划目标也通过自治区人民政府常务会议原则同意。依照《城乡规划法》第9条和第30条的规定，任何单位都应遵守城乡规划，服从规划管理；城市新区的开发和建设，应当合理确定建设规模和时序，严格保护自然资源和生态环境。据此，瀚海公司的选址必须服从该规划。但是，该公司的技术改造项目属于粉尘污染严重的企业，显然与经济技术开发区的发展定位相违背，批准其选址将会造成银川市新市区遭受粉尘污染，所以区环保局的决定是有法可依的。本案有一个特殊之处，就是规划已经由人民政府确定，但尚未由有审批权的机关批准，建设项目是否也应遵守该规划？正如瀚海公司所辩称的，在该公司编制环境影响报告书时国务院还没有正式批准该规划，对此，有关法律法规并没有作出明确规定，似乎区环保局的决定失去了有力的支撑。实际上，并不存在这个问题，在编制和通过环境影响评价报告书的过程中，都需要综合考虑各种因素，不管是现在的还是将来的，都要做到环保工作具有前瞻性，这也是贯彻"预防为主"原则的体现。本案中，宁夏回族自治区人民政府已经对新市区进行了规划，银川市环境保护研究所在环境影响评价报告中也充分考虑了这个因素，瀚海公司的选址就应该服从该精神，其不顾环评报告书盲目选址，造成的损失只能由自己承担。二是村镇规划。村镇规划适用于我国的各级农村居民点，其基本任务是"改善村庄、集镇的生产、生活环境，促进农村经济和社会发展"。我国土地大部分分布在农村，人口也有80%是农村居民，因此，搞好村镇规划，创造良好的环境，不仅是农村经济和社会持续、稳定发展的保证，也是农村居民身体健康的保障。村镇规划要科学确定村镇的性质和发展规模，合理安排用地和各种建设项目，做到有计划地进行村镇建设。对此，国务院于1993年6月29日发布了《村庄和集镇规划建设管理条例》，其中第9条第1项和第5项明确规定，村庄、集镇规划的编制，应当根据国民经济和社会发展计划，结合当地经济发展的现状和需要，以及自然环境、资源条件和历史情况等，统筹兼顾，综合部署村庄和集镇的各项建设；应当保护和改善生态环境，防治污染和其他公害，加强绿化和村容镇貌、环境卫生建设。任何单位和个人都应当维护村容镇貌和环境卫生，妥善处理粪堆、垃圾堆、柴草堆，养护树木花草，美化环境。同时，村镇规划要做到合理布局，珍惜土地，各项建设尽量利用村镇原有的非耕地或坡地、荒地、薄地，严格控制扩占耕地、林地和人工牧场的面积。

（二）案例分析实训

案例一　居民非法占用农用地案[1]

江西省德兴市银城镇居民胡某、王某为建养殖场和自住房，非法占用农用地 11.35 亩，造成农用地大量毁坏。经江西省德兴市检察院提起公诉，近日，法院以非法占用农用地罪判处胡某、王某拘役 6 个月，并处罚金 5000 元。2010 年 1 月，胡某伙同赵某（另案处理）以每亩 1.17 万元的价格从德兴市泗州镇某村民小组购买到该村集体自留地一块，从村民程某处购买到耕地一块。同年 4 月，又以 5000 元的价格从该村村民饶某处购买到菜地一块。随后，王某受胡某及赵某的雇请，用后八轮货车拉了 100 多车废土倾倒于该三块地，并将该三块地连同浇灌用的三条水沟及道路全部覆盖。然后，王某又雇请铲车司机宋某将该三块地推平整，从而形成一块面积为 5565 平方米的土地。2010 年 5 月 17 日，胡某、王某以 25 万元的价格从德兴市新南居村民吴某处购买到新南居的一块面积为 2151 平方米的耕地。然后，由王某出面雇请人用农用车拉了 30 余车废土倾倒于该地，并雇人用铲车将该地推平整。同年 7 月至 8 月，胡、王二人开始在该地上建房。后因国土部门执法，二人新建的两幢房屋仅下好基脚后即停工。

问：胡某的行为是否与环境保护规划相悖？

案例二　工程未环评，规划怎合法？[2]

温州市区新城垃圾亭属新城 14 地块拆迁安置房工程的公建配套项目，于 20 世纪 90 年代建成并投入使用，日处理垃圾能力 30 吨左右。2003 年初，温州市环境卫生管理处（以下简称环卫处）为提高垃圾处理能力欲改建该垃圾亭，向规划局提出工程规划许可申请。2004 年 6 月 14 日，规划局向环卫处颁发了 2004—002261 号《建设工程规划许可证》，规划改建后的新城垃圾亭日处理垃圾能力为 100 吨。事后，叶先生等 16 位与该垃圾亭相邻的新源居小区住户，认为规划局的该行政许可行为侵害了住户的合法权益。叶先生等住户认为改建后的垃圾亭与小区住宅最小间距仅为 6 米，而且垃圾亭在运行过程中产生的异味、噪声、废水、漂尘等污染物对小区环境产生严重影响，并且规划局是在未审查该项目是否取得环境影响报告书的情况下，就颁发了工程规划许可证，规划局的颁证行为违反国家标准（GB - 50337 - 2003）及我国《城市规划法》《环境保护法》《环境影响

---

〔1〕　参见"居民非法占用农用地被判刑"，载《农民日报》2012 年 5 月 3 日，第 8 版。

〔2〕　参见罗军民："工程未环评，规划怎合法？——便民垃圾亭工程改建未经环境影响评价，法院判决撤销该工程规划许可证"，找法网，http：//junminlawyer. findlaw. cn/lawyer/jdal/d2702. html，访问时间：2018 年 3 月 20 日。

评价法》的相关规定，审批上存在纰漏。2004 年 10 月 25 日，叶先生等 16 位住户以规划局为被告向鹿城区人民法院提起行政诉讼，请求法院判决撤销规划局颁发给环卫处的 2004 - 002261 号《建设工程规划许可证》。

　　问：叶先生等住户的请求是否有法律依据？规划局作出的行政许可是否有法律依据？

主要参考文献

1. 张素珍主编：《环境规划理论与实践》，中国环境出版社 2016 年版。

2. 郭怀成、尚金城、张天柱主编：《环境规划学》，高等教育出版社 2009 年版。

3. 王金南、陆军、吴舜泽主编：《中国环境规划与政策（第十二卷）》，中国环境出版社 2016 年版。

4.《马克思恩格斯选集》第 3 卷，人民出版社 1972 年版。

5. 孙明烈、肖彦山主编：《污染防治法基本制度研究》，中国海洋大学出版社 2015 年版。

6. 诸大建、朱远："生态文明背景下循环经济理论的深化研究"，载《中国科学院院刊》2013 年第 2 期。

7. 石磊、陈伟强："中国产业生态学发展的回顾与展望"，载《生态学报》2016 年第 22 期。

8. 李强："可持续发展概念的演变及其内涵"，载《生态经济》2011 年第 7 期。

9. 符云玲、张瑞："中国环境保护规划制度框架研究"，载《环境保护》2008 年第 24 期。

10. 竺效："论生态文明建设与《环境保护法》之立法目的完善"，载《法学论坛》2013 年第 2 期。

第七章

生态保护红线制度

【本章概要】近年来，我国生态环境问题不断凸显，党中央、国务院高度重视生态环境保护，作出一系列重大决策部署，推动生态环境保护工作取得明显进展。但是，我国生态环境总体仍比较脆弱，生态安全形势十分严峻。生态保护红线是我国生态环境保护工作的一项重要制度创新。划定并严守生态保护红线，对保障国家生态安全、健全生态文明制度体系、推动绿色发展具有重要意义。本章主要介绍了生态保护红线制度的概念、意义、发展历程以及划定生态保护红线的程序和步骤，着重介绍了生态保护红线管理制度，对现行的制度体系进行了评析和思考。

【学习目标】通过本章学习，了解生态保护红线的概念和特征，理解划定并严守生态保护红线的重要意义，掌握划定生态保护红线的原则、程序和步骤。了解当前全国范围内生态保护红线划定工作的进展。掌握生态保护红线管理制度发展沿革，重点掌握生态保护红线制度的管理体制、管控方式以及配套机制。能够对现行的生态保护红线制度体系存在的问题提出见解。

第一节　概述

一、生态保护红线的提出和发展

生态保护红线这一概念最早出现于生态功能区划、生态控制线等相关研究中。2000年，浙江安吉在生态规划时采用了"红线控制区"的概念，被认为是"生态保护红线"的早期雏形。其后，广东省颁布《珠江三角洲环境保护规划纲要（2004～2020年）》、深圳市颁布《深圳市基本生态控制线管理规定》、东莞市发布《东莞市生态控制线规划》，逐步将生态红线划定应用到了实际当中。2010年，国务院印发《全国主体功能区规划》，在全国范围内推进主体功能区域规划工作。此后，生态保护红线制度进入快速发展阶段。

2011年10月，国务院发布了《关于加强环境保护重点工作的意见》。意见中提出，要加大生态保护力度，国家编制环境功能区划，在重要生态功能区、陆地和海洋生态环境敏感区、脆弱区等区域划定生态红线，对各类主体功能区分别制定相应的环境标准和环境政策。这是生态红线概念首次出现在国家性文件中。"生态红线"成为继"18 亿亩耕地红线"后，另一道上升到国家安全层面的"红线"。

2013 年 1 月，环境保护部印发《全国生态保护"十二五"规划》，提出将研究出台生态红线划定技术规范，制定生态红线管理办法。2013 年 5 月 24 日，习近平总书记在中共中央政治局就大力推进生态文明建设第六次集体学习时强调：要按照人口资源环境相均衡、经济社会生态效益相统一的原则，整体谋划国土空间开发；要坚定不移地加快实施主体功能区战略，划定并严守生态红线，牢固树立生态红线的观念。2013 年 11 月，党的十八届三中全会通过的《中共中央关于全面深化改革若干重大问题的决定》指出，要划定生态保护红线，坚定不移地实施主体功能区制度，建立国土空间开发保护制度。

2014 年 4 月，新修订的《环境保护法》第 29 条规定，国家在重点生态功能区、生态环境敏感区和脆弱区等区域划定生态保护红线，实行严格保护。2015 年 7 月，《国家安全法》第 30 条规定，国家完善生态环境保护制度体系，加大生态建设和环境保护力度，划定生态保护红线，强化生态风险的预警和防控，妥善处置突发环境事件，保障人民赖以生存发展的大气、水、土壤等自然环境和条件不受威胁和破坏，促进人与自然和谐发展。2016 年 11 月，《海洋环境保护法》（该法于 2017 年再次修正）第 3 条修正规定，国家在重点海洋生态功能区、生态环境敏感区和脆弱区等海域划定生态保护红线，实行严格保护。生态保护红线制度不断在法律层面得到确认。

2015 年发布的《中共中央、国务院关于加快推进生态文明建设的意见》和《生态文明体制改革总体方案》、2016 年的《中华人民共和国国民经济和社会发展第十三个五年规划纲要》，均对划定并严守生态保护红线作出了具体要求。

2017 年 2 月，国务院印发《关于划定并严守生态保护红线的若干意见》（以下简称《意见》），全国生态保护红线划定与制度建设正式全面启动。《意见》明确要求，2017 年年底前，京津冀区域、长江经济带沿线各省（直辖市）划定生态保护红线；2018 年年底前，其他省（自治区、直辖市）划定生态保护红线；2020 年年底前，全面完成全国生态保护红线划定。2017 年 5 月，环境保护部、国家发展和改革委员会发布《生态保护红线划定指南》（以下简称《指南》），为划定生态保护红线提供技术性指导规范，全国范围内生态保护红线划定工作全面展开。

二、生态保护红线的概念

"红线"即底线，指不可逾越的边界，早期用于住建部门，指道路、建筑用地的控制线；随后，广泛使用于环境资源领域，例如 18 亿亩耕地红线、水资源利用红线、林业红线、海洋红线等。生态保护红线概念的提出和发展过程中，研究领域对其概念并未形成统一定论。有学者认为，生态红线区是指具有重要的生态功能、区域生态系统较脆弱，需要全面保护的区域；[1]还有学者认为，生态保护红线包括需要严格保护的空间边界及管理限值，可由空间红线、面积红线和管理红线三条红线共同构成；[2]另有学者持生态保护红线应分为环境质量控制红线、环境风险控制红线、污染物总量控制红线的观点。[3]

　　2012 年起，环境保护部开始探索生态保护红线划定的相关理论和方法，逐步开始试点工作。各地先后出现了生态红线、基本生态控制线、生态控制线、生态底线、生态控制区等诸多相关名称。2014 年 1 月，环境保护部印发的《国家生态保护红线——生态功能基线划定技术指南（试行）》中指出，生态保护红线是一个综合性概念，具体包括生态功能保障基线、环境质量安全底线、自然资源利用上线（简称生态功能红线、环境质量红线、资源利用红线）。

　　2017 年 2 月，国务院发布《意见》；同年 5 月，环境保护部、国家发展和改革委共同组织编制《指南》，明确生态保护红线的定义为：在生态空间范围内具有特殊重要生态功能、必须强制性严格保护的区域，是保障和维护国家生态安全的底线和生命线，通常包括具有重要水源涵养、生物多样性维护、水土保持、防风固沙、海岸生态稳定等功能的生态功能重要区域，以及水土流失、土地沙化、石漠化、盐渍化等生态环境敏感脆弱区域。

三、生态保护红线的特征

　　1. 复杂性。生态系统是一个涉及多种因素和多方面相互作用的复杂系统，而我国国土广袤、地域类型和自然环境多样，导致我国生态系统层次较多、结构复杂。生态保护红线更是一个蕴含时间、空间、生物多样性和生态服务功能的综合载体。因此，划定生态保护红线是一项涉及面广、复杂而系统性的工作。

　　2. 不可替代性。生态保护红线是生态系统中具有重要生态功能或生态环境敏感脆弱的区域，其生态功能一旦遭到破坏，往往无法弥补。同时生态系统的多样性和特殊性也导致特定区域的生态系统服务功能难以被复制和替代，以耕地或其他功能空间来替代遭破坏的生态保护红线是不可行的。

　　3. 强制性。《环境保护法》《意见》等法律法规、政策制度赋予生态保护红线制度刚性约束力和强制性。生态保护红线一旦划定，则要实施严格的环境准入制度与管理措施，禁止开展城镇化和工业化建设，从而达到保护生态环境的目的。

　　4. 长期性。生态环境保护是一项长期性的工作，生态保护红线也将在我国

---

[1] 符娜、李晓兵："土地利用规划的生态红线区划分方法研究初探"，载《中国地理学会 2007 年学术年会论文摘要集》。

[2] 饶胜、张强、牟雪洁："划定生态红线创新生态系统管理"，载《环境经济》2012 年第 6 期。

[3] 张令："环境红线相关问题研究"，载《现代农业科技》2013 年第 11 期。

生态环境保护领域长期执行。因此，生态保护红线的划定、管理和政策的制定，需要适应我国社会经济中长期发展需求，并需要随着社会经济的发展、环保工作的要求不断进行完善。

四、生态保护红线与自然保护区的关系

自然保护区是国家为保护自然环境和自然资源对具有代表性的不同自然地带的环境和生态系统、珍贵稀有动物自然栖息地及其他历史遗迹和重要水源地筹划出界限加以特殊保护的自然地域。建立自然保护区的目的是保护珍贵稀有的动植物物种，保留和维持代表不同自然地带的自然生态系统和地貌、景观，拯救和恢复已遭破坏而又能恢复或更新的自然生态系统和濒危物种。[1]

我国现有的自然保护区类型较为多样，主要分为国际组织认定的自然保护区类型和国内相关部门批准的自然保护区类型。国际组织认定的自然保护区类型常见的有世界自然遗产、世界地质公园、人与生物圈保护区等。国内根据批准设立的部门不同，主要有国务院批准的国家自然保护区、国家风景名胜区，国家林业局批准的国家森林公园、国家湿地公园，农业部批准的农业种植资源保护区等。根据保护类型和级别的不同又可分为以下三种：强制性严格保护型，包括世界自然遗产、重点生态功能区、水源保护区等；生态系统具有一定稳定性和恢复力的一般性保护区域，包括上述保护地核心区以外的缓冲区、自然岸线及国家风景名胜区等；保护与开发并重区域，包括重要农业文化遗产地、水利风景区等。

生态保护红线的划定工作立足于我国现有的自然保护区，并按照《指南》中的要求，纳入了其中生态保护级别较高的区域，通过综合考虑生态系统的服务功能进行划区保护。因此自然保护区是生态保护红线的基础。

生态保护红线并不是新的自然保护区，而是具有严格边界和管理职能的管理红线。划定生态保护红线，将对我国现有的各类自然保护区进行有效整合，提高管理成效，是我国生态环境保护工作的一项重要制度创新。

五、划定并严守生态保护红线的意义

党的十九大报告对生态文明建设进行了多方面的深刻论述，明确指出，"建设生态文明是中华民族永续发展的千年大计"，要加大生态系统保护力度，完成生态保护红线、永久基本农田、城镇开发边界三条控制线划定工作。划定并严守生态保护红线，是基于我国长远管理和发展的迫切需求。

（一）划定并严守生态保护红线，是贯彻落实主体功能区制度、实施生态空间用途管制的重要举措

2010 年 12 月，国务院发布的《全国主体功能区规划》，将国土空间按开发

---

〔1〕　王文革主编：《自然资源法：理论·实务·案例》，法律出版社 2016 年版，第 331 页。

方式，划分为优化开发区域、重点开发区域、限制开发区域和禁止开发区域；按开发内容，划分为城市化地区、农产品主产区和重点生态功能区。2017 年 1 月，中共中央办公厅、国务院办公厅发布《省级空间规划试点方案》要求，以主体功能区规划为基础，全面摸清并分析国土空间本底条件，划定城镇、农业、生态空间以及生态保护红线、永久基本农田、城镇开发边界，注重开发强度管控和主要控制线落地。2017 年 3 月，国土资源部发布《自然生态空间用途管制办法（试行）》，明确提出要严格控制自然生态空间转为建设用地或其他不利于生态功能的用途，确保全国自然生态空间面积不减少、生态功能不降低，逐步提高生态服务保障能力。生态保护红线作为生态空间的管控线，是构建国土空间布局体系的基础。生态保护红线制度是在主体功能区规划指导下实施生态空间保护和管控的具体制度，也是落实主体功能区规划的重要举措。划定并严守生态保护红线，同时有利于健全国土空间用途管制制度，推动形成以空间规划为基础、以用途管制为主要手段的国土空间开发保护制度。

（二）划定并严守生态保护红线，是提高生态产品供给能力和生态系统服务功能、构建国家生态安全格局的有效手段

1960 年以来，随着我国经济规模的快速增长，生态承载力总量的增长远远赶不上人均生态足迹的增长速率。截至 2010 年，人均生态足迹达到了 2.2 全球公顷（global hectare，gha），是人均可得生物承载力的 2 倍。而我国在今后较长时间内都将处于工业化和城镇化快速推进的阶段，生态产品供给能力不足、生态系统服务功能减退、能源资源消耗及消费需求的不断增长对生态安全构成的压力也将不断增加。[1]因此，划定并严守生态保护红线，对重要生态系统实施精准保护，加强自然生态系统保护与修复，就是保障国家生态安全的底线和生命线。

（三）划定并严守生态保护红线，是健全生态文明制度体系、推动绿色发展的有力保障

划定生态保护红线，将进一步深化生态保护管理体制改革。随着环境保护工作的不断深入，我国的生态环境管理体制存在的问题逐渐显现。例如，环境保护部和中国科学院联合发布的《全国生态功能区划》将全国划分为包括 3 大类、9个类型和 242 个生态功能区，并以水源涵养、生物多样性保护、土壤保持、防风固沙和洪水调蓄 5 类主导生态调节功能为基础，确定了 63 个重要生态功能区。[2]同时，全国各地还有自然保护区、森林公园、地质公园、湿地公园等其他各级各类生态保护区域。这些区域在空间上存在一定的交叉重叠，造成在监督和管理方

〔1〕 谢高地："国家生态安全的维护机制建设研究"，载《环境保护》2018 年 Z1 期。
〔2〕 参见环境保护部、中国科学院 2015 年印发的《全国生态功能区划（修编版）》。

面容易出现工作难度大、工作效率低的问题。划定生态保护红线将使各类保护区域得到科学有效地整合，各分管部门职责得到明确，从而推进建立协调统一的生态保护管理体制和机制，提高生态保护与管理成效。

第二节　生态保护红线划定制度

《意见》和《指南》为各省市开展生态保护红线划定工作提供了指导规范。文件规定了生态保护红线的主体责任部门，以及划定生态保护红线的原则、程序和步骤。

一、划定生态保护红线的原则[1]

（一）科学性原则

以构建国家生态安全格局为目标，采取定量评估与定性判定相结合的方法划定生态保护红线。在资源环境承载能力和国土空间开发适宜性评价的基础上，采用生态系统服务功能（以下简称生态功能）重要性、生态环境敏感性识别生态保护红线范围，并落实到国土空间，确保生态保护红线布局合理、落地准确、边界清晰。

（二）整体性原则

统筹考虑自然生态整体性和系统性，结合山脉、河流、地貌单元、植被等自然边界以及生态廊道的连通性，合理划定生态保护红线，应划尽划，避免生态环境破碎化，加强跨区域间生态保护红线的有序衔接。

（三）协调性原则

建立协调有序的生态保护红线划定工作机制，强化部门联动，上下结合，充分与主体功能区规划、生态功能区划、水功能区划及土地利用现状、城乡发展布局、国家应对气候变化规划等相衔接，与永久基本农田保护红线和城镇开发边界相协调，与经济社会发展需求和当前监管能力相适应，统筹划定生态保护红线。

（四）动态性原则

根据构建国家和区域生态安全格局，提升生态保护能力和生态系统完整性的需要，生态保护红线布局应不断优化和完善，面积只增不减。

二、划定生态保护红线的程序

总体上来说，划定生态保护红线采取自上而下和自下而上相结合的方式。由生态环境部等有关部门开展国家生态保护红线顶层设计，指导各省（区、市）

---

[1]　参见《关于印发〈生态保护红线划定指南〉的通知》。

开展生态保护红线划定工作，并做好跨省域生态保护红线的衔接与协调。各省（区、市）依据国家生态保护红线空间格局和分布建议方案，结合本地实际情况，制定本地区生态保护红线划定方案，并报送生态环境部等有关部门进行技术审核。审核通过后由生态环境部等有关部门将方案报送到国务院进行审批，审批通过后由各省（区、市）人民政府发布实施。生态环境部等有关部门在各省（区、市）生态保护红线划定方案的基础上进行汇总，形成全国生态保护红线划定方案，经国务院审批通过后，向社会发布。

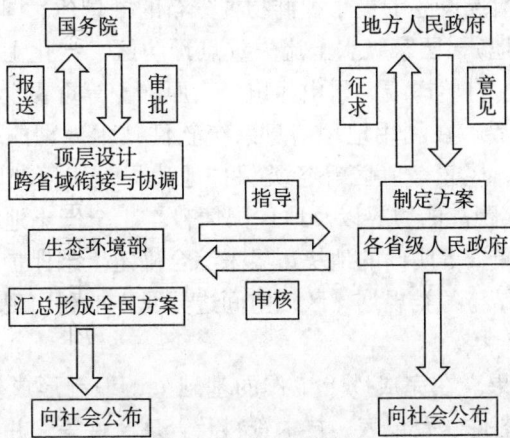

图2　生态保护红线划定程序图

三、划定生态保护红线的步骤

《意见》中提出了全国划定生态保护红线的总体目标和实施步骤。2017年底前，京津冀区域、长江经济带沿线各省（直辖市）划定生态保护红线；2018年底前，其他省（自治区、直辖市）划定生态保护红线；2020年年底前，全面完成全国生态保护红线划定，勘界定标，基本建立生态保护红线制度，国土生态空间得到优化和有效保护，生态功能保持稳定，国家生态安全格局更加完善。到2030年，生态保护红线布局进一步优化，生态保护红线制度有效实施，生态功能显著提升，国家生态安全得到全面保障。

划定生态保护红线是一项系统工程，涉及面广，技术性较强，要按照定量与定性相结合的原则，通过科学评估的方法来确定。在技术流程上分为五个步骤：

1. 科学评估。利用地理信息系统软件等技术手段确定基本评估单元、评估类型与方法，科学评价生态系统服务功能的重要性和生态环境敏感性，从而确定需要重点保护的区域。

2. 校验划定范围。将科学评估得到的生态功能极重要区和生态环境极敏感区进行叠加合并，并与国家级和省级禁止开发区域及其他重要生态保护区域进行叠加校验，确保生态保护红线空间的划定范围涵盖国家级和省级禁止开发区域，以及其他有必要严格保护的各类保护地。国家级和省级禁止开发区域包括国家公园、自然保护区、森林公园的生态保育区和核心景观区、风景名胜区的核心景区、地质公园的地质遗迹保护区、世界自然遗产的核心区和缓冲区、湿地公园的湿地保育区和恢复重建区、饮用水水源地的一级保护区、水产种质资源保护区的核心区及其他类型禁止开发区的核心保护区域。除上述禁止开发区域以外，还应包括各地根据实际情况设立的极小种群物种分布的栖息地、国家一级公益林、重要湿地（含滨海湿地）、国家级水土流失重点预防区、沙化土地封禁保护区、野生植物集中分布地、自然岸线、雪山冰川、高原冻土等重要生态保护地。

3. 确定红线边界。在利用地理信息系统软件技术处理的基础上，结合自然边界、自然保护区、风景名胜区等各类保护地边界、江河湖库及海岸等向陆域（或向海）延伸一定距离的边界以及地理国情普查、全国土地调查、森林草原湿地荒漠等自然资源调查等明确的地块边界来综合确定生态保护红线边界。同时要将生态保护红线边界与各类规划、区划空间边界及土地利用现状相衔接，并做好跨区域协调和上下对接。

4. 形成划定成果。在完成以上工作的基础上，编制形成生态保护红线划定方案，包括文本、图件、登记表、技术资料及管理文件等，并建立台账数据库。

5. 开展勘界定标。根据方案确定的生态保护红线分布图，查明生态保护红线各类基础信息，详细勘定红线边界，选定界桩位置，完成界桩埋设。同时形成生态保护红线数据"一个库"、分布"一张图"。并设立统一规范的边界标识标牌，加强信息公开与公众监督。

四、生态保护红线划定进展

2012 年至 2015 年期间，生态保护红线处于不断探索、不断完善的阶段，部分省市在中央及原环境保护部的指导下开展了生态保护红线划定的试点工作（表3）。例如，江苏省作为最早探索划定生态保护红线的省份，在 2013 年 3 月即发布了生态保护红线区域规划，划定了包含陆域和海域总面积为 24 103.49 平方千米的生态保护红线区域，其中陆域面积占本省陆域总面积的 22.23%，并且制定了生态保护红线区的分类分级管控制度，配套实施监管考核和生态补偿办法。

2017 年 2 月，《意见》的发布以及《指南》等技术规范的出台，标志着生态保护红线划定工作在全国范围内全面开展。地方各级党委和政府切实履行划定并严守生态保护红线的主体责任，生态保护红线工作取得了积极进展。

截至 2018 年 9 月，已有北京、天津、河北、上海、江苏、浙江、安徽、江

表3 部分试点省市生态保护红线一览表

序号	省（区、市）	生态保护红线区域面积/km²		面积占比	发布时间
1	江苏	总面积	24 103.49	–	2013 年 8 月
		陆域	22 839.58	22.23%	
		海域	1263.91	–	
2	湖北	总面积	62 200	33.40%	2016 年 9 月
3	海南	陆域	11 535	33.5%	2016 年 9 月
4	重庆	海域	8316.6	35.1%	2016 年 11 月
		总面积	30 790.9	37.30%	

西、湖北、湖南、重庆、四川、贵州、云南、宁夏共 15 个省市正式发布了生态保护红线（表4）。江苏省在原有的生态保护红线基础之上，根据新的要求修订和完善发布了《江苏省国家级生态保护红线规划》，全省陆域 8.21%、海域 27.83% 的面积纳入了国家级生态保护红线。

表4 部分省市生态保护红线划定情况一览表

序号	省（区、市）	生态保护红线区域面积/km²		面积占比	发布时间
1	江苏	总面积	18 150.34	13.14%	2018 年 6 月 9 日
		陆域	8474.27	8.21%	
		海域	9676.07	27.83%	
2	贵州	总面积	45 900.76	26.06%	2018 年 6 月 27 日
3	安徽	总面积	21 233.32	15.15%	2018 年 6 月 27 日
4	云南	总面积	118 400	30.90%	2018 年 6 月 29 日
5	河北	总面积	40 500	20.70%	2018 年 6 月 30 日
		陆域	38 600	20.49%	
		海域	1880	26.02%	
6	江西	总面积	46 876	28.06%	2018 年 6 月 30 日
7	宁夏	总面积	12 863.77	24.76%	2018 年 6 月 30 日
8	重庆	总面积	20 400	24.82%	2018 年 7 月 2 日
9	北京	总面积	4290	26.1%	2018 年 7 月 6 日
10	四川	总面积	148 000	30.45%	2018 年 7 月 20 日

序号	省（区、市）	生态保护红线区域面积/km²		面积占比	发布时间
11	浙江	总面积	38 900	26.5%	2018 年 7 月 20 日
		陆域	24 800	23.82%	
		海域	14 100	31.72%	
12	湖北	总面积	41 500	22.3%	2018 年 7 月 25 日
13	湖南	总面积	42 800	20.23%	2018 年 7 月 25 日
14	上海	总面积	2082.69	11.84%	2018 年 8 月 10 日
		陆域	89.11	—	
		海域	1993.58	—	
15	天津	总面积	1393.79	9.91%	2018 年 9 月 6 日
		陆域	1195	10%	
		海域	219.79	10.24%	

根据公开发布的生态保护红线区划或方案，我们梳理发现，各省市划定的生态保护红线占本省陆域总面积的 10%～30% 之间，其中多数省市占比大于 20%。基本涵盖了水源涵养区、水土保持区、防风固沙区和生物多样性维护区等陆地重点生态功能区，海洋水产种质资源保护区、海洋特别保护区、重要滨海湿地、特殊保护海岛等海洋重点生态功能区以及水土流失敏感区、土地沙化敏感区、石漠化敏感区等生态敏感脆弱区。

京津冀区域构成了以燕山生态屏障、太行山生态屏障、坝上高原防风固沙带、沿海生态防护带为主体的"两屏两带"生态保护红线空间分布格局。长江经济带生态保护红线构成了以川滇森林区、武陵山区和浙闽赣皖山区，秦巴山地带、大别山地带、若尔盖草原湿地带等为主体的"三区十二带"生态保护红线空间格局。宁夏生态保护红线构成了六盘山生态屏障、贺兰山生态屏障、罗山生态屏障，黄河岸线生态廊道，东部毛乌素沙地防风固沙区、西部腾格里沙漠边缘防风固沙区、中部干旱带水土流失控制区、东南黄土高原丘陵水土保持区、西南黄土高原丘陵水土保持区为主体的"三屏一带五区"生态保护红线空间格局。

按照生态保护红线工作进度安排，其余 15 个省区和新疆生产建设兵团等将于 2018 年底前完成生态保护红线划定，最终汇总形成生态保护红线全国"一张图"。同时，生态保护红线勘界定标试点工作已在部分省市开展；各地也相继出台了生态保护红线管理办法；生态保护红线监管平台建设工作也将全面启动。

第三节　生态保护红线管理制度

生态保护红线划定以后，工作重点将转变为如何加强监管。要保证生态保护红线的长期性，则要建立系统完善的制度体系，实行最严格的保护制度。目前，国家层面尚未出台生态保护红线相关的管理办法，但部分省市已开始积极推动相关管理办法的制定。例如，沈阳、吉林、海南、湖北、广西、天津、贵州七个省市已发布生态保护红线管理办法或规定。其中，《海南省生态保护红线管理规定》是唯一由省级人大常委会通过的地方性法规。其余省市均为地方政府规章或地方规范性文件。

表 5　生态保护红线管理制度一览表

省（区、市）	管理办法名称	发布日期
沈阳	沈阳市生态保护红线管理办法	2014 年 12 月 9 日
吉林	吉林省生态保护红线区管理办法（试行）	2016 年 7 月 19 日
海南	海南省生态保护红线管理规定	2016 年 7 月 29 日
湖北	湖北省生态保护红线管理办法（试行）	2016 年 9 月 10 日
广西	广西生态保护红线管理办法（试行）	2016 年 11 月 23 日
天津	天津市海洋生态红线区管理规定	2016 年 12 月 5 日
贵州	贵州省生态保护红线管理暂行办法	2016 年 12 月 31 日

一、管理体制

沈阳市是全国第一个发布生态保护红线地方性政府规章的城市。《沈阳市生态保护红线管理办法》规定，市人民政府是生态保护红线的责任主体，其应当建立生态保护红线管理工作协调机制，明确其他有关部门具体职责，组织相关部门协商共同研究决定生态保护红线区内的重大事项。其中，环境保护行政部门负责组织有关部门编制生态保护红线的划定和调整方案，对生态保护红线进行综合评估、评价，对生态保护红线区进行生态环境监测和预警工作，依法对环境违法行为进行查处；发展改革行政部门负责将生态保护红线规划纳入主体功能区规划，负责红线区内项目管理；土地规划行政部门负责将生态保护红线规划纳入城市总体规划，做好与土地利用总体规划的衔接，监管生态保护红线区内的土地利用，依法对红线内违法用地行为进行查处；财政部门负责将生态保护补偿资金列入财政预算，并监督资金使用情况；林业行政部门负责依法对生态保护红线区内的林地、湿地、自然保护区等进行管理，查处相关违法行为；水行政主管部门负责依法对生态保护红线区内河道、水库、滩地、灌渠等进行管理，查处相关违法行为；农业、城建等行政部门负责依法对生态保护红线区内有关农业、城建等项目进行监督和管理，查处相关违法行为；行政执法部门负责对生态保护红线区内违法建设等行为进行查处。

吉林省和广西壮族自治区规定由县级人民政府承担主体责任，协调、指导和监督相关责任单位落实生态保护责任。其他省市与之类似，均建立由各级人民政府为责任主体，其他有关部门按照职责分工，分别负责生态保护红线监督和管理工作的管理体制。

二、管控方式

在管控方式上，各省市均施行了生态保护红线分级管控，即依据生态系统脆弱性、敏感性和服务功能的重要程度，将生态保护红线分为一级（类）管控区和二级（类）管控区。这种差异化管理模式在美国、加拿大、俄罗斯等国已实施，对我国的生态保护红线管理模式具有较高的借鉴意义。

江苏省是我国首个践行分级管控、差异化管理的省份。2013 年 8 月发布的《江苏省生态红线区域保护规划》规定，生态红线区域实行分级管理，划分为一级管控区和二级管控区。一级管控区是生态红线的核心，实行最严格的管控措施，严禁一切形式的开发建设活动；二级管控区以生态保护为重点，实行差别化的管控措施，严禁有损主导生态功能的开发建设活动。同时在分级管理的基础上，按照自然保护区、风景名胜区、森林公园等 15 种不同类型实施分类管理。

沈阳市在管理上将生态保护红线区按照重要程度分为一类区、二类区。自然保护区的核心区和缓冲区、重要生态保护地的红线区、饮用水水源保护区的一级保护区等具有重要保护意义的区域划为一类区，其他具有较重要保护意义的区域划为二类区。一类区内，除市人民政府批准建设的重大基础设施工程和公共服务设施工程外，禁止建设与生态保护无关的项目。二类区内，除上述工程与不破坏主体生态功能的生态农业、旅游等设施外，禁止建设其他项目。

海南省按照保护和管理的严格程度，将生态保护红线区划分为Ⅰ类生态保护红线区和Ⅱ类生态保护红线区。具有极重要生物多样性保护、水土保持、水源涵养等生态服务功能的区域以及海岸带、海洋生态环境极敏感、脆弱区域，划为Ⅰ类生态保护红线区，包括自然保护区的核心区和缓冲区、饮用水水源一级保护区、野生近缘种分布区、领海基点保护范围等区域。未纳入Ⅰ类部分的生态保护红线，为Ⅱ类生态保护红线区。除在总体上规定了Ⅰ类、Ⅱ类生态保护红线区可开发程度外，海南省还发布了陆域生态保护红线区开发建设管理目录，制定了详细的 I 类、II 类生态保护红线各功能区的保护与开发建设准入目录清单,按生态保护红线功能分区实行"一区一策"的分类管理。该目录对其他暂未制定生态保护红线相关管理办法的省市具有较强的参考意义。

表 6 海南省陆域 I 类生态保护
红线区保护与开发建设准入目录清单

序号		项目类别
1	生态保护与修复	天然林保护、退耕还林、植树种草、防护林建设、地质环境保护与治理、水生态保护和修复、水土保持、防沙治沙、森林抚育、森林灾害综合治理、自然保护区建设、野生经济林树种保护、农林作物和渔业种质资源保护区(保护地)建设、珍稀濒危野生动植物保护等工程。
2	基础设施	机场、公路、铁路、港口、水利等国家和省级重大基础设施及防洪、通信、电网等。
3	民生项目	农业灌溉设施、不超过现有用地规模的自用住房维修改造、教育医疗服务设施、社区服务设施、饮水工程、污水处理设施、生活垃圾转运站等。

表 7 海南省陆域 II 类生态保护
红线区保护与开发建设准入目录清单(节选)

功能区	序号		项目类别
1. 生物多样性保护 II 类红线区	1	生态保护与修复	天然林保护、退耕还林、植树种草、防护林建设、地质环境保护与治理、水土保持、防沙治沙、森林抚育和更新、森林灾害综合治理、自然保护区建设、野生经济林树种保护、农林作物和渔业种质资源保护区(保护地)建设、珍稀濒危野生动植物保护、外来有害物种防治等工程。
	2	基础设施	机场、公路、铁路、港口、水利等国家和省级重大基础设施及管网、电网、差转台、电视塔台、无线通讯、雷达等。
	3	民生项目	农业灌溉设施、不超过现有用地规模的自用住房维修改造、教育医疗服务设施、社区服务设施、饮水工程、村镇(农场)生活污水处理、村镇(农场)生活垃圾转运站等。
	4	旅游配套设施	旅游步道、观光设施、游客服务中心(含小型餐饮、购物等,但不含住宿功能)、宣教设施、旅游标识标牌、旅游厕所、停车场等。
	5	其他	军事等特殊用途设施建设等。

功能区	序号		项目类别
2. 水源保护与水源涵养Ⅱ类红线区	1	生态保护与修复	天然林保护、退耕还林、植树种草、防护林建设、地质环境保护与治理、水生态保护和修复、水土保持、防沙治沙、森林抚育和更新、森林灾害综合治理、自然保护区建设、野生经济林树种保护、农林作物和渔业种质资源保护区（保护地）建设、珍稀濒危野生动植物保护、河湖整治工程、水生态保护和修复等工程。
	2	基础设施	机场、公路、铁路、港口、水利等国家和省重大基础设施及管网、电网、差转台、电视塔台、无线通讯、雷达等。
	3	民生项目	农业灌溉设施、不超过现有用地规模的自用住房维修改造、教育医疗服务设施、社区服务设施、饮水工程、村镇（农场）生活污水处理、村镇（农场）生活垃圾转运站等。
	4	旅游配套设施	旅游步道、观光设施、游客服务中心（含小型餐饮、购物等，但不含住宿功能）、宣教设施、旅游厕所、旅游标识标牌、停车场等。

三、配套机制

在施行分级管控的基础上，各地积极开展配套制度研究，探索建立完善严守生态保护红线的补偿激励和约束机制。

（一）构建信息化监管体系

为了保障生态保护红线制度落实，根据《意见》中关于建立监测网络和监管平台的规定，各地积极构建信息化的监管信息体系，全面掌握生态系统构成、分布与动态变化，及时评估和预警生态风险，并及时作出应对策略，为生态红线的管理调整等措施提供决策依据，进一步提高生态保护红线管理决策科学化水平。目前，吉林、湖北、海南、贵州均对建立生态环境管理信息系统，开展生态环境遥感监测提出了具体要求。

（二）生态保护红线绩效考核

部分省市提出了通过建立生态保护红线绩效考核评价体系来保证生态保护红线工作取得实效。沈阳市要求市人民政府建立生态保护红线区生态功能评价和管理成效评估制度。广西要求以年度为周期，对生态保护红线的保护成效开展绩效考核，考核结果作为确定自治区生态保护红线生态补偿资金的直接依据，并纳入领导干部政绩考核。海南省要求将生态保护红线的监督管理工作作为对政府及其负责人环境保护考核评价的内容。湖北省要求环境保护委员会对各市（州）生态保护红线区的保护和管理工作进行年度考核，并以五年为周期开展绩效评估，并与生态补偿资金分配、领导干部政绩考核挂钩。吉林省要求政府建立生态保护红线目标责任制，健全生态保护红线绩效考核制度，每两年对各市（州）政府、长白山管委会、省扩权强县试点市生态保护红线区的保护工作进行考核，重点考核生态保护红线区生态系统结构与生态环境质量变化情况、生态功能改善和提升情况、人为活动干扰和破坏情况、管理政策落实情况等。

（三）建立生态补偿机制

沈阳、吉林、湖北、海南、广西、贵州在生态保护红线相关管理办法中均提出了建立生态补偿机制的要求。湖北要求将生态保护红线区的生态补偿纳入全省生态补偿机制，省发展改革、财政部门应当会同相关部门制定全省生态保护红线生态补偿实施方案，指导、协调、监督生态补偿资金使用，多渠道筹措生态补偿资金，并制定生态保护红线生态补偿实施细则。广西要求县级以上人民政府应当建立生态保护红线生态补偿机制，补偿标准达到同类地区中等以上水平。生态补偿资金重点用于红线区生态保护与恢复、自然保护区和风景名胜区等原真性和完整性保护、历史遗留生态环境问题治理、能力建设和损失补偿等方面。同时要求财政部门要加大对生态保护红线区生态补偿资金的监管。

（四）建立法律责任追究机制

生态保护红线制度正处于起步阶段，逐渐由政策层次向法律层次转变，专门性的生态保护红线法律法规尚未出台。仅有《环境保护法》《国家安全法》《海洋环境保护法》三部法律对生态保护红线有概括性的规定，欠缺可操作性。

已发布的生态保护红线管理办法中，对于违反生态保护红线管理规定、导致生态保护红线内生态功能退化、生态安全受到威胁、生态资源遭受严重破坏的行为及责任人，均要追究其法律责任，由环境保护、海洋、规划、国土资源、住房和城乡建设、林业、水务、农业等有关主管部门或者综合执法部门按照各自职责依法处理。例如，沈阳市规定，在生态保护红线内焚烧落叶、烧荒、露天烧烤、私搭乱建等行为，由行政执法部门给予处罚；放牧、使用剧毒、高毒农药等行为，由农业行政主管部门给予处罚；砍伐林木，毁草开垦，陡坡开垦，捕杀、采集野生保护动植物，捡拾鸟卵，采集野生药材等行为，由林业行政主管部门给予处罚；擅自取土、挖砂、采石、开矿等行为，由土地规划行政主管部门给予处罚；私自挖塘、挖沟、筑坝、开采地下水等行为，由水行政主管部门给予处罚；新建排污口、排放污水、有毒有害物质或者倾倒固体废弃物等行为，由环境保护行政主管部门给予处罚；造成重大污染或者生态破坏，导致财产重大损失或者人身伤亡的严重后果，构成犯罪的，依法追究刑事责任。

同时，部分省市还规定对相关行政区域党政领导干部负责人要追究其生态环境损害责任。吉林省还开展生态环境损害赔偿试点工作，探索建立生态环境损害赔偿技术标准和制度体系。

除此之外,其他法律法规中有关保护性区域法律责任的规定,也可援引到生态保护红线中。如《水污染防治法》《饮用水水源保护区污染防治管理规定》中关于饮用水水源保护区的规定,要求违法单位及其责任人需承担罚款、强制拆除、停业或行政处分等法律责任。《自然保护区条例》《风景名胜区条例》《森林法》《森林法实施条例》等法律法规对违法行为的法律责任做出了较为详尽的规定。《刑法》中也针对破坏环境资源保护规定了污染环境罪、非法处置进口的固体废物罪、非法捕捞水产品罪、非法狩猎罪、非法采矿罪、非法采伐、毁坏国家重点保护植物罪等,其刑罚根据犯罪情节的轻重有罚金、拘役、有期徒刑、无期徒刑等。

第四节 现有制度评析及完善

目前全国范围的生态保护红线划定工作正有序开展,部分省市也在积极探索生态保护红线管理制度。纵观生态保护红线的实践和发展,梳理现阶段各项工作的进展情况,生态保护红线制度体系正处于快速发展的阶段,不断涌现新的问题,亟待各地深入探究和完善。

一、完善立法体系,提升法律地位

生态保护红线的法律依据主要为《环境保护法》第 29 条、《国家安全法》第 30 条以及《海洋环境保护法》第 3 条和第 24 条。其他环境保护方面的单行法,如《水法》《森林法》《草原法》《水污染防治法》《大气污染防治法》等,均未提及生态保护红线。而三部涉及生态保护红线的法律中的条文也只是原则性的规定,缺乏具体的指导性意见,并且对于违法者的责任追究没有规定。国家层面上现有两份文件对生态保护红线的划定和管理做了较为系统和全面的阐述,但其文件性质并不是法律法规,在实施过程中不具备法律层面的约束力。

因此,下一步应当加大生态保护红线的法制建设,完善立法体系,提升生态保护红线的法律地位。首先应在《水法》《森林法》《草原法》等环境保护相关法律中纳入生态保护红线制度,并明确生态保护红线的责任主体,对划定方案以及监管制度、责任机制等做出详细规定。其次,将《意见》和《指南》中关于生态保护红线的划定、监管等详细内容体现在法规层面,制定生态保护红线的管理条例,并且对行政机关的执法方式以及标准作出具体规定。最后,明确违法者的法律责任,根据其损害结果的程度,明确其应当承担的刑事责任、民事责任及行政责任。由此三方面的措施，保证生态保护红线在立法层面的制度化和规范化。

二、确立单一主管部门，加强行政管制

在当前生态保护红线的划定及管理工作中，大部分省市均以各级人民政府为责任主体，其他有关部门分别负责相关职能。例如沈阳市规定，除人民政府为责任主体外，环境保护行政部门负责组织编制生态保护红线的划定和调整方案，评估、评价以及生态环境监测和预警工作；发展改革行政部门负责红线区内项目管理；土地规划行政部门负责监管红线区内的土地利用；林业行政部门负责红线区内的林地、湿地、自然保护区等的管理；水行政部门负责红线区内河道、水库、滩地、灌渠等的管理；农业、城建等行政部门负责红线区内有关农业、城建等项目的监督和管理。这样的管理体制造成了同一个红线区有多个部门共同行使职权的局面。不同部门的差异化利益诉求也造成在红线管理过程中出现分歧和冲突，并且各部门只关注本部门利益而忽视整个生态保护红线的整体格局利益，最终造成生态保护红线的管理效能下降。

因此，破除原有的不同职能部门分类管理的传统模式，确立单一的、独立的生态保护红线管理机构显得尤为重要。根据我国现状，将环境保护部门设立为生态保护红线主管部门是较为合理的一种方式。由环境保护部门统一行使生态保护红线的监管职能，配备专业的技术人才，保障管理资金，同时协调平衡各相关部门的利益和要求。随着我国环保机制的改革、环保执法机构垂直管理工作的推进，以往政府因经济利益干预环保机构工作的状况将进一步减少，生态保护红线制度的落实也将得到切实的保障。

三、健全配套机制，保证有效实施

前文提到，各地积极探索制定管理办法，推进生态保护红线落实，已有多个省市提出建立生态补偿、绩效考评等配套机制。以生态补偿机制来看，纵使取得了阶段性进展，但总体上生态补偿仍然存在范围偏小、标准偏低、各地发展不平衡的问题。因此，应当进一步完善生态补偿机制，明确中央和地方政府各自的责任及义务，实行分类别、分档次的补偿方式，对不同类型的生态保护红线区域施行有区别的补偿标准和补偿方式。

另一方面，还应加快建立自然资源资产负债表制度、生态保护红线区应急预案、生态移民机制，健全排污权有偿交易机制、完善生态环境损害赔偿诉讼机制等相关配套机制，保证生态保护红线制度得到有效实施。

生态红线地方立法完善路径[1]

　　明确生态红线的制度特征、制度理念和制度目标，把握生态红线制度与其他生态保护法律制度之显见区别，有助于以现有规范和制度为基础完善生态红线立法。总结起来，为了保障生态红线制度功能得到最大程度的发挥，以及完善我国生态保护立法体系，应当加强如下方面的地方立法。

　　一、完善自然保护区地方立法

　　生态红线划定的区域主要涵盖重点生态功能区、生态环境敏感区和生态脆弱区。依据我国的《全国生态功能区划》《全国主体功能区划》和《全国海洋功能区划》，这些区域大多与自然保护区重叠。我国目前规范自然保护区的主要法规是《中华人民共和国自然保护区条例》（以下简称《自然保护区条例》），这部行政法规最初于1994年实施，2011年进行了大幅修订。我国规范自然保护地的单行法律一直没有通过。《自然保护区条例》在法规的层级、效力范围和内容方面都无法满足对于自然保护区全面保护的要求，因此有必要将自然保护区条例上升为国家层面的立法。世界上很多发达国家都制定了自然保护区方面的法律，如德国的《自然和景观保护法》、俄罗斯的《俄罗斯联邦特保自然区法》、加拿大的《加拿大国家公园法案》和《加拿大野生动植物法案》、日本的《自然环境保全法》和《自然公园法》等。这些法律为自然保护区管理和保护提供了全面的综合性的管理。

　　以自然保护地法为基础，更新自然保护区法律制度，能够有效地保护重点生态功能区、生态环境敏感区和生态脆弱区中的绝大部分区域。一个比较切实可行的完善路径还有扩大现有《自然保护区条例》的保护范围。在世界自然保护联盟（IUCN）提出的自然保护区域分类体系中，受保护的自然保护区范围比我国《自然保护区条例》规定的范围更加广泛。我国《自然保护区条例》规定的自然保护区范围是"有代表性的自然生态系统、珍稀濒危野生动植物物种的天然集中分布区、有特殊意义的自然遗迹等"。而世界自然保护同盟以"自然保护地"为基本概念，将自然保护区、风景名胜区、森林公园、地质公园等相关保护区域整合进"自然保护地"概念。这样，可以对这些具有重大生态、科研、景观价值的自然区域加以特殊保护。

　　当前，生态红线立法也是一个完善自然保护区地方立法的契机。可以"自然保护地"概念为基础，在我国《自然保护区条例》的框架下发展自然保护地方

---

〔1〕　参见吴贤静："生态红线地方立法完善路径"，载《地方立法研究》2018年第1期。

面的地方立法。整合生态红线区和自然保护地范围和体系，将森林公园、地质公园、湿地公园、海洋公园、历史文化遗址等具有重大文化和生态功能的区域纳入"自然保护地"的范畴。以"自然保护地"概念为基础进行自然保护地方立法，可以将现在《自然保护区条例》不包括的区域纳入保护范畴，这其中包括大量的生态红线划定区域。自然保护地立法可以对生态红线区域保护提供立法支撑，为生态红线"落地"提供法律规范基础。同时，也可以很好地协调和统一生态红线法律制度与现有自然保护区制度之间的关系，实现对生态红线区的有效保护。

二、完善生态红线配套制度地方立法

除了自然保护区立法，还有一些相关配套立法亟待研究。诸如生态红线管理体制的探索和变革方向应当是在维持多部门协同管理的同时，强化生态红线区域内的综合管理。另外，还应当对生态风险管理制度、生态修复制度进行地方立法加以完善，使得生态红线管理更具有可操作性。

从立法理念以观，我国已经进入了环境立法的"风险"时代。我国近年所修改的几部重要的环境立法都将风险管控视为环境管理的重要突破。《环境保护法》第39条规定了建立和健全环境与健康监测、调查和风险评估制度，第47条规定了突发环境事件的风险控制、应急准备、应急处置和事后恢复等工作。无独有偶，《中华人民共和国大气污染防治法》第78条也规定对大气污染物实行风险管理，并要求企业建设环境风险预警体系，并且在第117条设置了对应的法律责任。然而，这两部立法只是贯彻了法律之中风险预防的理念，粗略地规定了环境风险预防相关制度，距离建立生态风险规制制度体系还有很远的距离。诸如，作为国家环境立法的有力补充，地方立法中相当多的生态风险管理规范，如《上海市环境保护条例》对土壤和地下水环境质量调查、污染源排查、风险防控方案、风险防控措施作出了规定。《福建省土壤污染防治办法》涵盖第三方机构开展土壤污染评估、污染地块风险评估报告和污染地块修复制度。《湖北省土壤污染防治条例》将土壤环境风险评估和土壤环境修复作为土壤污染治理的措施做出规定。地方立法既可以创新生态风险管理制度，也可以细化中央立法。

生态功能红线不仅要划定，更要"落地"，使其真正成为一条可操作、可实施的红线。生态修复指的是在对待修复地区的总体生态环境进行全面评价的基础上，通过适当的科学技术方法将受污染和受破坏的场地恢复至原先的水平，或者恢复至可重新利用的水平。当生态功能红线区域的生态系统遭到破坏之后，生态环境修复制度就显得尤为重要了。生态环境修复责任施加给谁，责任形式如何，这是生态环境修复的关键问题。我国现有法律中规定的有关生态修复制度是不完备的，有关生态环境修复责任主体和责任方式的规定散存于《环境保护法》和民事法律之中，因此应当通过中央立法和地方立法明晰生态修复制度。加强生态修复和生态优化。引进新技术和新方法，对生态控制线内各生态资源进行保护和功能提升，开展林地修复、树种结构调整等，改善城市园林系统，提高绿地生态效能，维护和营造良好生境，保护动植物多样性，进一步改善近出海口的水质，加强对海洋生态资源的保护。

理论思考与实务应用

一、理论思考

（一）名词解释

生态空间　生态保护红线　自然保护区　重点生态功能区　生态环境敏感脆弱区　生态安全

（二）简答题

1. 简述生态保护红线的概念及特征。
2. 简述划定并严守生态保护红线的意义。
3. 简述划定生态保护红线的原则。
4. 简述生态保护红线的法律依据。

（三）论述题

1. 论述生态保护红线与自然保护区的关系。
2. 论述划定生态保护红线的程序和步骤。
3. 论述生态保护红线的管理制度。

二、实务应用

（一）案例分析示范

案例一　新疆临钢资源投资股份有限公司
与四川金核矿业有限公司特殊区域合作勘查合同纠纷案[1]

2011 年 10 月 10 日，临钢公司与金核公司签订《合作勘查开发协议》，约定：临钢公司补偿金核公司 3500 万元后，双方共同设立项目公司，并在符合条件时将金核公司探矿权过户至项目公司名下。2011 年 10 月 25 日，临钢公司向金核公司实际支付 3500 万元。2013 年 11 月 22 日，临钢公司以合作勘查作业区位于新疆塔什库尔干野生动物自然保护区为由通知解除合同，金核公司回函拒绝。金核公司提起诉讼，请求确认临钢公司解除合同行为无效；确认《合作勘查开发协议》有效。临钢公司反诉请求解除《合作勘查开发协议》，金核公司返还合作

---

[1] "人民法院关于依法审理矿业权民事纠纷案件典型案例"，中华人民共和国最高人民法院网，http://www. court. gov. cn/zixun – xiangqing –23431. html，访问时间：2018 年 9 月 26 日。

补偿款 3500 万元并赔偿损失。

　　新疆维吾尔自治区高级人民法院一审判决临钢公司解除合同行为无效，双方继续履行《合作勘查开发协议》，驳回临钢公司的反诉请求。最高人民法院二审认为，案涉探矿权位于新疆塔什库尔干野生动物自然保护区范围内，该自然保护区设立在先，金核公司的探矿权取得在后，基于《合作勘查开发协议》约定，双方当事人均知道或者应当知道在自然保护区内不允许进行矿产资源的勘探和开发。该协议违反了《自然保护区条例》的禁止性规定，如果认定协议有效并继续履行，将对自然环境和生态造成严重破坏，损害环境公共利益。故协议依法应属无效，金核公司收取的 3500 万元合作补偿款应予返还。临钢公司主张的损失，部分由金核公司折价补偿，部分由临钢公司自行承担或者在项目公司清算时另行解决。二审法院撤销一审判决，予以改判。

　　问：最高人民法院二审判决协议无效的依据是什么？

　　【评析】本案历经两审结案，一审与二审的裁判结果不同，分歧在于《合作勘探开发协议》效力的法律认定。一审法院认为虽然案涉矿业权位于自然保护区范围内，但并未出现《合作勘探开发协议》不能实现的情形，双方应继续履行协议。一审强调合同当事人的意思表示一致且履行协议已有两年时间，但忽视了合同生效的外部要件，即该协议约定的探矿权处在自然保护区内，损害的是环境公共利益。二审法院依照《自然保护区条例》的禁止性规定，判定双方当事人所签协议无效，否定了一审关于继续履行的判决。两相对比，可以看出本案二审具有以下三点示范作用：一是矿业权纠纷合同效力认定不能仅限于合同目的实现，而应依法求实衡量合同成立与生效的客体依托要件。二是注重发挥环境司法职能作用维护环境公共利益，司法应系统完整地执行环境法规，维护自然保护区管理制度的运行。三是大力发挥司法纠偏功能，并不能因矿业权合同通过了行政主管部门的批准，即直接认定其有效，对于涉及公共利益的合同效力应依职权进行审查。二审判决结果符合生态文明建设和绿色发展的要求，具有指导意义。尤其是在生态环境敏感区等生态红线划定区内，司法裁判应严守环境保护优先和生态红线管理制度，严禁任意改变自然生态空间用途的行为，防止不合理开发资源的行为损害生态环境。

案例二　上海垃圾倾倒太湖案[1]

　　2015 年 11 月，被告人孙秋林等人与江苏省太湖强制隔离戒毒所签订绿化工

---

[1] "上海垃圾倾倒西山案公审"，新华网，http://www.xinhuanet.com/local/2017 - 05/10/c_ 129597919. htm，访问时间：2018 年 9 月 26 日。

程供土协议后，将其转包给被告人王菊明、陆小弟二人成立的昆山市锦鹿建筑工程有限公司。2016 年 2 月，王菊明、陆小弟要求由戒毒所出具"接收土方证明"，以便储备土方，孙秋林表示同意。3 月上旬，王菊明、陆小弟拟稿打印土方量为空白的接收证明，通过孙秋林获得戒毒所盖章。两名被告人自行在空白处填写"叁百万立方"。同期，孙秋林还向王菊明、陆小弟推荐宕口北侧的三个鱼塘填埋工程，并称可用部分建筑垃圾填埋。

两名被告人变造的"接收土方证明"照片经网络流传后，部分中间商主动用船将垃圾运至戒毒所码头。被告人明知垃圾系混合生活垃圾后形成的有害物质，在未经处理的情况下直接倾倒至宕口内。至案发，王菊明、陆小弟倾倒垃圾合计 23 336.3 吨，另有 8 艘载有垃圾的船只因被及时查获而未倾倒。倾倒区域地表水样品中挥发酚超标且浓度高于背景地表水浓度 20% 以上，现场采集的垃圾渗滤液样品挥发酚含量均明显超标，其中 4 份超标 50～185 倍。本案造成公私财产损失 828 万余元。

另查明，涉案宕口距太湖水体直线距离不超过 600 米，距苏州市吴中区金庭镇取水口直线距离仅 2 公里，且邻近太湖寺前取水口，属于太湖流域一级保护区。西山岛属于太湖风景名胜区西山景区，全岛及周边岛屿皆为生态红线二级管控区域，以自然、人文景观保护为主导生态功能。

问：被告人违反了哪些法律法规，应当如何判决？

【评析】涉案垃圾倾倒地点距太湖水体直线距离不超过 600 米，属于太湖流域一级保护区，环境敏感性强。太湖西山岛属于太湖风景名胜区西山景区，全岛及周边岛屿皆为生态红线二级管控区，具有重要的自然、人文景观保护价值，应当以国家《地表水环境质量标准》Ⅱ类水质标准来确定检测因子，并评价涉案垃圾渗滤液中的污染物是否超标。经过检测，现场采集的垃圾渗滤液样品，挥发酚含量均明显超标，可以认定涉案垃圾具有毒性，根据《江苏省固体废物污染环境防治条例》的相关规定，系有害废物，属于《刑法》第 338 条中其他有害物质范畴，对生态红线保护目标造成现实威胁。本案共清理处置涉案垃圾 23 336.3 吨，为消除污染和防止污染扩散致使公私财产损失 828 万余元，这远远超过了《最高人民法院、最高人民检察院关于办理环境污染刑事案件适用法律若干问题的解释》第 1 条第 9 项造成公私财产损失 30 万元的严重污染环境标准，且亦超过了该司法解释后果特别严重 100 万元的标准。因此，应当依据《刑法》第 338 条的规定，追究被告人王菊明、陆小弟污染环境罪后果特别严重的刑事责任。

案例三　湖北省当阳市林业行政管理案[1]

湖北省当阳市华毅矿业有限公司自 2014 年以来，占用当阳市××办事处××组王家明等三人承包的山林（此山林在生态保护红线内），采用爆破开采的方式修路、采石。2014 年 10 月 31 日，当阳市林业局作出当林罚决字［2014］第 016 号《林业行政处罚决定书》，责令华毅矿业公司在 2014 年底前植树造林、恢复森林植被，并处罚款 13 340 元。2015 年 10 月 27 日，当阳市林业局再次作出当林罚决字［2015］第 019 号《林业行政处罚决定书》，责令华毅矿业公司停止违法行为，限期于 2016 年 3 月前恢复植被，并处罚款 23 040 元。当阳市林业局作出上述行政处罚决定后，华毅矿业公司仍然继续非法占用林地开采石灰石。经鉴定，自 2014 年 3 月以来，华毅矿业公司涉嫌占地 45.97 亩。2016 年 11 月 7 日，当阳市人民法院对华毅矿业公司及其法定代表人包虎以非法占用农用地罪判处刑罚。经现场勘查，华毅矿业公司仍未停止开采，继续毁林生产。

为保护森林资源，维护国家和社会公共利益，当阳市人民检察院于 2017 年 3 月 8 日向当阳市林业局送达当检行建［2017］1 号检察建议书，建议当阳市林业局积极依法履职，对违法行为严格依法处理，并按法定程序全面执行行政处罚决定，恢复林地原状，保护森林资源。当阳市人民检察院向当阳市林业局发出检察建议书，当阳市林业局收到检察建议书后，仍未对上述企业擅自改变林地用途的违法行为依法进行处理，被毁坏的林地也未恢复原状，国家和社会公共利益持续处于受侵害状态。为督促当阳市林业局依法履职，保护林地资源，维护国家和社会公共利益，当阳市人民检察院将林业局诉至法院。法院判决如下：确认被告当阳市林业局对华毅矿业有限公司擅自改变林地用途的违法行为作出当林罚决字［2014］第 016 号、当林罚决字［2015］第 019 号《林业行政处罚决定书》后，未依法全面履行职责；责令被告当阳市林业局继续履行监督、管理的法定职责。

问：法院作出如上判决的依据是什么？

【评析】此案所涉林地位于生态保护红线内，《湖北省生态保护红线管理办法（试行）》（鄂政办发［2016］72 号）第 12 条规定，地方各级人民政府及其职能部门应贯彻执行三个"不得"，即不得改变生态保护红线的保护性质，不得降低生态保护红线的生态功能，不得减少生态保护红线的空间面积。华毅矿业有限公司擅自占用该处林地，改变林地用途，破坏了当地的生态系统，造成生态系统服务功能降低。

---

[1]　"湖北省当阳市人民法院行政判决书（2017）鄂 0582 行初 17 号"，湖北法院微信易信，http://wx.hbfy.gov.cn/weiyixin/fywsxq/2? ids = 84d3ad6b - 463f - 4d46 - 8940 - a7e800ee10f9，访问时间：2018 年 9 月 26 日。

《中华人民共和国森林法》第 13 条规定："各级林业主管部门依照本法规定，对森林资源的保护、利用、更新，实行管理和监督。"第 44 条第 1 款规定："违反本法规定，进行开垦、采石、采砂、采土、采种、采脂和其他活动，致使森林、林木受到毁坏的，依法赔偿损失；由林业主管部门责令停止违法行为，补种毁坏株数 1 倍以上 3 倍以下的树木，可以处毁坏林木价值 1 倍以上 5 倍以下的罚款。"第 3 款规定："拒不补种树木或者补种不符合国家有关规定的，由林业主管部门代为补种，所需费用由违法者支付。"从上述规定可以看出，当阳市林业局作为当地林业主管部门，未能依法全面履行职责，有效制止违法行为，也未采取措施恢复林地原状。因此，当阳市林业局应当按照判决继续履行监督、管理的法定职责。

（二）案例分析实训

案例一　梵净山国家级自然保护区采矿案[1]

2005 年，铜仁市国土局向紫玉公司颁发采矿许可证，许可其在梵净山国家级自然保护区进行采矿，梵净山保护区管理局亦对紫玉公司的采矿行为予以认可。紫玉公司在没有办理环境影响评价、安全生产许可、占用林地许可、生物多样性影响评价的情况下，边建设边生产，置报批的开采方案于不顾，采取爆破方式破坏性开采，资源毁坏率达 80%、产生 90% 以上的废渣碎石，还将部分矿洞转让给当地村民组，造成资源巨大浪费、生态环境严重破坏，保护区内堆积长数百米、宽数十米、深度难以测算的尾矿废渣，压覆植被，形成地质灾害隐患。2016 年 6 月采矿权期限届满，铜仁市国土局接收了紫玉公司延续采矿权申请并收取了相应费用。

问：紫玉公司颁发采矿行为是否合法？铜仁市国土局、梵净山保护区管理局是否依法履行职责？

案例二　四平市铁东区转山湖水库灌区管理中心
与张某某等农村土地承包合同纠纷上诉案[2]

2010 年 1 月 4 日，张某某、田某某与转山湖水库签订《土地租赁合同》，双方约定：甲方将位于四平市转山湖水库灌区管理处北曲家沟土地（淹没线以上所

---

〔1〕 "贵州省江口县检察院诉铜仁市国土资源局、贵州梵净山国家级自然保护区管理局行政公益诉讼案"，江苏检察网，http://ycjk.jsjc.gov.cn/zt/ztmc/201803/t20180303_294159.shtml，访问时间：2018 年 9 月 27 日。

〔2〕 "四平市铁东区转山湖水库灌区管理中心与张某某等农村土地承包合同纠纷上诉案"，北大法宝网，http://www.pkulaw.cn/case/pfnl_a25051f3312b07f34470c13206dabba8c8eeda89ad05cbfabdfb.html，访问时间：2018 年 9 月 27 日。

有水库土地）发包给乙方作为制原种基地，承包期限自 2017 年 1 月 1 日至 2032 年 1 月 1 日共计 15 年。2017 年 3 月，转山湖水库给张某某、田某某下达《土地租赁合同终止告知书》，认为合同无效，要求解除合同，原因为：2017 年四平市铁东区人民政府发布了四平市铁东区人民政府关于加强转山湖水库防洪、蓄水和建设工作的批复，该批复要求转山湖水库将单位水库生态环境保护、城市居民饮用水和农田灌溉等工作落到实处；2017 年 1 月 24 日，中共中央办公厅、国务院办公厅印发《关于划定并严守生态保护红线的若干意见》的通知，该通知明确必须强制性严格保护重要水源，转山湖水库认为水库辖区内土地是生态保护红线范围内的土地，是"必须强制性严格保护的区域"。因此必须终止合同，落实国家、市、区文件精神，加强水土保持、水源涵养、环境改善等重大公共利益的保护力度。

　　问：转山湖水库要求解除合同是否有法律依据？

主要参考文献

1. 孔繁德主编：《生态保护概论》，中国环境科学出版社 2010 年版。
2. 蔡守秋主编：《环境与资源保护法学》，湖南大学出版社 2011 年版。
3. 张荣祖等：《中国自然保护区区划系统研究》，中国环境出版 2011 年版。
4. 王文革主编：《自然资源法：理论·实务·案例》，法律出版社 2015 年版。